더 루프
The LOOP

금융 3000년 무엇이 반복되는가

이희동 지음

한스미디어

서문

 2008년, 그해의 시작은 여느 해와 다를 것 없이 평온했다. 1월, 나는 금융지주회사의 전략기획팀으로 발령받았다. 비록 그룹 내 이동이었지만 첫 이직이었다. 나는 새로운 동료들과 사무실, 그리고 새로운 업무에 대한 설렘으로 가득했다. 분주히 현안을 파악하고 업무 인수인계를 받으며, 새로운 프로젝트에 대한 기대감으로 매일 아침 출근길 발걸음은 가벼웠다. 봄이 오기를 기다리는 마음과도 같았다.

 하지만 그 설렘은 봄이 오기도 전에 멈춰 섰다. 3월이 되자 환율이 심상치 않게 움직이기 시작했다.

 2007년 여름부터 미국에서는 주택 시장과 서브프라임 모기지 불안에 대한 경고음이 나오고 있었지만, 국내 금융시장에서는 그 위험성과 파급효과를 심각하게 바라보는 시각이 그리 많지 않았다. 2007년 내내 원-달러 환율은 900원 초반대에서 안정적으로 움직였고, 주식시장은 코스피 2,000 시대의 기대감에 부풀어 있었다. 이러한 분위기는 2008년 초까지 이어졌다.

그러던 환율이 3월 5일에 950원을 돌파했다. 미국의 서브프라임 사태가 본격적으로 우리나라에도 영향을 주기 시작한 것이다. 환율은 3월이 끝나기도 전에 1,000원을 돌파했고, 9월에는 1,100원, 11월에는 1,500원까지 순식간에 급상승했다. 2007년 연말 1,900선에 머물던 코스피지수도 2008년 11월 948.69포인트까지 미끄러져 내려갔다.

내 기억 속에 2008년은 끔찍한 혼돈과 혼란 그 자체였다. 아니, 공포였다. 1997년 IMF 외환위기에서는 조상제한서(조흥, 상업, 제일, 한일, 서울) 대형 5개 은행이 무너졌다. 그런데 이번에는 대한민국의 국가 신용등급보다 신용등급이 높았던 리먼브러더스가 파산했다. 심지어 JP모건, 씨티은행, 뱅크 오브 아메리카마저도 위험하다는 소문이 돌았다. 아무도 우리가 무너지지 않을 거라는 사실을 확신할 수 없었다.

10월이 되자 시장의 패닉은 극한으로 치달으며 위기는 절정에 달했다. 하지만 연말을 지나 2009년이 되니 다행히 시장은 안정을 찾아가기 시작했다. 무제한 양적 완화(QE), TARP(Troubled Assets Relief Program) 같은 처음 들어보는 파격적인 정책들이 쏟아졌고 국제 공조는 과거와는 다르게 긴밀하고 신속했다. 심지어 제로 금리라는 전인미답의 길까지 선택했다. 이렇게 미증유의 글로벌 금융위기는 회복의 길에 들어섰다. 어떤 이들은 1930년대 대공황을 이야기하며 회복에 십수 년이 걸릴 것이라 예측했지만, 현실은 달랐다.

2009년 봄, 나는 새로운 프로젝트를 기획하고 준비했다. 2008년 금융위기를 되돌아보고 그룹 전체의 리스크 관리 체계를 개선하는 프로젝트였다. 리스크 관리에 대한 전문성을 보완하기 위해 나는 서점을 찾았다. 그리고 그곳에서 나는 『광기, 패닉, 붕괴: 금융위기의 역사』라는 책을 운명적으로 만났다.

이 책은 내게 큰 울림이었다. 정말 깊은 깨우침을 주었고 많은 도움이 되었다. 동시에 이 책은 나 자신을 무척 부끄럽게 만들기도 했다. 나는 책을 읽으며 참 많이 반성했다. 솔직히 고백하자면, 그때까지 민스키 이론도, 최종 대부자(Lender of Last Resort)의 개념도, 1930년대 대공황의 상세한 위기 전파 경로도 몰랐다. 심지어 2008년 위기 수준의 금융위기들이 과거에도 여러 차례 반복되어 일어났다는 역사적 사실조차 잘 알지 못했다.

아니, 그 정도까지는 아니더라도 연준 의장인 벤 버냉키가 대공황 위기를 깊이 연구한 학자였다는 사실만 알았어도, 그의 별명이 '헬리콥터 벤'이라는 것만 알았어도 2008년 위기에서 미국 연준과 재무부가 어떻게 대응할지 예상할 수 있었을 것이다. 금융업에 10년 이상 종사한 사람이, 대한민국의 선도 금융그룹의 전략기획팀 직원이 이 정도의 금융 지식이 없었다는 것이 부끄러워졌다. 그때 나는 금융의 역사에 대한 지능은커녕 상식도 부족했다. 지식이 없었기에 나는 지능을 사용하지 못했고, 그러니 당연히 지혜롭지 못했다.

상식(常識)은 항상[常] 알고[識] 있는 보편적인 것으로서, 생활 속에서 자연스럽게 습득된다. 지식(知識)은 배우는[知] 적극적인 활동을 통해 얻게 되는 깨달음[識]이다. 나아가 지능(知能)은 아는 것[知]뿐 아니라 사용할 수 있는 능력[能]까지 갖추고 있는 상태를 의미한다. 그리고 지혜(知慧)는 지능을 바르고 현명하게 사용할 때 비로소 얻을 수 있는 자격의 단어이다.

그래서 상식은 기본 일상생활에 필수적이다. 지식은 우리의 일상을 더 나은 단계로 이끌어준다. 지능은 알고 있는 것을 넘어 문제를 해결하고, 상황을 유연하게 대처하며, 창의적 결과를 만들어내는 능력이다. 그래서 불확실한 미래를 지혜롭게 헤쳐나가기 위해서는 상식과 지식, 그리고 지능이 모두 필요한 것이다.

만약 금융의 역사에 대한 상식과 지식, 그리고 지능과 지혜가 있었다면, 나의 2008년은 최소한 공포에 휩싸이지는 않았을 것이라는 반성과 후회가 생겼다. 이것은 2008년이 내게 준 교훈이었다. 이후 금융의 역사는 내게 있어 중요한 분야가 되었다. 그리고 시황이 변동할 때마다, 금융시장에 새로운 유형의 국면이 전개될 때마다, 새로운 전략을 수립할 때마다 금융 역사책은 늘 다시 열어보는 나의 교과서이자 조언자 같은 존재가 되었다. 2008년의 경험과 교훈, 이것은 이번 책을 쓰게 된 계기 중 하나가 되었다.

우리는 자본주의 생태계에서 살고 있다. 자본주의는 우리의 삶을 지배하는 시스템이 되었다. 아침에 눈을 뜨면 스마트폰으로 전날 밤사이 있었던 미국 주식시장을 확인하고, 출근길 커피 한 잔의 가격과 점심 밥값의 물가 수준에 민감해하는 것은 이제 일상이 되었다. 지금 살고 있는 또는 살고 싶은 집을 생각하며 부동산 정보와 대출 금리에 관심을 기울이고, 노후를 위한 연금자산이 어떻게 될지를 걱정하며 금융시장의 흐름을 살펴본다. 그러곤 쏟아지는 경제 뉴스 속에서 금융 지식에 부족함을 느끼며 더 공부하고 뒤처지지 않기 위해 노력한다.

　우리 삶은 돈과 떨어질 수 없다. 자본시장과 자산 가격은 우리의 일상생활에 직접 영향을 준다. 이런 자본주의 시스템에서 더 나은 삶을 위해선 금융에 대한 이해가 필수다. 그래야 우리의 미래가 행복해질 수 있다. 그래서 금융은 상식을 넘어 지식과 지능 수준으로 키워 지혜를 갖추는 것이 필요하다. 단순히 돈을 모으고 지키는 것을 넘어, 금융의 원리를 이해하고 금융시장의 움직임을 읽을 수 있는 능력과 혜안은 현대인에게는 생존의 도구이자 성공의 열쇠가 되었다.

　금융 지능을 쌓는 데에는 여러 방법이 있다. 그중 하나가 바로 금융의 역사이다. 경제·금융 이론서는 어렵고 딱딱해서 지루하고, 재테크와 투자, 시장 전망과 관련한 투자서들은 왠지 믿음이 쉽게 가지 않는다. 그러나 역사는 이미 발생한 실화이다. 역사는 금융과 경제가 움직이는 메커니즘을 실증적으로 알려준다. 그리고 그 역사 속에는 풍부한 금융 상식과 지식들이 숨어 있다. 사람마다 다를 수 있겠지만 역사는 재미도 있다.

　금융의 역사는 단순한 과거의 기록 이상이다. 반복되는 위기와 패턴을 알려주고, 인간의 탐욕과 공포, 군중심리라는 본질적인 요소를 통해 시대와 장소를 초월하는 교훈을 선사한다. 1637년 튤립 버블, 1720년 남해 버블과 미시시피 버블, 1929년 대공황, 1997년 아시아 외환위기, 그리고 2008년의 글로벌 금융위기까지, 각각의 사건들은 시대적 배경과 구체적 양상은 다르지만, 그 본질은 놀랍도록 유사하다.

이런 패턴을 이해하면 우리는 위기의 전조를 읽어내고, 기회와 위험을 판단하는 안목을 기를 수 있다. 무엇보다 단기적 변동에 휘둘리지 않고 장기적 관점에서 차분하고 현명한 판단을 내릴 수 있게 된다. 최소한 내가 2008년에 경험했던 공포와 혼란까지 경험하지는 않게 된다.

금융의 역사는 위기를 극복하는 방법에 대해서도 귀중한 교훈을 제공한다. 1930년대 대공황 때 잘못된 정책 대응이 위기를 더욱 깊고 오래 지속시켰던 경험은 2008년 금융위기 대응에 중요한 참고가 되었다. 당시 미국 연준이 보여주었던 최종 대부자로서의 역할, 적극적인 통화 정책, 금융 안정화 조치 등은 모두 과거 대공황의 경험에서 배운 지혜였다. 이처럼 역사는 우리에게 무엇을 해야 하는지뿐만 아니라 무엇을 하지 말아야 하는지도 가르쳐주는 훌륭한 스승이 되어준다.

또한, 금융의 역사는 혁신과 발전의 과정을 보여준다. 금속화폐의 발명에서 시작해 신용화폐, 복식부기, 주식회사와 유가증권, 중앙은행, 증권거래소, 파생상품에 이르는 금융 혁신은 경제 발전의 중요한 동력이 되어왔다. 각각의 혁신이 어떤 필요에 의해 탄생했고, 어떤 문제를 해결했으며, 동시에 어떤 새로운 위험을 만들어냈는지를 아는 것은 현재의 돈의 메커니즘을 이해하고 평가하는 데 큰 도움이 된다.

이 책은 독자들이 역사를 통해 금융에 대한 상식과 지식, 지능, 그리고 나아가 지혜를 갖추는 데 도움이 되기 위해 작성되었다. 특히 과거 금융위기의 발생 원인과 극복 과정을 생생하게 살펴봄으로써 시장의 주기적 흐름을 읽는 안목을 기르는 데 중점을 두었다. 단순한 지식 습득을 넘어, 불확실한 미래 속에서도 현명한 결정을 내리고 위기에 슬기롭게 대응할 수 있는 지혜를 기르는 것이 이 책의 목표다. 역사적 통찰력은 위기의 순간에도 냉철한 판단력을 유지할 수 있는 든든한 밑바탕이 되기 때문이다.

위기는 피할 수 없지만 대비할 수는 있다. 아니, 대비하고 있어야 한다. 과거의 사례들을 통해 반복되는 패턴을 읽고 시장의 사이클을 이해한다면, 그 자체가 큰 힘이 될 것이다. 비이성적인 판단이나 성급한 실수로부터 자신을 지켜내고, 다가올 위기 속에서도 냉철하게 기회를 포착하는 힘은 바로 이 금융 지혜에서 나오기 때문이다.

무엇보다 강조하고 싶은 것은, 모든 위기에 끝이 있다는 사실 또한 역사는 우리에게 알려준다는 점이다. 즉 금융의 역사를 보면 위기 속에서 우리가 공포에 휘둘리지 않아도 되는 이유 역시 알 수 있다. 역사 속 수많은 위기의 사례는 동시에 회복의 사례이기도 하다. 공포는 순간이지만, 지혜는 축적된다. 이 책이 독자들에게 그런 지혜의 축적에 작게나마 기여할 수 있다면 좋겠다.

언젠가 반드시 다시 만나게 될 새로운 금융위기, 그것을 두려워하지 않을 금융 지혜를. "두려워 마. 예전에도 이런 일들이 있었어."

프롤로그

2020년 COVID-19 금융위기, 세상이 멈춰 선 순간

파국의 공포는 아무도 모르게 찾아왔다. 2020년 1월 1일 새해 첫날, 세계는 여전히 희망에 차 있었다. 미국 S&P500지수는 사상 최고치를 연일 경신하며 3,200포인트를 넘나들었고, 한국 코스피는 2,200포인트 재돌파에 대한 기대감으로 가득했다.

그로부터 불과 3개월 후, 세상은 멈춰 섰다. 경제는 돌지 않았고 금융시장은 일촉즉발의 위기로 치달았다. 각국의 주가지수는 역사상 가장 빠른 속도로 폭락했고, 채권과 원자재, 심지어 금마저도 속절없이 무너졌다. 모든 자산시장에서 투매가 일어나는, 전례를 찾아보기 힘든 현상이었다. 말 그대로 '재앙'이었다. 평온했던 일상이 한 번도 경험해보지 못한, 예측 불가능한 공포의 심연으로 빠져들었다.

2020년의 긴박했던 순간들을 시간의 날실과 사건의 씨실로 엮어보려 한다. 당시의 결정적인 순간들을 짚어보고, 세상은 그때 어떠한 선택을 했는지, 그 이유는 무엇인지, 그리고 그 결정들이 어떠한 결과를 가져왔는지를 시간의 흐름을 따라가 보려 한다.

이러한 과정과 기록이 결국 다시 다가올 위기의 순간에 우리가 당황하지 않고 침착하게 대응할 지혜를 얻는 데 도움을 줄 것이라 믿으면서.

트럼프 행정부의 관세 전쟁과 시장의 낙관론

2018년, 세계는 총성 없는 '관세 전쟁'의 혼란 속으로 진입하고 있었다. 2008년 금융위기 이후 10년간 이어졌던 자유무역과 글로벌 공조의 시대는 막을 내리고, '미국을 다시 위대하게(Make America Great Again)'라는 구호를 내건 트럼프 행정부의 등장과 함께 세계는 예측 불가능한 격랑 속으로 빠져들었다.

미국은 중국의 불공정한 무역 관행과 지식재산권 침해를 문제 삼으며 중국산 제품에 고율의 관세를 부과했고, 중국 또한 즉각적인 보복 관세로 맞섰다. G2, 세계 경제를 이끄는 두 거인의 정면충돌은 글로벌 공급망 전체를 뒤흔들었다. 금융시장은 트럼프 대통령의 트윗 하나에 천당과 지옥을 오갔다. 협상이 타결될 것이라는 기대감에 주가가 폭등했다가, 새로운 관세 위협에 다시 폭락하는 일이 2018년 내내 반복되었다. 투자자들과 기업들에게 '불확실성'은 일상이 되었다.

2019년이 되자 세계 금융시장은 2018년과 달리, 이중적인 모습을 보였다. 전년부터 이어져 온 관세 전쟁이라는 불안감이 지배했지만, 다른 한편에서는 넘치는 유동성에 기반을 둔 낙관론이 팽배했다. 그리고 2020년 1월, 미·중 양국은 마침내 '1단계 무역 합의'에 서명하며 휴전 상태에 들어갔다. 이에 화답하듯이, 연초부터 이어온 증시의 강세장은 2019년 말 S&P500지수 기준 연간 30% 상승이라는 강력한 반등과 역사상 최고점이라는 성적을 기록했다.

2018년의 혼란이 일단락되었다는 데서 기인한 불안한 평온이었지만, 세상은 10년 넘게 이어진 강세장의 안락함에 취해 있었다. 제로 금리에 가까운 유동성의 바다 위에서 자산 가격은 영원히 항해할 듯 보였다. 그리고 2008년 서브프라임 금융위기의 교훈을 통해 인류가 마침내 금융위기를 길들이는 법을 터득했다는 오만한 착각이 시장을 지배했다. '이번에는 다르다(This time is different)'라는 금융 역사의 고질적 확신마저 되살아나고 있었다.

하지만 역사는 종종 가장 평온한 순간에 가장 잔혹한 반전을 준비한다. 2019년, 그 평온함의 가장자리에서, 누구도 주목하지 않던 중국의 한 도시에서 인류의 시스템을 송두리째 흔들 역병의 씨앗이 조용히 배양되고 있었다.

그것은 이름도 얼굴도 없는 적이었다. 총성도 포성도 없이 스며드는 침공이었다. 2019년 12월, 중국 우한에서 시작된 정체불명의 폐렴은 '코로나바이러스'라는 이름을 얻었지만, 월스트리트는 이를 그저 먼 나라의 해프닝으로 치부했다. 그러나 바이러스는 국경도, 자본의 논리도 가리지 않았다. 그것은 인간의 호흡을 타고 전 세계로 퍼져나갔다. 2008년 금융위기의 망령은 그렇게 전혀 다른 얼굴로 다시 깨어나고 있었다.

2020년, 검은 백조의 등장

2019년 12월 31일, 세계보건기구는 중국 우한에서 원인불명의 폐렴 사례가 보고되었다고 발표했다. 초기에는 대부분의 투자자와 정책 입안자들이 이를 지역적 보건 문제로 여겼다. 2003년 사스 사태의 기억이 있었지만, 당시도 경제적 충격은 제한적이었다.

하지만 2020년 1월이 지나면서 상황은 급변했다. 1월 23일, 중국 정부는 1,100만 명이 거주하는 우한시를 봉쇄한다고 발표했다. 이는 현대 역사상 유례없는 규모의 도시 봉쇄였다. 금융시장은 즉시 반응했다. 아시아 증시는 급락했고, 원유 가격은 하락세를 보였다. 안전자산인 금과 미국 국채로 자금이 몰리기 시작했다.

2월이 되자 시장은 마침내 그 보이지 않는 적의 실체를 감지하기 시작했다. 이탈리아 롬바르디아의 병상은 포화상태에 이르렀고, 대한민국 대구에서는 신천지 교회를 중심으로 한 집단 감염이 폭발하며 나라 전체를 충격에 빠뜨렸다. 글로벌 공급망의 핵심 고리들이 삐걱거리기 시작했고, '중국 문제'가 아닌 '세계의 문제'라는 인식이 넓게 확산되어 나갔다. 2월 24일 월요일, 다우지수는 1,031포인트 폭락하며 첫 번째 경고음을 울렸다. 하지만 시장은 이것이 거대한 붕괴의 서막일 줄은 상상하지 못했다. 그것은 곧 닥쳐올 쓰나미의 첫 번째 파도에 불과했다.

2020년 3월, 모든 것을 멈춘 시장 붕괴와 공포

2020년 3월은 인류 금융 역사상 가장 빠른 붕괴의 달로 기록되었다. 3월 8일, 사우디아라비아와 러시아가 석유 감산 합의에 실패하며 국제 유가는 하루 만에 25% 폭락했고, 이는 금융시장의 '블랙 먼데이' 신호탄이 되었다. 공포는 전염병처럼 번져나갔다.

사흘 뒤인 3월 11일, WHO는 마침내 COVID-19에 대해 '팬데믹', 즉 세계적 대유행을 선언했다. 같은 날, 도널드 트럼프 미국 대통령은 유럽발 입국을 30일간 금지한다고 발표했다. 이 선언은 공포의 스위치를 켰다. 바로 다음 날인 3월 12일 목요일, 시장은 완전히 무너졌다. 다우지수는 2,352포인트, 무려 9.99%나 하락하며 1987년 블랙먼데이 이후 최악의 날을 기록했다. 뉴욕 증시에서는 서킷브레이커가 연일 발동되며 거래가 중단되기 일쑤였다.

불과 한 달도 안 되는 기간에, 다우지수는 2월 12일 최고점(29,551포인트) 대비 37%나 폭락했고 S&P500지수 역시 34%가 빠지며 수십조 달러의 부가 허공으로 증발했다. 공포지수(VIX)는 2008년 금융위기 수준을 넘어 사상 최고치인 82.69까지 치솟았다.

투자자들은 모든 것을 내다 팔았다. 주식, 채권, 심지어 가장 안전하다던 금과 미국 국채마저 투매의 대상이 되었다. 유가는 4월 20일, 사상 초유의 마이너스 가격(-37.63달러, WTI 5월 선물 가격)이라는 믿기 힘든 숫자까지 등장했다. 오직 하나의 자산, 바로 미국 달러를 향한 필사적인 '현금 확보 전쟁(Dash for Cash)'이 벌어졌다. 전 세계가 달러를 빨아들이자 글로벌 금융시장은 순식간에 신용경색의 소용돌이 속으로 빠져들었다.

대한민국 금융시장도 속수무책이었다. 연초 2,270선을 넘나들던 코스피지수는 불과 두 달 만에 완전히 무너져 내렸다. 특히 3월 19일에는 8.39% 폭락하며 1,457.64포인트까지 주저앉았다. 이는 고점 대비 약 36%가 증발한 수치였다. 코스닥에서는 사상 처음으로 사이드카와 서킷브레이커가 동시에 발동되는 진기록을 세웠다. 외국인 투자자들은 한 달 만에 12조 원이 넘는 한국 주식을 내던졌고, 원-달러 환율은 1,300원에 육박하며 제2의 외환위기 공포를 소환했다. 주가연계증권(ELS) 관련 마진콜(추가 증거금 요구)이 폭주하며 증권사들은 단기자금시장에서 유동성 위기에 직면했다. 1997년 IMF 외환위기의 악몽이 섬뜩하게 되살아나고 있었다.

그리고 세상은 멈췄다. 관광객으로 넘쳐나던 뉴욕 타임스퀘어는 유령 도시가 되었고, 파리의 샹젤리제 거리에서는 행인을 찾아볼 수 없었다. 국경이 봉쇄되고, 항공편이 끊겼으며, 공장이 멈춰 섰다. 인류는 자신을 격리하기 시작했다. 이는 2008년 금융회사들의 파산과는 차원이 다른, 실물경제의 완전한 '셧다운'이었다. 금융시장의 붕괴는 곧바로 일자리의 대재앙으로 이어졌다. 미국에서는 4월 한 달에만 무려 2,050만 개의 일자리가 사라졌고, 실업률은 14.7%까지 치솟으며 대공황 이후 최악의 수치를 기록했다. 대한민국 역시 4월 취업자 수가 47만 6,000명이나 급감하며 IMF 외환위기 이후 가장 큰 충격에 휩싸였다. 보이지 않는 적은 그렇게 현대 문명의 심장을 겨누고 있었다.

인류, 2008년의 교훈을 상기하다: Whatever it takes

절체절명의 순간, 각국 정부와 중앙은행은 2008년의 교훈을 상기했다. 2008년 리먼브러더스를 파산시키며 위기의 불길을 전 세계로 확산시켰던 뼈아픈 실수를 되풀이하지 않겠다는 결연한 의지를 다졌다. 'Too Big to Fail(대마불사)'을 넘어 'Save Everything(모든 것을 구하라)'이 새로운 강령이 되었다. 2008년의 정책 대응이 주저하며 쏜 소방호스 수준의 국지적 대응이었다면, 2020년의 대응은 그야말로 좌고우면하지 않는 전 지구적 규모의 자금 투입이었다.

미국 연방준비제도가 가장 먼저 움직였다. 3월 3일과 15일, 두 차례의 긴급회의를 통해 기준금리를 단숨에 제로(0~0.25%) 수준으로 낮췄다. 2008년 위기 극복 과정에서 효과가 입증되었던 양적 완화 카드를 꺼내 드는 데에도 한 치의 망설임이 없었다. 마침내 3월 23일, 제롬 파월 연준 의장은 "우리의 대출 능력에는 한계가 없다"라며 사실상 '무제한 양적 완화' 의지를 표명했다.

연준은 국채와 주택담보부증권은 물론, 사상 최초로 투자등급과 투기등급 회사채까지 사들이는 신용 공급 프로그램을 가동하며 시장에 직접 돈을 퍼붓기 시작했다. 이는 2008년 당시 은행 시스템 붕괴가 기업들의 자금난으로 이어졌던, 악순환의 고리를 원천적으로 그리고 빠르게 차단하겠다는 강력한 의지의 표명이었다. 도덕적 해이라는 낡은 논쟁은 뒤로한 채, 시스템 생존을 최우선 과제로 삼은 것이다.

대서양 건너 유럽중앙은행(ECB) 역시 2012년 유로존 재정위기 당시 마리오 드라기 총재의 전설적인 약속인 "무엇이든 하겠다(Whatever it takes)"를 계승하듯 움직였다. 크리스틴 라가르드 총재가 이끄는 ECB는 7,500억 유로 규모의 '팬데믹 긴급 매입 프로그램'을 발표하며 유로존의 붕괴를 막기 위해 무제한에 가까운 유동성을 약속했다.

한국은행 역시 전례 없는 조치에 나섰다. 기준금리를 0.5%까지 인하하는 '빅컷'을 단행했고, 사상 최초로 '무제한 환매조건부채권 매입'을 통해 시장에 유동성을 공급했다. 그리고 가장 결정적인 한 방이 터졌다. 3월 19일, 미국 연준과 600억 달러 규모의 통화 스와프 협정을 체결한 것이다. 이는 2008년 글로벌 금융위기 당시 외환시장을 안정시킨 가장 효과적인 카드였고, 양국은 그 성공의 기억을 바탕으로 주저 없이 다시 손을 잡았다. 생명줄이 다시 한번 연결되자, 대한민국의 외환시장은 극적으로 안정을 되찾았다.

위기 극복을 위해 각국 행정부도 재정 정책으로 적극 동참했다. 미국은 2조 2,000억 달러 규모의 'CARES Act(Coronavirus Aid, Relief, and Economic Security Act)'를 통해 모든 국민에게 현금을 지급했고, 대한민국 정부 역시 전 국민에게 '긴급재난지원금'을 지급하며 소비의 불씨를 살리고자 했다. 2008년 위기 초기, 구제금융을 둘러싼 정치적 논쟁으로 귀중한 시간을 허비했던 과오를 반복하지 않겠다는 듯 전례 없는 속도와 규모로 재정을 투입했다.

K자형 회복과 새로운 시대

정책의 힘은 강력했다. 연준이 '무제한'이라는 단어를 꺼내 든 3월 23일을 기점으로, 시장은 거짓말처럼 반등하기 시작했다. 주식시장은 실물경제의 참상과는 완전히 괴리된 채, 홀로 V자 회복을 넘어 로켓처럼 솟구쳤다.

대한민국에서는 '동학개미운동'이라는 거대한 흐름이 시장을 떠받쳤다. 외국인이 내던진 주식을 개인투자자들이 받아내며 코스피의 극적인 반등을 이끌었다. 그 결과 코스피는 가파른 V자 반등에 성공하며 2021년 초, 사상 처음으로 '코스피 3,000 시대'의 문을 여는 기염을 토했다. 이는 단순한 투자를 넘어, 국가적 위기 앞에서 개인들이 시장을 지켜낸 하나의 사회 현상이었다.

이 기이한 반등의 중심에는 '언택트' 경제가 있었다. 사람들이 집에 머물자 아마존, 넷플릭스, 줌과 같은 기술 기업들의 주가는 폭등했다. 한국에서는 진단키트를 생산하는 씨젠과 같은 K-바이오 기업들이 새로운 스타로 떠올랐다. 바이러스가 인류의 생활 방식을 바꾸자, 돈의 흐름도 그 길을 따라 이동했다.

그러나 회복의 온기는 모두에게 평등하지 않았다. 기술 기업과 자산가들은 막대한 부를 축적했지만, 대면 서비스를 중심으로 한 자영업자와 저임금 노동자들은 깊은 상처를 입었다. 경제는 위아래로 갈라지며 회복하는 'K자형'의 모습을 뚜렷이 보였고, 경제의 양극화는 더욱 깊어졌다.

2021년, 경제가 정상궤도에 오르기 시작하자 새로운 복병이 나타났다. 바로 '인플레이션'이었다. 멈췄던 공장이 다시 가동되고 억눌렸던 소비가 폭발했지만, 글로벌 공급망은 여전히 마비 상태였다. 수요는 넘치는데 공급이 따라가지 못하자 모든 것의 가격이 오르기 시작했다. 위기의 대가로 풀린 천문학적인 유동성은 인플레이션의 고통이라는 필연적 결과를 낳았다.

폐허에서 다시 일어서는 금융, 그 위대한 순환 The Loop

2020년의 위기는 2008년과는 그 결이 완전히 달랐다. 금융 시스템 내부의 탐욕이 아닌, 외부의 생물학적 충격에서 시작되었다. 붕괴의 속도와 회복의 속도, 그리고 정책 대응의 규모와 과감성은 2008년과는 비교할 수 없을 정도로 빠르고 거대했다.

분명한 것은, 2008년 서브프라임 금융위기라는 혹독한 예행연습이 없었다면 2020년의 신속한 대응은 불가능했다는 점이다. 인류는 위기를 통해 학습하고, 대응 능력은 진화했다. 벤 버냉키가 대공황의 역사에서 2008년의 해법을 찾았듯, 제롬 파월은 벤 버냉키의 역사에서 2020년의 답을 찾은 것이다.

2003년부터 이어진 장기 호황의 끝에서 맞이한 2008년 서브프라임 금융위기, 역시 10년간의 장기 호황의 끝에서 맞이한 2020년 COVID-19 금융위기, 우리는 이 모두를 기억하고 있다. 2008년 9월 리먼브러더스가 파산하던 날, 인간의 끝없는 탐욕은 결국 파국을 부르고 근거 없는 오만은 몰락을 초래한다는 진리를 역사는 우리에게 가르쳐주었다. 2020년 3월 세상이 멈춰 서고 모든 자산 가격이 붕괴되던 그 절망의 시간, 모든 공포가 우리를 집어삼켰고 모든 것이 끝날 것 같아 보였다. 하지만 그것은 끝이 아니었다. 금융위기의 역사는 절망의 끝에서도 서로 협력하고 지혜를 모으면 어떤 거대한 위기도 능히 극복해낼 수 있다는 인간의 위대한 가능성을 보여주었다.

우리는 2008년과 2020년의 그 혹독했던 교훈을 잊어서는 안 될 것이다. 시장은 절대 완벽하지 않으며 인간은 언제나 실수를 저지른다. 그럼에도 불구하고 시장은 파괴와 창조, 위기와 회복이라는 거대한 순환의 고리, 'The Loop'를 따라 끊임없이 진화하며 앞으로 나아간다.

COVID-19가 잉태한 보이지 않는 위협은 아직 완전히 우리에게서 떠나지 않았다. 관세 전쟁은 다시 돌아왔고, 인플레이션의 그림자는 여전히 우리 곁에 머물러 있다. 급증한 부채, 자산 가격 버블, 불평등 심화, 공급망 재편 등은 계속 새로운 도전으로 남아 있다.

하지만 한 가지는 확실하다. 인류는 가장 깊은 절망 속에서도 길을 찾아냈고, 경제는 폐허 위에서 다시 싹을 틔웠다. 어떤 위기도 결국은 회복과 정상화라는 봄을 다시 맞이하게 된다. "시장은 언제나 회복한다." 이것이야말로 지난 3,000년의 금융 역사가 우리에게 가르쳐준 가장 위대한 희망의 메시지이자 불변의 진리일 것이다.

차례

서문 4
프롤로그 2020년 COVID-19 금융위기, 세상이 멈춰 선 순간 11

1장 금융위기의 역사가 우리에게 남긴 교훈

역사가 말해주는 금융의 5가지 속성 29
소외당한 천재가 예견한 위기 순환의 원리 42
금융위기의 전조 증상과 핵심 패턴 57
위기의 회복 메커니즘: 상업 불안과 금융 불안 76

2장 화폐의 탄생과 교환의 시작(고대와 중세)

동전의 앞면은 한 국가의 얼굴 91
로마 제국의 몰락이 남긴 교훈 101
중세 봉건주의의 암흑기 속 금융 110

십자군 전쟁과 상업 자본주의의 태동   118
흑사병이 고한 봉건주의의 종언   131

3장 거품과 혁신의 시대 (르네상스와 18세기)

메디치 가문과 르네상스   139
신대륙의 발견과 투자의 시대   147
반복되는 금융위기 속 공적 은행의 탄생   159
광기의 버블: 근세의 3대 버블 위기   175
1772년 글로벌 금융위기와 경제학의 탄생   186

4장 번영의 환상, 그리고 몰락의 대공황 (19세기와 20세기 초)

산업혁명과 금융자본의 대변혁기   197
미국의 독립과 변화하는 금융의 역학 구조   206

| 반복되는 금융위기, 대공황의 서막 | 217 |
| 1929년 대공황 | 232 |

5장 전후 새로운 금융 질서: 세계화와 팽창(20세기)

금융사의 대전환: 브레튼우즈 체제와 미국의 통화 패권	247
금융 혁명과 금융 자본주의 시대의 도래	259
1990년대 골디락스 경제 속 위기의 씨앗들	273

6장 뉴 노멀 시대의 충격과 대응(21세기)

딥 임팩트, 2008년 서브프라임 금융위기	291
2008년 금융위기의 여진	310
COVID-19 팬데믹과 새로운 시대의 금융	325
대한민국 신용 팽창 위기의 역사	335

역사를 관통하는 금융의 보편적 원리

기축통화와 금본위제: 화폐가 세계를 지배하는 법   355

죄수의 딜레마, 관세 전쟁의 역사   375

스테이블코인의 미래: 제2의 페트로달러? 그 명과 암   390

달러가 만들어지는 메커니즘   404

금융회사 몰락의 역사: 그 누구라도 망할 수 있다   418

에필로그   금융 소비자와 금융인들에게 전하고 싶은 말   441

1장

금융위기의 역사가 우리에게 남긴 교훈

"금융위기는 계속 피어오르는 질긴 다년생화이다."

— 찰스 P. 킨들버거, 로버트 Z. 알리버,
『광기, 패닉, 붕괴』

역사가 말해주는
금융의 5가지 속성

인류 문명을 움직인 보이지 않는 힘이 있었다. 그것은 금융이다. 쐐기문자는 대출 기록을 남기기 위해 발명되었고, 수학은 경제적 가치를 평가하기 위해 발전했으며, 최초의 법률은 재산권을 보호하기 위해 만들어졌다. 이처럼 금융은 단순히 돈을 주고받는 행위를 넘어 인류 문명의 발전을 이끈 핵심 기술이자, 인류의 물질적·사회적·지적 진보의 원동력이었다.

메소포타미아 시대의 대출은 농업 생산을 가속화했다. 알렉산더 대왕의 헬레니즘 문명은 금속화폐에 기반한 동서 교역으로 번성했다. 인류 역사상 최초로 군인연금을 도입한 로마는 강력한 군대를 유지하고 제국을 건설했다. 중세를 암흑기로 만든 것은 금융이었지만, 중세 암흑기를 끝내고 르네상스를 꽃피운 것 또한 이탈리아 도시국가들의 은행자본이었다. 아메리카 신대륙 발견과 개척의 배경에는 금융자본과 주식회사라는 혁신적인 시스템, 그리고 증권거래소라는 새로운 인프라가 있었다.

그러나 금융의 발전과 혁신은 늘 양날의 검이었다. 사회적 재앙을 연쇄적으로 낳으며 다양한 얼굴로 등장과 퇴장을 반복했다. 신대륙과 주식 거래는 여러 버블과 붕괴를 야기했다. 뜨겁게 달아올랐던 산업혁명과 철도 산업이라는 뉴 이코노미는 19세기부터 1929년 대공황까지 빈번했던 금융위기의 씨앗이 되었다. 제1차 세계대전 직후 독일의 하이퍼 인플레이션, 1997년 아시아 금융위기, 2008년 글로벌 금융위기처럼, 금융은 우리 삶에 치명적인 상처를 남기기도 했다. 되돌아보면 지난 3,000년의 인류 역사는 늘 그랬다.

"과거를 더 멀리 뒤돌아볼수록 미래를 더 멀리 내다볼 수 있다."

― 윈스턴 처칠

화폐와 금융의 등장은 미래의 가치를 현재로, 현재의 가치를 미래로 옮기는 것을 가능하게 했다. 이는 인간의 사고를 고도화하고 문명을 지속적으로 발전시키는 동력이 되었다. 하지만 그 과정에서 금융은 항상 위기의 그림자를 동반했다. 신용과 신뢰라는 눈에 보이지 않는 기반 위에 구축된 금융 시스템은 심리적 요인에 극도로 취약하기 때문이다. 시장은 감정에 반응하고, 군중은 이성보다 본능에 따라 움직인다. 그리고 이렇게 되풀이되는 심리 패턴은 위기를 낳고, 다시 회복을 끌어낸다.

우리가 금융의 역사를 공부하는 이유는 단순히 과거를 복기하는 것을 넘어선다. 위기의 구조를 이해하고 미래를 설계할 단서를 찾기 위해서다. 처칠의 말처럼, 과거를 제대로 읽는 자만이 다음 위기와 붕괴의 조짐을 감지할 수 있다. 그리고 그 위기 속에서 또 다른 회복과 도약의 발판을 마련할 수 있다. 이것이 바로 우리가 금융의 역사를 살펴봐야 하는 이유이다.

지금 이 순간에도 우리는 새로운 형태의 금융 기법과 복합적인 리스크가 결합해가는 세상 속에서 살고 있다. 불확실성이 일상이 된 시대일수록 과거의 목소리에 귀 기울이는 것이 더욱 필요하지 않을까?

첫째, 금융의 역사에는 반복되는 패턴이 있다

기원전 5세기 투키디데스는 『펠로폰네소스 전쟁사』에서 "인간의 본성은 변하지 않기 때문에 역사는 반복된다"라고 했다. 이 통찰은 2,500년을 관통하는 진리다. 투키디데스는 전쟁에 대해 주로 이야기했지만, 전쟁 못지않게 금융시장은 인간 본성의 고착화된 패턴을 극명하게 보여주는 무대이다.

17세기 네덜란드의 '튤립 버블' 당시 튤립 한 송이가 집 한 채 값에 거래되었다. 1720년 영국 '남해 버블' 때는 주가가 1,000파운드까지 치솟았다가 90% 폭락했다. 1800년대에는 영국과 미국에서 철도 건설 붐이 주기적으로 일어났다. 투자자들은 철도가 가져올 혁신에 열광하며 과도한 투자를 쏟아부었고, 이는 결국 금융 패닉과 경제 침체의 순환을 불러왔다.

20세기에 들어서도 이러한 패턴은 계속됐다. 1929년 대공황 때 다우지수는 90% 폭락했고, 2000년 닷컴 버블 붕괴 때 나스닥은 80%

하락했다. 2008년 서브프라임 위기에서는 미국 주택 가격이 30% 급락하며 글로벌 금융 시스템이 마비됐다. 그러나 시간이 지나면 언제나 사람들은 그때의 패닉과 붕괴를 잊었고 다시 광기를 보였다. 찰스 킨들버거는 『광기, 패닉, 붕괴: 금융위기의 역사』에서 1637년 튤립 버블부터 2008년 글로벌 금융위기까지 42차례의 주요 위기가 '변위(Displacement) – 활황(Boom) – 도취(Euphoria) – 정점(Peak) – 붕괴(Crash)'의 5단계[1] 패턴을 되풀이한다고 분석했다.

더 흥미로운 것은 "안정성이 불안정성을 낳는다"라는 경제학자 하이먼 민스키의 역설이다. 장기간의 경제 호황은 오히려 과도한 위험감수와 부채 증가로 이어져 결국 위기를 초래한다는 것이다. 2008년 금융위기 이전의 '대안정기'[2]가 이를 완벽하게 입증한다. 20여 년간 계속된 경제적 안정은 시장 참가자들로 하여금 위험을 과소평가하게 했고, 이는 결국 역사상 가장 심각했던 금융위기를 낳았다.

이러한 패턴의 반복은 단순한 우연이 아니다. 금융시장은 인간 심

---

[1] 찰스 킨들버거는 금융위기가 대체로 변위(경제 구조 변화 등으로 투자 관심이 이동), 활황(자산 가격 상승과 신용 팽창), 도취(투기 과열과 집단적 낙관), 정점(상승세 둔화와 불안 조짐), 붕괴(급락과 금융 불안)라는 5단계를 따라 전개된다고 보았다. 이 틀은 역사적 자산 버블의 반복 패턴을 설명하는 대표적 이론이다.

[2] 대안정기(Great Moderation)는 1980년대 중반부터 2007년 금융위기 직전까지 약 20년간 주요 선진국에서 관찰된 경제적 안정기를 뜻하는 명칭이다. 이 시기에는 실질 GDP 성장률, 인플레이션, 실업률 등 주요 거시경제 지표의 변동성이 크게 감소하고, 경기 침체의 빈도와 강도가 낮아졌다. 이 용어는 2002년 제임스 스톡(James Stock)과 마크 왓슨(Mark Watson)이 처음 사용하였으며, 2004년 벤 버냉키(Ben Bernanke)의 연설에서 대중적으로 소개되면서 널리 알려졌다. 또한, 이 시기를 '골디락스 경제(Goldilocks economy)'라 칭하기도 한다. 이는 동화『골디락스와 세 마리 곰(Goldilocks and the Three Bears)』에서 유래한 표현으로, 소녀 골디락스가 너무 뜨겁지도 차갑지도 않은 '딱 좋은' 수프를 선택한 것처럼, 경제가 과열되지도 침체되지도 않은 이상적인 상태를 의미한다.

리의 집단적 움직임과 신용 팽창, 그리고 그에 따른 과도한 낙관과 비이성적 투기가 만들어내는 구조적 현상이기 때문이다. 우리는 역사를 통해 시장이 어떻게 흘러가는지를 배우고, 그 흐름 속에서 언제 경계해야 하는지를 가늠할 수 있다.

둘째, 금융 혁신은 늘 리스크를 동반한다

금융 혁신은 경제 발전의 엔진이자, 동시에 새로운 리스크 탄생의 단초이기도 했다. 중세 이탈리아 은행가들은 이자 수취를 금지하는 기독교 교리를 환전 차익, 환어음, 해상보험 같은 금융 혁신으로 극복하며 신용을 창출했다. 이는 금융의 발전을 촉진했지만, 결국 1294년 영국의 에드워드 1세부터 유럽 왕가들의 반복되는 채무 불이행으로 이어졌고 은행들의 연쇄 파산과 금융위기를 야기했다.

1602년 암스테르담 증권거래소와 합자회사의 출범은 신대륙 개발에 필요한 대규모 자본 조달을 가능하게 했다. 하지만 이 혁신은 1720년 남해 버블, 미시시피 버블 같은 투기 광풍을 불러왔다. 그리고 19세기 철도 버블, 20세기 초 주식시장 과열까지, 금융 혁신은 늘 새로운 버블과 위기로 이어졌다.

19세기 후반, 전기·자동차·전화기 같은 혁신 기술의 등장은 '신경제' 논리를 낳았고, 이는 1890년대와 1920년대의 버블을 촉발했다. 이것은 1990년대 인터넷 기술 등장 이후 닷컴 버블의 양상과 놀랍도록 닮았다.

현대에도 마찬가지다. 1980년대 마이클 밀켄이 주도한 하이일드 정크본드는 중소기업 자금 조달을 활성화했지만, 1989년 저축대부조합 위기를 유발했다. 다우지수가 22.6% 폭락한 1987년 블랙 먼데이는 프로그램 트레이딩의 부작용을, 2000년대 CDO(Collateralized Debt Obligation, 부채담보부증권)와 CDS(Credit Default Swap, 신용부도스와프)는 2008년 글로벌 금융위기의 도화선을 제공했다. 9분 만에 다우지수가 1,000포인트 급락한 2010년 플래시 크래시[3]는 알고리즘 트레이딩의 위험성을 드러냈다.

종종 금융상품은 리스크를 분산시키기보다 은폐하거나 증폭시키는 결과를 가져오기도 했다. 2008년 금융위기의 주역이었던 CDO와 CDS는 애초 리스크 관리 도구로 개발되었다. 하지만 결국 시스템 전체의 위험을 증폭시키는 기폭제가 되었다. 이런 현상은 우리나라에서도 마찬가지였다. 자산유동화증권 ABS의 발전은 '카드채 사태'를, 외환파생상품 기법의 발전은 'KIKO 사태'를, 주식파생상품은 '홍콩 H지수 ELS 사태'를 야기했다.

---

[3] 2010년 5월 6일, 미국 증시는 단 9분 만에 다우존스 산업평균지수가 약 1,000포인트(약 9%) 급락하는 이른바 '플래시 크래시(Flash Crash)'를 겪었다. 이는 알고리즘 트레이딩의 위험성을 극명하게 드러낸 사건으로, 금융시장의 자동화와 고빈도 매매(High-Frequency Trading, HFT)의 취약점을 보여주었다.
플래시 크래시는 오후 2시 32분(미 동부 시간)경, 미국 캔자스시티 소재 자산운용사인 와델앤리드가 약 41억 달러 규모의 E-Mini S&P500 선물 계약 7만 5,000건을 자동화된 알고리즘을 통해 매도하면서 시작되었다. 이 알고리즘은 시장의 거래량만을 기준으로 매도 속도를 조절했으며, 가격이나 시간 요소는 고려하지 않았다. 그 결과, 매도 주문이 급격히 증가하면서 시장의 유동성은 빠르게 고갈되었다.
해당 매도 주문은 고빈도 매매 업체들에 의해 흡수되었지만, 이들은 보유한 계약을 빠르게 다시 매도하기 시작했다. 이러한 '핫 포테이토 효과'로 인해 동일한 계약이 반복적으로 거래되며 거래량이 급증했고, 이는 가격 하락을 더욱 가속화시켰다. 결국, E-Mini 선물 가격은 단 4분 만에 3% 하락했고, 이는 주식시장 전반으로 확산되어 다우지수가 1,000포인트 가까이 급락하는 결과를 초래했다.

이처럼 금융은 혁신과 규제 사이에서 진자 운동을 반복한다. 1933년 미국의 글래스-스티걸법[4]은 은행업과 증권업을 분리해 안정성을 확보했다. 하지만 1999년 이 법이 폐지된 후 투자은행의 과도한 레버리지는 2008년 위기를 초래했다. 혁신이 위기를, 위기는 규제를 불러오고 다시 혁신과 위기가 순환되는 구조. 역사는 이것이 금융의 본질적 속성임을 보여준다.

셋째, 안전 자산에 대한 맹신은 언제든 무너질 수 있다

많은 사람이 국채나 금을 '안전 자산'이라고 믿는다. 그러나 역사는 그 믿음을 무너뜨린 사례로 가득하다. 1294년 영국 에드워드 1세는 유대인 채권자들을 추방하며 채무 불이행을 선언했다. 16세기 스페인 합스부르크 왕가는 4차례 국가 부도를 기록했다. 1971년 일방적인 닉슨 쇼크로 달러-금 태환이 전격 중단되면서 브레튼우즈 체제는 붕괴됐고, 금은 기축통화의 지위에서 내려와야 했다.

영국의 철학자 데이비드 흄은 "모든 정부는 채무 불이행의 유혹에 직면한다"라고 경고했다. 실제로 역사학자 카르멘 라인하트와 케네스 로고프의 연구[5]에 따르면, 1800년부터 2009년까지 전 세계적으로 250건 이상의 국가 채무 불이행 사례가 있었다.

---

[4] 글래스-스티걸법(Glass-Steagall Act, Banking Act of 1933)은 1933년 미국 대공황 시기, 금융 시스템의 안정을 위해 제정된 법이다. 대공황 이후 미국의 금융 시스템을 개혁하고자 만들어진 대표적인 규제 법률로, 금융기관의 역할을 분리(예: 은행과 증권사의 역할 구분)해 리스크를 줄이고 예금을 보호하는 데 중요한 역할을 했다. 오늘날까지도 금융 규제 논의에서 자주 언급되는 역사적 전환점이다.

[5] Carmen M. Reinhart & Kenneth S. Rogoff, *This Time is Different: Eight Centuries of Financial Folly*, Princeton University Press, 2009.

중남미에서는 멕시코가 1982년 외환 보유고 고갈로 대외채무 지불유예를 선언하며 중남미 외채위기의 신호탄을 쏘아 올렸다. 아르헨티나는 1827년 첫 채무 불이행 이후 2020년까지 9차례나 디폴트(원리금 상환 만기일에 지불 채무를 이행할 수 없는 상태)를 선언한 '국가 부도'의 대표적 사례로 남았다. 러시아 역시 1998년 외환위기 당시 루블화 폭락과 함께 국채 상환을 중단했고, 이로 인해 일본 국채 등 글로벌 안전 자산까지 단기 급락하는 유동성 위기가 발생했다.

21세기에도 안전 자산에 대한 믿음은 계속 흔들린다. 유럽에서는 2010년대 초 'PIIGS(포르투갈, 이탈리아, 아일랜드, 그리스, 스페인)' 국가들이 연쇄적으로 재정위기를 겪었다. 2011년 S&P는 미국 국채 신용등급을 AAA에서 강등했고, 2023년 미국 10년물 국채 금리는 5%까지 치솟았다. 미국의 과도한 정부 부채 문제는 아직도 해결되지 않은 불안 요소로 남아 있다.

정부의 정책 변화, 국제 정세의 급변, 시장 신뢰의 동요 앞에서 안전 자산은 언제든 그 지위를 잃을 수 있다. 금융의 역사는 '절대 안전'이란 존재하지 않는다는 냉혹한 현실을 늘 입증해왔다. 안전 자산의 가치는 궁극적으로 정치적 안정성과 제도적 신뢰, 그리고 사회적 합의에 의존한다. 이는 금융의 본질이 수치와 모델을 넘어 사회적 신뢰와 권력 구조에 깊이 뿌리내리고 있음을 보여준다.

미국 정부의 급증하는 부채 부담, 기축통화 달러에 대한 의구심 확산, 예측하기 어려운 관세 정책에 따른 미국의 소프트 파워 약화 등 불확실성이 커지고 있는 현재의 금융 환경을 고려할 때, 안전 자산에 대한 역사적 성찰이 그 어느 때보다 절실하다.

넷째, 위기에 대응하려면 금융의 순환 메커니즘을 파악해야 한다

자본 이동의 자유화와 글로벌화는 경제 성장과 위험의 동시 확산을 가져왔다. 1985년 플라자 합의로 엔화가 50% 절상되자 일본은 부동산 버블을 경험했다. 이때 유출된 자금은 1980년대 후반 미국 부동산 버블, 1994년 멕시코 테킬라 위기, 1997년 아시아 외환위기, 2000년 닷컴 버블로 연쇄 전이되었다. 2008년 서브프라임 위기 때 미국 주택담보부증권(MBS)의 25%는 유럽 은행에서 매입되며 글로벌 신용경색을 초래했다.

경제학자 헬레네 레이는 국제 자본 유동성의 '갑작스러운 정지'가 개발도상국에 어떻게 심각한 위기를 초래하는지 분석했다.[6] 이러한 현상은 1997년 아시아 위기와 2013년 '테이퍼링 발작'[7] 사태에서 잘 드러났다.

국제결제은행에 따르면 2024년 6월 기준 글로벌 파생상품 잔액은 약 730조 달러로 세계 GDP의 7배를 넘는다. 이러한 파생상품시장의 성장은 위기의 전파 속도를 재촉한다. 1997년 헤지펀드의 태국 바트화 공격은 48시간 만에 인도네시아와 한국으로 전파되었고,

---

[6] 헬레네 레이(Rey, Hélène)는 2013년 잭슨홀 심포지엄에서 발표한 논문 「Dilemma not Trilemma: The Global Financial Cycle and Monetary Policy Independence」을 통해 글로벌 자본 흐름과 금융 사이클의 동조화가 개별 국가의 통화 정책 자율성을 약화시키며, 특히 신흥국들에 취약하다고 지적했다.

[7] 2013년 '테이퍼링 발작'은 미 연준이 양적 완화 축소를 예고하면서 촉발된 글로벌 금융시장 불안 사태다. 양적 완화 축소(테이퍼링)가 곧 시작될 수 있다는 벤 버냉키의 발언(2013년 5월 22일 미 하원 증언)이 있자 미국 금리가 급등(10년물 기준 약 1.6% → 3%)하고 달러 강세가 심화되었고, 신흥국에서 자본이 대거 유출되며 통화 가치와 증시가 급락했다. 인도, 브라질, 터키 등 '취약한 5개국'은 특히 큰 충격을 받았다. 이 사건은 선진국 통화 정책 변화가 신흥국 경제에 미치는 영향을 부각시켰다. 이후 신흥국들은 외환 보유고 확충과 경제 체질 개선에 나섰다.

2008년 리먼브러더스 파산은 3일 만에 21개국 증시에서 10% 이상 폭락을 불러왔다. 2020년 코로나 쇼크 때는 달러 유동성 확보를 위한 자산 매각이 신흥국 채권시장을 강타했다.

디지털 기술은 이러한 글로벌 전염 속도를 더욱 빠르게 한다. 24시간 글로벌 거래와 알고리즘 트레이딩으로 시장 충격은 이제 순식간에 전 세계로 확산된다. 디지털화와 글로벌화는 자본 흐름을 가속했지만, 동시에 위기 전염의 속도도 비약적으로 키웠다.

위기가 어디서 시작되고 어떻게 전파되는지 이해하는 것은 미래 대응의 핵심이다. 1929년 대공황은 실물경제(생산과잉)에서 시작해 주식시장 붕괴, 은행 파산, 신용경색으로 이어졌다. 반면, 2008년 위기는 금융 시스템(서브프라임 부실)에서 시작해 신용경색, 실물경제 위축의 역방향 전파가 일어났다. 1997년 한국 외환위기는 기업 부도 → 은행 부실 → 외환 유출의 삼각 고리를 형성했다.

이러한 역설적인 순환 구조에 대해 IMF 이코노미스트 올리비에 블랑샤르는 금융위기는 종종 '금융과 실물경제 간의 악순환 고리'를 형성한다고 지적했다. 금융위기가 실물경제를 위축시키고, 이것이 다시 금융 시스템의 부실을 심화시키는 '금융 가속기' 메커니즘이다.

다섯째, 인류는 학습을 통해 회복 능력을 발전시켜 왔다

금융의 역사를 돌아보면 위기와 붕괴만 있는 것은 아니다. 인류는 매번 위기를 겪으며 더 나은 시스템을 구축하고 대응 능력을 진화시켜 왔다. 1873년 대공황(Long Depression)[8]의 교훈은 1929년 대공황(Great Depression) 극복의 반면교사가 되었고, 1929년의 경험은 2008년 금융위기를 극복하는 데 큰 도움이 되었다. 특히 대한민국의 1997년 IMF 외환위기의 교훈은 2008년 금융위기를 세계 어느 나라보다 더 빠르게 극복하는 데 도움을 주었다. 그리고 2008년의 교훈을 통해 2020년 COVID-19 경제위기를 더 효과적으로 극복할 수 있었다. 이것이 바로 역사가 우리에게 주는 희망의 메시지다.

중앙은행의 '최종 대부자'[9] 역할은 위기를 겪으며 진화해왔다. 1873년 영국 베어링스 은행 위기 때 영란은행은 구제금융으로 시스템 붕괴를 막았고, 2008년 미국 연준은 유동성 공급으로 신용경색을 완화했다. 2020년 코로나 위기에서는 중앙은행들이 회사채 직접 매입까지 확대하며 전통적 역할의 경계를 넘어섰다.

위기 대응 정책 도구 역시 꾸준히 진화했다. 19세기 중앙은행이 주로 할인율 조정에 의존했다면, 현대는 양적 완화,[10] 마이너스 금리,

---

[8] 철도 산업의 과잉 투자, 부채 확장, 독일 통일 후 유럽 내 통화 정책 변화에 따라 20년 가까운 경기 침체가 지속되었던 대공황이다. 1929년 대공황 발생 이전, '대공황'이라 함은 1873년 대공황을 지칭했다. 훗날 1929년 대공황이 발생하고 역사가들이 'Great Depression'(1929년)과 'Long Depression'(1873년)으로 구분하여 부르게 된다.

[9] 최종 대부자란, 시장에 경색이 발생하거나 금융기관들이 유동성 위기에 직면했을 때, 중앙은행이 마지막 수단으로 자금을 공급해주는 기능을 의미한다. 이는 건전한 금융기관들이 일시적으로 자금이 마르지 않게 도와 금융 시스템 전체가 무너지지 않도록 막기 위한 조치다. 이 개념은 19세기 영국에서 처음 등장했다. 당시 영란은행이 금융시장의 위기 때마다 유동성을 공급하며 자연스럽게 이 역할을 하게 되었고, 1873년 영국 경제학자 월터 배젓이 그의 저서 『Lombard Street』에서 이 개념을 정리했다.

[10] 양적 완화(Quantitative Easing, QE)는 중앙은행이 기준금리를 사실상 0% 수준까지 인하한 이후에도 경기 부양이 필요할 경우 사용하는 비전통적 통화 정책 수단이다. 중앙은행이 국채, 주택담보부증권 등 금융자산을 대규모로 매입하여 시중에 유동성을 직접 공급함으로써 장기금리를 낮추고 총수요를 자극하는 것이 목적이다. 2008년 글로벌 금융위기 이후 미국 연방준비제도, 유럽중앙은행, 일본은행 등이 주요하게 채택하면서 전 세계 통화 정책 패러다임의 전환을 이끈 정책으로 평가된다.

포워드 가이던스[11] 등 비전통적 정책을 병행한다. 또한, 2008년 이후 중앙은행들은 거시 건전성 정책과 스트레스 테스트 같은 사전 예방적 접근법을 대폭 강화했다.

금융 규제와 감독 체계도 계속 발전해왔다. 1930년대 대공황 이후 예금보험제도와 은행 분리법이 도입되었고, 2008년 위기 이후에는 바젤 Ⅲ, 도드-프랭크법[12] 등 포괄적 금융 규제가 강화되었다. 이러한 제도적 학습은 금융 시스템 안정성의 견고한 기반이 되었다.

기술 발전 또한 위기 대응 능력을 획기적으로 향상시켰다. 실시간 모니터링 시스템, 정교한 스트레스 테스트, 빅데이터를 활용한 위험 분석은 과거와 비교할 수 없을 정도로 정밀한 예방과 대응을 가능하게 한다. 2023년 실리콘밸리뱅크 사태는 디지털 시대 금융 패닉의 새로운 전파 경로를 보여줬지만, 동시에 신속한 정책 대응으로 시스템 붕괴를 막은 효과적인 대응 사례로 기록되었다.

역사를 통해 미래를 대비하는 지혜

금융의 역사는 단순한 경제 사건이 아니다. 사람들의 욕심과 두려움이 어떻게 금융 시스템을 뒤흔드는지 보여주는 생생한 사례다. 과

---

[11] 포워드 가이던스(Forward Guidance)는 중앙은행이 미래의 금리 방향이나 통화 정책 계획을 사전에 시장에 알리는 정책 수단이다. 이를 통해 시장의 기대를 조율하고, 현재의 경제 활동과 금융시장에 영향을 미치는 것이 목적이다. 2008년 글로벌 금융위기가 절정에 달하던 2008년 12월, 연준은 기준금리를 제로(0~0.25%) 수준으로 인하하면서 처음으로 '장기간 저금리 유지' 방침을 공식 언급했다. 이는 포워드 가이던스를 본격 도입한 출발점으로 평가된다. 실제로 당시 이 발표는 장기 금리 하락과 소비·투자 촉진 효과를 발휘하며 빠르게 금융위기를 극복하는 데 도움을 주었다.
[12] 291쪽 '딥 임팩트, 2008년 서브프라임 금융위기' 참조.

거의 거품과 위기를 공부하는 이유는 단순히 지식을 늘리기 위해서가 아니다. 앞으로 새로 나타날 기술이나 투자상품이 진짜 혁신인지, 아니면 거품인지 구별할 수 있는 눈을 기르기 위해서다. 이것은 "이번만은 다르다"라는 달콤한 유혹에 속지 않고 차분하게 판단하는 힘이다.

결국, 금융의 역사는 미래를 준비하는 데 꼭 필요한 지침이다. ① 금융시장의 순환적 패턴, ② 기술 혁신과 리스크의 양면성, ③ 안전 자산 신화의 불안정성, ④ 순환의 메커니즘과 속도, ⑤ 인류의 학습과 진화 능력까지. 역사는 미래의 금융위기를 냉정하게 바라보고 현명하게 대응할 지혜를 우리에게 제공한다.

금융의 역사는 끝나지 않은 서사이다. 우리는 늘 다음 위기에 대비하면서 살아가야 한다. 그렇기에 역사가 남긴 교훈을 참고하여, 모두가 더 안정적이고 지혜롭게 미래를 대비했으면 한다. 그리고 언젠가 다음 금융위기를 만났을 때 공포에 떨지 않았으면 한다. 공포로 인해 비이성적인 판단과 실수를 하지 않았으면 한다. 금융의 역사는 공포로 점철되어 있지만, 우리가 공포에 휘둘리지 않아도 되는 이유 역시 역사를 통해 알 수 있기 때문이다.

소외당한 천재가 예견한
위기 순환의 원리

금융의 역사를 따라가다 보면 금융위기는 반복된다. 왜 위기는 반복되는 것일까? 위기의 역사 속에서 분명 교훈을 얻었을 텐데, 왜 또 유사한 패턴이 되풀이되는 것일까?

경제는 일정한 사이클을 가지고 주기적으로 변동한다. 이는 경제학에서 확립된 기본 이론이다. 키친 파동(3~5년 주기), 주글라 파동(7~11년 주기), 쿠즈네츠 파동(15~25년 주기), 콘드라티예프 파동(45~60년 주기)과 같은 경기 변동 주기는 널리 알려져 있다.

하지만 이런 이론들은 경제위기가 반복된다는 현상은 설명하지만, "왜 그런 일이 일어나는가?"라는 근본적인 원인, 특히 금융적 측면에서의 요인은 명확하게 밝히는 데 부족함이 있다. 독창적인 통찰력을 지닌 경제학자 하이먼 필립 민스키의 이론은 이 부족한 부분을 더욱 심층적으로 분석하고 설명한다. 더 나아가 민스키 이론을 알면

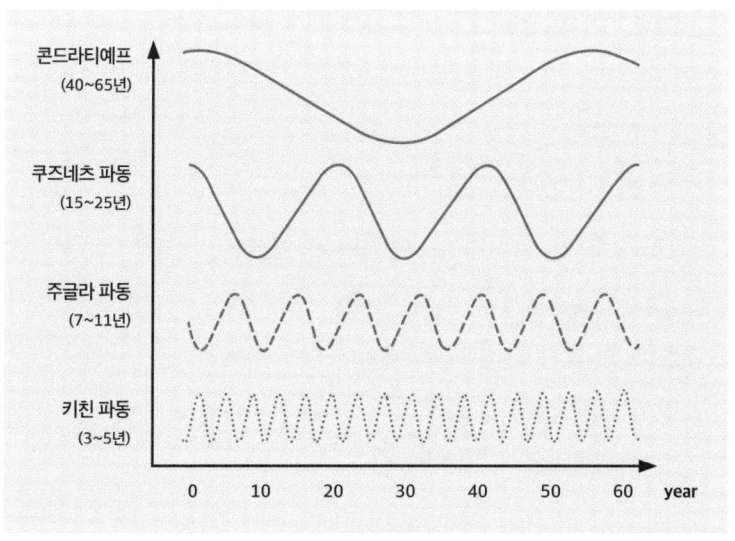

그림 1-1 | 경기 변동 주기

'금융위기가 언젠가 반드시 다시 온다'라는 확신도 갖게 된다.

자본주의는 본질적으로 불안정하다

하이먼 민스키는 1919년 9월 23일 시카고에서 태어났다. 그는 벨라루스에서 온 유대인 이민자 가정의 자녀로, 어머니는 초기 노동조합 운동에 적극적으로 참여했고, 아버지는 시카고 사회주의당에서 활동했다. 이러한 가정 배경은 민스키가 평생에 걸쳐 자본주의 시스템에 대한 비판적 시각을 갖게 하는 데 큰 영향을 미쳤다.

민스키는 시카고대학교에서 수학을 전공했지만, 이후 경제학으로 방향을 틀어 하버드대학교에서 박사학위를 받았다. 그는 하버드대학교에서 조지프 슘페터와 바실리 레온티예프 같은 저명한 경제학자들의 지도를 받았다. 그리고 슘페터의 혁신과 창조적 파괴에 대한 이론은 민스키가 자본주의의 역동적인 특성을 이해하는 데 깊은 영향을 주었다.

그는 카네기멜런, 브라운, 버클리 등 유수의 대학에서 가르쳤으며, 특히 워싱턴대학교에서 오랜 기간 재직하며 자신의 독창적인 이론을 발전시켰다. 민스키는 존 메이너드 케인스의 사상에 깊이 영향을 받았지만, 당시 주류 경제학계가 케인스 이론을 잘못 이해하고 금융시장의 불안정성을 제대로 보지 못한다고 비판하며 '포스트 케인스주의' 경제학자로 자리매김했다.

대표작으로는 『John Maynard Keynes(존 메이너드 케인스)』(1975)와 『Stabilizing an Unstable Economy(불안정한 경제의 안정화)』(1986) 등이 있으며, 이 저서들을 통해 민스키는 자본주의 경제가 본질적으로 안정적이라는 당시의 지배적인 믿음에 정면으로 도전했다. 그는 금융 시스템이 견고함과 취약함 사이를 오가며, 이러한 변동 자체가 경기순환을 만들어내는 핵심적인 부분이라고 보았다.

민스키는 포스트 케인스주의 경제학자로 분류되지만, 그의 사상은 케인스주의의 전통을 넘어서는 독창적인 통찰력을 보여준다. 그는 케인스주의의 전통에 따라 금융시장에 대한 정부 개입을 지지했고, 1980년대의 금융 규제 완화에 반대했으며, 위기 때 연방준비제도가 최종 대부자 역할을 하는 것의 중요성을 강조했다. 또한, 금융시장에서 민간 부채가 과도하게 쌓이는 것에 대해 경고했는데, 이 지적은 훗날 서브프라임 위기에서 그대로 현실화되었다.

1996년 민스키가 세상을 떠날 때까지도 그의 이론은 주류 경제학계에서 거의 주목받지 못했다. 그러나 2008년 서브프라임 모기지 위기가 전 세계 금융 시스템을 뒤흔들면서 수십 년 동안 무시되었던 그의 '금융 불안정성 가설(Financial Instability Hypothesis, FIH)'이 갑작스럽게 주목받기 시작했다.

민스키의 이론은 자본주의 경제가 본질적으로 불안정하며, 안정 자체가 불안정을 낳는다는 역설적인 통찰을 제시한다. 그의 금융 불안정성 가설은 지진이나 전쟁 같은 외부 충격 없이도 경제 시스템 내부의 역학만으로 경기 순환과 금융위기가 발생할 수 있다고 주장한다. 그리고 경제가 어떻게 안전한 단계에서 점점 더 위험한 단계로 이행하며, 결국 위기에 이르게 되는지를 3단계로 나누어 설명한다.

이 이론은 2008년 서브프라임 위기와 1997년 아시아 금융위기 등 실제 역사적 사례에서 그 설명력을 입증했다. 또한, 현대 투자자와 경제 정책 입안자들에게 위험 관리와 경제를 바라보는 통합적 관점의 중요성을 일깨워준다. 오늘날 금융시장의 격동 속에서 우리는 종종 예측하기 어려운 위기에 직면하곤 한다. 이때마다 그의 통찰은 현재의 위기를 이해하고 미래를 대비하는 데 중요한 나침반이 되어준다.

금융 불안정성 가설의 핵심: "안정이 불안정을 낳는다"

하이먼 민스키의 금융 불안정성 가설은 전통적인 주류 경제학의 '균형 이론'에 정면으로 도전하는 혁신적인 이론이다. 애덤 스미스로 대표되는 고전학파 경제학은 경제를 균형을 추구하고 유지하는 시스템으로 이해했다. 이와 달리 민스키는 자본주의 경제가 본질적으로 불안정한 시스템이라고 주장했다. 그의 이론에 따르면, 경제적 안정 자체가 불안정을 낳는 내재적 역학을 갖고 있다.

이 이론은 자본주의 경제가 수많은 유형자산(공장, 건물, 기계 등)과 복잡한 금융 시스템이 결합된 특성에서 출발한다. 민스키는 시스템 전체의 경제적 행동의 핵심 결정 요인을 이윤 수준이라 보았다. 그리고 빚은 단순한 금융 도구가 아니라 시스템 전체의 행동을 좌우하는 핵심 변수가 된다고 파악했다. 그 결과 민스키 이론의 가장 독창적인 부분이 탄생했는데, 그는 경제 주체들이 벌어들이는 이윤과 갚아야 할 빚의 관계를 3가지 유형으로 분류했다.

'헤지 파이낸싱'은 가장 안전한 형태로, 기업이나 개인이 경제 활동에서 벌어들이는 돈만으로 빚의 원금과 이자를 모두 갚을 수 있는

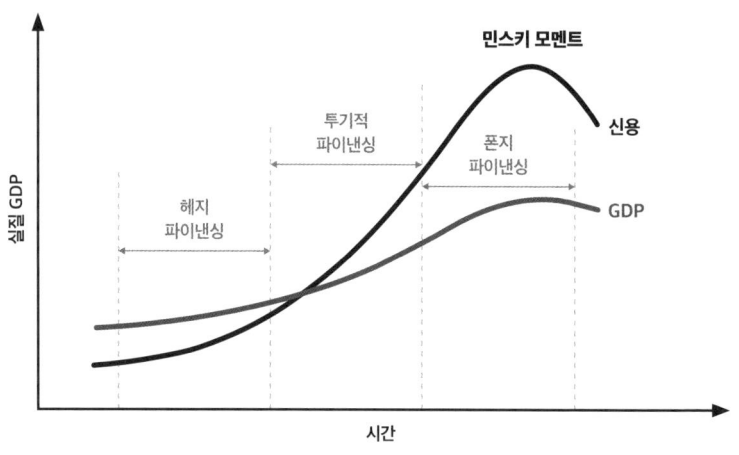

그림 1-2 | 민스키 이론에서의 '이윤과 빚의 관계' 3가지 유형

상태를 의미한다. 쉽게 말해, 차입자가 매달 벌어들이는 수익으로 은행 대출의 원금과 이자를 충분히 갚고도 생활비가 남는 상황이다. 이 단계에서는 은행과 차입자 모두 보수적이며, 대출 규모도 적정 수준을 유지한다. 그렇기에 이 단계에서 경제는 균형을 유지하고 안정적인 모습을 가진다.

그런데 '투기적 파이낸싱' 단계로 넘어가면 상황이 달라진다. 이 단계에서 차입자는 이자는 낼 수 있지만 원금을 갚기 위해서는 자산을 팔거나 새로운 대출을 받아야 한다. 예를 들어, 부동산에 투자한 사람이 임대료 수입으로 매달 대출 이자를 낼 수 있지만, 원금을 갚으려면 나중에 그 부동산을 다시 팔아야 하는 상황이다. 일반적으로 이런 대출은 가치가 오르고 있는 자산을 담보로 이루어진다. 그렇기에 경제가 계속 좋아지고 있다는 자신감이 있어야 가능하다. 은행들이 담보 가치에 대한 믿음을 가지고 대출 조건을 완화하는 시기이기도 하다.

가장 위험한 단계인 '폰지 파이낸싱'에서는 차입자가 경제 활동에서 벌어들이는 돈만으로는 이자조차 낼 수 없는 상태가 된다. 이전 위기를 잊은 은행들은 신용도가 낮은 기업과 가계에도 대출을 제공한다. 폰지 파이낸싱 상태에서 경제 주체들은 이자를 내기 위해 계속 새로운 대출을 받아야 하므로, 빚은 늘어나고 자기 돈은 줄어들어 위험해진다. 이는 마치 신규 투자자의 돈으로 기존 투자자에게 수익을 지급하는 폰지 사기와 비슷한 구조라서 이런 이름이 붙었다.

민스키의 핵심 통찰은 헤지 파이낸싱이 지배적인 경우 경제가 균형을 추구하고 유지할 수 있지만, 투기적 파이낸싱과 폰지 파이낸싱의 비중이 클수록 경제가 '편차 증폭(Deviation-amplifying)' 시스템,[13] 즉 작은 변화가 큰 변화로 이어지는 불안정한 상태가 될 가능성이 크다는 것이다.

경제가 장기간 호황을 누리면, 헤지 금융의 비중은 줄어들고 투기적 금융과 폰지 금융의 비중이 점차 커지는 경향을 보인다. 경제가 안정적 구조에서 불안정한 구조로 자연스레 이동하는 것이다. 이러한 변화는 차입자와 대부자 모두의 위험 감수 성향 증가에 기인하며, 새로운 금융상품의 개발과 규제 완화는 이러한 경향을 더욱 부추길 수 있다.

이러한 불안정성의 정점에 이르면, 우리는 '민스키 모멘트'를 맞이하게 된다. 장기간의 성장과 투기적 활동, 과도한 부채 축적이 일어난 후 갑작스럽게 자산 가격의 붕괴가 일어나는 시점이다. 1998년 투자회사 핌코의 폴 맥컬리가 1997년 아시아 외환위기를 설명하며 처음 사용한 이 용어는, 지속되었던 강세장이 끝나는 폭발적인 순간을 뜻하며 널리 사용되었다. 민스키 모멘트 이후에는 빚을 갚기 위해 자산을 팔면서 가격이 더 떨어지는 악순환인 '부채 디플레이션'이 작동하며, 채무 불이행과 금융기관의 손실이 연쇄적으로 발생하여 경제 활동이 전반적으로 위축된다.

---

13 경제가 본래 균형으로 돌아가는 것이 아니라, 불안정성과 위험이 점점 더 커지는 방향으로 스스로를 강화하는 시스템을 말한다. 일반적인 경제학 이론에서는 시장이 자기 조정(self-correcting) 기능을 통해 충격 후에 균형으로 복귀한다고 본다. 하지만 민스키는 이와 달리 일부 경제 시스템은 초기의 작은 변화(편차)가 시간이 갈수록 더 크게 증폭될 수 있다고 주장했다. 즉, 어떤 외부 충격이나 금융 활동이 시스템 내부에서 피드백 루프를 통해 위험과 불안정을 증폭시키며, 결국 버블 형성이나 금융위기로 이어질 수 있다는 것이다.

민스키 이론의 탁월함과 현대적 의미

민스키 이론의 혁신적인 측면은 경제위기가 외부 충격이 아닌 시스템 내부의 역학으로부터 발생한다는 '내생적 불안정성' 개념이다. 이는 전통적인 경제학이 경제를 외부 충격에 대응하는 균형 시스템으로 이해했던 것과는 근본적으로 다른 관점이다.

민스키 이론의 또 다른 탁월한 점은 '안전 쿠션' 개념을 통해 금융 불안정성을 구체적으로 측정 가능한 형태로 제시했다는 것이다. 이 개념은 전설적인 투자자였던 벤저민 그레이엄과 연관된 아이디어로, 투자 프로젝트의 예상 수익과 금융 비용 사이에 얼마나 여유가 있는지를 다룬다. 쉽게 말해, 매달 벌어들일 것으로 예상되는 돈과 매달 갚아야 할 대출 이자 사이의 여유분이 얼마나 되는지를 보는 것이다.

이론의 예측력 또한 주목할 만하다. 민스키는 이미 1980년대에 금융 규제 완화의 위험성을 경고했고, 민간 부채의 과도한 축적에 대해 우려를 표명했다. 그의 이론이 수십 년간 무시되었다가 2008년 서브프라임 위기 이후 갑작스럽게 주목받게 된 것은 바로 이러한 예측력 때문이다. 그 결과 《월스트리트저널》, 《파이낸셜타임스》, 《이코노미스트》 같은 전통적인 금융 매체들이 민스키를 '모호한 경제학자'에서 '선견지명이 있는 이론가'로 재평가하기 시작했다.

민스키 이론이 오늘날 중요해지는 이유는 금융 시스템이 점점 더 복잡해지는 상황에서 더욱 빛을 발하기 때문이다. 그의 이론은 단순히 개별 기업이나 은행의 부실을 예측하는 것을 넘어, 시스템 전체의 안정성이 어떻게 점진적으로 약해지는지를 보여준다. 안정성 자체가 위험한 행동을 조장하고, 이것이 결국 시스템 전체를 위험에 빠뜨린다는 그의 통찰은 현대 금융 규제와 위험 관리에 핵심적인 시사점을 제공한다.

또한, 민스키의 이론은 정부와 중앙은행의 역할에 대한 새로운 관점을 제시한다. 그는 중앙은행이 최종 대부자로서 역할을 하는 것의 중요성을 강조했으며, 이는 2008년 위기 당시 각국 중앙은행들이 취한 적극적 유동성 공급 정책의 이론적 근거가 되었다. 민스키의 관점에서 보면, 정부의 개입은 시장 실패를 고치는 것이 아니라 자본주의 시스템이 본래 가지고 있는 불안정성을 관리하는 데 필수적인 요소이다.

서브프라임 위기, 민스키의 경고가 현실이 되다

2008년 전 세계를 뒤흔들었던 서브프라임 모기지 위기는 민스키가 경고했던 '금융 불안정성 가설'이 현실에서 그대로 재현된 듯했다. 위기 전문가 얀 크레겔의 분석에 따르면, 서브프라임 모기지 상품 자체가 민스키가 강조했던 '안전 마진'이 점점 줄어들도록 설계되어 있었다고 한다.

처음에는 대출받는 사람들의 소득이 충분해서 이자와 원금을 갚는 데 문제가 없을 것이라 생각했다. 하지만 시간이 지나면서 이자율이 재조정될 때, 원래처럼 안전 마진을 유지하려면 몇 가지 조건이 꼭 충족되어야 했다.

첫째, 금리가 처음 대출받았을 때처럼 낮게 유지되거나 더 내려가야 했다. 하지만 미국 연준이 금리를 정상 수준으로 올릴 계획이었기 때문에 이건 불가능에 가까웠다. 둘째, 늘어난 이자를 감당할 만큼 대출받은 사람들의 소득이 올라야 했다. 그런데 당시 경제 상황을 보면 평균 소득이 그렇게 오르지 않았다. 그러니 이것도 기대하기 어려웠다. 셋째, 담보인 주택 가격이 안정적으로 유지되거나 충분히 올라야 했다. 그래야 나중에 집을 팔아서라도 빚을 청산할 수 있었다. 하지만 대부분의 전문가들은 부동산 시장이 이미 거품 상태라고 경고하고 있었다.

서브프라임 모기지는 초반에는 큰 문제가 없어 보이는 '헤지 파이낸싱'이었다. 하지만 금리가 재조정되면서 상황이 급변했다. 대출받은 사람들은 늘어난 이자 비용을 감당하기 위해 더 많은 돈을 다시 빌려야 하는 상황에 처했다. '폰지 파이낸싱'과 같은 위험한 구조로 변질된 것이다.

이 문제에 복잡성을 더한 것은 주택담보부증권이었다. 이 증권은 SPC라는 별도 회사를 통해 서브프라임 모기지를 사들여 발행했는데, 이때 '초과 담보 비율'이라는 개념이 민스키가 말한 '안전 마진'과 같은 역할을 했다. 하지만 시간이 지나면서 집값 하락이 이 안전 마진을 훼손시켰고 원금 상환이 곤란해지는 상황이 도래했다. 결국, 대출받은 사람들의 손실은 주택담보부증권이라는 매개체를 통해 금융 시스템 전체의 위기로 번지게 되었다.

2008년의 사례는 민스키 이론의 핵심적 통찰을 완벽히 보여주는 실증적 역사로 남았다. 2000년대 초중반의 저금리 환경과 부동산 호황으로 시스템이 안정적으로 보이는 기간을 거치면서 금융기관들과 차입자들은 점점 위험한 행동을 취했다. 초기의 보수적인 대출 관행

(헤지 파이낸싱)에서 시작해 이자만 지불 가능한 대출(투기적 파이낸싱)로, 최종적으로는 원금과 이자 모두 감당할 수 없는 대출(폰지 파이낸싱)로 점진적으로 이행했다. 이 과정에서 안전 마진은 지속적으로 감소했고, 결국 시스템 전체가 붕괴했다.

아시아 금융위기: 또 다른 민스키 모멘트

1997~1998년 아시아 금융위기 역시 민스키의 금융 불안정성 가설로 설명할 수 있는 대표적인 사례다. 이 위기는 금융 불안정성과 과도한 빚의 레버리지가 중요한 특징이었으며, 민스키의 몇 가지 주장의 타당성을 입증했다. 아시아 위기는 외부 충격이라기보다는 지역 내 금융 시스템의 내재적 불안정성이 축적되어 폭발한 사례로 해석할 수 있다.

1990년대 초중반 아시아 경제들은 급속한 성장을 경험하면서 해외 투자자들의 신뢰를 얻었다. 이 시기는 민스키의 분류에 따르면 헤지 파이낸싱에서 투기적 파이낸싱으로 이행하는 단계였다. 태국, 인도네시아, 말레이시아 등의 국가들은 경상수지 적자를 해외에서 빌린 단기 달러 차입으로 메우기 시작했고, 많은 기업이 달러로 대출받아 자국 통화로 투자하는 환율 위험을 안고 있었다.

이 과정에서 아시아 경제들의 안전 마진이 지속적으로 감소했다. 국가 차원에서는 외환 보유고 대비 단기 외채 비율이 위험한 수준으로 증가했고, 기업 차원에서는 부채 비율이 급격히 상승했다. 특히 한국의 재벌 기업들과 태국의 부동산 개발 업체들은 단기 외화 대출로 장기 투자를 하는 전형적인 만기 불일치 상황에 처했다. 이는 민스키가 경고한 투기적 파이낸싱의 전형적인 모습이었다.

위기 직전 상황은 폰지 파이낸싱의 특징을 보여주었다. 일부 기업들과 금융기관들은 기존 부채의 이자를 지불하기 위해 새로운 대출을 받았다. 태국의 경우 부동산 버블이 절정에 달했을 때, 많은 개발업체가 건설 프로젝트에서 발생하는 현금흐름만으로는 대출금의 이자조차 감당할 수 없는 지경에 이르렀다. 이들은 부동산 가격이 계속 오르는 것에만 의존해서 생존할 수밖에 없었다.

아시아 위기의 촉발점은 태국이 1997년 7월 바트화의 달러 페그를 포기하면서 시작되었다. 이는 민스키 모멘트의 전형적인 예였다. 통화 가치 하락으로 달러 부채의 자국 통화 기준 부담이 급격히 증가했고, 이것이 연쇄반응을 일으켜 지역 전체로 확산되었다. 외국 투자자들이 일제히 자금을 회수하면서 유동성 위기가 발생했고, 많은 기업이 연쇄 도산했다.

아시아 위기의 해결 과정에서도 민스키의 통찰은 유효했다. 국제통화기금의 초기 대응은 긴축 정책을 통한 신뢰 회복에 초점을 맞췄지만, 이는 오히려 경기 침체를 악화시켰다. 결국, 각국 정부와 중앙은행이 적극적인 유동성 공급과 구조조정을 통해 금융 시스템을 안정화시켜야 했다. 이는 민스키가 강조한 정부의 최종 대부자 역할의 중요성을 보여주는 사례였다.

현명한 투자자와 경제인을 위한 민스키의 교훈

민스키의 금융 불안정성 가설은 현대의 투자자와 경제 활동 참여자들에게 여러 가지 중요한 시사점을 제공한다. 이러한 교훈들은 단순한 투자 기법을 넘어 경제 시스템에 대한 근본적인 이해와 위험 관리 철학을 포함한다.

첫째, 안정적일수록 경계심을 가져야 한다. 민스키 이론의 핵심은 "안정이 불안정을 낳는다"는 역설이다. 경제가 평온해 보이고 위기가 기억에서 잊힐 때, 사람들은 점점 더 위험한 행동을 하게 된다. 현명한 투자자는 시장이 조용할 때일수록 더 신중해야 하고, 모두가 낙관적일 때 긴장을 늦추지 않아야 한다. 워런 버핏이 말한 "다른 사람들이 탐욕스러울 때 두려워하라"는 격언은 민스키 이론과 같은 맥락이다.

둘째, 부채와 레버리지를 체계적으로 관리해야 한다. 민스키의 파이낸싱 분류는 개인과 기업의 재정 상태를 평가하는 강력한 도구다. 투자자는 자신의 투자나 사업이 헤지 파이낸싱, 투기적 파이낸싱, 폰지 파이낸싱 중 어디에 해당하는지 꾸준히 점검해야 한다. 특히 부동산 투자나 빚을 내서 하는 투자에서는 현금흐름만으로도 원금과 이자를 갚을 수 있는 헤지 파이낸싱 구조를 유지하는 것이 필요하다. 자산 가격 상승에만 기대는 투자는 결국 폰지 파이낸싱이 될 위험이 크다.

셋째, 안전 마진의 중요성을 인식해야 한다. 벤저민 그레이엄이 강조한 안전 마진 개념처럼, 투자자는 예상 수익과 비용 사이에 충분한 여유를 두어야 한다. 이는 단순히 개별 투자의 수익성뿐만 아니라 전체 투자 포트폴리오의 안정성을 고려한 접근이다. 아무리 좋은 자산이라도 필요할 때 현금으로 바꿀 수 없다면 위험할 수 있다. 시장이 좋을 때일수록 안전 마진을 늘리고, 포트폴리오에 일정 비율의 현금성 자산을 유지하여 위기 상황에 대비해야 한다. 모든 계획이 완벽하게 흘러갈 것이라고 가정해서는 안 된다.

넷째, 시스템 전체의 위험을 이해해야 한다. 민스키 이론은 각 개인이 합리적으로 행동하더라도 전체 시스템은 비합리적으로 변해 불안정해질 수 있음을 보여준다. 따라서 투자자는 자신의 투자 결정을 내릴 때 다른 사람들의 행동과 시스템 전체의 흐름을 고려해야 한다. 특히 모든 사람이 같은 전략을 쓸 때는, 그 전략이 더 이상 통하지 않는 순간 민스키 모멘트가 올 것이라는 가능성을 염두에 두어야 한다.

다섯째, 정부와 중앙은행의 정책을 면밀하게 관찰해야 한다. 민스키는 정부와 중앙은행이 시스템의 안정성을 유지하는 데 중요한 역할을 한다고 보았다. 중앙은행의 금리 정책은 우리가 감당해야 할 이자 비용의 크기를 결정한다. 이는 서브프라임 위기에서 그 중요성이 입증되었다. 따라서 현명한 투자자는 통화 정책과 재정 정책의 변화를 주의 깊게 살피고, 이것이 금융 시스템의 안정성에 어떤 영향을 미칠지 평가해야 한다. 금리 변화는 민스키의 파이낸싱 구조 변화에 직접적인 영향을 미치므로 특별히 더 주의해야 한다.

민스키 이론은 자본주의 시스템이 길게 보면 성장하지만 언제나 주기적으로 위기를 겪는다는 것을 보여준다. 투자자는 장기적인 성장에 대한 믿음을 가지면서도, 단기적인 위기와 변동성에 대비해야 한다. 이는 분산 투자, 위험 관리, 그리고 시장의 흐름에 반하는 역방향 투자 전략을 통해 가능하다.

결국, 민스키의 이론은 우리에게 불안정성을 받아들이는 지혜를 가르친다. 완벽한 안정성을 좇기보다는, 불안정성을 자본주의 시스템의 본질적인 특성으로 인정하고 이에 적절히 대응하는 것이 더 현실적인 접근이다.

금융위기의 전조 증상과
핵심 패턴

"시장에는 언제나 신호가 있다.
문제는 사람들이 그것을 들으려 하지 않는 데 있다."

— 벤 버냉키

1997년 1월 한보그룹을 시작으로 삼미, 미도파, 진로, 기아, 심지어 대우그룹까지, 대기업의 부채와 부실 문제가 연이어 수면 위로 떠올랐음에도 불구하고 "설마 대기업이 망하겠어"라는 안일한 반응이 지배적이었다. 1996년 앨런 그린스펀 당시 연준 의장이 주식시장을 '비이성적 과열'이라 경고했지만, 사람들은 2000년 닷컴 버블이 붕괴된 후에야 그의 경고를 되새겼다. 2008년 가을 글로벌 금융시장이 무너져 내렸을 때도, 사람들은 2007년 뉴센추리 파이낸셜의 파산과 BNP 파리바의 서브프라임 펀드 환매 중단이 시장 붕괴의 전조였다는 것을 뒤늦게 깨달았다.

경제가 호황의 정점에 있을 때, 모든 것이 완벽해 보인다. 기업들의 실적 발표는 연일 시장의 기대를 뛰어넘고, 부동산 가격은 마치 중력을 거스르듯 끝없이 상승하며, 주식시장은 매일 새로운 기록을 경신한다. 은행들은 풍부한 유동성으로 대출 문턱을 낮추고, 투자자들은 더 높은 수익률을 찾아 위험한 상품들로 몰려든다. 거리에는 새로운 부자들의 성공담이 넘쳐나고, 전문가들은 '경제의 패러다임 전환'을 이야기한다.

그러나 바로 그 순간이 역설적으로 가장 위험한 때일 수 있다. 금융위기는 마치 지진처럼 오랜 시간에 걸쳐 축적된 압력이 한순간에 폭발하는 현상이다. 표면적으로는 조용하고 평온해 보이지만, 그 밑바닥에서는 균열이 조금씩 벌어지고 충돌하고 있다. 과도한 부채, 거품으로 부풀어 오른 자산 가격, 탐욕에 눈이 먼 시장 참가자들, 그리고 위험을 외면하는 정책 낭독자들, 이 모든 요소가 서로 얽히고설켜 하나의 거대한 대지진과 쓰나미를 만들어낸다.

역사 속에서 반복되는 경고음

1637년 네덜란드 튤립 버블에서 시작된 근현대 금융위기의 역사를 보면 마치 하나의 거대한 나선형 계단과 같이 느껴진다. 겉보기에는 같은 자리를 도는 것 같지만, 실상은 시대적 배경과 기술적 환경이 바뀐 가운데 본질적으로 유사한 구조가 재현되며 더 높은 차원으로 발전해나간다. 1720년 남해 및 미시시피 버블에서 보여준 투기 광풍이나 2000년 닷컴 버블은 300년이라는 시차가 있으나 유사한 패턴을 보였다.

이러하다 보니 위기는 일탈적인 예외가 아니라, 민스키의 주장처럼 구조적으로 순환되는 현상이라는 것에 더 확신을 갖게 된다. 이는 금융 시스템의 핵심 취약성이 인간의 심리적 편향에 뿌리내리고 있음을 시사한다. 그래서 인류는 안타깝게도 같은 실수를 되풀이했다.

다음 표는 1637년 튤립 버블부터 2020년 COVID-19 경제위기까지, 대표적인 금융위기들의 발생 원인과 전개 과정을 요약한 것이다. 이 표는 각 위기가 공유하는 공통점과 시대적 차이점을 동시에 알려준다.

튤립 버블에서 COVID-19까지

구분	발생 원인	전개 과정
1637년 네덜란드 튤립 버블	희귀 튤립 품종에 대한 과도한 투기, 선물 거래 확대, 일반 대중까지 투기 참여	가격이 비정상적으로 상승하다가 급격히 폭락하면서 투자자 손실 → 금융시장 전반 신용경색 및 소비 위축 초래
1720년 영국 남해 버블	남해회사의 과도한 성장 기대감과 정부의 특혜, 내부자 거래	주가 폭등 후 실적 부진 노출 → 투자 심리 급락 → 주가 붕괴 → 은행·귀족층 등 투자자 손실 확산
1720년 프랑스 미시시피 버블	존 로(John Law)의 통화 팽창 정책과 미시시피회사의 사기성 과대 광고	기업 가치 대비 주가의 과도한 상승 → 화폐의 과잉 유통으로 인플레이션 발생 → 회사 실체 부재 → 대중 불신 및 경제 충격
1772년 영국 신용위기 (Credit Crisis of 1772)	식민지 개척 자금 조달 위해 신용 남발, 과도한 대출	동인도회사 주식 가격 폭락 → 대출 상환 불능 → 금융기관 파산 → 유럽과 미국 금융시장에 연쇄적 충격
1825년 영국 금융위기 (Panic of 1825)	남미 독립국 채권 및 자원 투기에 대한 기대 과잉	투기 실패로 채권 가치 폭락 → 금융기관 다수 파산 → 영란은행이 개입하여 유동성 공급하며 위기 진정

구분	발생 원인	전개 과정
1837년 미국 공황 (Panic of 1837)	정부의 통화 정책 변화, 토지 투기 붐, 은행권 남발	잭슨 대통령의 제2 미국은행 해체 후 신용 불안 증가 → 토지와 면화 가격 급락 → 금융기관 도산 및 대규모 실업 발생
1847년 영국 공황 (Panic of 1847)	영국 철도 주식 붕괴 발생	무분별한 철도 노선 승인과 실체 없는 철도회사의 등장 → 거품 붕괴
1857년 미국 공황 (Panic of 1857)	철도 과잉 투자, 금광 발견 후 자원 가격 하락, 은행 신뢰 약화	주요 은행 부도 → 신용경색 → 철도기업·공장 폐쇄 → 실업자 급증 및 소비 위축
1866년 영국·유럽 금융위기 (Overend Gurney crisis)	해운업에 대한 과도한 투자, 신용어음 남발	대형 해운회사의 부도 → 연쇄적으로 은행 신용위기 발생 → 유럽 금융시장 전반 불안정 확산
1873년 대공황 (Long Depression)	철도 산업의 과잉 투자, 부채 확장, 독일 통일 후 유럽 내 통화 정책 변화	오스트리아은행 도산 → 미국과 유럽 전역의 금융기관 파산 → 20년 가까운 경기 침체 지속
1907년 미국 금융공황 (Panic of 1907)	신탁회사에 대한 규제 미비, 주식투기 붐	쿠퍼 유나이티드 주가 조작 실패 → 신탁회사 연쇄 부도 → 뉴욕 전역에서 현금 인출 사태 → JP모건 등 민간이 개입해 수습
1929년 대공황 (Great Depression)	과잉생산, 실물경제 대비 과도한 증시 상승과 과열, 신용거래 남용	주가 폭락(10월 블랙 먼데이) → 금융기관 연쇄 부도 → 보호무역주의 관세 전쟁 → 실업자 수천만 명 발생 → 세계 경제 전반 마비
1973년 오일쇼크	OPEC의 정치적 이유로 석유 수출 제한 및 감산	원유 가격 4배 폭등 → 원가 상승으로 인한 스태그플레이션(물가 상승 + 경기 침체) 유발
1987년 블랙 먼데이	해외 자금 유입으로 부동산 및 달러 가치 급등, 레버리지 투자 확대	자산 가격 급락 → 주식시장 대폭락(1987년 10월 19일) → 글로벌 금융 불안 확대
1990년 일본의 잃어버린 30년	부동산·주식시장 버블, 금리 인상으로 자산 가격 급락	자산 가격 폭락 후 기업·가계 부채 문제 장기화 → 소비 침체 → 장기 저성장 국면 진입
1994년 멕시코 외환위기	외채 과다, 단기 채권 의존, 정치 불안	미국 금리 인상 → 외국 자본 급격히 유출 → 페소화 평가절하 → IMF 및 미국 긴급 지원
1997년 아시아 외환위기	기업 부실과 단기 외화 부채 누적, 환율 방어 실패	태국 바트화 폭락 → 한국, 인도네시아 등으로 확산 → 외환 보유고 고갈 → IMF 긴급 구제금융 수용

구분	발생 원인	전개 과정
2000년 닷컴 버블	인터넷 기업의 실체 없는 고평가, 과도한 IPO	기업 실적 부진 → IT 기업 주가 급락 → 나스닥 78% 하락 → 투자자 손실 및 IT 산업 구조조정 진행
2008년 서브프라임 글로벌 금융위기	부동산 거품과 서브프라임 모기지 대출 남발, 금융 파생상품의 확산	주택 시장 붕괴 → 금융기관 부실 확대 → 리먼브라더스 파산 → 전 세계 신용경색 및 경기 침체
2010년 유럽 재정위기	PIIGS 국가들의 재정 적자 누적, 경기 침체, 유로화 통화 정책 제약	그리스 국가 부도 위험 확산 → 유럽 은행 위기 동반 → 유로존 내 긴축 정책과 구조조정 시행
2020년 COVID-19 경제위기	코로나 19 확산으로 인한 글로벌 공급망 붕괴 및 소비·생산 활동 중단	전 세계적 봉쇄 → 실업 급증, 수요 급감 → 정부·중앙은행의 대규모 재정·통화 완화 정책으로 대응

이 절에서는 지난 400여 년간의 금융위기 사례에서 발견되는 공통된 메커니즘을 다섯 가지 축, ① 자산 버블, ② 신용 팽창, ③ 정책 대응, ④ 실물-금융 괴리, ⑤ 인지편향이라는 위기의 전조 증상의 관점에서 살펴보고자 한다. 이 다섯 축은 상호 연결되어 복합적인 '피드백 루프'[14]를 형성한다. 즉 자산 버블은 과도한 신용 팽창을 통해 부풀려지고, 금융과 실물의 괴리가 발생하여 시스템 불균형이 나타나게 된다. 그리고 정책 실패와 인지편향은 이를 심화하거나 방치하여 위기는 절정에 달하게 된다.

14 피드백 루프(Feedback Loop)는 금융시장의 역동성을 설명하는 중요한 개념 중 하나이다. 시장의 움직임이나 정책 변화가 다시 시장에 영향을 미쳐 특정 결과가 강화되거나 반복되는 현상을 의미한다. 이는 제어이론, 생물학, 경제학 등 다양한 분야에서 활용되며, 양의 피드백(Positive Feedback)은 현상을 증폭시키는 경향이 있는 반면, 음의 피드백(Negative Feedback)은 현상을 축소 또는 안정화시키는 역할을 한다. 예컨대 금융시장에서는 투자자들의 기대심리가 가격 상승을 부추기고, 그 가격 상승이 다시 기대를 강화하여 거품을 만들어내는 양의 피드백 루프가 형성될 수 있다.

이처럼 위기는 여러 요소의 복잡한 상호작용에서 비롯되며, 단순한 단일 해결책으로는 효과적인 대응이 어렵다는 점을 시사한다. 이제 금융위기가 발생하기 전 되풀이되어 나타나는 전조 증상과 패턴들을 역사적 사례를 통해 자세히 살펴보자.

위기는 가격 거품에서 시작한다

역사상 모든 위기에는 자산 가격의 비정상적 상승, 즉 버블이 존재했다. 튤립(1637년 네덜란드 튤립 버블), 미시시피 및 남해회사(1720년 프랑스 미시시피 버블 및 영국 남해 버블), 철도(1847년 영국 공황, 1873년 대공황), 인터넷(2000년 닷컴 버블), 부동산(2008년 서브프라임 글로벌 금융위기) 등 대상 자산은 다르지만, 공통적으로 기대수익률에 대한 과도한 낙관과 정보 비대칭이 결합된 형태였다. 이렇듯 버블의 형성 과정은 놀라울 정도로 유사한 패턴을 보인다.

1720년 영국 남해 버블에서 정부의 특혜와 내부자 거래가 일반인의 투자 심리를 자극했던 것처럼, 새로운 투자 기회에 대한 과도한 기대감은 합리적 판단을 마비시킨다. 1637년 네덜란드 튤립 버블에서는 선물 거래가 일반 대중까지 확산되며 투기를 부추겼고, 2000년 닷컴 버블에서는 IPO 열풍이 실체 없는 기업들까지 상장시키며 시장을 과열시켰다.

버블은 단지 과잉 유동성의 산물이 아니라, 투자자들의 확증편향과 군중심리 같은 심리적 편향이 제도적 안전장치 없이 작동했을 때 발생한다. 특히 주목할 점은 버블이 절정에 달할 때마다 나타나는 '신경제론'이다. 1720년 남해회사의 '무한한 성장 가능성', 1990년 일본의 '부동산 신화', 2000년 인터넷 기업의 '수익성보다 성장성' 담론이 모두 이에 해당한다.

'신경제론'은 단순히 버블의 증상에 그치지 않고, 투기적 과열을 오히려 정당화하는 중요한 촉매제이자 지속적인 힘으로 작용한다. 이러한 서사는 전통적인 합리적 가치 평가 기준을 무시하고, 점점 더 높은 자산 가격을 정당화하며, 다시 서사를 뒷받침하는 것처럼 보여 더 많은 참가자를 끌어들이고 버블을 부풀린다. 이는 금융시장을 민스키 이론의 폰지 파이낸싱 단계로 진입시킨다.

버블 붕괴의 양상도 일정한 패턴을 보인다. 초기의 완만한 조정 국면을 거쳐 임계점에서 급속한 가격 폭락이 발생하며, 이는 연쇄적인 매도 압력과 신용경색으로 이어진다.

1997년 아시아 외환위기 직전, 태국 방콕에서는 고급 콘도미니엄이 우후죽순 건설되었고, 완공된 건물의 절반 이상이 공실로 남아 있었다. 외국인 핫머니가 몰려들면서 부동산 가격이 수년에 걸쳐 두세 배로 치솟았다. 이 모든 상승은 과도한 차입과 투기적 수요에 기초한 것이었다. 태국의 부동산 대출은 1990년대 들어 연평균 30% 이상 증가했지만, 임대료나 실제 사용가치는 그에 미치지 못했다.

1980년대 일본 버블 경제는 더욱 극명한 사례였다. 도쿄 중심가의 땅값이 미국 전체 부동산 가치를 넘어설 정도로 치솟았고, 닛케이지수는 1989년 38,957포인트까지 폭등했다. 은행들은 부동산을 담보로 대출을 퍼주었고, 기업들은 본업과 관계없는 부동산 투자에 뛰어들었다. 일본 기업인들은 해외에서 반 고흐의 〈해바라기〉를 530억 원에 사고, 페블비치 골프장을 1조 원에 인수하였다.

2000년 닷컴 버블 당시에는 인터넷 기업들의 주가가 매출이나 수익과 무관하게 천정부지로 치솟았다. 펫츠닷컴(Pets.com)은 연 매출 619만 달러에 불과했지만 시가총액이 3억 달러를 넘었고, 웹밴(Webvan)은 한 번도 흑자를 낸 적이 없으면서도 12억 달러의 가치를 인정받았다. '클릭 수'와 '페이지뷰'가 기업 가치를 평가하는 새로운 기준이라며, 전통적인 밸류에이션은 구식이라고 여겨졌다.

버블은 붕괴하지 않는 한, 그 정체를 알아차릴 수 없다. 그러나 한 번 꺼지면, 그 여파는 실물경제까지 타격을 주며 깊은 상처를 남긴다. 일본은 30년이 지난 지금도 버블 붕괴의 후유증에서 완전히 벗어나지 못하고 있다.

신용이 과도하게 팽창하면 위기가 찾아온다

대부분 금융위기에는 공통적으로 과도한 부채 축적이라는 신용 팽창이 선행되었다. 기업, 가계, 정부를 가리지 않고 빚이 빠르게 늘어날 때, 경제는 점점 더 충격에 취약해진다. 신용 확장의 메커니즘을 살펴보면, 초기에는 건전한 투자 수요에서 시작되지만 점차 투기적 목적으로 변질되는 양상을 보인다.

1772년 영국에서는 식민지 개척이라는 명분으로 시작된 자금 조달이 과도한 대출로 이어졌고, 1825년에는 남미 독립국 채권에 대한 기대가 무분별한 국채시장 팽창을 부추겼다. 2008년 서브프라임 위기 역시 "모든 미국인에게 내 집 마련"[15]이라는 정책 목표가 신용 기

---

[15] 이는 당시 부시(George W. Bush) 행정부의 핵심 슬로건, "The Ownership Society"이었다. 부시는 2002년과 2004년 등 다수의 연설에서 저소득층과 소수인종의 주택 소유 확대를 강조

준의 완화와 결합되면서 시작되었다.

특히 문제가 되는 것은 신용 확장 과정에서 나타나는 '위험의 재포장' 현상이다. 1866년 영국-유럽 금융위기에서 해운업 신용어음이 복잡하게 연계되어 위험을 은폐했던 것처럼, 현대에는 부채담보부증권(CDO), 신용부도스와프(CDS) 등 파생상품이 문제를 일으킨다. 이는 위험이 분산되는 것처럼 보이지만 실제로는 시스템 전체에 축적되어 남아 있다. 결국 이러한 금융공학은 위험을 복잡하게 얽어매고 불투명하게 하며, 시스템 전체의 상호 연결성을 높여 위기 발생 시 전염성을 극대화한다.

레버리지는 자산 상승기에는 수익률을 극대화하는 요긴한 도구로 작용하지만, 자산 가치 하락 시에는 부채 디레버리징과 신용경색을 동시에 야기하며 시장 전체에 체계적 리스크를 확산시킨다. 1837년 미국 공황에서 잭슨 대통령의 제2 미국은행 해체가 신용 불안을 증폭시켰듯이, 금융기관 간 상호 연계성이 강화된 현대 시장에서는 단일 기관의 유동성 위기가 곧 전체 시스템의 신뢰 붕괴로 이어질 수 있다. 그림자 금융[16] 역시 금융 시스템의 불안을 가중시킨다. 그림자 금융의 위험성은 2008년 글로벌 금융위기에서 리먼브러더스와 AIG의 사례에서 실증적으로 나타난 바 있다.

하며, 주택 소유를 미국식 꿈(American Dream)의 핵심이라고 표현했다.
"We want everybody in America to own their own home." (2002년 연설 중)
16 일반적인 은행 시스템 밖에서 이루어지는 은행과 유사한 기능을 수행하는 금융 활동을 총칭한다. 은행처럼 자금을 운용하지만, 은행과는 다른 약한 수준의 규제를 받는다. 투자은행, 헤지펀드, 보험사, 여신전문회사 등이 여기에 해당하며, 부채담보부증권, 자산유동화증권 같은 파생상품 기법을 활용하여 신용을 공급한다.

한국의 1997년 외환위기 역시 과도한 부채가 도화선이었다. 대기업들은 단기 외화 차입에 의존해 무분별한 확장을 거듭했다. 한보철강은 매출액의 6배가 넘는 부채를 안고 있었고, 기아그룹은 4조 원이 넘는 부채로 파산 위기에 몰렸다. 금융기관들도 부실 대출 비율이 급증했지만, '대마불사'라는 믿음 아래 계속해서 자금을 공급했다.

1998년 롱텀 캐피털 매니지먼트(LTCM) 사태는 수학적 모델의 한계를 극명하게 드러냈다. '블랙-숄즈 모형(Black-Scholes Model)'으로 유명한 노벨 경제학상 수상자들이 참여한 이 헤지펀드는 채권 간 가격 차이를 이용한 차익거래로 연 40% 이상의 수익률을 꾸준히 기록했다. 하지만 1998년 러시아 모라토리엄으로 시장에 예상치 못한 변동성이 발생하자, 125억 달러의 자산으로 1,250억 달러 규모의 포지션을 취한 극단적 레버리지가 독이 되어 파산했다.

문제는 이러한 복잡한 레버리지 상품을 정확히 이해한 이가 별로 없었다는 점이다. 복잡한 구조, 신용평가사의 오류, 투기적 거래가 얽혀 금융 시스템은 사실상 깜깜이 상태에서 작동하고 있었다. 금융이 지나치게 복잡해질 때, 시스템 리스크는 눈에 보이지 않는 형태로 커진다.

정책의 오판과 미작동은 위기를 증폭한다

역사적 금융위기를 분석해보면, 단일한 원인보다는 복합적 요인들이 연쇄적으로 결합될 때 위기가 촉발된다는 점이 명확해진다. 1973년 오일쇼크의 경우 OPEC의 정치적 결정이라는 외부 충격이 기존의 취약한 경제 구조와 만나면서 스태그플레이션이라는 새로운 형태의 위기를 낳았다. 마찬가지로 2020년 COVID-19 팬데믹도 보건 위기가 글로벌 공급망과 소비 패턴의 급격한 변화를 동반하면서 경제위기로 확산되었다.

특히 주목할 점은 정책 당국의 초기 대응 방식이 위기의 규모와 지속 기간을 크게 좌우한다는 것이다. 1929년 대공황 당시 후버 정부의 소극적 대응과 연방준비제도의 통화 긴축은 위기를 장기화시켰다. 2000년 닷컴 버블 이전 미국 연준은 1990년대 중반부터 장기간 저금리 정책을 유지했다. 앨런 그린스펀 의장은 'IT 혁명'이 생산성을 크게 향상시켜 인플레이션 없는 고성장이 가능하다고 믿었다. 이 저금리 환경에서 벤처캐피털과 사모펀드 자금이 IT 기업들로 몰려들었다.

일본의 1980년대 버블 역시 정책 실패의 산물이었다. 1985년 플라자 합의 이후 엔화 강세로 수출이 타격을 받자, 일본은행은 금리를 5%에서 2.5%까지 대폭 인하했다. 이 과도한 금융 완화로 시중에 풀린 자금이 부동산과 주식으로 몰려들었다. 정부는 '내수 주도 성장'이라는 명분 아래 이런 현상을 방치했고, 심지어 부동산 투자를 장려하는 정책을 펼치기도 했다.

한국의 1997년 외환위기에서도 정책 당국의 안일함이 위기를 키웠다. 정부는 외환 자유화를 성급하게 추진하면서도 제대로 된 리스크 관리 체계는 구축하지 못했다. 대기업들의 무분별한 차입 경영을 견제해야 할 금융 감독 당국은 '대마불사' 신화에 빠져 있었다. 한보철강이 5조 5,000억 원의 부채로 파산할 때까지도 은행들의 부실 대출을 제대로 감독하지 못했다.

규제 당국의 이데올로기적 편견이 문제가 될 수도 있다. 2008년 금융위기 이전 앨런 그린스펀은 '시장 근본주의'를 신봉하며 금융기관들의 자율 규제를 믿었다. 파생상품 시장에 대한 규제를 거부했고, 대형 투자은행들은 마음껏 레버리지를 사용했다. 이때 중앙은행의 '선제적 대응' 부족도 위기를 키웠다. 2007년 초 서브프라임 문제가 불거졌을 때 연준은 "서브프라임 문제는 제한적"[17]이라며 안일하게 대응했다. 베어스턴스 산하 헤지펀드 2개가 파산하고, 뉴센추리 파이낸셜이 무너져도 '일시적 현상'으로 치부했다.

이러한 사례들은 정책 입안 과정에서 특정 이념에 대한 맹목적 신뢰나 현실에 대한 과도한 낙관론이 얼마나 위험한 결과를 초래할 수 있는지를 보여준다. 정보나 기술적 역량의 부족이 아니라, 지배적인 지적 패러다임이나 편견이 적절한 대응을 방해하는 경우가 많다는 점을 시사한다.

반면, 1907년 금융공황에서는 JP모건을 중심으로 한 민간의 신속한 개입이 위기 수습에 결정적 역할을 했다. 2008년 글로벌 금융위기 이후 펼쳐진 각국 중앙은행의 전례 없는 양적 완화 정책은 대공황의 교훈을 반영한 적극적 대응의 사례로 평가된다. 이는 위기 관리에 있어 정책 당국의 신속성과 일관성, 그리고 다양한 정책 수단 간의

---

17 당시 연방준비제도 의장이었던 벤 버냉키가 한 말이다. 그는 2007년 5월 17일 시카고 연방준비은행에서 열린 회의에서 다음과 같이 발언했다.
"Given the fundamental factors in place that should support the demand for housing, we believe the effect of the troubles in the subprime sector on the broader housing market will likely be limited."
그러나 이후 주택 시장은 전국적으로 하락세를 보였으며, 이는 그의 예측이 현실과 맞지 않았음을 보여준다.

조화가 얼마나 중요한지를 보여준다. 특히 현대와 같이 금융시장이 고도로 발달하고 상호 연결된 환경에서는 초기 대응의 적절성이 위기의 전개 양상을 결정하는 핵심 변수가 된다.

무역과 통화의 경고음을 들어야 한다

금융위기 역사를 관통하는 핵심적 패턴 중 하나는 금융시장의 움직임이 실물경제의 펀더멘털과 현저히 괴리될 때 위기의 전조가 나타난다는 점이다. 1637년 튤립 버블에서 튤립 구근 하나 가격이 숙련공의 한 해 연봉과 맞먹었던 순간부터 2000년 닷컴 버블에서 수익은 없지만 '클릭 수'만으로 기업 가치가 평가받던 시기까지, 자산 가격과 실물 가치 간의 극단적 불균형은 위기의 가장 명확한 신호였다.

특히 주목할 점은 실물경제 지표와 금융시장 지표가 서로 독자적으로 움직이는 현상이다. 1929년 대공황 직전 미국 주식시장의 호황과 과잉생산으로 인한 실물경제의 부진, 1990년 일본 버블 경제에서 부동산과 주식 가격의 급등과 제조업 경쟁력 약화, 2008년 서브프라임 위기에서 주택 가격 상승과 실제 소득 증가율 간의 괴리가 대표적인 사례들이다.

이러한 괴리는 단순히 가격 수준의 문제를 넘어 경제 전체의 자원 배분 왜곡을 수반한다. 1873년 대공황에서 철도 산업에 대한 과잉투자가 다른 산업의 발전을 저해했듯이, 금융 부문으로의 과도한 자원 집중은 실물 부문의 혁신과 생산성 향상을 방해하며 경제 전체의 건전성을 훼손한다. 또한, 1720년 프랑스 미시시피 버블에서 존 로의 통화 팽창 정책이 화폐의 과잉 유통을 통해 인플레이션을 유발했던 것처럼, 실물경제의 뒷받침 없는 유동성 증가는 필연적으로 자산 버블과 물가 불안정을 초래한다.

외환위기를 촉발하는 기본적인 신호는 지속적인 경상수지 적자이다. 수입이 수출보다 많고, 외채로 그것을 메우는 구조가 지속되면 외화가 고갈되기 쉽다. 1997년 태국 외환위기 당시 태국은 1990년대 들어 경상수지 적자가 GDP의 5~8%에 달했다. 바트화 고정환율로 수출 경쟁력이 떨어진 가운데, 경제 성장으로 수입은 급증했다. 특히 자동차, 전자제품 등 완제품 수입이 크게 늘었고 건설 붐으로 철강, 시멘트 등 원자재 수입도 급증했다. 중국의 위안화 평가절하로 주력 수출품의 가격 경쟁력이 떨어졌다. 수출 증가율은 1995년 23.6%에서 1996년 -1.9%로 급전직하했다. 반면, 내수 호황으로 수입은 계속 늘어나 경상수지 적자 폭이 확대되었다.

그런데 태국 정부는 바트화를 달러에 고정시킨 채로 금리를 높게 유지해 외국 자본을 계속 유치했다. 1990년대 초 연 15%가 넘는 고금리는 일본의 2~3%대 금리와 비교해 매력적이었고, 일본 금융기관들의 엔화 자금이 대거 유입되었다. 태국 기업들은 상대적으로 저렴한 외화를 빌려 국내 부동산과 제조업에 투자했지만, 대부분이 1년 이내 만기의 단기 차입이었고, 환 헤지도 제대로 하지 않았다.

1980년대 라틴아메리카 채무위기 역시 구조적 불균형의 전형이었다. 1970년대 오일쇼크로 중동 산유국들의 달러가 미국의 은행들로 몰려들었고, 이 자금이 높은 금리를 찾아 중남미로 흘러들었다. 브라질은 아마존 개발과 이타이푸댐 건설에, 멕시코는 석유 개발에, 아르헨티나는 인프라 확충에 이 돈을 쏟아부었다.

하지만 이들 국가의 수출 구조는 여전히 원자재 중심이었고, 제조업 경쟁력은 부족했다. 그리고 1979년 제2차 오일쇼크와 미국의 고금리 정책으로 상황이 급변했다. 볼커 연준 의장이 인플레이션 억제를 위해 연방기금금리를 20%까지 올리자, 중남미 국가들의 외채 이자 부담이 급증했다. 브라질의 외채는 1970년 50억 달러에서 1982년 870억 달러로 17배나 늘었고, 이자율도 변동 금리였기 때문에 이자 부담만 연간 200억 달러에 달했다.

멕시코는 1982년 8월 모라토리엄을 선언하며 채무위기의 신호탄을 쏘아 올렸다. 이어 브라질, 아르헨티나, 칠레, 베네수엘라 등이 줄줄이 디폴트를 선언했다. 이들 국가의 GDP는 1980년대 내내 마이너스 성장을 기록했고, 라틴아메리카는 '잃어버린 10년'을 맞았다.

터키의 2001년 금융위기도 유사한 패턴을 보였다. 터키 은행들은 높은 국내 금리와 낮은 외화 금리 차이를 이용해 외화를 빌려 터키 리라 자산에 투자하는 캐리 트레이드를 벌였다. 하지만 정치적 불안으로 외국인 자금이 빠져나가고 리라화가 급락하자, 은행들은 막대한 환차손을 입었고 금융 시스템이 마비되었다.

신흥국의 성장 전략은 자금이 들어오는 동안만 유효하다. 자금이 나가면, 그것은 독이 된다. 경제가 수출 경쟁력을 잃었을 때, 부채는 더 이상 성장의 도구가 아니라 족쇄가 된다. 이러한 신흥국의 약점은 글로벌 금융시장의 투기 세력에게 손쉬운 먹잇감이 된다.

탐욕, 과신, 인지편향이 경고를 무시한다

금융위기 전에는 늘 공통된 시장 심리가 존재한다. 과신과 탐욕, 그리고 인지편향[18]이다. 1920년대 미국은 '광란의 20년대'라 불리는 황금기였다. 자동차와 라디오 같은 신기술이 대중화되고, 대량생산 시스템이 확산되면서 풍요가 영원할 것 같았다. 주식시장에도 광풍이 불었다. '모든 사람이 부자가 될 수 있다', '주식은 절대 떨어지지 않는다'라는 맹신이 시장을 지배했다.

저명한 어빙 피셔 교수조차 주식시장 붕괴 직전인 1929년 10월 "주가는 영구적인 고원에 도달했다"라는 시대적 오판의 대표적 명언을 남겼을 정도였다. 이는 단순한 대중의 환상을 넘어, 권위 있는 전문가의 발언이 집단적 착각을 정당화하고 증폭시키는 위험한 역할을 할 수 있음을 보여준다.

2008년 글로벌 금융위기 직전 월스트리트의 탐욕은 절정에 달했다. 골드만삭스, 모건스탠리, 리먼브러더스 같은 투자은행들은 자기자본 대비 30~40배에 달하는 레버리지를 활용하며 단기 수익 극대화에 매달렸다. 리먼브러더스의 경우 2007년 자기자본 225억 달러로 6,130억 달러의 자산을 운용했으니 레버리지 비율이 무려 30배에 달했다.

---

18 금융시장은 합리적 투자자들의 효율적 시장이라는 전통 경제학의 가정과는 거리가 멀다. 실제 시장은 인간의 감정과 편향에 크게 좌우된다. 특히 위기 전에는 집단 광기라고 할 만한 심리적 현상들이 나타난다. 행동경제학의 관점에서 볼 때, 금융위기 전 시장 참가자들에게는 공통된 인지편향들이 관찰되기 때문이다. 자신의 믿음을 뒷받침하는 정보만 선별적으로 수용하는 확증편향, 다수를 따라가는 것이 안전하다는 착각하는 군집행동, 자신의 판단력과 정보력을 과대평가하는 과신편향, 손실의 고통이 이익의 기쁨보다 2배 이상 크게 느끼는 손실 회피, 최초 접한 정보에 과도하게 의존하는 앵커링 효과가 대표적인 인지편향의 사례들이다.

일반 투자자들도 '부동산은 절대 떨어지지 않는다'는 믿음에 사로잡혔다. 플로리다와 캘리포니아에서는 집값이 연 20~30%씩 오르자, 사람들은 집을 사서 몇 달 만에 되파는 '플리핑'[19] 투기에 열을 올렸다. 심지어 소득이 없는 사람들도 '집값만 오르면 된다'며 NINJA 대출[20]을 받아 여러 채의 집을 사들였다. 사람들은 이것이 민스키가 이야기한 전형적인 폰지 파이낸싱이라는 위기의 전조 현상이었다는 사실을 받아들이려 하지 않았다.

1990년대 일본의 버블 경제에서도 유사한 집단 광기가 나타났다. '도쿄의 땅값은 절대 떨어지지 않는다'는 믿음이 사회 전반에 퍼져 있었다. 부동산 신화는 너무나 확고해서, 은행들은 담보 가치의 120~150%까지도 대출해주었다. 기업들은 본업보다 부동산 투자로 더 많은 수익을 올렸고, 이를 기업의 정상적인 재무적 활동이라며 당연하게 여겼다. '일본이 세계 경제를 이끈다', '일본식 경영이 미국을 앞선다'는 자신감이 절정에 달했던 시기였다. 하지만 이 모든 자신감은 부동산과 주식 거품이 만들어낸 신기루였다.

2000년 닷컴 버블 당시의 시장 심리도 마찬가지였다. '인터넷이 모든 것을 바꾼다', '전통적인 기업 가치 평가는 구식이다'라는 믿음이 지배적이었다. 아마존의 제프 베이조스는 "매출보다 고객 수가

---

[19] 플리핑(Flipping)은 부동산이나 금융시장 등에서 단기간에 자산을 매매하여 차익을 얻는 행위를 의미하는데, 부동산에서는 리모델링이 필요한 주택이나 시세보다 저렴한 물건을 저가에 매입하여 개보수(리노베이션)를 한 후 다시 고가에 매도하는 방식으로 이루어진다. 2000년대 저금리와 부동산 가격의 상승으로 이러한 투기 행위가 빈번하게 일어났다.
[20] No Income, No Job, No Assets의 약자로서, 소득 증빙도, 직장도, 자산도 없는 사람에게 수억 원의 주택담보대출을 해준다 하여 생겨난 신조어이다.

중요하다"라고 했고, 사람들은 이를 진리로 받아들였다. 수익성은 나중 문제고, 우선 시장점유율을 확보하는 것이 우선이라는 '닷컴 논리'가 횡행했다. 또한, 벤처캐피털리스트들과 투자은행가들은 IPO 열풍을 부추겼다. '지금 투자하지 않으면 기회를 놓친다', '인터넷 혁명에 뒤처지면 도태된다'라는 FOMO(Fear of Missing Out) 심리가 만연했다.

1997년 아시아 외환위기 이전에도 '아시아의 기적'에 대한 맹신이 있었다. 세계은행과 IMF는 한국·대만·싱가포르·홍콩을 '아시아의 호랑이'라 부르며 고성장 모델로 찬양했다. 외국인 투자자들은 '아시아는 다르다', '유교 문화권의 근면성이 경제 발전을 보장한다'라고 믿었다. 이런 낙관론 속에서 과도한 외채 의존, 부실한 금융 감독, 정경유착 같은 구조적 문제들은 간과되었다.

위기는 반복된다, 그러나 충격은 축소할 수 있다

금융위기는 예고 없이 찾아오는 것이 아니다. 오랜 시간에 걸쳐 신호를 보내지만, 사람들은 그 신호를 외면할 뿐이다. 우리는 지난 400년간 위기의 역사가 보여주었던 패턴을 인식해야 한다. 버블의 형성과 붕괴, 신용 확장과 디레버리징, 외부 충격에 대한 정책 대응, 실물경제와의 괴리, 시장 참여자들의 인지편향, 이 다섯 가지 축은 위기의 DNA와 같아서 시대와 장소를 초월해 되풀이되는 구조적 특징을 보이기 때문이다.

위기가 오는 것은 막을 수 없기 때문에, 핵심은 위기를 완전히 예방하는 데 있는 것이 아니라 위기의 규모와 파급효과를 최소화하는 데 있다. 그렇기에 위기를 예방하는 능력보다 발생한 위기에 대처하는 능력을 키우는 것이 중요하다 할 수 있겠다.

더 중요한 것은 '설마 그런 일이 일어나겠어'라는 현실적 낙관론을 버리고 '위기는 반드시 다시 일어난다'라는 비관적 확신을 갖는 것이다. 이러한 '비관적 확신'은 비관주의에 빠지라는 의미가 아니다. 오히려 이는 끊임없이 경계하고 준비하는 능동적이고 지적으로 정직한 태도를 의미한다. 위기의 불가피성을 인정함으로써 개인·기관·정책 당국은 역사의 패턴을 학습하고 현재 시스템의 취약점을 점검하며 위기에 신속하게 대응할 협조 체계를 구축할 동인을 마련할 수 있다. 그렇게 한다면, 우리는 위기와 함께 살아가면서도 그 충격을 최소화할 수 있을 것이다.

최근 들어 국제간 공조를 통해 위기 대응과 회복 기간이 빨라지고 있는 점은 무척 긍정적이다. 역사의 교훈을 망각하지 않는 한, 위기를 통해 우리는 더욱 견고한 경제와 금융 시스템을 갖출 수 있다는 희망을 가져도 좋다. 역사는 되풀이된다. 현재도 이러한 전조 증상들이 나타나고 있는지 냉정하게 살펴볼 필요가 있다.

위기의 회복 메커니즘:
상업 불안과 금융 불안

위기의 발생에 패턴이 있듯이 회복에도 패턴이 있다. 역사 속 경제위기를 깊이 들여다보면, 그 시작점과 전개 과정에 따라 성격이 뚜렷하게 구분되는 것을 알 수 있다. 위기의 출발점이 실물경제(생산, 소비, 무역 등)에 있는지, 아니면 금융 시스템(신용, 자산시장, 은행 등)에 있는지에 따라 그 전파 메커니즘과 충격의 양상이 달라지기 때문이다.

이에 따라 역사 속 경제위기들을 크게 실물경제 부문에서 시작되어 금융시장으로 전파되는 '상업 불안(Commercial Distress) 위기'와 금융 시스템의 취약성에서 비롯되어 실물경제로 확산되는 '금융 불안(Financial Distress) 위기'로 나눌 수 있다. 때로는 두 가지 성격이 복합적으로 작용하는 '혼합형 위기'가 발생하기도 한다.

1929년 대공황은 생산과잉과 같은 실물경제 불균형에서 시작되어 금융 시스템 붕괴로 이어진 대표적인 상업 불안 위기였으며, 2008년 글로벌 금융위기는 서브프라임 모기지 부실에서 촉발되어 실물경제 위축으로 전파된 전형적인 금융 불안 위기였다. 반면, 1990년대 일본의 '잃어버린 30년'이나 1997년 아시아 외환위기는 두 유형의 상호작용에 의해 발생한 혼합형 위기라 할 수 있다.

이러한 구분은 단순히 학술적 분류를 넘어, 위기의 본질을 꿰뚫어 보게 하고 일반 경제 주체들의 실질적인 위기 대응 전략 수립에 중요한 시사점을 제공한다. 위기의 발생 메커니즘을 이해하는 것은 효과적인 대응 전략 수립의 첫걸음이다. 위기 발생과 전파에 일정한 패턴이 있듯이, 그 상처가 아물고 경제가 다시 일어서는 회복 과정에도 고유한 흐름과 메커니즘이 존재한다. 따라서 위기의 징후를 포착하는 것만큼이나 회복의 신호를 읽고 그 과정을 예측하는 것 역시 중요하다.

상업 불안 위기: 실물경제의 균열이 금융을 무너뜨리다

상업 불안 위기는 경제의 심장이라 할 수 있는 실물 부문의 문제에서 시작된다. 공급과 수요의 심각한 불균형, 생산성 저하, 혹은 원자재 가격 급등이나 전쟁과 같은 외부 충격이 그 원인이다. 이러한 실물경제의 불안은 기업의 수익성 악화와 고용 감소로 이어지고, 이는 결국 금융기관의 대출 부실과 신용경색을 야기하며 금융 시스템으로 위기를 전파한다.

상업 불안 위기는 몇 가지 뚜렷한 특징을 보인다. 첫째, 생산과잉과 수요 부족으로 인해 위기 초기부터 경제성장률 하락 또는 소비 둔화, 실업률 증가, 무역량 감소, 그리고 디플레이션 압력이 나타난다.

둘째, 실물경제의 균열이 금융 시스템 전체를 흔들기까지는 일정한 시간이 걸리므로 전파 속도가 비교적 느린 편이다.

1929년 대공황은 상업 불안 위기의 전형적인 사례다. 1920년대 미국은 기술 혁신에 힘입어 급속한 산업 발전을 이루었지만, 그 이면에는 심각한 생산과잉 문제가 자리 잡고 있었다. 농업 부문에서는 기술 발전으로 생산량이 급증한 반면, 유럽의 수요는 줄어 농산물 가격이 폭락했고, 농민들의 소득은 급감했다. 제조업 역시 자동차, 가전제품 등 내구재를 과도하게 생산했지만, 인구의 약 60%는 이를 구매할 여력이 없었다. 이러한 수요와 공급의 불균형은 재고 누적으로 이어졌고, 신용 구매의 확산이 문제를 더욱 악화시켰다.

여기에 1930년 스무트-홀리 관세법으로 촉발된 세계적인 보호무역주의 흐름은 미국의 수출을 급감시켜 기업들의 어려움을 가중시켰다. 이처럼 실물경제에서 시작된 위기는 대량 실업을 낳았다. 실업률은 1929년 3.2%에서 1933년 25%까지 치솟았다. 결국, 이는 대출 부실로 이어져 미국 내 2만 5,000개 은행 중 9,000개가 파산하는 금융 시스템의 붕괴를 초래했다.

이러한 상업 불안 위기는 장기 레이스와 같아서, 회복 또한 U자형의 완만한 곡선을 그리는 경우가 많다. 실물경제의 구조적 불균형은 해소되는 데 장시간이 소요되기 때문이다. 경제가 침체에 빠진 후 상당 기간 바닥을 다지다가 점진적으로 반등하는 패턴을 보인다. 회복 기간은 평균 5년에서 10년으로 비교적 길다. 1929년 대공황은 뉴딜 정책과 제2차 세계대전이라는 거대한 수요 창출을 통해 회복되기까지 약 10년이 걸렸다. 1973년 오일쇼크는 약 5년, 2020년 COVID-19 위기는 약 3년의 회복 기간을 보였다.

금융 불안 위기: 금융 시스템의 탐욕이 실물경제를 삼키다

금융 불안 위기는 금융 시스템 내부의 구조적 취약성에서 비롯된다. 과도한 레버리지, 위험한 금융상품의 확산, 자산 거품의 붕괴가 금융기관의 지급 불능 사태를 초래하고, 이는 신용 공급의 급격한 축소로 이어져 실물경제에 직접적인 충격을 가하는 흐름이다.

이 위기는 상업 불안 위기와는 다른 특징을 갖는다. 첫째, 24시간 연결된 글로벌 금융시장의 특성상 위기의 전파 속도가 매우 빠르다. 둘째, 복잡한 상품 구조와 높은 레버리지로 인해 위험이 과소평가되는 경향이 있어, 위기의 규모와 파급효과가 초기 예상을 훨씬 뛰어넘는 경우가 많다.

금융 불안 위기를 극명하게 보여주는 사례는 1907년 미국 금융공황이다. 당시 미국 경제는 주식 투기 붐으로 과열된 상태였고, 은행에 비해 규제가 느슨했던 신탁회사들이 공격적으로 투자를 늘리며 시스템의 위험을 키우고 있었다. 위기는 유나이티드 쿠퍼 주식의 시세 조종에서 시작되었다. 이 여파로 뉴욕 3위의 니커보커 신탁회사가 파산하자, 공포는 순식간에 시장을 위협했다. 예금자들마저 은행으로 달려가 돈을 인출하기 시작했고, 미국의 금융 시스템은 붕괴 직전까지 갔다.

그로부터 100년 후, 2008년 서브프라임 금융위기는 현대판 금융 불안 위기의 전형을 보여주었다. 저금리 환경 속에서 부풀어 오른 부동산 거품과 신용등급이 낮은 이들에게까지 무분별하게 제공된 서브프라임 모기지 대출이 문제의 시작이었다. 월스트리트의 금융기관들은 이 위험한 대출들을 한데 묶어 부채담보부증권과 같은 복잡한 파생상품으로 재포장하여 전 세계에 판매했다. 결국, 주택 가격이 하락하자 이 상품들의 가치는 폭락하였고, 거대 투자은행 리먼 브러더스의 파산을 기점으로 전 세계 금융 시스템은 마비 상태에 빠졌다.

이러한 금융 불안 위기는 단기 레이스이다. 따라서 그 회복 또한 V자형의 급격한 반등을 보이는 경우가 많다. 위기의 원인이 금융 시스템의 일시적 마비와 신뢰 상실에 있기 때문에, 중앙은행의 과감한 유동성 공급과 정부의 신속한 금융 안정화 조치 등 강력한 정책 개입이 이루어지면 빠르게 신뢰를 회복하고 반등할 수 있다. 이러한 회복에 필요한 기간은 평균 2년에서 5년으로, 비교적 짧게 나타나는 경향이 있다.

혼합형 위기: 위기의 상호작용이 만들어내는 장기 침체의 덫

현실의 위기는 상업 불안과 금융 불안 중 한 가지 형태로만 나타나지 않는다. 두 위기가 복합적으로 나타나면서 서로를 증폭시키는 경우가 많다. 실물경제에서 시작된 작은 균열이 금융시장을 만나 거대한 파열음으로 변하거나, 금융시장의 불안이 실물경제의 시스템 위기로 확산되는 것이다. 이런 혼합형 위기는 단기 침체를 넘어 경제의 성장 엔진 자체를 훼손시켜 장기 침체와 디플레이션을 유발하기도 한다.

1997년 아시아 외환위기는 상업 불안과 금융 불안 요소가 복합적으로 작용한 대표적인 혼합형 위기다. 당시 한국 기업들은 무분별한 사업 확장과 과도한 부채에 시달리고 있었다(상업 불안 요소). 동시에 금융기관들은 부실한 리스크 관리와 정부의 암묵적 보증에 기댄 도덕적 해이가 만연해 금융 시스템의 취약성이 극대화된 상태였다(금융 불안 요소).

이 두 가지 문제가 결합되면서 '기업 부실 → 은행 부실 → 외환 유출'이라는 치명적인 삼각 고리가 형성되었고, 위기는 실물과 금융을 동시에 강타했다. 특히 외화로 돈을 빌려 원화 자산에 투자했던 당시 국내 기업들의 관행은 위기 초기에 통화 가치가 폭락하자 부채 부담을 기하급수적으로 늘렸다. 이는 기업 도산과 은행 부실을 심화시켰고, 해외 투자자들의 신뢰 상실과 대규모 자본 유출을 가속화하며 통화 가치를 더욱 떨어뜨리는 파괴적인 피드백 루프를 만들었다.

이런 혼합형 위기는 가장 고통스러운 L자형 회복으로 이어질 위험이 크다. L자형 회복은 경제가 급격히 추락한 후 회복하지 못하고 장기간 저성장 상태가 지속되는 패턴이다. 금융과 실물 부문 모두가 깊이 손상된 복합 위기 상황에서 정책 대응마저 실패했을 때 주로 발생한다. 1873년 대공황은 20년간의 장기 침체로 이어졌다. 일본의 '잃어버린 30년' 역시 전형적 사례라 할 수 있다. 이 경우 단기 부양책으로는 효과를 기대하기 어렵고, 근본적인 시스템의 재구조화 등 장기적이고 다층적인 개입이 필요하다.

산업혁명 이후 10대 경제위기 개요

구분	유형	회복 패턴	회복 동인	회복 기간 (대략)
1837년 미국 공황 (Panic of 1837)	금융 불안	U자형	철도·제철 등 신산업 발전, 인구 증가, 1848년 골드러시와 서부 개척	7년
1873년 대공황 (Long Depression)	복합 위기	L자형 (장기 침체)	기술 발전과 생산성 향상, 해외 식민지 개척, 금본위 제도 안정, 이민 확대	20년
1907년 미국 금융공황 (Panic of 1907)	금융 불안	V자형	JP모건의 비상 개입, 금 태환 강화(연준 설립 전이었으나 금 준비 확충)	1년
1929년 대공황 (Great Depression)	상업 불안	U자형	뉴딜 정책(재정 지출), 금본위 이탈, 2차 세계대전 수요 폭증	10년
1973년 오일쇼크	상업 불안	U자형	에너지 시장 안정화, 통화 긴축, 구조조정(석유 다변화)	5년
1990년 일본 잃어버린 30년	복합 위기	L자형 (장기 침체)	산업 구조조정, 금융기관 건전성 개선, 아베노믹스 추진	30년
1997년 아시아 외환위기	복합 위기	U자형	IMF 재정 지원, 기업·금융 구조개혁, 통화시장 안정화	3년
2000년 닷컴 버블	금융 불안	V자형	금리 인하, IT 업종 구조조정, 신규 ICT 투자의 확대	2년
2008년 서브프라임 글로벌 금융위기	금융 불안	V자형	대규모 양적 완화·재정 부양, 금융 구조 개선	3년
2020년 COVID-19 경제위기	상업 불안	U자형	긴급 재정 지출·양적 완화, 백신 개발 및 비대면 신산업 성장	3년

위기를 극복하기 위한 4가지 전략

역사 속 위기들은 저마다 다른 회복의 궤적을 그렸지만, 그 속에서 우리는 귀중한 교훈을 얻을 수 있다. 위기 발생의 공포 속에서도 회복 패턴에 대한 명확한 이해는 위기를 기회로 전환하는 실마리가 된다.

경제위기 유형별 특성 요약

위기 유형	실물 위기	금융위기	복합 위기
주요 발생 원인	과잉생산, 공급망 충격, 특정 산업 과잉 투자, 수요 부족	투기적 투자, 무분별한 대출, 금융 파생상품 남발	금융 버블 붕괴 + 산업 침체 + 외화 부채 등 복합 작용
평균 회복 기간	5년 이상	2~5년	가변적
일반적 회복 패턴	U자형	V자형	L자형 가능성
위기 극복 핵심 기제	구조조정, 신산업 육성, 총수요 진작	긴급 유동성 공급, 금융 규제 개혁, 금융 시스템 안정화	동시다발적이고 포괄적인 금융 및 실물 구조 개혁
대표 사례	1929년 대공황, 1973년 오일쇼크, 2020년 COVID-19 위기	1907년 미국 금융공황, 2000년 닷컴 버블, 2008년 서브프라임 위기	1873년 대공황, 일본의 잃어버린 30년, 1997년 아시아 외환위기(예외적으로 빠른 회복)

첫째, 위기 진단의 정확성이 대응의 성패를 좌우한다. 경제위기를 상업 불안과 금융 불안으로 구분하는 것은 올바른 처방을 내리기 위한 정확한 진단과 같다. 의사가 환자의 증상만 보고 처방하지 않고 발병의 근본 원인을 파악해야 하듯이, 경제위기 대응에서도 겉으로 드러나는 현상이 아닌 근본적 발생 메커니즘을 이해해야 효과적으로 대응할 수 있다.

오일쇼크에 따른 1970년대 스태그플레이션 사태가 대표적인 사례다. 당시 많은 정책 당국자들이 전통적인 케인스주의 처방(재정 확대)을 적용했지만, 효과가 제한적이었다. 이는 해당 위기가 단순한 수요 부족이 아니라 공급 측 충격과 구조적 변화가 복합적으로 작용한 새로운 유형이었기 때문이다. 위기의 성격을 잘못 진단하면 처방도 빗나가게 된다.

실무적으로 보면, 기업 경영진이나 투자자들도 시장 위축의 원인이 실물경제 둔화(상업 불안)인지 금융시장 불안(금융 불안)인지에 따라 전혀 다른 전략을 취해야 한다. 상업 불안 위기에서 기업은 수요 회복까지 장기간 버틸 수 있도록 내부 유보나 장기 조달을 통한 현금을 확보하고, 비용 구조 개선과 생산성 향상을 도모해야 한다. 반면, 금융 불안 위기에서는 위험 자산을 축소하여 자산 건전성을 확보하고 신용등급을 안정적으로 관리하는 것이 우선이다.

둘째, 위기의 시간 지평(Time Horizon)에 따른 전략적 우선순위를 설정해야 한다. 두 위기 유형은 전개 속도와 지속 기간이 근본적으로 다르다. 이러한 차이를 이해하면 제한된 자원을 언제, 어디에 집중해야 하는지 명확해진다. 상업 불안 위기는 마라톤과 같다. 1929년 대공황이 10여 년 지속되었듯이, 실물경제의 구조적 불균형은 해소되는 데 장시간이 소요된다. 반면, 금융 불안 위기는 단거리 전력 질주와 같다. 2008년 리먼 사태처럼 며칠 또는 몇 주 만에 판세가 결정되며, 초기 대응 실패 시 회복 불가능한 손상을 입을 수 있다.

실무적으로 보면, 정책 당국은 금융 불안 위기에서 정치적 논란을 무릅쓰고서라도 신속한 의사결정을 내려야 한다. 반면, 상업 불안 위기에서는 성급한 처방보다는 지속 가능한 구조개혁에 집중해야 한다. 기업은 금융 불안 시에 단기 구조조정 또는 유동성 확보를 통해 단기 생존에 집중해야 하지만, 상업 불안 시에는 오히려 경쟁자들이 위축된 틈을 타 시장점유율 확대나 사업 포트폴리오 조정, 신사업 대비를 위한 투자를 고려해야 한다. 개인투자자는 금융 불안 위기에서

"공포가 절정일 때 매수하라"라는 격언을 적용할 수 있지만, 상업 불안 위기에서는 바닥 다지기가 장기화될 수 있어 성급한 진입보다는 분할 매수 전략 또는 포트폴리오 전면 재조정이 유효하다.

셋째, 정책 도구의 효과성과 부작용을 예측하는 것이다. 위기 유형에 따라 동일한 정책 도구라도 효과성과 부작용이 완전히 달라진다. 이를 미리 이해하고 있으면 정책 실패를 방지하고 의도하지 않은 부작용을 최소화할 수 있다. 예를 들어, 금융 불안 위기에서 양적 완화는 금융시장 안정화에 즉각적이고 강력한 효과를 발휘한다. 2008년 위기 시 미 연준의 양적 완화가 금융시장 붕괴를 막은 것이 대표적 사례다. 하지만 상업 불안 위기에서 양적 완화는 실물경제 회복 효과가 제한적인 반면, 자산 가격 상승에 따른 인플레이션과 소득 불균형 심화라는 부작용만 키울 수 있다.

실무적으로 보면, 정책 당국은 위기 유형 진단에 따라 정책 조합을 달리해야 한다. 금융 불안에는 '빠르고 강력한 통화 정책'이, 상업 불안에는 '신중하고 지속적인 재정 정책'이 더 효과적이다. 기업은 정부 정책의 효과성을 예측하여 사업 계획을 수립할 수 있다. 금융 불안 위기에서는 정부의 금융 지원 정책을 적극 활용하되, 상업 불안 위기에서는 정부 의존보다는 자체 경쟁력 강화에 집중해야 한다.

넷째, 위기 간 상호작용과 복합 위기에 대한 이해가 필요하다. 가장 중요한 시사점은 두 유형의 위기가 독립적으로 발생하지 않는다는 점이다. 1997년 아시아 외환위기에서 보듯이, 현실에서는 두 유형이 복합적으로 나타나며 서로를 증폭시키는 경우가 많다.

이러한 상호작용을 이해하면 2차, 3차 파급효과를 예측할 수 있다. 예를 들어, COVID-19 초기에는 실물경제 충격(상업 불안)으로 시작되었지만, 빠르게 금융시장 불안(금융 불안)으로 확산되었다. 이를 미리 예상한 정책 당국과 기업들은 양쪽 모두에 대비한 대응책을 준비할 수 있었지만, 그렇지 못했던 측은 2008년 금융위기와 같은 대혼란을 겪을 수밖에 없었다.

실무적으로 보면, 정책 당국은 한 유형의 위기에 대응하면서도 다른 유형으로의 전이를 막는 보완책을 함께 마련해야 한다. 기업과 개인은 위기의 직접적 영향뿐만 아니라 간접적 파급효과까지 고려한 시나리오 플래닝 기반의 리스크 관리가 필요하다.

위기는 항상 다시 온다. 그러나 더 주목할 점은, 위기는 반복되지만 패턴은 위기 유형에 따라 그 모습을 달리하고 온다는 점이다. 과거의 패턴을 이해하되, 현재의 위기를 고유하게 해석해야 한다. 이를 통해 미래 위기를 '예측 불가능한 재난'이 아닌, '관리 가능한 리스크'로 전환할 수 있을 것이다.

금융위기는 다시 올 것이다. 하지만 그것이 곧 파국이 되어야 할 이유는 없다.

'Main Street'를 아시나요?

일반적으로 Main Street는 도시나 마을에서 중심이 되는 도로를 의미하며, 우리는 주로 이런 의미로 이 단어를 사용한다. 하지만 Main Street는 Wall Street에 대비되는 의미로도 사용된다. Wall Street가 금융산업 또는 자본시장을 의미한다면, Main Street는 금융을 제외한 산업계와 상업시장을 가리킨다. 더 나아가 Main Street는 종종 일반 시민들, 평범한 사람들, 중산층을 대표하는 비유적인 표현으로 사용되기도 한다.

이러한 이유로 미국의 정치인들은 자신의 정책이 일반 시민들에게 도움이 된다는 것을 강조하기 위해 Main Street라는 단어를 자주 사용한다. 버락 오바마는 2008년 대통령 선거 승리 연설에서 "Let us remember that if this financial crisis taught us anything, it's that we cannot have a thriving Wall Street while Main Street suffers(이 금융위기가 우리에게 가르쳐 준 것이 있다면, Main Street가 고통받는 동안 Wall Street만 번영할 수 없다는 점을 기억합시다)"라고 언급했다. 도널드 트럼프 역시 "bring back Main Street by reducing the crushing tax burden(과도한 세금 부담을 줄임으로써 Main Street를 되살리겠다)"라는 표현을 사용한 적이 있다.

인터넷을 검색하면 Main Street(일반산업과 일반시민)를 Wall Street(금융산업과 금융엘리트)에 대비되는 개념으로 사용한 더 많은 예를 찾아볼 수 있다. 단, 이런 의미로 Main Street를 사용할 때는 반드시 대문자로 시작하여 써야 한다.

그럼 다음 장부터 금융의 역사를 연대기 순으로 살펴보자. 금융의 역사가 보여준 큰 흐름을 읽어가다 보면 금융에 대한 상식, 지식, 지능, 지혜가 자연스럽게 생겨날 것이라고 믿는다.

2장

화폐의 탄생과
교환의 시작
(고대와 중세)

"인간은 자신의 욕망에 이끌려 같은 실수를 반복하며,
그로 인해 국가도 몰락한다."

— 플라톤

동전의 앞면은
한 국가의 얼굴

동전을 던질 때 동전의 앞면은 어디일까? 우리나라 500원권 동전은 학이 새겨진 면이 앞면일까, 아니면 숫자 500이 새겨져 있는 면이 앞면일까? 나는 이게 늘 헷갈렸다. 그런데 동전의 앞면을 영어로는 'Head', 뒷면을 'Tail'이라 부르는 것을 알게 된 후 동전의 앞면과 뒷면을 명확히 구분하게 되었다. 그럼 왜 영어로 동전 앞면을 'Head'라고 할까?

이는 화폐의 역사와 깊은 관련이 있다. 그럼 이제 금융의 역사 여행을 화폐에서 시작해보려 한다.

화폐의 기원

인류가 처음으로 재화를 교환했던 방식은 물건과 물건을 직접 맞바꾸는 물물교환이었다. 그러나 물물교환은 서로가 원하는 물건을 동시에 가지고 있어야 한다는 불편함, 즉 '욕망의 이중적 일치'[1]라는 근본적인 문제점을 안고 있었다. 이러한 비효율성을 극복하기 위해 등장한 것이 바로 상품화폐이다.

상품화폐는 그 자체로 가치를 지니면서 교환의 매개체로 사용될 수 있는 물품이 주로 활용되었다. 가축, 곡물, 조개껍데기, 소금, 비단, 금속 등 다양한 형태의 상품들이 역사 속에서 화폐 역할을 했다. 이러한 상품들은 내구성이 있고, 이동이 간편하며, 나누거나 합칠 수 있고, 품질이 균일하며, 사회적으로 널리 받아들여진다는 특징을 지니고 있어 교환을 훨씬 편리하게 했다. 물물교환의 비효율성을 생각해보면, 상품화폐의 등장은 거래 비용을 획기적으로 줄이고 경제 활동을 촉진하는 중요한 단계가 되었다.

경제학에서 화폐는 다음 세 가지 기능을 갖추어야 한다고 한다. 첫째, '계산 단위' 기능이다. 화폐는 상품·서비스의 가격을 일관된 단위로 표시할 수 있어야 하며, 이를 위해 측정 가능성·통일성·균일성을 갖추어야 한다. 둘째, '교환의 매개체' 기능이다. 화폐는 거래 당사자 간에 널리 받아들여져 사용될 수 있어야 하며, 이를 위해 휴

---

[1] 경제학에서 물물교환의 비효율성을 설명할 때 사용되는 개념으로, 물물교환이 성립하기 위해서는 다음 두 가지 조건이 동시에 충족되어야 함을 의미한다. ① 내가 원하는 물건을 상대방이 가지고 있어야 하고, ② 상대방도 내가 가진 물건을 원해야 한다.
예를 들어, 내가 빵을 가지고 있고 물고기를 원한다면, 물고기를 가진 사람이 빵을 원해야 교환이 가능해진다. 이처럼 양측의 욕구가 동시에 일치해야만 거래가 성립하므로 물물교환은 기본적으로 비효율적이다. 반면, 화폐는 교환의 매개체로서, 사람들이 원하는 물건을 직접 가지고 있지 않더라도 거래를 가능하게 해준다. 예를 들어, 내가 빵을 팔고 화폐를 받은 후, 그 화폐로 물고기를 살 수 있다. 이렇게 화폐는 거래를 간접적으로 연결해줌으로써 '욕망의 이중적 일치' 문제를 해결한다.

대성·분할성·수용성이 있어야 한다. 셋째, '가치 저장' 기능이다. 화폐는 시간이 지나도 화폐 자체의 구매력을 유지할 수 있어야 하며, 이를 위해 내구성·희소성·안정성이 있어야 한다.

다시 말해, 물건 거래를 위해 화폐는 가치를 계산할 수 있어야 하고, 거래가 성사될 수 있도록 물건과 교환이 가능해야 하고, 나의 자산을 축적·보관할 수 있어야 한다는 것이다. 이러한 세 가지 화폐의 기능은 현대 암호화폐와 관련된 논쟁에서 자주 사용되는 기준이기도 하다.

화폐의 이러한 기능적 측면을 고려하니 여러 상품화폐 중 기능적 측면에서 가장 뛰어난 것은 금속이었다. 가축은 부피가 컸고 도망, 폐사 등 소실 우려가 컸다. 곡물 역시 썩는 등 소멸 가능성이 컸다. 조개껍데기는 그 자체로서 가치가 없었고 지역에 따라 수용성이 떨어졌다. 소금은 소멸 방지 등 관리에 있어서 큰 어려움이 존재했다. 결국, 청동기와 철기를 거치면서 금속이 화폐의 자리를 차지하게 되었다. 이 과정에서 인류는 금속 주조 기술을 갖게 되었다.

기원전 7세기 세계 최초의 주화 발견

인류가 금속을 화폐로 사용했다는 기록은 고대 메소포타미아와 이집트 유물에 남아 있지만, 실물로 발견된 최초의 금속주화는 기원전 7세기경 아나톨리아 반도 서부 리디아(Lydia) 왕국의 것이다.

금과 은의 자연 합금인 일렉트럼(Electrum, 호박금)으로 만들어진 이 주화는 뒷면에 서명과 같은 문양이 새겨져 있었다. 이 문양은 금속의 무게와 순도를 보증하는 역할을 했다. 이전에는 귀금속을 거래할 때마다 무게와 순도를 매번 확인해야 했지만, 일렉트럼은 뒷면 문양의 개수로 가치가 정해져 거래 신뢰성을 확보했다.

일렉트럼의 앞면에는 사자가 새겨져 있었다. 리디아 왕국에서 사자는 신성한 동물이자 왕권의 상징이었다. 이때부터 동전 앞면에는 상징적 문양을, 뒷면에는 가치를 표기하는 전통이 시작되었다.

오늘날 동전 앞면에 사람 얼굴을 많이 새기는데, 이런 관행은 기원전 5세기 페르시아에서 시작되었다. 기원전 413년경, 페르시아 제국의 소아시아 총독 티사페르네스가 자신이 발행하는 동전에 자기 초상을 새겼다. 당시로서는 파격적인 발상이었다. 그때까지 동전은 주로 신이나 도시를 상징하는 동물로 장식되었기 때문이다. 이는 '나는 이 지역의 통치자이며, 이 화폐의 가치를 보증한다'라는 메시지를 담은 신의 권위에 대한 도전이었다. 거의 같은 시기에 리키아(현재 튀르키예 남부) 왕 케레이도 은화에 자신의 초상을 새기며 비슷한 시도를 했다.

그림 2-1 | 현존하는 세계 최초의 주화인 일렉트럼

알렉산더와 그의 후계자들: 초상화 주화의 시대

페르시아의 문화는 그리스로 전파되었다. 알렉산더 대왕(재위 기원전 336~323년)은 자신의 신적 권위를 상징하기 위해 헤라클레스나 제우스 같은 신화 속 인물을 주화에 새겨 넣었다. 하지만 본격적인 초상화 화폐의 황금기는 알렉산더 사후에 찾아왔다. 후계자들이 알렉산더의 초상을 주화에 새김으로써 권력의 정당성을 강화하려 했기 때문이다. 화폐가 단순한 상징에서 '개인'을 드러내는 도구로 전환된 것이다.

알렉산더의 죽음 후 제국은 여러 장군 사이에서 분할되었고, 그들은 각자의 영토에서 화폐를 발행했다. 후계자 중 한 명인 리시마코스는 기원전 297년경 은화 드라크마에 세상을 떠난 알렉산더의 모습을 담았다. 흥미롭게도 그는 알렉산더를 신격화된 모습으로 표현했는데, 이는 알렉산더가 이집트 정복 후 신탁으로부터 '신의 아들'이라는 칭호를 받았다는 전설에서 비롯되었다. 한편 또 다른 후계자이며 이집트를 지배한 프톨레마이오스 1세는 더욱 과감하게 자신의 얼굴을 금화에 새기기도 했다.

'money'의 어원

경제의 핵심인 'money'라는 단어의 기원은 흥미롭게도 고대 로마 신화와 연관이 있다. 기원전 269년, 로마인들은 주피터의 아내이자 '경고와 조언의 여신'인 유노 모네타(Juno Moneta)를 기리는 신전에 로마 최초의 공식 주조소를 설립했다.

'Moneta'라는 이름은 라틴어 'monere'에서 유래했는데, 이는 '경고하다' 또는 '조언하다'라는 의미다. 전설에 따르면, 갈리아족의 침략 시기에 유노 여신의 신성한 거위들이 내는 소리가 로마인들에게 적의 접근을 경고했다고 한다. 이 덕분에 유노는 도시의 수호자이자 경고자라는 상징성을 갖게 되었고, 이러한 역할은 국가의 재정과 화폐를 보호하는 기능적 의미로까지 확장되었다.

유노 모네타의 신전은 로마의 중심지인 카피톨리누스 언덕에 있다. 이곳은 로마의 정치적·종교적 중심지로, 신전의 위치는 물리적 보안뿐만 아니라 상징적인 의미에서도 중요했다. 국가의 재정과 화폐를 신성한 공간에 두는 것은 그 자체로 화폐의 신뢰성과 권위를 높이는 효과가 있었다.

로마인들이 이 신전에서 동전을 주조하기 시작하면서, 주조된 동전들은 '모네타'라는 이름을 따르게 되었다. 시간이 흐르며 이 단어는 라틴어 'moneta'에서 고대 프랑스어 'moneie'를 거쳐 중세 영어 'monie'로 변화했고, 결국 현대 영어의 'money'로 정착했다. 또한, 주조소를 뜻하는 영어 단어인 'mint' 역시 그 어원이 'Moneta'로 알려진다.

카이사르와 황제들: 화폐를 정치적 선전의 수단으로

통치를 위한 권위의 수단으로서 주화에 사람의 얼굴을 새기는 관행은 로마 제국으로 이어진다. 물론 로마가 처음부터 이런 관행이 있었던 것은 아니었다. 주화에 살아 있는 인물의 초상을 넣는 것이 금기시되었다. 공화정 시대의 로마인들은 독재적 권력 또는 왕정의 부활을 우려했고, 개인 숭배의 위험성을 경계했기 때문이다. 하지만 율리우스 카이사르는 이 전통을 깨어버렸다.

기원전 44년, 그는 자신의 얼굴이 새겨진 데나리우스를 발행했다. 이는 절대 권력의 탄생을 견제하고 우려했던 로마 공화정의 마지막 순간을 상징하는 사건이었다. 흥미로운 건, 카이사르가 자신의 얼굴이 새겨진 동전을 본 것은 불과 몇 주에 불과했다는 점이다. 그는 그 해 3월 15일, 이 동전이 널리 유통되기도 전에 암살당했다.

그의 암살자 중 한 명인 브루투스도 자신의 동전을 발행했다. 그 유명한 'EID MAR(3월의 이드, 즉 3월 15일)'이 새겨진 데나리우스로, 뒷면에는 두 개의 단검과 자유를 상징하는 모자가 그려져 있었다. '폭군을 제거하고 자유를 되찾았다'는 정치적 메시지를 담은 최초의 화폐였다.

초상화 외에도 고대 화폐에는 다양한 이야기가 담겨 있다. 네로 황제는 로마 대화재 후 자신이 도시를 재건했다는 선전을 위해 새로운 건물들이 그려진 동전을 대량 발행했다. 또한, 여러 로마 황제들은 자신의 업적을 자랑하기 위해 '콩기아리움(선물 배포)'이나 '아드로쿠티오(군대 연설)' 장면을 동전에 새기기도 했다.[2] 반면, 트라야누스 황제는 당시 로마의 최대 적국이었던 파르티아를 정복한 후 'PAR-

---

[2] 트라야누스 황제는 다키아 전쟁 이후 시민들에게 650데나리우스의 콩기아리움을 배포하여 큰 호응을 얻었다. 이러한 장면은 동전의 뒷면에 'LIBERALITAS'라는 문구와 함께 묘사되었으며, 황제가 시민들에게 선물을 나누어주는 모습이 상세하게 새겨졌다. 칼리굴라 황제의 동전에는 'ADLOCVT COH'라는 문구와 함께 황제가 군대에 연설하는 장면이 묘사되어 있다. 이러한 이미지는 황제의 권위와 군대의 충성을 시각적으로 표현한 것으로, 동전은 단순한 화폐 이상의 정치적 선전 도구로 활용되었다.

THIA CAPTA(파르티아 정복)'라는 문구가 새겨진 동전을 발행해 제국 전역에 승리를 알렸다. 결국, 화폐는 권력의 상징이자 정치 선전에 있어 매우 효과적이고 강력한 수단이었던 셈이다.

동전의 앞면은 얼굴과 상징물

이러한 화폐의 역사를 안다면 이제 동전의 앞면과 뒷면을 헷갈리지 않고 정확히 구분할 수 있을 것이다. 하지만 모든 동전에 사람 얼굴이 있는 것은 아니다. 특히 이슬람 문화권에서는 종교적 금기로 인해 사람의 얼굴을 동전에 새기지 않는 경우가 많다. 이슬람교의 율법에는 우상 숭배를 금지하는 내용이 포함되어 있어, 사람의 초상을 주화에 새기는 것을 피하고 대신 종교적 문구나 기하학적 패턴을 사용했다. 이 전통은 현재까지도 이어지고 있으나, 이슬람 교리를 엄격하게 적용하지 않는 튀르키예나 이집트 같은 국가에서는 예외가 있다.

현대에 들어서는 나라마다 화폐 디자인에 대한 규칙이 더욱 다양해졌다. 미국의 경우 대부분의 주화 앞면에는 역사적 인물이나 대통령의 초상이 새겨져 있으며, 뒷면에는 국가 상징물이나 기념물이 표현된다. 예를 들어, 25센트 동전인 쿼터의 앞면에는 조지 워싱턴의 얼굴이, 뒷면에는 독수리가 그려져 있다. 반면, 유로화의 경우 앞면에는 유럽의 문화유산을 상징하는 건축물이, 뒷면에는 각 국가 상징물이 새겨져 있어 전통적인 개념과는 조금 다른 방식으로 앞뒷면을 구분한다.

달러는 Dollar가 아니라 dollar다?

'Dollar'일까, 'dollar'일까? 영어 문장을 쓰다 보면 헷갈리는 순간이 온다. 누군가는 미국 화폐니까 당연히 대문자 D로 시작해야 한다고 생각하고, 또 누군가는 뉴스 기사에서 소문자로 쓰인 dollar를 보고 의아해한다. 하지만 정답은 분명하다. 달러는 'dollar'로 소문자 표기가 맞다.

이유는 단순하다. 통화의 이름은 고유명사가 아니라 보통명사이기 때문이다. 달러뿐 아니라 euro, yen, won, pound도 마찬가지다. 우리가 돈을 지칭할 때 사용하는 이 단어들은 어떤 특정 브랜드나 유일무이한 이름이 아니라, 여러 나라에서 유사하게 사용되는 '통화의 단위'에 불과하다.

물론 예외는 있다. 'West African CFA franc'처럼 공식 명칭에 통화명이 포함될 경우 일부 고유명사 형태로 대문자가 쓰이는 경우도 있다. 또 하나는 통화 단위를 '기호'나 '약어'로 표기할 때다. 이 경우는 대문자 또는 특수기호를 쓰는 것이 표준이다. $, €, £, ¥, ₩ 같은 특수문자들이 그 예이다.

기호 외에도 국제 통화 표준인 ISO 4217 코드가 있다. 이는 세 글자 대문자로 구성된 통화의 공식 약어로, 통화 단위의 정확성과 일관성을 위해 사용된다. 예를 들어, USD는 미국 달러, KRW는 대한민국 원, JPY는 일본 엔, EUR는 유로, CNY는 중국 위안을 뜻한다. 다만 이 코드는 USD 1,000, KRW 500,000처럼 반드시 금액 앞에서 써야 한다.

이런 미세한 구분은 어찌 보면 사소하게 느껴질 수 있다. 하지만 일상 속에서 정확한 표현을 위해 반드시 짚고 넘어가야 할 부분이다. 특히 경제나 금융 관련 글, 공식 보고서 등에서 사용할 때는 더욱 그럴 것이다.

로마 제국의 몰락이 남긴 교훈

오늘날 우리가 일상적으로 사용하는 '경제(經濟)'라는 단어는 한자성어 '경세제민(經世濟民)'에서 유래했다. '經世'는 세상을 다스리고 운영한다는 뜻이며, '濟民'은 백성을 구제하고 돕는다는 의미다. 즉, 경제의 본래 뜻은 '세상을 다스려 백성을 구제한다'라는 깊은 인본주의적 가치를 담고 있다.

현대에 이르러 경제라는 용어는 주로 돈과 물질적 가치의 창출 또는 교환에 관한 것으로 그 의미가 많이 축소된 듯 보인다. 또한 경제학은 수학적 모델, 통계, 예측 모형을 다루는 기술적 학문으로 인식되는 경향이 있다. 그러나 어원을 살펴보면, 이 학문이 본질적으로는 인문학과 통치학의 영역에 뿌리를 두고 있음을 알 수 있다.

역사를 되돌아보면, 한 국가의 흥망성쇠는 경제와 불가분의 관계에 있었다. 많은 국가와 정권이 경제 정책의 실패로 인해 몰락했으며, 이는 오늘날에도 여전히 유효한 불변의 법칙으로 작용하고 있다. 특히 고대 로마 제국의 영광스러운 역사 뒤에는 금융 정책의 실패와 이로 인한 사회적 붕괴라는 어두운 그림자가 존재한다.

'디베이스먼트(Debasement)'는 화폐 주조에 사용되는 귀금속 함량을 줄이는 화폐 조작 또는 위조를 뜻하는 단어로, 그 역사는 로마 시대로 거슬러 올라간다. 그리고 디베이스먼트에 따른 화폐 가치 하락은 단순한 경제 현상을 넘어 국가 전체의 운명을 바꾸는 결정적 요인이 되었다.

유명한 『의무론』을 집필한 키케로는 "역사는 삶의 스승"[3]이라고 말했다. 2,000년 전 로마에서 일어난 화폐 붕괴의 서사가 오늘날 우리에게도 여전히 중요한 이유가 바로 여기에 있다. 중앙은행이나 금융 이론이 없었던 고대 로마인들은 화폐 가치의 훼손이 가져올 처참한 결과를 심각히 고려하지 못했던 것으로 보인다. 이는 우리가 중앙은행의 통화 정책과 인플레이션에 관심을 두어야 하는 이유가 된다.

순수한 가치에서 시작된 로마의 화폐

로마는 화폐 경제를 기반으로 한 최초의 제국이었다. 특히 제국 운영의 근간이 되는 군인의 급여 지급에 화폐가 사용되었다. 기원전 211년, 로마는 그리스 은화 드라크마를 본떠 '데나리우스'라는 은화

---

[3] 마르쿠스 툴리우스 키케로(BC. 106~43년)는 그의 저서 『De Oratore(웅변가에 관하여)』에서 다음과 같이 말했다. "Historia vero testis temporum, lux veritatis, vita memoriae, magistra vitae, nuntia vetustatis(역사는 시대의 증인이며, 진리의 빛이고, 기억의 생명이자, 삶의 스승이며, 옛것의 전령이다)." 이는 우리가 역사를 공부해야 하는 이유를 설명하는 유명한 문장 중 하나이다.

를 도입했다. 약 4.5g의 고순도 은을 함유한 이 화폐는 로마 공화정 경제의 중추 역할을 했다. 안정적인 화폐 가치를 바탕으로 로마 경제는 지중해 전역에서 전례 없는 번영을 누렸다.

이 시기 로마의 화폐는 단순한 교환 수단을 넘어 제국의 권위와 경제적 힘을 상징했다. 지중해 연안에서 브리타니아까지, 로마의 은화는 국제 무역의 기준으로 널리 인정받았다. 로마 주화의 발견 지역은 제국 영토를 넘어 러시아, 인도까지 확대되었으며, 심지어 일본에서도 출토된 기록이 있다. 이러한 화폐의 광범위한 유통은 '팍스 로마나'라 불리는 로마 평화 시대의 경제적 토대를 형성했다.

군인 연금 제도가 초래한 재정적 부담

번영과 안정을 구가하던 아우구스투스 시대에도 훗날 제국 재정을 압박할 중대한 제도적 변화가 도입되었다. 기원전 13년, 아우구스투스 황제는 제국의 안보를 뒷받침하는 군인들의 충성을 확보하기 위해 군인 퇴직연금 제도를 마련했다. 이 제도는 군 복무를 마친 병사들에게 12년치 급여에 해당하는 거액의 일시금을 지급하는 획기적인 사회보장 시스템이었다. 이러한 연금 제도의 안정적인 운영을 위해 서기 6년에는 '군사 재무국'이 설립되었다.

그러나 이 제도는 장기적으로 로마 제국에 심각한 재정 부담을 초래했다. 제국의 영토가 확장되고 군대 규모가 커지면서 연금 수혜자는 계속 증가했지만, 세수는 이를 따라가지 못했다. 군사 재무국의 자금이 고갈되자 후대 황제들은 두 가지 대응 방식을 취했다. 하나는 군인들의 복무 기간을 연장하여 연금 지급 시기를 늦추는 것이었고,

다른 하나는 세금을 추가로 걷는 것이었다. 그러나 이러한 대응은 문제를 해결하지 못했다.

결국, 이러한 구조적 재정 부담은 후대 황제들이 화폐 디베이스먼트에 의존하게 만드는 원인 중 하나로 작용했다. 아이러니하게도 제국의 안정을 위해 도입된 연금 제도가 오히려 장기적으로 로마 경제의 불안정성을 심화시키는 요인이 된 것이다.

위기와 유혹: 네로의 디베이스먼트 착수

64년 로마 대화재 이후, 네로 황제는 대규모 도시 재건 사업이라는 막대한 재정적 부담에 직면했다. 결국 그는 제국 전체의 주화를 회수하여 녹인 후, 귀금속 함량을 줄인 새 화폐를 주조하면 더 많은 화폐를 확보할 수 있다고 판단하고 실제로 이 계획을 실행에 옮겼다. 네로는 데나리우스의 은 함량을 4.5g에서 3.8g으로 감소시켰으며, 금화 아우레우스의 순도 역시 약 7% 낮추었다.

당시 네로의 재무 고문이었던 세네카는 이러한 조치에 강하게 반대했다고 전해진다. 로마의 저명한 철학자이자 정치가였던 세네카는 "화폐의 가치를 손상시키는 것은 국가의 신뢰를 손상시키는 것이다"라는 말을 남겼다고 한다. 그의 경고에도 불구하고 네로는 화폐 가치 하락을 단행했고, 얼마 지나지 않아 세네카는 네로에 의해 자살을 강요받았다.

디베이스된 화폐는 표면적으로는 동일한 화폐였지만, 실질적으로는 가치가 훼손된 것이다. 이는 현대 경제에서 화폐를 추가로 발행하여 인플레이션을 유발하는 것과 본질적으로 같은 메커니즘이다.

네로의 디베이스먼트는 단기적으로는 재정 문제를 해소하는 데 기여했을지 모르나, 장기적으로는 로마 화폐에 대한 신뢰를 떨어뜨리는 촉매제가 되었다.

흥미로운 것은 이 시기에 동지중해 지역의 상인들이 네로 이전에 주조된 '좋은' 데나리우스를 구별하여 보관하기 시작했다는 것이다. 이는 후대에 '그레셤의 법칙'으로 알려진 경제 원리, "악화가 양화를 구축한다"의 고전적 사례다. 상인들은 공식적으로는 모든 데나리우스가 같은 가치를 지닌다고 선언되었음에도, 실제 은 함량이 더 높은 옛 동전을 거래에 사용하지 않고 숨겨두는 방법으로 자신들의 자산 가치를 보전하려 했다.

심화되는 위기: 3세기의 극단적 디베이스먼트

3세기에 접어들면서 로마 제국은 전례 없는 정치적 혼란기로 진입했다. 235년부터 284년까지 약 50년간 무려 26명의 황제가 교체되는 '군인 황제 시대'가 이어졌다. 끊임없는 내전, 제국 외곽에서의 침략, 그리고 관료제 유지에 드는 막대한 비용은 제국의 재정을 극도로 압박했다.

215년 카라칼라 황제는 '안토니니아누스'라는 새로운 화폐를 도입했다. 표면적으로는 1안토니니아누스는 2데나리우스의 가치(명목 가치)를 가진다고 선언했지만, 실제 은 함량은 1.6데나리우스에 불과(실질 가치)했다. 카라칼라의 화폐 정책은 그의 통치 스타일을 그대로 반영했다. 그는 자신의 근위대 봉급을 두 배로 올려 충성을 사려 했고, 이를 위한 재원을 마련하기 위해 화폐 가치를 희생시켰다.

이후 상황은 계속 악화되어 3세기 중반에 이르면 안토니니아누스의 은 함량은 50% 이하로 급감했고, 제국 말기에는 불과 2%까지 떨어졌다. 특히 갈리에누스 황제(재위 253~268년) 시기에는 화폐 가치 하락이 극에 달했다. 역설적이게도 갈리에누스는 로마의 마지막 '헬레니즘 교양인' 황제로 불릴 만큼 문화적으로 세련된 인물이었으나, 그의 통치 시기는 제국 역사상 가장 암울한 경제적 하락기와 일치한다. 화폐가 사실상 '도금된 동전'이 된 것이다.

이러한 극단적 디베이스먼트는 제국 전역에 걸쳐 파괴적인 인플레이션을 초래했다. 물가는 천정부지로 치솟았고, 로마의 정교한 경제 네트워크는 서서히 붕괴되었다. 상인들은 가치가 불안정한 화폐 대신 물물교환을 선호하게 되었고, 지방 유력자들은 중앙 정부의 통제에서 벗어나 독자적인 경제 시스템을 구축하기 시작했다.

화폐 개혁의 시도와 실패

3세기 후반, 제국의 지도자들은 화폐 시스템을 정상화하기 위한 다양한 시도를 전개했다. 274년 아우렐리아누스 황제는 안토니니아누스의 은 함량을 약 5%로 회복시키고, 화폐에 'XXI'라는 표기를 새겨 신뢰 회복을 꾀했다. 이 'XXI' 표시는 주화의 은 함량이 20분의 1(약 5%)임을 나타내는 일종의 투명성 조치였다.

더욱 체계적인 접근은 디오클레티아누스 황제(재위 284~305년)의 화폐 개혁이었다. 그는 301년 아르겐테우스(순은화)와 폴리스(구리 기반 주화)를 포함한 새로운 화폐 시스템을 도입했다. 또한 최고 가격제(물가 상한선)를 통해 급등하는 물가를 통제하고자 했다. 디오클레티아누스의 '물가 칙령'은 고대 경제 통제의 야심 찬 시도 중 하나였다. 이 칙령은 석재, 목재부터 시작해 노동, 운송, 식품에 이르기까지 1,000개가 넘는 상품과 서비스의 가격 최대 상한선을 지정했다.

그러나 이미 깊어진 불신과 구조적 문제는 단순한 화폐 교체나 가격 통제로 해결될 수 없었다. 최고 가격제는 오히려 암시장을 활성화시켰고, 상인들은 법정 가격으로 판매하는 것을 거부했다. 디오클레티아누스의 개혁은 단기적 혼란을 일부 완화했을지 모르나, 제국 경제의 근본적인 문제를 해결하지는 못했다. 결국, 그의 가격 통제 정책은 얼마 후 사실상 폐기되었고, 새로 도입된 화폐 시스템도 지속적인 디베이스먼트를 피하지 못했다.

인플레이션: 제국을 침식한 보이지 않는 적

화폐 절하의 결과는 명백했다. 시장에 흘러드는 통화량이 급증하면서 물가가 천정부지로 치솟았다. 오늘날 '인플레이션'이라 부르는 이 현상은 당시 로마인들의 일상을 서서히 갉아먹었다. 역사 기록에 따르면, 로마 시대 후기에는 동전 가치가 급락하여 하루 노동의 대가로 받은 임금으로 가족의 하루 식량을 구매하기도 어려워졌다고 한다. 시민들은 가치를 잃어가는 동전 대신 실물 자산을 선호하게 되었고, 이는 결과적으로 국가 재정의 붕괴를 가속화했다.

또한, 화폐 가치의 하락은 세수 기반도 약화시켰다. 이로 인해 제국의 두 핵심 기둥인 관료제와 군사력을 유지하는 데 필요한 재정이 고갈되어 갔다. 국경 수비대는 제대로 된 급여를 받지 못했고, 병사들의 충성도는 급격히 하락했다. 제국의 통치력이 약화되면서 지방은 점차 중앙 정부의 통제에서 벗어났고, 게르만 민족을 비롯한 외부 세력의 침입에 효과적으로 대응할 수 없게 되었다.

결국 화폐의 붕괴는 정치적·사회적 혼란을 불러일으켰다. 민중의 불만을 키웠고, 지방 반란과 폭동이 빈번해졌다. 로마의 평화는 깨졌고, 제국의 통제력이 약화되자 군벌의 권력 다툼과 이민족의 침입이 더욱 잦아졌다. 결국 서로마 제국은 476년 게르만족 용병 대장 오도아케르에 의해 멸망했다. 물론 제국의 몰락은 화폐 디베이스먼트만으로 설명될 수 없는 복합적인 과정이었다. 그러나 경제적 토대의 붕괴가 제국의 쇠퇴를 가속화한 핵심 요인이었음은 부정할 수 없다.

한국은행이 물가 안정을 최우선시하는 이유

「한국은행법」 제1조는 중앙은행으로서 한국은행의 설립 목적을 정의한다. 여기에는 '물가 안정'[4]이라는 핵심 개념이 포함되어 있다. 언뜻 의아해 보일 수 있으나, 경제가 경세제민에서 유래했다는 점과 로마 제국 몰락의 근본 원인 중 하나가 화폐 가치 하락에 따른 인플레이션이었음을 고려하면, 한국은행이 물가 안정을 최우선시하는 이유를 이해할 수 있다. 물가를 안정시키는 것은 단순히 장바구니 부담을 더는 것을 넘어, 국가 경제의 명운을 좌우할 수 있는 중차대한 과제이기 때문이다.

이러한 관점에서 로마 제국의 화폐 가치 하락과 경제적 몰락의 역사는 2,000년이 지난 오늘날에도 중요한 교훈을 제공한다. 그것은 바

---

4 중앙은행의 목적으로 '물가 안정'을 정의하고 있는 것은 우리나라뿐만이 아니다. 상당히 많은 국가에서 동일하게 중앙은행의 주요한 목적 또는 역할을 물가 안정으로 규정하고 있다.

로 통화 정책의 실패와 그로 인한 화폐의 신뢰 상실이 아무리 강력한 국가라도 서서히 붕괴시킬 수 있다는 준엄한 경고이다. 역사 속 수많은 국가와 정부는 단기적인 이익이라는 달콤한 유혹에 빠져 화폐 가치를 희생시키곤 했다. 안타깝게도 이러한 경향은 현대에도 여전히 유효하다. 현대의 금융 시스템이 로마 시대보다 훨씬 정교하고 복잡해졌지만, 과도한 화폐 발행과 정부 부채의 증가는 장기적으로 통화 가치 하락과 경제적 불안정을 초래한다는 기본 원리는 변하지 않기 때문이다.

특히 최근 몇 년간 전 세계적으로 확대된 양적 완화와 재정 확장 정책을 역사적 관점에서 다시 살펴볼 필요가 있다. 키케로의 말처럼 역사는 미래를 위한 지침이기 때문이다.

중세 봉건주의의
암흑기 속 금융

로마 제국의 몰락 이후 서유럽은 정치적·경제적 격변기를 맞았다. 이 시기는 흔히 '암흑기'로 묘사되지만, 금융의 관점에서 보면 완전한 공백 상태는 아니었다. 오히려 고대 로마의 유산이 해체되고 새로운 경제 질서와 금융 시스템이 느리지만 꾸준히 발전해온 변혁의 시간이었다.

금융 시스템의 붕괴와 자급자족의 중세 장원 경제

"모든 길은 로마로 통한다"라는 말처럼, 한때 로마 제국은 광대한 도로망을 자랑했다. 또한, 지중해를 '우리의 바다'라 칭하며 해상 무역을 장악했다. 그러나 제국의 쇠퇴와 함께 화폐 가치가 폭락하고 사회적 혼란이 가중되면서, 제국의 자랑이던 통합 교역망은 속수무책으로 무너졌다. 도로와 항만 시설은 방치되었고, 치안 부재로 인해 육상과 해상 교역로는 해적과 약탈자들의 소굴로 변했다. 식량 공급망과 물자 유통망이 마비되면서 제국 각 지역은 고립되기 시작했다.

이러한 혼란 속에서 지방의 귀족과 영주들은 자신들의 영지를 중심으로 자가 생존을 도모했다. 장거리 무역이 불가능해지자, 영지 내에서 농노를 통해 식량과 필수품을 직접 생산하고 외부와의 교류를 최소화하는 자급자족적 장원(莊園, Manor) 경제가 발달했다.

로마 시대의 화폐 중심 경제 시스템은 물물교환이 주를 이루는 형태로 퇴보했다. 농민들은 영주에게 곡물·가축·노동력을 제공하고 그 대가로 치안과 토지 경작권을 얻었다. 화폐는 지역 시장이나 교회·수도원 관련 거래에만 간헐적이고 제한적으로 사용될 뿐이었다. 장원 내에서는 도구나 의류, 가구 등을 직접 제작하고 수리하는 '영지 내 장인' 계층이 형성되어 자급자족 경제 체제를 뒷받침했다. 이처럼 봉건 경제는 거대 제국 로마의 몰락이 남긴 생존 전략이었다.

자급자족 중심의 경제 시스템은 금융의 암흑기를 초래했다. 로마의 화려했던 도시들은 쇠락했고, 정교했던 화폐 및 조세 제도는 붕괴했으며, 발달했던 무역망도 단절되었다. 이는 단순한 정치적 혼란을 넘어 경제와 금융 시스템의 총체적 와해를 의미했다. 사람들은 자급자족을 위해 농촌으로 흩어졌고, 화폐 경제는 물물교환 경제로 후퇴했으며, 복잡한 금융 거래는 자취를 감췄다.

특히 로마 말기의 극심한 인플레이션으로 화폐는 이미 신뢰를 잃은 상태였다. 중앙집권적 화폐 공급 체계가 무너지자 금화와 은화는 유통시장에서 점차 사라졌고, 사람들은 금속화폐를 땅에 묻거나 가보로 간직했으며, 새로운 화폐 주조는 거의 이루어지지 않았다.

교회의 이자 금지와 유대인 금융업자의 역할

중세 초기, 기독교 교회는 사회 전반의 규범을 제시하는 강력한 권위를 지녔다. 교회는 성경의 가르침에 따라 이자를 받고 돈을 빌려주는 행위, 즉 고리대금업을 엄격히 금지했고 성경의 문구를 근거로 이자 수취 자체를 죄악시했다. 813년 샬롱 공의회는 "필요한 것을 빌려주고 그 이상을 요구하는 자는 고리대금업자로 간주되어 배척받아야 한다"라고 선언하기도 했다. 이러한 이자 금지령은 중세 금융 발전을 크게 제약했다.

이러한 상황에서 유대인 공동체는 독특한 역할을 수행했다. 기독교와 달리 유대교 율법은 유대인 간의 이자 수취는 금했지만, 비유대인(이방인)에게 이자를 받는 것은 허용했다. 이로 인해 유대인들은 기독교 사회에서 제한적이나마 금융업에 종사할 수 있는 소수 집단이 되었다.

그러나 유대인의 금융 활동은 종종 기독교 사회의 편견과 반감에 부딪혔다. 이자 수취에 대한 부정적 시각, 종교적 배타성, 경제적 질투 등이 겹치며 유대인들은 박해의 대상이 되곤 했다. 그럼에도 불구하고 이 시기의 유대인들은 금융 시스템이 붕괴된 서유럽에서 중요한 역할을 했고, 이후 중세 금융의 재편과 발전에 영향을 주었다.

모든 것이 침체된 듯 보였던 중세 초기에도 새로운 금융의 씨앗은 조용히 자라고 있었다. 특히 수도원은 중요한 경제적 기능, 그리고 간접적으로 금융의 역할을 담당했다. 클뤼니 수도원[5]과 같은 대규모

---

[5] 클뤼니 수도원(Cluny Abbey)은 910년 프랑스 부르고뉴 지방의 클뤼니에 설립된 베네딕도회 계열의 수도원으로, 중세 유럽에서 종교적·문화적 중심지로 기능했을 뿐 아니라 경제적으

수도원들은 광대한 토지를 소유하고 이를 효율적으로 경영하며 농업 기술을 개발하고 보급하는 데 앞장섰다.

수도원은 일종의 '원시적 은행'과 유사한 기능을 수행하기도 했다. 신자들의 기부금과 토지에서 나오는 수입을 관리(수신 기능)했으며, 때로는 지역 농민들에게 씨앗이나 농기구를 빌려주기(여신 기능)도 했다. 비록 직접적인 이자를 수취하지는 않았지만, 이는 초기 형태의 신용거래로 볼 수 있다. 흥미로운 점은 면죄부 같은 '영적 보상과 물질적 지원의 교환' 개념이다. 부유한 자들이 수도원에 금이나 토지를 기부하면, 그 대가로 수도사들은 기부자나 그 가족의 영혼을 위해 미사를 봉헌하거나 기도해주는 약속을 했다. 이는 영적인 가치와 물질적 자원이 교환되는 독특한 거래 형태였다.

외부로부터의 자극: 비잔틴과 이슬람 금융의 영향

서로마 제국이 멸망한 후에도 동로마(비잔틴) 제국은 1,000년 이상 지속되며 상대적으로 발달한 금융 시스템을 유지했다. 비잔틴의 금화 솔리두스는 7세기부터 11세기경까지 지중해 교역의 기준 화폐로 기능하며 국제 무역에서 높은 신뢰도를 자랑했다. 비잔틴 상인들은 유럽-아시아-아프리카를 잇는 광범위한 무역망을 구축했고, 이것은 서유럽에 금융 지식을 전파하는 통로가 되었다. 제국의 수도 콘스

로도 막대한 영향력을 행사했다. 특히 10세기부터 12세기 사이 클뤼니 수도원은 유럽 각지의 귀족들로부터 기증받은 광대한 장원 토지를 바탕으로 자립적인 경제 체계를 구축했으며, 이를 통해 농업 생산성을 높이고 농업 기술의 확산에 기여했다. 수도원은 단순한 종교 공동체를 넘어, 장원 경영과 인력 조직, 자산 관리 등에서 고도의 행정 능력을 발휘하며 중세 초기 유럽의 경제적 안정과 발전에 중요한 역할을 했다.

탄티노플은 당시 세계에서 가장 부유한 도시 중 하나였으며, 이곳에서 발달한 환전·예금·신용장과 유사한 초기 개념들이 이탈리아 도시들을 중심으로 서유럽에 전파되었다.

7세기 이후 급속히 팽창한 이슬람 제국 역시 독자적인 금융 시스템을 발전시켰다. 이슬람법(샤리아) 또한 이자(리바, Riba)를 금지했지만, 이슬람 상인들은 이를 창의적으로 우회하는 다양한 금융 기법을 고안했다. 대표적인 예가 '무다라바'로, 이는 자본을 제공하는 측과 노동력을 제공하는 측이 이익을 공유하는 일종의 합자회사 형태였다. 이러한 이슬람 금융 기법 역시 이베리아반도와 시칠리아를 통해 서유럽에 전파되었다.

도시의 성장과 상인 계층의 출현: 초기 금융의 부활

10세기 말부터 유럽은 점진적으로 안정을 되찾기 시작했다. 인구가 증가하고 삼포식 농업 등 새로운 농업 기술의 보급으로 생산성이 향상되면서 잉여 생산물이 발생했고, 이는 교역 재개의 기반이 되었다. 도시들이 다시 성장하기 시작했으며, 특히 이탈리아의 베네치아, 제노바, 피사와 같은 도시들은 지중해 무역의 중심지로 부상했다. 도시의 성장과 함께 상인 계층이 새롭게 등장했고, 이들은 장거리 무역을 위한 자본·신용·환전·보험과 같은 금융 서비스에 대한 새로운 수요를 창출했다.

11세기에 이르러서는 오늘날 은행의 초기 형태라 할 수 있는 조직들이 등장하기 시작했다. 이들은 현대적 의미의 정교한 은행은 아니었지만, 기본적인 예금 수취와 대출 기능을 수행했다. 특히 이탈리아 도시들에서 '반키에리'라 불리는 환전상 겸 금융업자들이 활동했는데, 이들은 공공장소의 나무 탁자나 긴 의자(banco, 방코)에서 영업했다고 하여 이러한 이름이 붙었고, 이는 현대 '은행(bank)'의 어원이 되었다.

이 당시 로마나 아말피 등에서 활동하던 은행가들은 예루살렘이나 로마로 향하는 순례자들을 위한 금융 서비스를 제공하곤 했다. 순례자들이 출발지에서 은행가에게 돈을 맡기고 일종의 증서를 받은 뒤, 목적지에 있는 은행가의 동업자나 대리인에게 이 증서를 제시하고 돈을 찾는 방식이었다. 이는 현대 여행자 수표의 원시적인 형태로 볼 수 있다.

순례자의 증가와 함께 이들을 대상으로 하는 정기적인 장터의 발달은 지역 경제를 활성화하고 화폐 유통을 촉진했다. 프랑스의 샹파뉴 지방에서는 11세기부터 대규모 정기 시장이 열렸는데, 이곳은 북유럽과 이탈리아 상인들이 만나 거래하는 국제적인 교역의 장이었다. 이러한 시장에서는 다양한 지역의 화폐가 유통되었다. 이는 자연스럽게 환전업의 발달로 이어졌으며, 여러 화폐 간의 교환 비율을 정리한 환율표가 만들어지기도 했다.

이 시기에는 상업 활동을 지원하기 위한 여러 금융 혁신이 이루어졌다. 그중 하나는 '코멘다' 계약으로, 이는 한 명의 투자자가 자본을 대고 다른 한 명의 상인이 그 자본으로 무역을 수행한 뒤 이익을 사전에 정해진 비율로 분배하는 방식의 무역 파트너십이었다. 이는 이슬람의 '무다라바'와 유사한 형태로, 자본과 노동력의 결합을 통해 위험을 분산하고 이익을 공유하는 효율적인 방법이자 이자 금지 규정을 우회하는 수단이었다.

또 다른 중요한 혁신은 '캄비움 마리티뭄'이다. 이는 상인이 한 장소에서 돈을 빌리고, 그 대가로 일정 기간 후 다른 도시에서 다른 통화로 더 많은 금액을 갚기로 약속하는 계약이었다. 이자라는 명목은 없었지만, 환율 차이나 지급 시점의 차이를 통해 사실상의 이자가 포함되었다. 교회는 이를 고리대금이 아닌 합법적인 환전 수수료나 위험 감수에 대한 보상으로 간주하는 경향이 있어 널리 사용될 수 있었다.

십자군 전쟁 직전의 금융 지형

십자군 전쟁(1096년)이 발발하기 직전, 서유럽의 금융은 로마 제국 멸망 이후의 긴 침체기를 벗어나 서서히 회복하며 재건의 길을 걷고 있었다. 도시의 부활과 교역의 확대, 새로운 금융 기법의 개발, 비잔틴이나 이슬람 세계와의 접촉을 통한 금융 지식의 유입은 유럽 금융 재건의 중요한 동력이었다.

그러나 여전히 많은 제약이 존재했다. 교회의 이자 금지령은 공식적으로 유효했고, 금융업은 종종 도덕적 비난의 대상이 되었다. 이에 따라 화폐 공급은 여전히 제한적이었고, 금융시장은 지역적으로 분절되어 있었다.

이러한 상황에서 발발한 십자군 전쟁은 유럽 사회 전반에 큰 변화를 가져왔다. 특히 금융 분야에서는 대규모 원정을 위한 자금 조달, 동서 교역의 급격한 팽창, 그리고 새로운 금융 지식과 기법의 광범위한 유입을 촉진하는 결정적인 촉매제가 되었다. 이는 12세기 이후 유럽 금융이 비약적으로 발전하는 토대를 마련했다.

결국, 로마 제국 멸망 이후 약 600년의 시간은 단순한 '암흑기'가 아니라, 고대 세계의 유산 위에서 새로운 경제 질서와 금융 시스템이 고통스럽지만 창의적으로 태동하던 변혁의 시대였다. 오늘날 우리가 당연하게 여기는 많은 금융 개념과 제도들의 기원은 바로 이 시기에서 찾아볼 수 있다. 중세 시대 엄격했던 기독교 교리를 회피하기 위해 금융 혁신이 일어났고, 현재에도 정책과 규제 속에서 금융은 끊임없이 자기 혁신을 통해 발전하고 있음은 역사 속에서 찾을 수 있는 중요한 시사점이라 할 수 있다.

십자군 전쟁과
상업 자본주의의 태동

10세기부터 서서히 나타나기 시작한 금융 회복의 움직임은 1096년 시작된 십자군 전쟁이라는 거대한 역사적 사건을 계기로 변곡점을 맞이하고 금융 변혁의 시대로 접어들게 된다.

십자군 전쟁: 금융 혁신의 거대한 용광로

1095년 클레르몽 공의회에서 교황 우르바누스 2세가 외친 성지 탈환의 열정적인 호소는 유럽 전역을 뒤흔들었다. 이듬해부터 시작된 십자군 원정은 단순한 종교적 열정의 발현을 넘어, 유럽 역사상 최초의 '초국가적 군사 프로젝트'였다. 수만 명 때로는 수십만 명에 이르는 기사와 병사, 순례자들이 수천 킬로미터 떨어진 미지의 땅 예루살렘을 향해 움직이는 이 거대한 원정은 전례 없는 규모의 자금 수요를 창출했다.

영주들은 전투에 참여하고 원정대의 위용을 과시하기 위해 가문의 토지를 담보로 맡기거나 매각하여 현금을 마련해야 했다. 교회와 수도원 또는 유대인 대금업자들이 이들에게 자금을 빌려주었지만, 이자율은 상식을 뛰어넘는 수준이었다. 상인들 역시 군수품·식량·무기 등을 공급하고 수송하는 과정에서 막대한 자본을 동원해야 했으며, 이 과정에서 새로운 금융 기법의 필요성이 대두되었다.

1119년 예루살렘에서 성지 순례자들을 보호한다는 명목으로 설립된 '그리스도와 솔로몬 성전의 가난한 기사들', 즉 템플 기사단은 이러한 시대적 요구 속에서 금융 역사에 혁명적인 발자취를 남겼다. 본래 군사 조직으로 출발했지만, 이들은 곧 유럽 최초이자 가장 강력한 국제 금융 네트워크로 발전했다. 템플 기사단이 제공한 혁신적인 금융 서비스는 다음과 같다.

① 예탁 및 송금 서비스: 순례자나 십자군 병사는 유럽 각지에 있는 템플 기사단 지부에 금화나 은화를 맡기고, 신용장을 받았다. 이 증서를 예루살렘이나 안티오키아 등 원정로에 있는 템플 기사단 지부에 제시하면, 현지에서 안전하게 해당 금액을 인출할 수 있었다. 이는 화폐를 직접 운반하는 위험 없이 안전하게 자금을 이전하는 획기적인 방식이었다.

② 안전 자산 보관: 템플 기사단은 강력한 군사력과 유럽 전역의 요새화된 지휘부를 바탕으로 귀중품과 자금을 안전하게 보관하는 금고 역할을 했다. 프랑스 왕실조차 파리의 템플 기사단 본부를 주요 금고로 활용할 정도였다.

③ 대출 서비스: 템플 기사단은 막대한 자산을 바탕으로 유럽의

국왕들, 유력 귀족들, 심지어 교황에게까지 거액의 자금을 대출해주었다. 그들은 토지, 보석, 미래의 세수 등을 담보로 잡았다.

특히 이 신용장 시스템은 중세 금융의 결정적 혁신으로 평가받는다. 이는 오늘날의 수표 또는 국제 송금 시스템의 원시적 형태로, 도둑이나 해적의 위협, 그리고 장거리 운송의 어려움을 획기적으로 줄여주었다. 더군다나 템플 기사단은 유럽 전역과 중동에 걸친 광범위한 지부 네트워크를 통해 이 시스템을 효율적으로 운영했다.

그러나 막강한 부와 권력은 필연적으로 시기와 견제를 불렀다. 기사단의 막대한 재산을 탐낸 프랑스 왕 필립 4세는 왕실 재정 위기를 타개할 목적으로 1307년 10월 13일 금요일[6]에 프랑스 전역의 템플 기사단원들을 이단, 동성애, 우상숭배 등의 날조된 혐의로 체포하고 고문하고 살해했다. 결국, 1312년 교황 클레멘스 5세는 기사단을 공식 해체했고, 그들의 자산은 대부분 구호 기사단이나 국왕들에게 넘어갔다. 템플 기사단의 비극적 종말은 중세 금융이 정치 권력에 얼마나 취약할 수 있는지를 보여주었다. 물론 그들이 남긴 금융 혁신의 씨앗은 이후 이탈리아 도시국가들에서 금융이 더욱 발전하는 데 기반이 된다.

이탈리아 도시국가: 금융 기법의 실험실

십자군 전쟁은 유럽의 정치·사회·문화 전반에 걸쳐 큰 변화를 가져왔지만, 특히 지중해 세계의 무역 지형을 근본적으로 바꾼 사건으

---

[6] 이날이 '13일의 금요일' 불운의 기원이라는 설도 있다.

로 기록된다. 전쟁은 서유럽 세력과 동방 세계가 대규모로 접촉하는 계기가 됐고, 이는 막대한 물자와 인력의 이동으로 이어졌다. 이 과정에서 기존 해상 무역 강자였던 비잔틴 제국의 영향력은 약해진 반면, 새롭게 떠오르던 이탈리아의 해상 도시국가들에는 엄청난 기회가 열렸다. 지리적으로 지중해의 핵심 위치에 있던 베네치아, 제노바, 피사 같은 도시들은 십자군 원정대에게 병력과 물자 수송, 보급, 해상 지원 등 꼭 필요한 서비스들을 제공하며 전쟁 수행에 매우 중요한 역할을 맡았다.

십자군 전쟁에 대한 기여 덕분에 이탈리아 도시국가들은 지중해의 주요 항구 도시들에서 특별한 무역 특권과 함께 상업 거점 구역을 확보했다. 이들은 알렉산드리아, 콘스탄티노플 등 전략적으로 중요한 곳에 상업 기지를 세우고 기존의 동방 무역로를 장악하기 시작했다. 특히 후추, 계피 같은 비싼 향신료와 비단, 면직물, 보석 등 동방의 고급 물건들이 유럽으로 들어오는 핵심 경로를 독점하면서 엄청난 부를 쌓았다. 이는 단순히 물건을 사고파는 중개를 넘어, 동서양을 잇는 무역의 중심축으로서 막대한 경제적 힘을 갖게 됐다는 걸 의미한다.

동방 무역 독점을 통해 쌓은 막대한 자본은 이탈리아 도시국가들이 금융 및 상업 기술을 혁신적으로 발전시키는 밑거름이 됐다. 멀리 떨어진 곳과의 대규모 무역과 자본 이동을 효율적으로 관리하기 위해 환어음, 복식부기, 해상 보험 같은 근대적인 금융 시스템의 기초가 마련됐다. 은행업이 발달하고 상인 조직 같은 상업 단체가 강해지면서 무역 규모는 더 커졌고, 자본이 쌓이는 속도 역시 빨라졌다. 십자군 전쟁으로 얻은 경제적 우위와 이를 바탕으로 발전시킨 금융 기술은 이탈리아 도시국가들이 나중에 르네상스 시대를 여는 데 필요한 경제적 기반을 마련해주었다.

환어음의 만개

이 시기 가장 주목할 만한 금융 혁신은 단연 환어음의 광범위한 사용과 발전이었다. 환어음은 특정 장소에서 돈을 지급하고, 일정 기간 후 다른 장소에서 다른 통화로 지정된 금액을 받을 수 있게 하는 일종의 채무 증서였다. 예를 들어, 이탈리아 피렌체의 양모 상인이 벨기에 플랑드르[7]의 브뤼헤에서 양모를 구매하기 위해 현금을 직접 운송하는 대신, 피렌체의 은행가에게 플로린화[8]를 지불하고 환어음을 받는다. 이 상인은 브뤼헤에 있는 해당 은행가의 파트너에게 환어음을 제시하여 현지 통화로 대금을 지급받거나, 혹은 이 환어음 자체를 다른 거래의 지불 수단으로 유통시킬 수도 있었다.

환어음의 혁신성은 다면적이었다. 첫째, 금속화폐를 직접 운송하는 데 따르는 분실·도난의 위험을 제거했다. 둘째, 서로 다른 화폐, 예를 들어 피렌체의 플로린, 베네치아의 두카트, 프랑스의 리브르 간의 환전이 편리해져 국제 무역을 활성화시켰다. 셋째, 환어음은 교회

---

[7] 현재 벨기에의 지방 주(州)로서 역사적으로 양모 산업이 발달했다. 네덜란드어로는 '플란데런(Vlaanderen)', 영어로는 '플랜더스(Flanders)'라고 한다.
[8] 플로린(florin)은 이탈리아 피렌체의 금화에서 시작되었다. 중세 유럽에서 피렌체는 잘 발달된 상업 중심지로서 그 지방의 통화인 플로린은 무역을 위한 통화로서 유럽 전체로 퍼져나갔다. 이후 플로린은 화폐를 뜻하는 말로 명사화(名辭化)되었다. 특히 플랑드르 지방에서 주조한 플랑드르 플로린(Flanders Florin)은 한때 유럽의 기축통화 역할을 하기도 했다.

의 이자 수취 금지 교리를 교묘하게 우회하는 수단이 되었다. 환어음에는 명시적인 이자가 기록되지 않았지만, 발행지와 지급지의 환율 차이, 지급 시점의 지연 등을 통해 사실상의 이자가 포함되었다.

복식부기의 탄생

무역의 규모가 커지고 거래가 복잡해짐에 따라, 이탈리아 도시국가들의 상인들은 새로운 회계 시스템의 필요성을 절감했다. 수많은 거래와 다양한 자산, 부채를 기록하고 관리할 때 기존의 단식부기로는 급변하는 상업 환경에 효율적으로 대처하기 어려웠다. 이러한 시대적 요구 속에서 이탈리아 상인들은 또 하나의 위대한 발명품, 바로 복식부기를 탄생시켰다. 13세기 말에서 14세기 초, 특히 활발한 상업 활동이 이루어지던 제노바와 피렌체의 상인들 사이에서 이 혁신적인 회계 시스템의 초기 형태가 나타나기 시작했다. 이는 단순히 수입과 지출을 기록하는 것을 넘어, 거래의 양면성을 포착하려는 시도였다.

복식부기의 핵심 원리는 모든 거래를 '차변'과 '대변'이라는 두 개의 계정에 나누어 기록하는 것이다. 예를 들어, 현금으로 물건을 샀다면 현금이라는 자산이 줄어드는 것과 상품이라는 자산이 늘어나는 것을 동시에 기록하는 방식이다. 이러한 기록 방식은 거래의 원인과 결과, 자금의 흐름을 명확하게 보여주며, 차변 총액과 대변 총액이 항상 일치해야 한다는 원칙 덕분에 장부 기록에 오류가 없는지 스스로 검증하는 기능까지 제공했다. 이는 오늘날 우리가 사용하는 현대 회계 시스템의 직접적인 조상이다.

복식부기의 도입은 상인들이 자신의 사업 상태를 이전과는 비교할 수 없을 정도로 정확하게 파악할 수 있게 했다. 단순히 돈을 얼마나 벌었는지가 아니라, 현재 가진 자산이 얼마인지, 갚아야 할 빚은 얼마인지, 어떤 사업에서 이익이 나고 손실이 나는지를 체계적으로 분석할 수 있게 된 것이다. 이를 통해 상인들은 감에 의존하는 대신, 장부의 데이터를 바탕으로 더욱 합리적이고 전략적인 경영 판단을 내릴 수 있게 되었다. 복식부기는 복잡다단한 상업 활동에 명확한 질서와 투명성을 부여했으며, 이는 신뢰를 바탕으로 하는 자본주의의 발달에 지대한 영향을 미쳤다.

해상 보험과 공채의 등장

지중해 무역이 확대되면서 상인들은 막대한 이익을 얻었지만, 이와 동시에 예측 불가능한 위험에도 항상 노출되었다. 거친 파도로 인한 난파, 해적들의 습격, 그리고 미지의 역병에 대한 공포까지, 해상 무역은 그야말로 목숨과 재산을 걸어야 하는 도박과 같았다. 이러한 위험 요소들은 상인 개인이나 소수의 자본으로는 감당하기 어려운 수준이었다. 따라서 여러 상인이 힘을 합쳐 이러한 리스크를 분담하고 예상치 못한 손실에 대비하는 시스템이 절실히 필요했는데, 이러한 배경 속에서 초기 형태의 해상 보험이 발달하였다. 이는 불확실한 해상 활동의 위험을 다수의 참여자가 나누어 부담함으로써 무역의 안정성을 높이는 획기적인 시도였다.

이탈리아 상인들은 이러한 위험 분산 메커니즘을 정교화했다. 상인들은 항해의 성공 여부와 관계없이 미리 정해진 보험료를 지불하고, 만약 배가 침몰하거나 해적에게 약탈당하거나 화물에 손상이 발생했을 경우, 그 손실액의 일부 또는 전부를 보험금으로 받았다. 초기에는 개별 상인들이 서로의 선박이나 화물에 대해 위험을 분담하는 형태였으나, 점차 전문적인 보험업자들이 등장하고 계약 방식이 체계화되면서 근대적인 해상 보험의 틀이 잡혔다. 이러한 해상 보험의 발달은 상인들이 더 큰 규모의 무역 선단을 꾸리고 더 멀리, 더 위험한 곳까지 항해할 수 있게 하는 중요한 경제적 안전망 역할을 했으며, 이는 이탈리아 도시국가들의 무역 경쟁력을 한층 강화하는 요인이 되었다.

한편, 번영을 누리던 도시국가들은 때로는 전쟁을 벌이거나 대규모의 공공 건설 사업을 추진하는 등 막대한 재정 수요에 직면했다. 이러한 대규모 자금을 단기간에 조달하기 위해 이들 도시국가는 시민들로부터 자금을 빌리는 독창적인 방법을 고안했다. 바로 공채 제도였다. 특히 베네치아의 '프레스탄체(Prestanze)'[9]나 피렌체의 '몬테 코무네(Monte Comune)'[10]와 같은 제도는 시민들에게 강제로 자금을 빌리거나 자발적인 참여를 유도한 후, 정기적으로 이자를 지급하는 방식이었다.

비록 강제성이 포함되기도 했지만, 이는 도시의 재정적 안정성을 바탕으로 시민들이 국가에 돈을 빌려주고 이자를 받는다는 점에서

---

9 공화국 시절 베네치아 정부가 발행한 공공 채무를 의미하며 이는 일종의 국가 채권으로, 시민들이 정부에 돈을 빌려주고 그 대가로 일정한 이자를 받는 형태였다. 이러한 시스템은 베네치아의 경제 안정성과 금융 발전에 중요한 역할을 했다.
10 중세 및 르네상스 시대 피렌체에서 운영되던 공공 대출 기관으로, 시민들이 안전하게 돈을 맡기고 대출을 받을 수 있도록 한 금융 시스템이었다. 이는 피렌체의 상업과 금융 발전을 촉진하는 데 중요한 역할을 했으며, 당시 유럽에서 비교적 발전된 금융 구조 중 하나였다.

근대적 국채 발행의 효시로 평가된다. 이러한 공채 제도는 도시국가들이 안정적으로 대규모 자금을 조달하고 공공사업을 수행할 수 있게 함으로써 도시의 발전과 번영에 크게 기여했다.

왕실 부채와 금융위기의 그림자

이탈리아의 은행가들은 상업 금융을 넘어 유럽 각국 왕실의 주요 자금 공급원으로 부상했다. 그러나 국왕과 유력 귀족들에게 대출하는 것은 막대한 이익을 가져다줄 수 있었지만, 동시에 치명적인 위험을 내포하고 있었다. 이들은 종종 빌린 돈을 갚을 능력이나 의지가 부족했으며, 정치적 상황에 따라 일방적으로 채무를 불이행하는 경우가 잦았다. 그 결과 중세 후기 유럽의 금융 시스템은 두 차례의 대규모 왕실 부채 위기로 크게 흔들렸다.

첫 번째 주요 위기는 1294년, 영국 국왕 에드워드 1세의 채무 불이행이었다. 프랑스와의 전쟁과 웨일스·스코틀랜드 정복 전쟁으로 막대한 비용이 필요했던 에드워드 1세는 이탈리아 시에나 출신의 리카르디 가문 은행에서 거액을 차입했다. 그러나 전쟁이 장기화되고 전비가 눈덩이처럼 불어나자, 에드워드 1세는 약 40만 마르크(현재 기준 2억 5,000만 달러 수준)에 달하는 막대한 채무의 이행을 중단했다. 이는 당시 영국 왕실 연간 세수의 몇 배에 달하는 엄청난 액수였고, 유럽 최대 은행 중 하나였던 리카르디 은행은 결국 파산하고 말았다.

두 번째이자 훨씬 더 파괴적인 위기는 1340년대에 닥쳤다. 잉글랜드의 에드워드 3세는 프랑스와의 백년전쟁 초기 비용을 충당하기 위해 피렌체의 거대 은행 가문인 바르디와 페루치 가문으로부터 엄청난 금액을 빌렸다. 두 은행이 에드워드 3세에게 빌려준 총액은 약 150만 플로린(현재 기준 약 4억 달러)에 달했는데, 이는 당시 피렌체 전체의 부와 맞먹는 규모였으며, 두 은행 자본금의 몇 배를 초과하는 액수였다. 전쟁이 길어지고 잉글랜드가 결정적 우위를 점하지 못하자, 에드워드 3세는 1342년부터 이자 지급을 중단하더니 1345년경에는 사실상 채무 불이행을 선언했다.

이 결정은 바르디와 페루치라는 두 금융 거인을 연쇄적으로 파산시켰다. 이들의 파산은 피렌체 경제에 엄청난 충격을 주었다. 예금을 잃은 수많은 시민과 소상공인들이 고통받았고, 연관된 기업들이 도미노처럼 무너졌다. 이 사건은 국가라는 거대 채무자에게 과도하게 자금을 빌려주는 것의 위험성, 즉 '집중 위험'의 사례를 극명하게 보여주었다.

금융위기의 극복과 제도적 진화

1340년대에 발생한 대규모 금융위기는 유럽, 특히 이탈리아의 금융 시스템에 심각한 영향을 미쳤다. 많은 은행과 상업 기관이 도산하면서 경제적 불안이 커졌지만, 이와 동시에 중요한 제도적 혁신과 교훈을 낳는 계기가 되었다.

먼저, 금융업 종사자들은 위험 관리의 중요성을 더욱 깊이 인식하게 되었다. 특히, 변덕스러운 군주들에게 과도한 대출을 제공하는 것이 얼마나 위험한지 깨닫게 되면서, 대출 포트폴리오를 다변화하고 위험을 분산하는 전략을 적극적으로 도입하기 시작했다. 이를 통해 더욱 안정적인 금융 시스템을 구축하려는 노력이 이어졌다.

또한, 각국 정부와 도시 당국은 재정 건전성을 확보하기 위한 다양한 정책을 모색했다. 과도한 차입을 지양하고, 세수 기반을 확대하는 방식으로 경제적 안정성을 강화하려는 움직임이 나타났다. 특히 영국에서는 의회가 왕실의 재정 지출과 차입을 견제하며 감독하는 권한을 점차 강화해나갔다. 왕실의 자체 수입만으로는 전쟁 비용을 감당할 수 없었기 때문에, 왕은 귀족, 성직자 그리고 시민 대표들로 구성된 의회로부터 세금 징수에 대한 승인을 받아야 했다.

이 과정에서 의회는 왕에게 재정 지원을 하는 대가로 다양한 요구를 하고 왕권에 대한 견제력을 키워나갔다. 의회는 단순히 세금 징수를 승인하는 것을 넘어, 왕실의 재정 지출에 대한 정보를 요구하고 낭비를 비판하며 재정 운영의 투명성을 요구하기 시작한 것이다. 이는 이후 공공 재정 관리 체계의 발전에 중요한 영향을 미쳤다.

더 나아가, 대규모 은행의 파산이 사회 전체에 미치는 영향을 직접 경험하면서, 보다 안정적이고 공공성을 갖춘 금융기관의 필요성이 대두되었다. 이에 따라 1407년 제노바에서 설립된 산 조르조 은행(Banco di San Giorgio)[11]과 같은 초기 공공 은행이 등장하였다. 또한, 15세기 이탈리아에서는 빈민을 위한 저리 대출 기관인 몬테 디 피에타(Monte di Pietà)[12]가 설립되었으며, 이는 금융위기의 경험을 바탕으

---

[11] 1407년 제노바에서 설립된 세계 최초의 공공 은행 중 하나로, 제노바 공화국의 국채를 관리하고 국가 재정을 감독하는 역할을 맡았다. 상업 금융과 세금 징수도 병행하며 도시의 정치·경제적 안정에 핵심 역할을 했다.

[12] 15세기 이탈리아에서 프란치스코회 수도사들의 주도로 설립된 자선 금융기관으로, 고리대금에 시달리던 빈민들에게 무담보 또는 저리로 대출을 제공했다. 사회적 연대를 바탕으로 한 초기 서민 금융의 전형으로 평가된다.

(위)그림 2-2 | 산 조르조 은행   (아래)그림 2-3 | 몬테 디 피아타

로 사회적 안전망을 강화하려는 노력의 일환이었다.

　이렇듯 1340년대의 금융위기는 단순한 경제적 위기를 넘어, 유럽 금융 시스템이 더욱 발전하고 안정적인 구조를 갖추게 되는 중요한 계기가 되었다. 이를 통해 금융 및 재정 관리의 개념이 정립되었으며, 이후 금융 제도와 법률이 점진적으로 발전하는 기반이 마련되었다.

흑사병이 고한
봉건주의의 종언

14세기 중반, 유럽 대륙을 휩쓴 흑사병은 인류 역사상 가장 참혹한 재앙 중 하나로 기록된다. 그러나 이 거대한 비극은 단순한 전염병 재앙을 넘어, 중세 유럽의 정치·경제·사회 구조 전반에 걸쳐 심대한 변화를 촉발하며 봉건주의의 해체를 가속화하고 근대 자본주의와 금융 시스템이 태동하는 계기를 마련했다.

흑사병의 확산과 인구학적 충격

흑사병은 1347년 몽골 제국의 군대가 크림반도의 카파(현재 우크라이나의 페오도시야) 항구를 포위 공격하던 중, 흑사병에 걸린 병사들의 시신을 투석기로 성안에 던져 넣으면서 유럽으로의 전파가 시작되었다는 설이 유력하다. 흑사병은 불과 4~5년 만인 1351년까지 유럽 전역을 강타했다. 당시 유럽 인구의 약 30%에서 많게는 50%, 일부 지역에서는 60% 이상이 목숨을 잃은 것으로 추정되며, 이는 중세 사회의 근간을 뿌리째 흔드는 엄청난 인구학적 공백을 초래했다.

특히 인구밀도가 높았던 파리, 런던, 피렌체, 베네치아와 같은 주요 대도시들은 인구의 절반 이상을 잃었고, 수많은 농촌 마을이 지도상에서 사라졌다. 이러한 급격한 인구 감소는 단순히 노동력 부족을 넘어, 토지 경작 방식, 재화의 생산과 분배, 사회 계층 간의 역학 관계 등 경제 사회 시스템 전반에 걸쳐 연쇄적인 파급효과를 일으켰다.

자급자족 장원 경제의 붕괴

흑사병으로 인한 가장 즉각적인 변화는 노동시장에서 나타났다. 노동 인구의 급감은 생존한 노동자들의 가치를 천정부지로 끌어올렸다. 과거 영주에게 예속되어 있던 농노들과 자유 농민, 도시의 수공업자들은 더 높은 임금과 개선된 노동 조건을 요구하며 목소리를 높이기 시작했다. 영주들은 경작지를 유지하고 생산 활동을 지속하기 위해 이들의 요구를 수용하지 않을 수 없었다.

영국에서는 흑사병 창궐 이후 농업 노동자의 실질 임금이 50~100%까지 치솟았으며, 일부 기술직 장인의 경우 2~3배 이상 급등하기도 했다. 프랑스, 독일, 이탈리아 등 유럽 전역에서 유사한 현상이 나타났다. 정부와 영주들은 이러한 임금 상승을 억제하기 위해 1351년 영국의 '노동자 규율령'과 같이 흑사병 이전 수준으로 임금을 동결하려는 법령을 공포했다. 하지만 거대한 시장의 힘을 거스를 수는 없었다. 노동자들은 더 나은 조건을 찾아 이동하거나, 법령을 무시하고 높은 임금을 요구했다.

이러한 임금 상승은 농민과 노동자 계층의 경제적 지위를 향상시키고 구매력을 높여, 결과적으로 소득 분배 구조에 변화를 가져왔다. 동시에, 노동력 부족과 인건비 상승은 전통적인 장원 경제 시스템의 붕괴를 가속화했다. 영주들은 더 이상 값싼 노동력에 의존하여 직영지를 경영하기 어려워졌고, 토지를 농민들에게 분할하여 임대하고 현물이나 화폐로 지대를 받는 방식으로 전환하기 시작했다. 이는 농민들에게 더 큰 경제적 자율성을 부여하고, 물물교환과 자급자족 중심의 경제에서 화폐 경제로의 전환을 촉진하는 계기가 되었다.

화폐 경제 확산과 금융업의 부상

흑사병 이후 노동시장의 변화와 농업 구조의 재편은 화폐의 중요성을 그 어느 때보다 부각시켰다. 임금 지급, 지대 수취, 상품 거래 등 경제 활동 전반에서 화폐의 필요성이 급증하면서, 환전상과 초기 은행가들의 역할이 확대되었다. 특히 13세기부터 이미 북부 이탈리아 도시들을 중심으로 성장해온 메디치·바르디·페루치와 같은 은행 가문들은 이러한 변화의 흐름을 타고 막대한 부와 영향력을 축적하며 금융 네트워크를 유럽 전역으로 확장해나갔다.

이들 은행은 단순한 예금과 대출 업무를 넘어, 국가 및 군주에 대한 자금 지원, 상업 투자 등 다양한 금융 서비스를 제공했다. 예를 들어, 메디치 은행은 피렌체 본점을 중심으로 로마, 밀라노, 아비뇽, 브뤼헤, 런던 등 유럽 주요 도시에 지점을 설치하고 국제적인 금융망을 구축했다.

흑사병은 각국 정부와 도시 자치 정부의 재정에도 심각한 타격을 입혔다. 인구 감소는 세수 감소로 직결되었고, 사회 혼란을 수습하고 국방력을 유지하기 위한 지출은 오히려 증가했다. 이러한 재정적 압박에 직면한 정부들은 새로운 자금 조달 방법을 모색하게 되었고, 이는 공공 부채, 즉 국채나 도시 채권 발행의 형태로 나타났다.

베네치아 공화국은 이미 12세기부터 '프레스티티'라는 강제 공채 제도를 운영해왔으나, 흑사병 이후 재정 수요가 급증하면서 1358년경 '몬테 베키오'라는 더 체계적인 국채 관리 시스템을 도입하여 공채를 발행하고 유통시켰다. 이러한 초기 공공 채권 시장은 이자를 지급하고 원금 상환을 약속하는 신용거래의 한 형태로서, 장기적인 자본 조달과 투자 수단을 제공하며 훗날 자본시장 유가증권의 원형이 되었다.

이러한 다채로운 금융 혁신들은 상업 자본의 축적과 효율적인 배분을 가능하게 했으며, 나아가 경제 활동의 전체적인 규모와 범위를 확장시키는 데 매우 중요한 역할을 수행했다.

금융에 대한 종교·사회적 인식의 변화

중세 유럽 사회에서 이자를 받고 돈을 빌려주는 행위, 즉 고리대금업은 오랫동안 기독교 교리에 의해 죄악시되었다. 그러나 흑사병 이후 경제 회복과 재건을 위해 자본의 필요성이 절실해지면서 이러한 전통적인 관념에도 변화가 생기기 시작했다.

교회 내부에서도 현실적인 경제 상황을 고려하여 이자에 대한 새로운 해석이 등장했다. 단순히 돈을 빌려준 대가로 이자를 받는 것은 여전히 비판받았지만, 대출자가 감수해야 하는 위험, 자금을 다른 곳에 투자했을 때 얻을 수 있었던 기회비용, 또는 대출로 인해 발생한 손실에 대한 보상으로서의 이자는 점차 정당화되었다. 15세기 프란치스코회 신학자인 성 베르나르디노나 피렌체의 성 안토니누스와 같은 인물들은 상업 활동과 합리적인 이윤 추구의 필요성을 옹호하며, 금융 활동에 대한 윤리적 정당성을 부여하는 데 기여했다.

이러한 신학적·사회적 인식의 변화는 금융업에 대한 도덕적 장벽을 낮추고, 더 많은 사람이 금융 활동에 참여할 수 있는 길을 열었다. 금융업자들은 더 이상 죄인으로 낙인찍히지 않고, 경제 발전에 기여하는 전문 직업인으로 인정받기 시작했다. 이는 금융시장의 성장과 자본주의 정신의 확산에 중요한 밑거름이 되었다.

봉건제의 몰락과 중앙집권 국가의 부상

흑사병은 신분 질서의 근간도 송두리째 흔들었다. 노동력 부족으로 농민들의 협상력이 강화되면서, 영주들은 농노들에게 부과했던 부역이나 예속적 의무를 완화하거나 폐지하고, 대신 화폐 지대를 받는 경제적 계약 관계로 전환할 수밖에 없었다. 많은 농노가 신분적 자유를 획득하거나 이동의 자유를 얻게 되면서, 봉건적 인신 지배 시스템은 급격히 약화되었다. 이는 1358년 프랑스의 자크리의 난이나 1381년 영국의 와트 타일러의 난과 같은 대규모 농민 반란으로 이어지며, 기존 질서 재편에 대한 열망을 드러냈다.

이러한 상황은 봉건 영주들의 경제적 기반과 정치적 영향력을 약화시키는 결과를 초래했다. 반면, 국왕들은 이러한 혼란을 틈타 봉건 영주들의 힘을 누르고 중앙집권적인 권력을 강화하려는 시도를 본격화했다. 국왕들은 상비군을 유지하고 관료제를 정비하며 국가 통치 시스템을 강화했고, 이 과정에서 도시의 상공 시민 계층과 협력하기도 했다.

봉건제가 해체되고 강력한 중앙 정부가 등장하면서, 국가 단위의 통일된 법률 체계와 행정 시스템도 구축되기 시작했다. 이는 상업과 금융 활동에 필수적인 재산권 보호, 계약 이행의 강제, 표준화된 도량형과 화폐 제도 등을 확립하는 데 기여했다. 이처럼 봉건제의 붕괴와 중앙집권적 국가의 등장은 상업 자본이 성장하고 금융 시스템이 발전할 수 있는 안정적이고 예측 가능한 제도적 환경을 제공했다.

3장

거품과 혁신의 시대
(르네상스와 18세기)

"나는 천체의 움직임은 계산할 수 있지만,
사람들의 광기는 계산할 수 없다."

— 아이작 뉴턴

메디치 가문과 르네상스

중세 유럽이 근대로 이행하는 과정에서 금융·예술·정치를 융합하여 역사의 흐름을 바꾼 세력이 있었다. 이들은 이탈리아 피렌체를 중심으로 활동한 메디치 가문이다. 메디치 가문은 단순한 부유한 상인 가문이 아니었다. 유럽 금융 시스템의 초석을 다지고 르네상스 문화의 융성을 이끌었으며, 종교와 정치의 복잡한 역학 관계 속에서 강력한 영향력을 행사했다. 이들의 역사는 금융과 문화, 그리고 종교와 정치의 복잡한 역학 관계를 보여주는 생생한 사례다.

메디치 가문의 부상과 금융 혁신

11세기에서 13세기에 걸친 십자군 전쟁과 14세기 중반 유럽 인구의 3분의 1 이상을 앗아간 흑사병은 중세 사회의 근간을 뒤흔드는 거대한 충격이었다. 특히 흑사병이라는 전례 없는 재앙 앞에서 교회의 기도는 무력했고, 이는 교황과 교회에 대한 절대적인 신뢰에 균열을 가져왔다. 이러한 거대한 변화 속에서 세속 군주들과 상인 계층의 영향력은 점차 커갔다. 특히 지중해 무역의 중심지였던 이탈리아 북부 도시국가들에서는 막대한 부를 축적한 상인과 은행가들이 경제력을 바탕으로 정치적 권력까지 장악하기 시작했다. 피렌체에서 메디치 가문이 역사의 전면에 등장한 것은 바로 이러한 격동의 시대적 배경 속에서였다.

메디치 가문은 12세기 무렵부터 피렌체에서 소규모 상업과 대금업에 종사했지만, 가문을 금융 명가로 발돋움시킨 결정적인 인물은 조반니 디 비치 데 메디치(Giovanni di Bicci de' Medici, 1360-1429)였다. 그는 날카로운 사업 감각과 시대를 읽는 통찰력으로 1397년 피렌체에 메디치 은행을 설립하며 금융 제국의 초석을 놓았다. 조반니는 단순히 돈을 빌려주고 이자를 받는 기존의 대금업에서 벗어나, 당시로서는 파격적이고 혁신적인 금융 기법들을 도입하여 은행 시스템을 구축했다.

메디치 은행의 성공 비결은 크게 네 가지였다. 첫째, 지점 체제를 도입해 유럽 각지에 지점을 설립하고 국제 금융망을 구축했다. 둘째, 복식부기 시스템을 발전시켜 정확한 자산 관리와 효율적인 경영을 가능하게 했다. 셋째, 환전과 신용장 발행을 통해 당시 교회법에서 금지하던 고리대금업의 제약을 우회했다. 넷째, 정치적·종교적 영향력을 활용하여 교황으로부터 이자 수취를 공식적으로 허용받으며 금융업이 종교적 제약에서 벗어나는 계기를 만들었다.

특히 메디치 가문이 교황청의 공식 은행가로 지정된 것은 이들의 성장에 결정적인 전환점이었다. 교황청은 유럽 전역에서 십일조, 성직 매매, 면죄부 판매 등으로 막대한 자금을 거두어들였고, 메디치 은행은 이 자금의 관리·이전·환전을 독점적으로 담당했다. 유럽 각지에서 로마로 송금되는 교회세를 관리하며 발생하는 막대한 수수료와 환차익은 메디치 가문의 부를 천문학적인 수준으로 끌어올렸다. 그 결과 15세기 중반에 이르러 메디치 은행은 유럽에서 가장 강력하고 신뢰받는 금융기관으로 성장했다.

메디치 가문의 금융 활동은 단순히 부를 축적하는 데 그치지 않고, 당시 정치와 경제 이론의 발전에도 기여했다. 특히 메디치 가문은 니콜로 마키아벨리와 같은 사상가들을 후원했다. 마키아벨리는 메디치 가문에게 헌정한 그의 대표작 『군주론』에서 현실적인 권력정치의 원리를 분석했다.

이 저서는 표면적으로는 정치론처럼 보이지만, 당시 피렌체와 같은 도시국가의 경제적 번영을 위한 통치 방식에 대한 논의도 포함하고 있어 경제학적으로도 의미가 있다. 마키아벨리는 국가의 부와 안정이 어떻게 연결되어 있는지, 그리고 현명한 통치자가 어떻게 경제적 자원을 관리해야 하는지에 대한 통찰을 제공했다. 메디치 가문은 금융을 통해 경제를 움직였고, 그 경제력을 바탕으로 정치와 사상에까지 영향을 미친 것이다.

르네상스의 후원자

메디치 가문의 역사적 가치는 금융업에서의 눈부신 성공에만 머무르지 않는다. 이들이 역사에 길이 남을 불멸의 유산을 남긴 것은 바로 르네상스 예술과 인문주의 학문에 대한 아낌없는 후원 덕분이었다. 그들은 돈의 힘이 문화를 꽃피우고, 그 문화가 다시 사회를 풍요롭게 한다는 사실을 깊이 이해하고 있었다.

조반니의 아들인 코지모 데 메디치(1389-1464)는 '조국의 아버지'로 불릴 만큼 피렌체 시민들의 존경을 받았으며, 막대한 부를 예술과 학문 후원에 쏟아부었다. 그는 고대 그리스 철학을 연구하는 플라톤 아카데미를 설립하고, 비잔틴 제국에서 망명해 온 학자들을 통해 그리스 고전 문헌을 수집하고 라틴어로 번역하는 사업을 적극 지원했다. 이는 중세의 신 중심적 세계관에서 벗어나 인간의 이성과 가치를 중시하는 인문주의 정신을 확산시키는 데 결정적인 역할을 했다.

코지모의 손자인 로렌초 데 메디치(1449-1492)는 '위대한 자'라는 별칭에 걸맞게 르네상스 문화의 황금기를 이끌었다. 그는 예술가들의 재능을 알아보는 뛰어난 안목을 지녔으며, 미켈란젤로, 레오나르도 다 빈치, 산드로 보티첼리, 도나텔로와 같은 당대 최고의 천재 예술가들을 자신의 집에 머물게 하며 가족처럼 대우하고 창작 활동을 전폭적으로 지원했다. 그의 후원 아래 탄생한 작품들은 이전 시대의 엄격한 종교적 주제에서 벗어나 인간의 육체와 감정의 아름다움, 고대 그리스와 로마의 이상을 과감하게 표현하며 르네상스 예술의 정수를 보여주었다.

메디치 가문은 개인적인 후원뿐만 아니라 피렌체의 공공 건축물과 교회 건설에도 막대한 자금을 투자했다. 피렌체 대성당(두오모)의 거대한 돔, 로렌초 성당과 메디치 리카르디 궁전, 그리고 오늘날 세계적인 미술관으로 명성을 떨치고 있는 우피치 미술관의 전신인 우피치 궁전, 피티 궁전 등 피렌체의 상징적인 건축물 대부분이 메디치 가문의 자금과 의지로 세워졌다. 이들의 투자는 피렌체를 명실상부한 르네상스의 중심지로 만들었고, 수많은 예술가와 학자들이 모여드는 창조와 혁신의 용광로로 변모시켰다.

메디치 가문과 교황청: 종교와 금융의 복잡한 관계

메디치 가문과 교황청의 관계는 중세 말에서 근대 초 유럽 역사에서 금융·종교·정치가 얼마나 복잡하고 긴밀하게 얽혀 있었는지를 보여주는 흥미로운 사례 중 하나이다. 앞서 언급했듯, 메디치 가문은 교황청의 주거래 은행으로서 막대한 부를 축적하며 성장했다. 그러나 이들의 야망은 단순히 교황의 재산을 관리하는 데 그치지 않았다. 메디치 가문은 교황청 내부에 직접적인 영향력을 행사하고, 가문의 정치적 입지를 공고히 하기 위해 가문 구성원들이 직접 성직자의 길을 걷도록 적극적으로 지원했다.

그 결과, 메디치 가문은 네 명의 교황을 배출했다. 레오 10세(조반니 데 메디치, 재위 1513~1521년), 클레멘트 7세(줄리오 데 메디치, 재위 1523~1534년), 피우스 4세(조반니 안젤로 메디치, 재위 1559~1565년), 레오 11세(알레산드로 오타비아노 데 메디치, 재위 1605년)가 모두 메디치 가문 출신이었다.

특히 로렌초 일 마니피코의 아들인 조반니 데 메디치가 교황 레오 10세로 즉위한 것은 금융사적으로 매우 중요한 전환점이 되었다. 레오 10세는 1515년 '가난한 사람을 위한 대출 기관법'을 공식적으로 승인하고 교령으로 반포했다. 이는 본래 가난한 이들을 고리대금업자들의 착취로부터 보호하려는 인도주의적 목적에서 시작되었지만, 결과적으로는 기독교 사회에서 이자 수취 행위가 종교적으로, 그리고 공식적으로 허용되는 중요한 계기를 마련했다.

중세 기독교 신학에서 돈을 빌려주고 이자를 받는 행위는 '시간은 신의 소유물이므로 인간이 시간을 팔아 이익을 얻을 수 없다'는 논리에 따라 '시간 도둑질'로 간주되어 죄악시되었다. 그러나 13세기 이후 상업과 도시 경제가 급격히 발달하면서 신용거래의 필요성이 폭발적으로 증가했고, 이에 따라 이자 수취에 대한 교회의 전통적인 입장도 현실적인 요구에 직면하여 점차 변화의 조짐을 보였다. 메디치 가문 출신 교황이 제정한 이 법은 이러한 시대적 변화를 반영한 것으로, 신학적·법적 측면에서 근대적 금융 시스템이 발전할 수 있는 중요한 토대를 제공한 것으로 평가받는다.

메디치 가문의 몰락, 그리고 유산

16세기 후반에 이르러 메디치 가문의 영향력은 서서히 쇠퇴하기 시작했다. 여기에는 여러 요인이 복합적으로 작용했지만, 주요 원인은 다음과 같다.

첫째, 가문 내부의 역량 약화다. 로렌초 일 마니피코 이후 메디치 가문의 후계자들은 선대의 정치적 수완과 경영 능력을 이어받지 못했다. 특히 은행 사업에 대한 관심보다는 귀족적 생활 방식과 예술 수집에 더 큰 관심을 보였다.

둘째, 유럽 금융시장의 변화다. 대항해 시대가 열리고 신대륙에서 금과 은이 유입되면서 금융의 중심이 지중해에서 대서양 연안으로 이동했다. 네덜란드와 영국의 은행들이 새로운 금융 기법을 도입하며 급성장하는 동안, 메디치 은행은 혁신에 뒤처졌다.

셋째, 정치적 환경의 변화다. 16세기 이탈리아는 프랑스와 스페인 등 강대국들의 각축장이 되었다. 1494년 프랑스 샤를 8세의 이탈리아 침공으로 메디치 가문은 일시적으로 피렌체에서 추방되었고, 이후에도 정치적 불안정이 지속되었다.

넷째, 종교 개혁의 영향이다. 마틴 루터가 시작한 종교 개혁은 교황청의 권위와 영향력을 크게 약화시켰고, 교황청의 주요 금융 파트너였던 메디치 가문도 타격을 받았다.

결국 1737년, 메디치가의 마지막 통치자 잔 가스토네가 후사 없이 사망하면서 메디치 가문의 피렌체 통치는 공식적으로 종결되었다. 피렌체는 합스부르크-로렌 가문의 통치 아래 들어갔고, 메디치 가문의 재산과 예술품 컬렉션은 피렌체 공국에 귀속되었다.

메디치 가문이 물리적으로는 사라졌지만, 그들의 역사적 유산은 오늘날까지 이어지고 있다. 금융 분야에서는 복식부기, 은행의 지점 시스템, 신용장과 같은 혁신적 금융 기법을 발전시켰고, 이자 수취의 종교적 금지를 해제함으로써 근대 금융의 발전에 기여했다. 무엇보다 메디치 가문의 역사는 금융·예술·정치·종교가 복잡하게 얽혀 있는 인류 문명의 발전 과정을 보여준다. 단순한 부의 축적을 넘어, 그 부를 문화와 학문의 발전에 투자함으로써 역사에 남는 유산을 남긴 메디치 가문의 사례는 오늘날에도 많은 시사점을 준다.

결국 메디치 가문의 진정한 위대함은 단순히 엄청난 부를 축적했다는 데 있지 않다. 그들은 그 부를 통해 인류의 예술과 사상을 한 단계 높은 차원으로 끌어올렸고, 근대 금융 시스템의 기초를 놓았으며, 중세에서 근대로의 전환을 촉진했다. 오늘날의 관점에서 보면, 메디치 가문은 단순한 은행가 가문이 아니라 '문명의 후원자'였던 것이다.

신대륙의 발견과
투자의 시대

1492년 콜럼버스의 대항해와 아메리카 대륙의 발견이 연 신세계는 단순한 지리적 발견을 넘어 인류 문명의 근본적인 전환점이 되었다. 아메리카 대륙의 등장으로 유럽은 전례 없는 기회와 도전의 시대로 진입했으며, 이는 경제 패러다임의 혁명적 전환을 가져왔다. 특히 이 시기에 금융은 단순한 상업 활동의 부수적 요소에서 벗어나, 새로운 경제 질서의 중심축으로 부상하며 근대 자본주의의 기틀을 마련했다.

신대륙에서 유입된 막대한 금과 은은 유럽의 화폐 공급을 확대했고, 대양을 건너는 원거리 무역은 혁신적인 금융 기법의 발전을 촉진했다. 합자회사의 탄생, 은행의 진화, 증권시장의 태동까지, 이 시기는 오늘날 우리가 익숙한 금융 시스템의 프로토타입이 형성된 금융 역사의 결정적 분기점이었다.

황금빛 기회의 땅, 금융 지평의 확장과 장기 인플레이션

신대륙 발견으로 유럽은 전례 없는 부의 시대를 맞이했다. 아메리카 대륙에서 쏟아져 나온 막대한 양의 귀금속, 특히 페루의 포토시 은광[1]에서 채굴된 은은 유럽 경제에 혁명적 변화를 가져왔다. 특히 16세기 중반부터 본격화된 스페인의 갈레온선을 통한 '은 함대'의 대서양 횡단은 세계 경제의 판도를 바꾸는 대사건이었다. 아메리카에서 유입된 은의 양은 전례 없이 막대했으며, 이는 스페인의 재정 기반을 획기적으로 강화하며 당시 유럽 경제에 엄청난 충격을 주었다.

그림 3-1 | 볼리비아 포토시에 있는 세로리코 은광의 전경
출처: 「비극적 과거에서 깨어난 볼리비아 포토시…"진정한 독립으로 번영 일궈야 해"」,《신화통신》, 2024.3.3.

1 1545년, 현재 볼리비아에 위치한 포토시에서 막대한 양의 은 광맥이 발견되었다. 이곳은 이후 세계에서 가장 큰 은 생산지 중 하나로 성장했고, 엘세로리코산에서 발견되었다 하여 세로리코 광산이라고도 한다. 또한, 1563년 페루 중부의 우앙카벨리카에서는 대규모 수은 광산이 발견되었는데 수은은 은을 제련하는 데 필수적이라 포토시 은광의 생산량을 비약적으로 확대하는 데 기여했다. 16세기 후반 포토시 은광은 전 세계 은의 60%를 생산했다고 알려진다.

신대륙에서 유입된 막대한 양의 귀금속은 유럽 전역에 걸친 장기적 인플레이션과 금융위기를 초래했다. 이른바 '가격 혁명'[2]이라 불리는 이 현상은 16세기부터 17세기 초까지 약 150년간 지속되었으며, 로마 제국의 멸망 이후 유럽에서 발생한 최초의 대규모 인플레이션 사례로 기록된다. 이는 근대 화폐 경제학의 출발점이자, 세계 경제 질서의 재편을 예고하는 사건이기도 했다.

가격 혁명은 기축통화를 보유한 세계 금융 패권이 스페인에서 영국으로 이동하는 결정적 전환점이 되었다. 당대 스페인 패권의 핵심 동력이었던 신대륙의 은은 역설적으로 장기적인 인플레이션과 경제적 불균형을 야기해 오히려 제국의 몰락을 부른 원인이 되고 말았다.

가격 혁명으로 인한 인플레이션은 지역과 시기에 따라 다르게 나타났다. 스페인에서는 1500년부터 1650년까지 약 400%에 달하는 물가 상승이 발생했다. 중세 봉건제를 거치며 수 세기 동안 안정적인 물가 환경에 익숙해 있던 유럽인들에게 이러한 인플레이션은 전례 없는 충격이었다. 프랑스에서는 16세기 동안 곡물 가격이 약 250% 상승했고, 영국 역시 같은 시기 물가가 300% 이상 올랐다.

특히 주목할 점은 인플레이션이 단순히 화폐량 증가만으로 설명되지 않는다는 것이다. 인구 증가(유럽 인구는 16세기 동안 약 25% 증가), 도시화 진전, 농업 생산성의 한계, 그리고 기후 변화(소빙하기의 영향)

---

[2] 가격 혁명은 16세기부터 약 150년간 지속된 유럽의 장기 물가 상승 현상을 지칭하는 후대 역사학적 용어다. 당시에는 '인플레이션'이라는 개념이나 용어가 존재하지 않았다. 당시 사람들은 이를 '물가 상승'으로는 인식했지만, 화폐 가치 하락 혹은 통화량 증가에 따른 인플레이션이라는 체계적 해석은 하지 못했다.

가 복합적으로 작용했다. 이러한 다층적 원인 분석은 후대 경제학자들에게 화폐량 이론과 실물경제 요인의 상호작용에 대한 중요한 통찰을 제공했다.

금융위기와 금융 제도의 발전

가격 혁명은 유럽 최초의 국제적 금융위기 또한 낳았다. 아메리카 은에 과도하게 의존한 스페인 합스부르크 왕가는 1557년, 1575년, 1596년, 1607년 네 차례에 걸쳐 국가 파산을 선언했다. 이는 단순한 재정 파탄이 아니라 유럽 전체 금융 시스템을 뒤흔든 체계적 위기였다.

스페인의 파산은 제노바, 아우크스부르크, 앤트워프의 은행가들에게 연쇄적 타격을 가했다. 특히 푸거 가문과 같은 독일 금융업자들이 스페인 왕실에 제공한 막대한 대출이 부실화되면서, 16세기 후반 유럽 금융업계는 대규모 구조조정을 겪었다. 이 과정에서 전통적인 이탈리아계 은행가들의 영향력은 쇠퇴하고, 네덜란드와 영국의 새로운 금융 세력이 부상하기 시작했다.

가격 혁명은 근대 금융 제도 발전의 결정적 계기가 되었다. 특히 주목할 점은 화폐에 대한 인식 변화이다. 중세까지 화폐는 단순한 교환 매개체로 여겨졌으나, 가격 혁명을 통해 화폐량이 물가에 미치는 영향이 실증적으로 확인되면서 화폐의 거시경제적 역할에 대한 이해가 깊어졌다. 이는 장 보댕과 같은 학자들의 화폐 수량설[3] 발전으

---

[3] 화폐 수량설(Quantity Theory of Money)은 화폐의 양이 가격 수준에 직접적인 영향을 준다는 이론이다. 다시 말해, 시중에 풀린 돈의 양이 많아지면 물가가 오르고, 줄어들면 물가가 내린

로 이어졌고, 근대 통화 정책의 이론적 토대를 마련했다.

또한, 가격 혁명은 금융 정보 유통의 중요성을 부각시켰다. 각지의 물가 변동과 환율 정보를 신속히 파악하는 것이 상업적 성공의 핵심이 되면서, 푸거 가문의 뉴스레터[4]와 같은 상업 정보 네트워크가 발달했다. 이는 현대적 의미의 금융 정보 서비스의 원형이라 할 수 있다.

신대륙과의 교역은 또한 유럽 사회에 새로운 상품을 가져왔다. 감자, 옥수수, 토마토와 같은 식량 자원과 담배, 초콜릿, 설탕 등의 기호품은 새로운 소비 문화를 창출했다. 이러한 상품 교역의 확대는 필연적으로 금융 서비스에 대한 수요 증가로 이어졌다.

새로운 금융 수요와 전문화된 서비스의 등장

대륙 간 교역의 폭발적 증가는 금융 업무의 복잡성과 중요성을 크게 높였다. 장거리 무역의 위험을 분산시키기 위한 해상 보험이 더욱 발달했고, 아메리카에서 유럽으로, 유럽에서 아시아로 이어지는 복잡한 무역 경로는 환전과 신용 관리의 전문화를 요구했다. 특히 스페인의 금과 은, 네덜란드의 직물, 영국의 양모, 포르투갈의 향신료가 교차하는 가운데, 국제 시장에서 통화 교환 시스템의 필요성이 커졌다.

세비야, 리스본, 앤트워프, 제노아를 잇는 무역로에서 활동하던

다는 관점이다. 지금은 기초적인 경제 이론으로 받아들여지지만, 가격 혁명 당시에는 화폐량 증가가 물가 상승을 유발한다는 인식 자체가 새로운 통찰이었다. 산식은 MV = PQ인데, '화폐의 양' × '화폐의 유통 속도' = '물가 수준' × '실질 총생산'의 의미다.

[4] 푸거 가문은 16세기 유럽 최대의 금융 가문으로, 광산·무역·금융 사업을 위해 독자적인 정보망을 구축했다. 이들은 유럽 각지의 지점에서 수집한 물가, 환율, 정치 동향 등의 정보를 정기적으로 편지 형식으로 본사에 보고했으며, 이는 일종의 내부 뉴스레터로 기능했다.

전문 환전업자들은 단순한 화폐 교환을 넘어 신용장 발행, 예금 관리, 송금 업무까지 담당하며 초기 은행가로 진화해갔다. 특히 제노아의 환전업자들은 스페인 왕실의 신대륙 수입을 관리하는 핵심 금융가로 부상하며 16세기 중반 '제노아 시대'를 열었다.

15세기 후반부터 가속화된 상업 혁명은 신대륙 발견과 맞물려 금융 시스템의 근본적이고 거대한 변화를 촉발했다. 단순한 물물교환과 현금 거래를 넘어 신용, 투자, 자본시장이라는 새로운 개념이 등장하기 시작했으며, 이는 현대 금융의 기초를 형성했다.

합자회사: 근대 자본주의의 첫 실험

신대륙의 개척과 원거리 무역은 전례 없는 규모의 자본을 요구했다. 아메리카 대륙의 광활한 영토에 식민지를 건설하고, 광산을 개발하며, 대규모 농장을 운영하기 위해서는 개인이나 단일 가문이 감당하기 어려운 막대한 투자가 필요했다. 이러한 배경에서 탄생한 '합자회사'는 근대 자본주의의 혁신적 실험장이 되었다.

합자회사의 핵심은 다수의 투자자로부터 자금을 모아 공동으로 사업을 운영하고 이익을 분배하는 구조에 있었다. 1553년 설립된 영국의 '무스코비 회사'나 1555년의 '레반트 회사'는 이러한 합자회사의 초기 형태였으며, 1600년 설립된 '영국 동인도회사'는 그 정점을 보여주었다. 이들 회사는 왕실 특허장을 받아 운영되었으며, 투자자들에게는 주식이라는 형태로 소유권과 배당권이 부여되었다.

합자회사의 혁신성은 단순히 자본 조달 방식에만 있지 않았다. 이는 소유와 경영의 분리, 유한책임제의 도입, 주식의 양도 가능성 등 현대 기업 구조의 핵심 요소들을 담고 있었다. 특히 주식의 양도 가능성은 투자자들이 사업 청산 전에도 자신의 투자금을 회수할 수 있게 함으로써 투자 위험을 크게 낮추었고, 이는 더 많은 사람이 해외 모험 사업에 참여할 수 있는 토대를 마련했다.

합자회사의 등장은 금융의 저변 확대도 가져왔다. 이전 시대의 금융은 주로 왕실과 귀족, 그리고 소수의 대형 상인들을 위한 것이었지만, 합자회사의 등장 이후에는 점차 중산층의 참여가 확대된 것이다.

금융 중심지의 태동, 앤트워프와 암스테르담

16세기 유럽 금융의 중심은 이탈리아 도시국가들에서 북서유럽으로 이동했다. 특히 현재의 벨기에와 네덜란드 지역은 새로운 형태의 금융시장과 제도가 발전하는 혁신의 산실이 되었다.

16세기 전반기, 벨기에의 항구 도시 앤트워프는 유럽 최대의 상업 및 금융 중심지로 부상했다. 지리적으로 라인강, 스헬트강, 마스강의 삼각지대에 위치해 내륙 수로와 북해를 연결하는 전략적 요충지였던 앤트워프는 포르투갈의 향신료, 영국의 양모, 독일의 금속, 스페인의 금과 은이 모두 교차하는 국제 무역의 허브였다.

앤트워프의 번영은 개방적인 상업 정책과 혁신적인 금융 서비스에 기반했다. 1460년에 설립된 앤트워프 거래소는 유럽 최초의 국제 상업 거래소로 기능했다. 이곳에서는 상품 거래뿐 아니라 어음 거래, 보험 계약, 그리고 초기 형태의 선물 계약까지 다양한 금융 활동이 이루어졌다. 특히 스페인, 프랑스, 영국 등 유럽 각국의 국가 채무 증서가 앤트워프 시장에서 거래되었으며, 이는 공공 부채의 유동화와 국제화라는 현대적 개념의 시작이었다.

그러나 앤트워프의 번영은 오래가지 못했다. 1566년 시작된 네덜란드 반란[5]과 그에 따른 정치적 불안정, 1576년의 '스페인의 분노'로 알려진 약탈, 그리고 1585년 스페인군에 의한 도시 함락은 앤트워프의 상업적 위상을 크게 약화시켰다. 그 결과 많은 상인과 금융업자들이 더 안전한 북부 네덜란드 지역으로 이주하게 되었고, 이는 암스테르담의 부상으로 이어졌다.

16세기 후반부터 암스테르담은 급속히 성장하여 17세기 초에는 유럽 금융의 새로운 중심지로 자리 잡았다. 네덜란드 독립전쟁의 성공과 동인도 무역의 확대는 암스테르담에 전례 없는 번영을 가져다주었다. 특히 1602년 설립된 네덜란드 동인도회사는 세계 최초의 진정한 다국적 기업이자 주식회사로, 금융 혁신의 상징이 되었다.

암스테르담 금융 시스템의 핵심에는 1609년 설립된 암스테르담 비셀방크(암스테르담 환전 은행)이 있었다. 이 은행은 당시 유럽에 유통되던 수많은 종류의 화폐를 표준화된 가치로 평가하고 교환하는 중앙 결제 기관 역할을 했다. 상인들은 은행에 예금을 하고 계좌 간 이체를 통해 결제를 진행할 수 있었으며, 이는 오늘날 중앙은행 시스템의 원형이 되었다.

또한, 암스테르담은 세계 최초의 체계적인 주식시장이 발전한 곳

---

[5] 네덜란드 반란(Dutch Revolt)은 1566년 시작된 네덜란드의 스페인에 대한 독립 투쟁으로, 종교적 탄압(특히 칼뱅주의 박해)과 과도한 세금, 지방 자치권 침해에 대한 반발이 주요 원인이었다. 반란은 약 80년간 이어졌으며, 이 과정에서 앤트워프는 정치적 혼란과 군사적 공격으로 쇠퇴하게 된다.

이기도 했다. 1602년에는 후일 튤립 파동의 주 무대가 되었던 암스테르담 증권거래소가 설립되었는데, 이는 현대적 의미의 세계 최초의 증권거래소였다. 이곳에서 네덜란드 동인도회사의 주식이 일반 대중에게 공개되었고, 정기적인 배당 지급과 주식 거래가 이루어졌다.

국가 부채의 그림자와 통화 정책의 교훈

16세기는 유럽 각국이 종교 개혁, 왕권 강화, 영토 확장을 위한 끊임없는 전쟁을 치르던 시대였다. 이러한 전쟁은 국가 재정에 엄청난 부담을 안겨주었고, 그 결과 국가 부채와 통화 정책이 금융사의 중요한 화두로 등장하게 되었다.

영국의 헨리 8세(1491-1547)는 통화 정책 실패의 대표적 사례를 남긴 군주였다. 프랑스와의 전쟁, 호화로운 궁정 생활, 그리고 수도원 해산 이후 급속한 왕실 재산 소진으로 심각한 재정난에 처한 헨리 8세는 1544년부터 1551년까지 '그레이트 디베이스먼트'를 실시했다.

이 정책의 핵심은 화폐의 귀금속 함량을 줄이는 것이었다. 1544년

그림 3-2 | 헨리 8세 집권 시절의 은화
출처: 강영운, 〔강영운의 히코노미〕 '악화가 양화를 구축한다' 그레셤의 법칙 낳은 이 남자, 파운드貨를, 영국을 구해냈다」, 《매일경제》, 2025. 6. 2.

이전 영국의 실링은 92% 이상의 은을 함유했지만, 1551년에는 은 함량이 33%로 급격히 감소했다. 헨리 8세는 동일한 양의 은으로 더 많은 화폐를 주조함으로써 단기적인 재정 이익을 얻을 수 있었지만, 이는 장기적으로 심각한 인플레이션과 경제적 혼란을 초래했다. 네로 황제 시절부터 있었던 로마 제국의 화폐 조작이 동일하게 영국에서 반복된 것이다.

화폐 가치의 급격한 하락은 물가 상승, 임금 구매력 감소, 그리고 사회적 불안을 야기했다. 특히 고정 수입에 의존하던 귀족과 지주들은 물가 상승으로 인해 실질 소득이 감소하는 타격을 입었다. 반면 상인과 초기 산업 자본가들은 부채 가치의 실질적 감소로 이익을 보기도 했다.

그레셤의 법칙: 악화가 양화를 구축하다

헨리 8세의 화폐 개악은 토머스 그레셤이라는 영국의 상인이자 금융가로 하여금 화폐 유통에 관한 중요한 경제 원리를 발견하게 했다. 후에 '그레셤의 법칙'으로 알려진 이 원리는 "악화는 양화를 구축한다"라는 명제로 요약된다. 현대에도 이 명제는 다양한 경제적 또는 사회적 현상을 설명하는 데 활용되곤 한다.[6]

---

6 그레셤의 법칙은 단순히 화폐 유통을 넘어 다양한 경제적·사회적 현상, 심지어 기업 경영에서도 폭넓게 인용되고 활용된다. 예를 들어, 저품질의 제품이 시장을 장악하거나, 무능력한 인재가 조직 내에서 중요한 자리를 차지하는 경우 등, 비효율적이거나 질 낮은 요소가 우수하거나 효율적인 요소를 밀어내는 상황을 설명하는 데 사용되고 있다. 이는 시스템의 결함, 정보의 비대칭성, 혹은 단기적인 이익 추구와 같은 요인들이 복합적으로 작용하여 발생하는 현상으로 이해될 수 있다.

당시 영국에서는 은 함량이 낮은 새 동전(악화)과 은 함량이 높은 기존 동전(양화)이 동시에 법정 통화로 유통되고 있었다. 그러나 사람들은 실질 가치가 높은 양화를 보관하거나 녹여서 귀금속으로 활용하려는 경향을 보였고, 일상적인 거래에는 주로 악화를 사용했다. 결과적으로 시장에서는 악화만 남고 양화는 점차 사라지게 되었다.

그레셤의 법칙은 단순히 16세기 영국의 특수한 상황에 국한된 현상이 아니라, 화폐 시스템의 근본적인 메커니즘을 설명하는 보편적 원리로 인정받게 되었다. 이 법칙은 화폐의 명목 가치와 실질 가치 사이의 괴리가 경제 행위자들의 합리적 선택을 통해 어떤 결과를 낳는지를 명확하게 보여주었다.

1560년 엘리자베스 1세의 대대적인 화폐 개혁은 헨리 8세 시대의 화폐 개악이 초래한 혼란을 수습하는 계기가 되었다. 화폐의 은 함량을 다시 높이고 일관된 표준을 확립함으로써 통화에 대한 신뢰를 회복했으며, 이는 이후 영국이 국제 무역과 금융에서 주도권을 확보하는 중요한 토대가 되었다. 그레이트 디베이스먼트의 폐해에서 얻은 교훈이 대영제국 건설의 기초가 된 것이다.

반복되는 국가 부채 위기와 금융 권력의 이동

16세기는 현대적 의미의 국가 부채 개념이 형성된 시기였다. 과거 군주들이 전쟁 비용을 위해 돈을 빌리는 일은 흔했지만 주로 개인 부채로 간주되었다. 하지만 이 시기 국가와 통치자를 분리하는 관념이 발전하면서 국가 차원의 공공 부채 개념이 등장했다.

스페인의 카를 5세와 필립 2세는 유럽 역사상 가장 방대한 제국을 다스렸지만, 끊임없는 전쟁으로 심각한 재정 위기에 직면했다. 신대륙의 막대한 금과 은의 유입에도 불구하고 푸거 가문 같은 금융업자들에게 거액을 의존해야 했다. 스페인의 과도한 차입은 결국 국가 부채 지급 중단으로 이어졌으며, 이는 앤트워프 금융시장에 심각한 타격을 입혔다. 많은 상인과 은행가가 파산하며 신용경색이 발생했고 금융시장에 큰 변동성을 야기했다.

반면 화폐 개혁을 마친 영국의 엘리자베스 1세는 신중한 재정 정책을 펼쳤다. 의회를 통한 과세와 상업 특허권 판매로 재원을 마련하며 부채를 최소화했다. 이러한 재정적 신중함은 이후 영국이 금융 강국으로 부상하는 토대가 되었다.

당시에는 중앙은행이나 금융 규제 기관 같은 공식적 안전장치가 없었기 때문에, 위기 상황에서는 대형 금융 가문이나 도시 당국이 시장 안정화 역할을 담당했다. 앤트워프시 당국은 위기 때마다 채무 이행 유예나 유동성 공급 조치를 취했다.

이러한 초기 금융위기의 경험은 후대 금융 시스템 안정성을 위한 제도적 장치 발전에 중요한 교훈을 제공했다. 특히 암스테르담 비셀방크의 설립은 이전 금융 불안정에 대한 대응책으로, 화폐와 신용의 안정적 관리를 통해 금융 시스템의 신뢰도를 높이는 역할을 했다.

반복되는 금융위기 속
공적 은행의 탄생

16세기 말부터 18세기 초까지는 반복되는 금융위기에 의해 경제와 국가의 안정성이 위협받았던 격동의 시기였다. 민간 은행의 잇따른 파산, 통화 가치 하락 그리고 감당할 수 없는 국가 채무는 상업 활동을 위축시키고 국가의 존립마저 위협했다.

  이러한 반복되는 금융위기 속에서, 각국은 금융 시스템의 근본적인 재편이 필요함을 절감했다. 시대적 요구에 따라 공적 기능을 강화하는 은행들이 어떻게 탄생하고 발전해왔는지, 베네치아 리알토 은행의 설립(1587년)부터 루이 14세 시대 프랑스의 채무 불이행(1709년)에 이르기까지 주요 역사적 사건들을 살펴보려 한다. 이 시기에는 금융 안정성이 단순한 시장의 문제가 아닌 국가의 핵심적인 공공 기능이라는 인식을 확립하는 중요한 전환이 이루어졌다.

리알토 광장 은행: 공적 신뢰의 구축

1587년, 당대 해상 무역의 중심지였던 베네치아 공화국은 금융 안정화를 위한 중대한 결정을 내린다. 민간 은행들의 잇따른 파산으로 야기된 금융시장의 혼란과 공공의 신뢰 상실을 극복하고자, 공화국 원로원은 공공 은행인 '방코 델라 피아자 디 리알토(Banco della Piazza di Rialto, 리알토 광장 은행)'의 설립을 승인한다. 이 은행은 상업 활동의 심장부인 리알토 광장의 다리 인근에 자리 잡았다.

리알토 은행은 혁신적인 운영 원칙을 통해 공신력을 확보하고자 했다. 모든 예금에 대해 100% 지급 준비금 보유[7]를 의무화했으며, 은행의 업무는 예금 수취와 계좌 간 이체(Giro)로 엄격히 제한되었다. 이는 당시 민간 은행들이 고객 예금을 고위험 투자에 유용하다 파산에 이르는 관행을 근절하기 위한 조치였다. 이러한 엄격한 규정은 예금자 보호와 금융 시스템 안정에 기여했다.

리알토 광장은 지중해 무역의 허브로서 매일 수많은 상인으로 붐볐다. 이들은 리알토 은행을 통해 무거운 주화를 소지하는 위험 없이 안전하고 효율적으로 거래를 완결할 수 있었다. 특히 1593년, 베네치아 공화국이 모든 환어음 결제를 리알토 은행을 통해 의무적으로 처리하도록 법제화하면서, 유럽 최초의 현대적 공공 결제 시스템이 구축되었다. 이는 단순한 거래 편의성 증대를 넘어 상거래의 투명성과

---

[7] 리알토 은행은 100% 지급 준비금 제도를 적용했기 때문에, 신용 창출을 가져다주는 전통적인 의미의 '대출 기능'은 없었다. 설립 목적 자체가 상인들의 안전한 자금 보관과 결제 편의 제공이라는 공공 은행의 성격이 강했기 때문이다. 예금된 돈은 전액 준비금으로 보관되었고, 은행은 그 돈을 다른 사람에게 빌려주지 않았다. 대신 '수수료'나 '서비스 비용'으로 수익을 냈다.

효율성을 획기적으로 높였으며, 국가가 보증하는 금융 시스템이라는 새로운 패러다임을 제시한 것으로 평가된다.

이탈리아 상인들이 탄생시킨 지급 결제 시스템 '지로'

12세기 이탈리아의 베네치아와 제노바 같은 번영하는 무역 도시들에서는 국제 거래가 활발해지면서 더 안전하고 효율적인 자금 이체 방법이 절실했다. 이때 탄생한 것이 '지로(giro)'이다. 이 용어는 이탈리아어로 '회전' 또는 '순환'을 의미한다. 이는 자금이 한 계좌에서 다른 계좌로 순환하는 과정을 표현한 것이다.

당시 상인들은 금화나 은화를 직접 운반하는 위험을 피하기 위해 같은 은행 내에서 계좌 간 자금을 이동시키는 방식으로 거래했다. 이것이 바로 현대 지로 시스템의 시초가 되었다. 흥미롭게도, 이 시스템은 특히 베네치아의 리알토 다리 주변에 모여 있던 환전소들에서 처음 체계화되었다고 한다.

유럽 전역으로의 확산

15세기 이후, 이탈리아에서 시작된 지로 시스템은 점차 유럽 전역의 상업 중심지로 퍼져나갔다. 특히 독일의 프랑크푸르트와 네덜란드의 암스테르담에서는 이 시스템이 은행 간 결제의 표준으로 자리 잡았다.

17세기 암스테르담에서는 암스테르담 비셀방크(Amsterdam Wisselbank)가 공식적인 은행 지로 시스템을 도입했는데, 이것은 당시 국제 무역의 중추적 역할을 했다. 이 은행은 단일 화폐 단위로 계좌를 유지함으로써 여러 나라의 다양한 화폐를 다루는 문제를 해결했고, 이는 국제 무역을 크게 촉진했다.

우편 지로의 탄생

19세기 말에서 20세기 초, 유럽 각국의 우체국은 일반 대중도 쉽게 이용할 수 있는 우편 지로 서비스를 시작했다. 오스트리아가 1883년에 최초로 우편 지로 시스템을 도입했으며, 이어서 스위스(1906년), 프랑스(1918년), 영국(1941년) 등이 뒤를 이었다. 이 우편 지로 시스템은 은행 계좌가 없는 서민들도 우체국 계좌를 통해 송금과 결제를 할 수 있게 함으로써 금융 서비스의 보편화에 크게 기여했다. 특히 영국에서는 '지로뱅크(Girobank)'라는 이름으로 운영되며 대중적 인기를 끌었다.

전자 시대의 지로

20세기 후반, 컴퓨터와 통신 기술의 발달로 전자 지로 시스템이 등장했다. 이것은 종이 기반의 지로 방식에서 벗어나 디지털 방식으로 빠르고 정확하게 자금을 이체할 수 있게 해주었다. 1968년 영국에서는 전자 지로 시스템인 'BACS(Bankers' Automated Clearing Services)'가 도입되어 급여 지급과 정기 결제에 혁신을 가져왔다. 오늘날 대부분의 선진국에서는 이러한 전자 지로 시스템이 금융 인프라의 핵심을 이루고 있다.

한국의 지로 제도

우리나라에서는 1977년에 공식적으로 지로 제도가 도입되었다. 경제 발전과 금융 거래의 급증에 따라 효율적인 결제 시스템의 필요성이 대두되었기 때문이다. 초기에는 주로 공과금 납부에 활용되었으나, 점차 그 영역이 확대되었다. 현재는 금융결제원 중심으로 지로 업무를 관리하며, 전자 지로와 모바일 지로 등 다양한 형태로 발전했다. 한국의 지로 시스템은 세계적으로도 높은 효율성과 안정성을 인정받고 있다.

◆ 알면 더 흥미로운 지로 이야기

지로에 관한 흥미로운 사실 하나는, 중세 시대 이탈리아 은행가들이 사용하던 장부를 '지로북(Girobook)'이라고 불렀다는 점이다. 이 장부에는 고객들의 계좌 간 이체 내역이 상세히 기록되었고, 이것이 오늘날 은행 시스템의 원형이 되었다. 또한, 네덜란드에서는 17세기부터 지로 이체를 증명하는 특별한 문서인 '지로브리프(Girobrief)'가 법적 효력을 가진 지불 증명서로 인정받았다. 이는 오늘날 우리가 사용하는 영수증의 초기 형태라고 볼 수 있다.

암스테르담 비셀방크

베네치아의 금융 혁신이 있은 지 얼마 지나지 않아, 북해의 새로운 상업 강국 네덜란드에서도 중요한 금융기관이 탄생한다. 1609년 암스테르담시 정부는 '암스테르담 비셀방크'를 설립했다. 이는 당시 유럽 최고의 국제 무역항으로 급부상하던 암스테르담의 금융 질서

그림 3-3 | 1609년 암스테르담 은행이 설립된 암스테르담의 구 시청사

를 확립하고 상업 활동을 지원하기 위한 공공적 조치였다.

17세기 초 암스테르담은 전 세계로부터 다양한 종류와 품질의 주화가 유입되는 국제 교역의 중심지였다. 그러나 이는 주화의 가치 평가와 거래에 큰 혼란을 야기했고, 상인들은 안정적이고 신뢰할 수 있는 지불 수단을 절실히 필요로 했다. 이러한 배경에서 설립된 암스테르담 비셀방크는 공공 은행으로서 이러한 문제를 해결하는 데 중점을 두었다.

주요 기능은 예금 수취와 계좌 이체를 통한 지급 결제 서비스 제공이었다. 상인들은 자신이 보유한 다양한 주화를 은행에 예치하고,

은행은 이들 주화의 가치를 평가하여 '은행 화폐' 또는 '은행 플로린'이라는 표준화된 장부상 화폐로 계좌에 기입해주었다. 실제 주화의 이동 없이 장부상의 이체만으로 대규모 거래가 안전하고 효율적으로 이루어질 수 있게 된 것이다. 이는 베네치아 리알토 은행의 지로 시스템을 계승하고 발전시킨 형태였다. 또한, 국제 환어음 결제의 중심지 역할을 하며 국제 무역을 크게 촉진했다.

초기 암스테르담 비셀방크는 리알토 은행과 유사하게 예치된 금속화폐에 기반한 100% 지급 준비를 원칙으로 했다. 신용 창출(대출)에는 소극적이었으나, 점차 시정부나 동인도회사 등에 대한 대출을 통해 제한적인 신용 공급 기능을 수행하기도 했다. 그럼에도 불구하고 은행의 주된 명성은 안정적인 지급 결제 시스템과 예금의 안전성에서 비롯되었다.

암스테르담 비셀방크는 17세기 유럽에서 가장 신뢰받는 금융기관으로 성장하며, 런던에 그 자리를 내주기 전까지 암스테르담이 국제 금융 중심지로서 지위를 확립하는 데 결정적인 역할을 했다. 안정적인 은행 화폐는 국제적인 결제 수단으로 널리 통용되었고, 그 운영 방식은 이후 설립되는 여러 유럽 은행, 특히 영란은행에도 영향을 미친 것으로 평가된다. 암스테르담 비셀방크는 거의 2세기 동안 유럽 금융 시스템에 막대한 영향력을 행사하며 근대 은행업 발전의 중요한 이정표를 세웠다.

중앙은행의 탄생: 최초의 뱅크런과 릭스방크

1668년 가을, 스웨덴 스톡홀름에서 오늘날 중앙은행 제도의 기원을 알리는 사건이 일어났다. 민간 은행인 스톡홀름 방코가 무리한 신용 창출과 지폐 발행으로 지급 불능 상태에 빠지자, 스웨덴 왕립 의회가 은행을 국유화하고 새로운 형태의 금융기관을 설립한 것이다. 이것이 바로 오늘날 스웨덴 중앙은행인 릭스방크(Riksbank)의 전신, 릭센스 스텐데르스 방크(Riksens Ständers Bank)다.[8]

이 역사적 전환의 배경에는 요한 팔름스트루흐라는 인물이 있다. 그는 1656년 스톡홀름 방코를 설립하며 유럽 대륙에 새로운 금융 모델을 도입했다. 1661년, 이 은행은 유럽 최초로 현대적인 지폐인 '신용증서'를 발행하며 금융의 편의성과 유동성을 획기적으로 개선했다. 이는 금속화폐와 교환 가능한 권리를 나타내는 증서로, 상업 거래에서 높은 실용성을 인정받아 빠르게 확산되었다.

하지만 문제는 곧 드러났다. 은행은 실제로 보유한 주화보다 더 많은 지폐를 발행하기 시작했고, 이는 결국 신뢰 붕괴로 이어졌다. 같은 시기 네덜란드의 암스테르담 비셀방크나 베네치아의 리알토 은행이 100% 지급 준비금 제도를 유지하며 조심스러운 운용을 이어간 것과는 대조적이었다. 결국, 1664년 지폐 소지자들이 일제히 주화로의 환전을 요구하며 뱅크런이 발생했고, 스톡홀름 방코는 이를 감당하지 못한 채 사실상 파산에 이르렀다. 이 사건은 현대 금융사에서 기록된 최초의 뱅크런 사례로 여겨지고 있다.

이에 스웨덴 의회는 과감한 조치를 했다. 민간 은행의 실패를 교

---

[8] 'Riksens'에서 'Riks'는 스웨덴어로 '국가의'의 뜻을 갖는 소유격(Riksens) 또는 접두사(Riks)이다. 따라서 세계 최초의 국립 은행으로 평가받고 있는 릭스방크(Riksbank)는 이름에서 이미 국가 소유의 은행임을 밝히고 있다.

훈 삼아 은행을 국유화하고, 새로운 통화 시스템을 재편한 것이다. 이렇게 출범한 릭스방크는 지폐 발행의 독점권을 획득했으며, 단순한 금융 중개 기능을 넘어 국가 재정과 통화 안정을 책임지는 공적 기관으로 자리 잡기 시작했다. 특히, 의회의 직접적 관리 아래 운영되었다는 점에서 릭스방크는 독립성과 공공성을 동시에 확보하고자 한 선구적인 시도로 볼 수 있다.

릭스방크의 탄생은 단순한 구조조정을 넘어, 국가가 금융 시스템 전반에 대한 감독 책임을 명확히 하게 된 분수령이었다. 비록 초기에는 오늘날의 중앙은행처럼 복합적인 통화 정책 기능을 수행하지는 못했지만, 릭스방크는 이후 각국 중앙은행 설립에 중요한 영향을 끼쳤고, 지금까지도 세계에서 가장 오래된 중앙은행으로서 그 역사를 이어가고 있다.

명예혁명과 국가 신용의 탄생: 군주의 재정을 견제한 의회

1688년, 영국에서 일어난 명예혁명은 단순한 정권 교체를 넘어, 국가 재정 시스템의 근본을 바꿔 놓은 역사적 분기점이었다. 이 혁명은 제임스 2세의 전제 정치에 반발한 의회가 네덜란드의 오렌지공 윌리엄(훗날 윌리엄 3세)을 공동 통치자로 추대하면서 비교적 평화롭게 마무리되었다. 하지만 그 이면에는 더 본질적인 갈등이 있었다. 바로 국왕의 자의적 재정 운영을 어떻게 통제할 것인가에 대한 문제였다.

혁명 직후 1689년에 제정된 「권리장전」은 왕권에 대한 강력한 견제 장치를 마련했다. 의회의 동의 없이 국왕이 세금을 부과하거나 상비군을 유지할 수 없다는 조항은, 곧 국가 재정 주도권이 국왕에서

의회로 넘어갔음을 뜻했다. 이후 의회는 정기적으로 소집되어 예산을 심의하고 정부 지출을 감시하는 역할을 하게 되었고, 이는 영국 재정 운영의 패러다임을 근본적으로 바꾸는 계기가 되었다.

이처럼 공공 재정 통제 체계의 확립은 금융시장에도 빠르게 긍정적 신호를 보냈다. 국채의 발행과 상환이 더 이상 국왕의 자의적 판단이 아니라, 의회라는 제도적 장치 아래에서 이뤄지게 되자, 국가 채무에 대한 시장의 신뢰도가 크게 높아졌다. 투자자들은 더 이상 '국왕 개인의 신용'에 의존하지 않고, 제도화된 국가 시스템의 신용을 바탕으로 국채를 매입할 수 있게 되었다. 이는 영국이 장기적이고 안정적인 방식으로 자금을 조달할 수 있는 기반이 되었고, 금융 선진국으로의 도약을 가능케 했다.

흥미로운 사실은 이러한 재정 통제의 강화가 오히려 영국의 전쟁 수행 능력을 키워주었다는 점이다. 권력에 대한 견제와 균형이 구축된 덕분에, 영국은 안정적인 국채 시장을 통해 막대한 전쟁 자금을 조달할 수 있었다. 실제로 명예혁명 직후 발발한 9년 전쟁(1688~1697년) 동안, 영국은 프랑스와의 장기전에 필요한 재원을 의회 기반 국채 시스템으로 충당하며 전쟁을 치를 수 있었다. 정치학자 존 브루어가 '재정-군사 국가'라고 표현한 이 모델은 근대 국가가 어떻게 재정적 역량과 군사력을 동시에 확장해나갈 수 있었는지를 보여주는 대표적 사례다.

결국, 명예혁명은 단지 정치 체제를 입헌군주제로 전환한 사건이 아니었다. 그것은 국가의 재정 운영 방식과 신용 체계를 완전히 새롭게 구축한 제도적 혁신의 출발점이었다. 국가가 신뢰받는 금융 주체로 거듭난 계기가 바로 명예혁명이었다.

영란은행의 탄생: 근대 중앙은행의 출발점

1694년 7월 27일, 영국은 금융의 역사에 한 획을 긋는 사건을 맞이했다. 의회가 통과시킨 '톤세법(Tonnage Act)'[9]에 따라 설립된 잉글랜드 은행(Bank of England), 오늘날 우리가 '영란은행'이라 부르는 이 기관은 단순한 은행이 아니었다. 그것은 근대 중앙은행 모델의 효시이자, 국가와 금융이 새로운 방식으로 결합한 결정적 출발점이었다.

그림 3-4 | 현재의 영란은행 본점 전경
출처: acediscovery, 2022.7.23.

---

9 'Tonnage and Poundage Acts'라고 하기도 한다. 이는 무역 선박의 톤수에 따라 세금을 부과하고, 수입 상품에 대한 관세도 함께 규정했다. 이 법은 당시 영국 해군력 강화 및 무역 수입 확보를 위한 중요한 재정 수단이었다.

영란은행 설립의 배경은 명확했다. 명예혁명 이후 왕위에 오른 윌리엄 3세 정부는, 당시 유럽을 뒤흔든 프랑스와의 9년 전쟁 수행을 위해 막대한 자금을 조달해야 했다. 전쟁에는 무기보다 돈이 더 필요했다. 전통적인 조세만으로는 턱없이 부족했던 상황에서, 한 가지 새로운 해결책이 제시되었다.

스코틀랜드 출신의 금융가 윌리엄 패터슨은 정부에 장기 자금을 빌려주는 대신, 민간 투자자들이 출자한 자본금을 기반으로 한 은행 설립과 함께 지폐 발행 등 금융 특권을 부여받는 구조를 제안했다. 초기 자본금은 120만 파운드였다. 이 거액을 민간에서 조달해 정부에 대출하고, 그 대가로 정부는 은행 설립을 허가하고 국채를 보장해 주는 형태였다. 바로 여기서 '국채-중앙은행-정부'의 삼각관계 기초가 처음으로 세워진다.

출범 이후 영란은행은 명확한 두 가지 역할을 했다. 하나는 정부의 자금 창구 역할로서 '정부의 은행', 다른 하나는 민간 예금 수취와 대출, 어음 할인 등 일반 상업은행의 기능이었다. 이러한 이중적 정체성은 당시로는 독특한 혁신이었다. 영란은행은 중앙은행이면서도 민간 금융과 긴밀히 연결되어 있었고, 이는 금융시장과 국가 재정의 접점을 형성하는 데 중요한 역할을 했다.

특히 주목할 점은 영란은행이 '부분 지급 준비금 제도'를 도입했다는 사실이다. 예금의 전부가 아닌 일부만을 현금으로 보유하고 나머지를 대출로 운용하는 이 방식은, 유동성을 확보하면서도 신용 창출을 가능하게 했다. 다시 말해, 제한된 금속화폐만으로는 도달할 수 없던 대규모의 자금 순환이 신용이라는 무형의 자산을 통해 실현되기 시작한 것이다. 이 제도는 이후 신용 창출이라는 현대 은행 시스템의 핵심 메커니즘으로 자리 잡는다.

영란은행의 출범은 영국의 국가 재정, 금융시장, 군사력 간의 삼각 축을 견고하게 만들었다. 안정적 국채 발행 시스템은 전쟁 자금을 신속히 조달할 수 있는 기반이 되었고, 이는 곧 영국의 군사적 패권을 떠받치는 재정적 동력이 되었다. 동시에 투자자에게는 국가가 보증하는 안전한 투자처를 제공함으로써 국가 신용의 개념이 정착되는 계기도 마련했다.

이후 영란은행은 점진적으로 지폐 발행 독점권을 확보하고, 금융위기 시 '최종 대부자'로서의 기능을 강화하며, 금융 시스템 안정화라는 공적 역할을 확대해나갔다. 이는 다른 국가들이 중앙은행을 설계할 때 참고하는 모델이 되었고, 영국이 18세기 이후 세계 금융의 중심지로 도약하는 데 결정적 발판이 되었다. 영란은행은 단순한 은행이 아니었다. 그것은 국가와 시장이 처음으로 제도적 연합을 이룬 금융 혁명의 상징이었다.

신뢰 회복을 위한 '대규모 화폐 재주조'

1696년, 영국은 역사상 유례없는 대규모 화폐 재주조 사업을 단행한다. 이는 단순한 주화 교체가 아니라, 화폐 신뢰를 되살리기 위한 국가적 프로젝트였다.

17세기 후반 영국의 은화는 심각하게 손상된 상태였다. 오랜 유통 과정에서 마모된 은화도 문제였지만, 주화 가장자리를 깎아 은을 빼돌리는 '클리핑' 행위가 성행했다. 이는 주화의 실제 은 함량을 액면

가보다 낮게 만들었고 거래 불신, 상업 위축, 통화 혼란이라는 악순환을 낳았다.

이에 따라 의회는 '화폐의 불량 상태 개선법'을 통과시켰고, 이 사업의 기술 총책임자로 아이작 뉴턴을 임명했다. 당대 최고의 과학자였던 그는 왕립 조폐국 국장이 되어 주화의 위조 방지를 위한 다양한 선진 기술을 도입했다. 균일하고 정교한 주화 생산이 가능한 스크류 프레스 기법, 주화 가장자리에 톱니 모양의 무늬를 새겨 클리핑 행위를 효과적으로 방지하는 밀드 엣지 기법 등이 당시 새롭게 도입되었다.

대규모 화폐 재주조 사업은 전국 각지에서 낡고 훼손된 은화를 수거하여 런던의 타워 조폐국으로 운송한 후, 이를 녹여 새로운 규격의 주화로 재주조하는 복잡하고 어려운 과정이었다. 뉴턴은 화폐 위조범 단속에도 적극적으로 나서는 등 사업의 성공을 위해 헌신했다. 약 3년에 걸친 노력 끝에 상당량의 은화가 성공적으로 재주조되어 유통되었다.

영국의 대규모 화폐 재주조는 단순히 낡은 돈을 새 돈으로 교체하는 것을 넘어, 국가가 화폐의 가치와 신뢰성을 보장한다는 원칙을 확립하려는 중요한 시도였다. 비록 재주조 이후에도 금과 은의 시장 가격 변동에 따른 복본위제[10] 고유의 문제(예: 그레셤의 법칙)가 완전히 해결되지는 않았지만, 이 사업은 중앙집권적 통화 정책의 중요성과 화폐 제조 기술 혁신의 필요성을 명확히 보여준 사례로 평가된다. 이

---

[10] '복본위제(複本位制)'란 국가의 화폐 제도에서 두 가지 금속, 즉 금(金)과 은(銀)을 법정화폐로 함께 사용하는 제도를 말한다. 영어로는 'Bimetallism'이라고 한다.

는 장기적으로 영국 화폐 시스템의 안정화에 기여했다.

루이 14세의 채무 불이행

반면, 대서양 건너편 프랑스에서는 전혀 다른 금융 드라마가 펼쳐지고 있었다. 1709년, '태양왕' 루이 14세가 통치하던 프랑스는 화려한 베르사유 궁전의 이면에 심각한 재정 위기를 안고 있었다. 장기간 계속된 스페인 왕위 계승 전쟁(1701~1714년)으로 인해 천문학적인 전비가 소요되면서 국가 재정은 파탄 지경에 이르렀다.

당시 프랑스의 재정 시스템은 과도한 왕실 경비, 면세 특권을 가진 귀족과 성직자, 비효율적인 조세 제도 등 구조적인 문제점을 안고 있었다. 재무 총감 미셸 샤미야르는 이러한 위기를 타개하기 위해 다양한 방안을 모색했다. 단기 국채의 일종인 '빌레 드 모네(Billets de Monnaie)'를 발행하여 지폐처럼 사용하고 시장에 유동성을 공급하려 했지만, 신뢰 부족으로 인해 이들 지폐의 가치는 급락했다. 또한, 주화의 귀금속 함량을 줄이는 디베이스먼트도 시행되었지만, 이는 극심한 인플레이션을 유발하고 경제적 혼란을 가중할 뿐이었다.

결국, 1709년 프랑스 왕정은 사실상의 채무 불이행을 선언하기에 이른다. 이는 국채 이자 지급을 연기하거나 원금 일부를 탕감하는 형태로 나타났고, 국내외 채권자들에게 막대한 손실을 안겨주었다. 이로 인해 프랑스 금융시장의 신뢰는 심각하게 훼손되었고, 국가 재정 조달 능력은 더욱 나빠졌다.

이것은 같은 시기 영국이 명예혁명 이후 의회 중심의 재정 통제 시스템과 영란은행 설립을 통해 재정 안정을 도모하고 국가 신용을 강화한 것과는 극명한 대조를 이룬다. 영국의 경우, 재정 결정 과정의 투명성과 제도적 견제 장치가 국가 신용을 높이는 데 기여한 반면, 절대군주정하의 프랑스는 이러한 공적 제어 장치의 부재로 인해 재정 위기에 더욱 취약한 모습을 보였다.

　루이 14세 시대의 채무 불이행은 절대 권력이 견제받지 않을 때 발생할 수 있는 재정적 파탄의 위험성을 극명하게 보여준다. 이는 국가 재정 운영에 있어 투명성, 책임성 그리고 제도적 견제와 균형을 통한 공적 기능의 중요성을 강조하는 역사적 사례이고, 후일 프랑스 혁명의 원인 중 하나로 작용하는 등 장기적인 정치·경제적 파급효과를 가져왔다.

광기의 버블:
근세의 3대 버블 위기

인간의 탐욕과 집단 광기가 경제적 현실을 압도할 때 발생하는 기이한 현상이 바로 금융 버블이다. 자산 가격이 본질적인 가치와 무관하게 비정상적으로 급등하다가 결국 폭락하고, 사회는 패닉에 빠지는 이 현상은 수 세기 동안 끊임없이 반복되어 왔다. 이는 시장의 기술적 요인이 작용한 것만은 아니다. 근본적으로 인간 심리의 취약성과 군중심리의 맹목성이 어떻게 거대한 경제적 재앙을 초래할 수 있는지를 보여준다.

지금으로부터 약 400년 전, 근대 자본주의가 막 태동하며 합자회사와 주식, 투자증권, 그리고 증권거래소라는 새로운 금융 혁신들이 등장하던 시기에 세 번의 유명한 버블이 발생했다. 이 사건들은 금융의 역사에 기록을 깊이 새겼다. 네덜란드의 튤립 버블, 프랑스의 미시시피 버블, 영국의 남해 버블은 단순히 특정 자산의 가격 폭등을 넘어섰다. 이 사건들은 오늘날 우리가 경험하는 금융시장의 본질, 투기적 사이클, 그리고 시스템적 위험을 이해하는 데 있어 여전히 깊고 의미 있는 통찰력을 제공한다.

합자회사의 발전: 버블의 토양

중세 후기 유럽에서는 대규모 자본을 필요로 하는 무역과 탐험을 위해 합자회사라는 혁신적인 사업 형태가 발전했다. 이 회사들은 많은 투자자로부터 소액의 자본을 모아 위험을 분산시키는 방식으로 운영되었다. 합자회사 형태는 신대륙 발견과 개발에 필요한 막대한 자본을 조달할 수 있게 해주었고, 유럽 경제 발전에 중요한 역할을 했다.

그러나 이 혁신은 뜻하지 않은 부작용을 낳았다. 주식이라는 개념이 도입되면서 실제 회사의 가치와 시장 가치인 주가가 분리될 가능성이 생겼다. 이는 투기와 버블이라는 새로운 현상을 만들어냈다. 소유와 경영의 분리, 유한책임 제도, 주식의 유통은 합자회사의 장점이었지만, 동시에 투자자들의 비합리적 행동을 부추길 수 있는 요소이기도 했다.

튤립 버블: 최초의 투기 광풍

역사상 기록된 최초의 대규모 금융 버블은 네덜란드에서 발생한 튤립 버블(1636~1637년)이다. 17세기 초 네덜란드는 '황금시대'라 불리는 전성기를 누리고 있었다. 동인도회사를 통한 전 세계 무역망 장악, 선진 금융 시스템, 세계 최초의 주식시장 발달 등으로 당시 네덜란드는 세계 경제의 중심이었다. 이런 경제적 풍요 속에서 희귀한 튤립 구근은 부의 상징이자 투자 대상으로 급부상했다.

튤립은 원래 오스만 제국에서 유럽으로 들어온 외래종으로, 16세기 중반에 네덜란드에 도입되었다. 특히 지금은 모자이크 바이러스로 알려진 '바이러스 감염 튤립'이 만들어내는 화려한 색상과 무늬의 '깨진 튤립'은 당시 사람들의 미적 감각을 사로잡았다. 특히 백색 바탕에 붉은 불꽃 무늬가 있는 '셈퍼 아우구스투스'는 최고의 인기를 끌었다.

튤립 열풍은 단순한 원예 취미를 넘어섰다. 1634년부터 투기꾼들은 튤립 구근을 사고팔기 시작했고, 특히 '튤립 선물 계약'이라는 혁신적인 금융상품이 등장했다. 구매자는 실제 구근을 보지 않고, 다음

그림 3-5 | 셈퍼 아우구스투스

해 여름에 납품될 구근에 대한 계약서를 사고팔았다. 이는 현대 금융의 선물 계약과 비슷한 형태로, 실물 자산 없이도 거래할 수 있게 해주었다.

거래는 주로 선술집에서 열린 '튤립 대학'이라는 비공식 거래소에서 이루어졌다. 1636년 후반에 이르러, 튤립 거래는 네덜란드 전역으로 확산되었고, 모든 계층의 사람들이 여기에 참여하였다. 상인, 장인, 농부, 선원, 심지어 키메이커와 같은 소규모 노동자들까지 튤립 거래에 뛰어들었다. 일부는 집, 땅, 보석 등을 팔아 튤립 구근을 구매했다.

가격은 천문학적으로 치솟았다. 극히 드문 튤립 구근의 경우 한 개 가격이 고급 가구를 갖춘 집 한 채, 말 두 마리가 끄는 신형 마차, 24톤급 무역선 한 척과 맞먹었다고 전해진다. 특히 하를렘과 암스테르담 지역에서는 튤립 광풍이 극에 달했다. 그러나 1637년 2월 초, 하를렘에서 열린 한 경매에서 갑자기 구매자들이 사라졌다. 이 뉴스가 퍼지자 튤립 시장은 공황 상태에 빠졌다. 가격은 몇 주 안에 90% 이상 폭락했고, 모든 계약이 휴짓조각이 되었다. 튤립은 다시 실물인 꽃으로 돌아갔다.

버블 붕괴 후 많은 투자자는 파산했고 네덜란드 경제는 일시적인 불황에 빠졌다. 계약 당사자들은 소송을 제기했지만, 법원은 대부분 이를 도박 계약으로 간주하여 무효화했다. 하지만 현대 연구들은 튤립 버블의 경제적 피해가 오랫동안 전해져온 것보다는 제한적이었을 가능성을 제시한다. 튤립 거래는 주로 네덜란드 경제의 일부 지역에 국한되었고, 전체 경제 규모와 비교할 때 상대적으로 작은 규모였기 때문이다. 그럼에도 튤립 버블은 인간의 집단 광기와 투기의 위험성을 보여주는 완벽한 사례로 남았다. 이는 이후 수 세기 동안 금융 버블의 원형이 되었고 오늘날까지도 '튤립 광기(Tulipmania)'라는 용어는 비이성적인 투기 열풍을 묘사하는 데 사용된다.

미시시피 버블: 존 로의 실험과 실패

프랑스의 미시시피 버블(1719~1720년)은 스코틀랜드 출신 금융가 존 로의 야심찬 계획에서 시작되었다. 루이 14세 사망 후 프랑스는 막대한 국가 부채로 고통받고 있었다. 존 로는 당시 섭정이었던 오를레앙 공작에게 혁신적인 해결책을 제안했다. 프랑스 최초의 중앙은행을 설립하고, 금과 은으로 만들어진 금속주화 대신 지폐를 유통시키자는 것이었다.

1716년 존 로는 방크 제네랄(Banque Générale)이라는 민간 은행을 설립했고, 이듬해 국유화되며 왕립은행으로 승격되었다. 이어서 존 로는 루이지애나 식민지 개발을 위한 미시시피회사를 설립했다. 그리고 그는 아메리카 대륙의 미시시피강 유역에 위치한 루이지애나에 금과 은이 풍부하다는 소문을 퍼뜨려 투자자들의 관심을 끌었다.

미시시피회사는 점차 프랑스의 담배·노예 무역, 주화 주조권까지 독점하게 되었고, 1719년에는 프랑스 동인도회사까지 흡수했다. 존 로는 사실상 프랑스 전체 해외 무역을 통제하는 위치에 올랐고, 회사의 주가는 1719년 1월 500리브르에서 12월에는 1만 리브르까지 급등했다.

버블이 커지면서 파리는 투기 열풍에 휩싸였다. 귀족들은 주식을 사기 위해 땅과 보석을 팔았고, 하인들이 하룻밤 사이에 부자가 되는 일도 있었다. 존 로 사무실이 있던 캉콩푸아 거리는 사람들로 발 디딜 틈 없이 붐볐고, 혼잡으로 인한 사고나 심신미약으로 고통받는 사람들이 있었다는 이야기가 전해질 정도로 투기 열풍이 극심했다.

그러나 1720년 초, 일부 투자자들이 수익을 현금화하기 시작하면서 파국이 시작되었다. 주가가 흔들리자 불안은 순식간에 확산됐고, 매도 행렬이 꼬리를 물었다. 주가는 급락했고, 존 로는 이를 막기 위해 은행과 회사를 동원해 필사적인 조치를 했지만 역부족이었다. 그해 말, 미시시피회사의 주가는 고점 대비 3% 수준으로 추락했고, 존 로의 왕립은행마저 파산을 선언했다.

존 로 체제의 붕괴는 프랑스 경제에 정면으로 충격을 가했다. 자산 가격의 폭락은 단순한 손실이 아니라, 국가 경제와 금융 시스템 전체에 대한 신뢰 붕괴로 이어졌다. 투자자들은 등을 돌렸고, 존 로는 결국 파리를 떠나야 했다. 한때 국가의 재정을 책임졌던 그는 몇 년 후, 베네치아의 허름한 숙소에서 무일푼의 도박꾼으로 생을 마감했다. 훗날 역사가들은 존 로를 '사기꾼'이라 평가했다.

미시시피 버블의 붕괴는 프랑스 금융사에 깊고도 오래된 상처를 남겼다. 지폐와 신용 창출에 대한 불신은 프랑스 혁명 직전까지 계속되었고, 국가 주도의 금융 실험에 대한 경계심은 프랑스가 산업혁명과 자본시장의 발전에서 영국에 뒤처지는 배경 중 하나가 되었다. 이후 프랑스 금융은 오랫동안 보수적 성향을 유지했으며, 일부 경제사학자들은 이러한 문화가 현대 프랑스 은행들의 신중한 리스크 관리로도 이어졌다고 본다. 단 한 번의 붕괴가 한 나라의 금융 DNA에 오랜 그림자를 드리운 것이다.

남해 버블: 영국 버전 탐욕과 부패

미시시피 버블이 프랑스를 뒤흔들던 그 무렵, 영국에서도 유사한 금융 광풍이 일었다. 바로 남해 버블(South Sea Bubble, 1720년)이다. 이 거대한 투기 열풍의 중심에는 남해회사가 있었다. 1711년 남해회사는 영국 정부의 전쟁 부채를 떠안는 조건으로 설립되었고, 스페인 식민지와의 무역 독점권을 부여받았다. 그러나 실상은 무역보다는 정부 채무를 활용한 투기성 금융 활동에 초점이 맞춰져 있었다.

회사는 국가가 떠안은 막대한 부채, 특히 장기 무보증 채권을 주식으로 전환해 인수하겠다고 제안했다. 이는 정부의 이자 부담을 줄이고 재정을 안정시킬 수 있다는 점에서 매력적으로 보였다. 동시에 남해회사는 막대한 수수료 수익을 기대할 수 있었고, 투자자들에게는 주가 상승이라는 달콤한 유혹을 던졌다.

1720년, 회사는 더 많은 국채 인수를 조건으로 추가 특혜를 획득했고, 그 과정에서 고위 공직자들과의 결탁이 본격화됐다. 정부 각료들과 회사 이사들 사이에는 거액의 뇌물이 오갔고, 주가 조작과 시장 왜곡이 조직적으로 이루어졌다. 심지어 왕실 가족들까지 주식시장에 개입했다. 회사는 유력 인사들에게 비밀리에 주식을 나눠주고, 언론과 정계에 로비를 벌이며 주가를 인위적으로 끌어올렸다. 주가는 1월 128파운드에서 8월에는 무려 1,000파운드까지 치솟았다. 영국 전역은 순식간에 투기 열풍에 휩싸였다.

하지만 이 모든 상승은 실체 없는 기대에 불과했다. 남해회사의 실질 수익은 주가를 뒷받침하기엔 턱없이 부족했다. 결국, 8월 말부터 주가가 급락하기 시작했고, 9월에는 폭락 사태로 번졌다. 수많은 투자자가 하루아침에 파산했다. 그중에는 과학자 아이작 뉴턴도 있었다. 그는 당시 2만 파운드, 오늘날 가치로 약 400만 달러를 잃고 나서 다음과 같은 유명한 말을 남겼다.

"나는 천체의 움직임은 계산할 수 있지만, 인간의 광기는 계산할 수 없다."

버블 붕괴 이후, 영국 의회는 1720년 '버블법'[11]을 제정해 의회의 승인 없이 합자회사를 설립하는 것을 금지했다. 이 법은 버블을 막기 위해 제정된 것처럼 보였지만, 실제로는 남해회사가 경쟁사를 견제하기 위해 버블 정점 직전에 통과시킨 것이었다. 어찌 되었든 이 법은 기업의 자유로운 설립과 활동에 제약을 가해 영국 경제 발전에 부정적 영향을 미쳤다.

의회는 즉각 진상 조사에 착수했고, 남해회사 이사들의 재산은 몰수되어 피해 투자자들에게 배분되었다. 일부 이사들은 투옥되거나 의원직을 박탈당했다. 이 위기를 수습하며 두각을 드러낸 인물이 로버트 월폴이다. 그는 위기 대응 과정에서 정치적 입지를 굳히며 사실상 영국 최초의 총리로 부상했고, 이후 영국의 정치 및 재정 안정에

---

[11] 정식 명칭은 'Royal Exchange and London Assurance Corporation Act 1719'이다. 국왕의 특허나 국회의 인가 없이 주식을 발행하거나 투자자에게 지분을 판매하는 회사의 설립을 금지하는 것을 핵심으로 한다. 즉 민간 회사의 설립도 국가의 허가가 있어야 한다는 것이다. 버블법은 정부가 투기를 억제하고 시장을 보호하려 한 정책이지만, 오히려 시장 발전을 저해하는 결과를 낳았다. 1856년의 '회사법' 제정으로 회사 설립이 자유화될 때까지 100년 이상 이어진 이 법으로 인해 19세기 중반까지 영국에서의 회사 설립은 매우 제한적이었고, 자본 조달과 산업 발전에 제동이 걸렸다.

핵심적인 역할을 하게 된다.

남해 버블은 영국에게 값비싼 교훈을 남겼다. 탐욕과 부패가 결합할 때 어떤 재앙이 벌어지는지를 생생히 보여주며 금융시장에는 규제와 투명성이 필수적임을 일깨운 사건이었다. 이는 이후 현대 금융 시스템이 갖추어야 할 윤리적·제도적 기초를 마련하는 데 결정적인 전환점이 되었다.

탐욕과 혁신의 교차점: 17~18세기 버블에서 배우는 진리

17세기와 18세기를 수놓았던 세 번의 거대한 버블, 즉 튤립 버블, 남해 버블, 미시시피 버블은 단순한 경제적 사건을 넘어 금융시장의 본질에 대한 진지한 교훈을 우리에게 선사한다. 이 시기의 버블은 마치 거울처럼 인간 본성의 취약점과 금융 시스템의 양면성을 비추고 있었다.

첫째, 금융 혁신은 언제나 양날의 검과 같다. 합자회사와 주식이라는 새로운 금융 시스템은 경제 성장의 강력한 동력이 되었지만, 동시에 전에 없던 투기와 위험을 불러왔다. 이는 마치 새로운 기술이 인류의 삶을 풍요롭게 하면서도 예상치 못한 부작용을 낳는 것과 같은 이치다.

둘째, 투자자들의 비합리적인 행동과 집단 심리가 시장을 얼마나 극단으로 몰고 갈 수 있는지를 여실히 보여준다. 이성적인 개인도 군중 속에 섞이면 광기에 휩싸일 수 있다는 찰스 매케이[12]의 통찰은

---

[12] 그는 1841년 저서 『대중의 비정상적 열광과 군중의 광기(Extraordinary Popular Delusions and the Madness of Crowds)』에서 "사람들은 무리를 지어 생각하며, 무리를 지어 광기에 빠지는 것을

17세기에도, 그리고 21세기에도 변함없이 유효한 진리다. 새로운 기회에 대한 환상과 부자가 되고 싶다는 탐욕이 결합될 때, 시장은 이성을 잃고 비이성적 열광의 도가니로 변모하는 것이다.

셋째, 정부와 규제 기관의 역할은 금융 안정성 유지에 필수적이라는 점을 깨닫게 한다. 그러나 안타깝게도 이들의 역할은 종종 위기가 터지고 난 뒤에야 빛을 발하는 경향이 있다. 예방보다는 사후약방문식 대응이 반복되는 것은 금융 역사의 아쉬운 대목 중 하나이다.

이 시기의 금융 버블은 단순히 돈이 오고 간 경제 현상이 아니었다. 신대륙 탐험과 국제 무역의 확대로 대표되는 새로운 기술과 발견이 인간의 상상력과 탐욕을 자극하며 사회 전반의 가치관과 인간 본성을 반영하는 사회적·문화적 현상이었다.

놀랍게도 이러한 초기 버블의 패턴은 오늘날까지도 끊임없이 반복되고 있다. 1990년대의 닷컴 버블, 2008년의 부동산 버블, 그리고 2022년 테라-루나 사태에 이르기까지, 인간의 집단적 열광과 새로운 자산에 대한 막연한 기대감이 만나는 곳에서는 어김없이 버블이 다시 고개를 들었다.

역사는 반복된다고 하지만, 금융 버블의 경우는 특히 그러하다. 새로운 형태와 새로운 자산 클래스에서, 그러나 언제나 똑같은 인간 본성의 취약점을 드러내며 버블은 계속해서 발생할 것이다. 그러나 17~18세기의 교훈을 명확히 기억한다면, 우리는 적어도 그 위험의

볼 수 있지만, 제정신을 되찾는 것은 느리게, 그리고 하나씩이다(Men, it has been well said, think in herds; it will be seen that they go mad in herds, while they only recover their senses slowly, and one by one)" 라고 했다.

시그널을 일찍이 인식하고, 다가올지도 모르는 거대한 파고 속에서 피해를 최소화할 수 있는 현명한 투자자가 될 수 있을 것이다.

1772년 글로벌 금융위기와 경제학의 탄생

1772년 신용위기: 금융 세계화가 만든 첫 글로벌 금융위기

　18세기 후반, 런던의 금융가는 눈부신 성장의 중심에 서 있었다. 7년 전쟁(1756~1763년)[13]을 승리로 마무리한 영국은 북미와 인도에서 프랑스를 물리치고 광대한 식민지를 확보하며 세계 최강국으로 부상했다. 전쟁 후유증을 딛고 일어난 영국 경제는 빠르게 팽창했고, 대서양을 가로지르는 무역은 이전과 비교할 수 없을 정도로 활기를 띠었다.

　그 중심에는 돈이 있었다. 새로운 부와 기회에 이끌려 상인들은

---

13 7년 전쟁에서 영국은 강력한 해군력을 바탕으로 프랑스와의 식민지 쟁탈전에서 승리하며 세계 패권을 확립했다. 이 전쟁을 통해 영국은 북미의 광대한 영토(캐나다 포함)와 인도에서의 지배권을 확보하여 대영제국의 기틀을 다졌다. 그러나 전쟁으로 인한 막대한 재정 부담은 영국 정부가 북미 식민지에 세금을 부과하게 만들었고, 이는 미국 독립혁명의 중요한 배경이 되었다. 7년 전쟁은 18세기 국제 질서를 재편한 세계사적 전환점이라 할 수 있다.

무역에 몰두했고, 은행들은 그들에게 관대한 신용을 제공했다. 당시 금융 시스템은 오늘날처럼 정교하진 않았지만, 환어음이라는 도구가 있었다. 환어음은 그 자체가 신용을 나타내는 수단이었다. 상인들은 이 어음을 서로에게 배서하며 지급을 미루고 거래를 확대했고, 은행들조차 이를 담보 삼아 돈을 빌려주는 일이 다반사였다.

하지만 문제는 이 신용 사슬이 지나치게 복잡하고 길었다는 데 있었다. 하나의 환어음이 수차례 배서를 거치며 마치 오늘날의 파생상품처럼 확산되었고, 그중 한 고리가 끊어지면 연쇄적인 붕괴가 불가피했다. 한 곳의 지급 불능이 연쇄반응을 일으키는 구조였던 것이다. 그리고 그 끊어진 고리는 뜻밖에도 한 사람의 투기에서 비롯되었다.

1772년 6월 8일, 런던의 유명한 은행가 알렉산더 포디스가 모습을 감췄다. 그는 런던의 중견 은행인 닐, 제임스, 포디스 앤 다운의 파트너였으며, 막대한 자금으로 동인도회사 주식의 하락에 베팅(공매도)한 인물이다. 그러나 주가는 그의 예상과는 달리 오름세를 보였고, 손실은 눈덩이처럼 불어났다. 결국, 그는 은행 자금까지 유용하며 손실을 만회하려 했지만 실패했고, 몰래 네덜란드로 도주했다.

이 소식이 런던에 퍼지자, 금융시장은 즉시 충격에 빠졌다. 포디스의 은행은 문을 닫았고, 뒤이어 다른 10개 이상의 런던 은행들이 며칠 내에 연쇄 파산했다. 불신은 순식간에 번졌고, 은행들은 어음을 할인해주지 않으려 했다. 유동성은 말라붙고, 신용은 붕괴했다.

가장 심각한 타격을 입은 곳은 뜻밖에도 스코틀랜드였다. 당시 스코틀랜드는 금융 혁신의 실험장이었으며, 신생 은행들이 공격적으로 신용을 공급하고 있었다. 그중에서도 에든버러의 에어 은행은 가장 주목받는 기관이었다. 설립된 지 3년밖에 되지 않았지만, 무려 241명의 파트너를 둔 대형 은행으로 성장하여 막대한 규모의 신용을 창출하고 있었다. 그러나 자본금은 빈약했고, 위기 앞에 속수무책이었다. 결국, 에어 은행은 문을 닫았다. 이 은행의 붕괴는 스코틀랜드 전역에 충격을 주었고, 지주·상인·제조업자들이 줄줄이 파산했다.

위기의 불씨는 곧 대서양을 건너 유럽 대륙으로 번졌다. 당시 세계 금융의 중심지 중 하나였던 네덜란드, 특히 암스테르담은 영국 금융기관들과 긴밀하게 연결되어 있었다. 이곳의 대표적 은행 중 하나였던 클리퍼드 앤 선즈는 1600년대부터 이어진 유서 깊은 금융기관이었지만, 결국 이 위기의 파고를 넘지 못하고 문을 닫았다. 이는 단지 한 은행의 몰락이 아닌 국제 금융이 처음으로 직면한 '연결된 공포'의 순간이었다.

심지어 해외 식민지로까지 충격이 퍼져나갔다. 같은 해 10월, 동인도회사의 근거지였던 인도의 콜카타에서 영국의 여러 무역상사가 파산했고, 1773년에는 북미 식민지의 담배 농장주들까지 피해를 보았다. 특히 버지니아·메릴랜드·펜실베이니아의 대지주들은 유럽 은행의 대출 회수에 대응하지 못하여 땅을 잃었고 경제적 불만이 커져, 이는 이후 미국 독립혁명(1775~1783년)으로 서서히 이어졌다.

이 위기는 단순히 한 은행가의 투기로 시작되었지만, 당시 국제 금융 시스템의 구조적 취약성, 즉 과도한 신용 확대, 복잡한 어음 거래, 정보의 불균형을 여실히 드러냈다. 그리고 '글로벌 금융위기'라는 이름으로 기억되는 첫 번째 사건으로 기록되었다.

글로벌 금융위기의 교훈과 경제학의 탄생

1772년 위기의 특징은 단일 시장이나 국가를 넘어 국제적으로 확산했다는 점이다. 이는 당시 발전하던 국제 금융 시스템의 상호 연결성을 보여주었으며, 이후 발생하는 글로벌 금융위기의 원형이 되었다. 영국 은행의 파산이 네덜란드·인도·북미까지 영향을 미치는 연쇄반응을 보여준 것은 현대적 글로벌 금융 시스템이 형성되었음을 시사했다.

위기 이후 영국 은행가들은 신용 확장에 더욱 신중해졌다. 이 위기는 중앙은행으로서 영란은행의 역할이 중요해지는 계기가 되었다. 또한, 이 위기는 애덤 스미스가 1776년 『국부론』에서 은행 시스템과 신용의 위험성에 대해 논의하는 데 영향을 미쳤다. 스미스는 이 당시 은행들의 붕괴를 상세히 분석하며, 과도한 신용 확장의 위험성과 적절한 은행 규제의 필요성을 강조했다.

경제학은 재화와 서비스의 생산·분배·소비 과정을 분석하는 사회과학으로, 개인과 사회의 선택과 상호작용을 연구한다. 고대 문명에서도 상업·회계 제도와 거래 기록이 발전했으나, 경제학적 사유는 주로 철학·윤리의 영역에 머물렀다. 고대 그리스의 아리스토텔레스와 중국의 유가·법가 사상가들은 재화와 교환에 대한 윤리적·정치적 논의를 전개했다. 하지만 학문으로서 경제학이 본격적으로 등장한 시기는 18세기 중반으로, '정치경제학'이라는 명칭으로 체계화되기 시작했다. 특히 이때 등장한 애덤 스미스의 『국부론』이 근대 경제학의 출발점으로 간주된다.

18세기 이전의 중상주의는 국가가 금과 은을 얼마나 보유하느냐,

그리고 무역에서 얼마나 많은 흑자를 내느냐에 초점을 맞췄다. 그러나 이러한 시각은 경제 전체를 통합적으로 이해하려는 시도가 부족했다. 이에 대한 반작용으로 프랑스에서는 중농학파가 등장해, 경제는 자연법칙에 따라 자율적으로 운영돼야 한다고 주장하며 자유방임주의를 내세웠다. 이들은 특히 농업을 부의 근원으로 보았다.

이 흐름을 이어받아 애덤 스미스는 '분업'과 '보이지 않는 손'이라는 개념을 통해 자유시장 체계를 이론적으로 정립했다. 그는 재화의 분배를 더 이상 신의 뜻에 맡기지 않고, 시장, 제도, 기술 같은 세속적 요인으로 설명함으로써 근대 경제학의 기초를 세운 인물로 평가된다.

애덤 스미스와 국부론: 고전학파 경제학의 시작

애덤 스미스(1723-1790)는 스코틀랜드의 커콜디에서 태어나 글래스고대학교와 옥스퍼드대학교에서 수학했다. 그는 1751년 글래스고대학교의 논리학 교수로 임명되었고, 이후 도덕철학 교수로 재직했다. 당시 도덕철학은 자연신학·윤리학·법학·정치경제학을 포괄하는 광범위한 학문이었다. 스미스는 계몽주의 시대의 대표적 지식인으로, 데이비드 흄과 같은 당대 사상가들과 교류하며 사상을 발전시켰다.

스미스의 첫 번째 저서인 『도덕감정론』(1759)은 인간의 도덕적 행동과 판단의 기원을 탐구했다. 일부 학자들이 '애덤 스미스의 문제'를 제기하며 두 저서 간의 모순을 지적했지만, 현대 연구에서는 이들이 유기적으로 연결된 하나의 사상 체계를 형성한다고 본다.

스미스는 개인의 자기애가 적절히 통제될 때 사회적 조화를 이룰 수 있다고 보았으며, 이는 『국부론』에서 개인의 이기적 행동이 '보이지 않는 손'에 의해 공공의 이익으로 전환된다는 논리로 발전했다. 두 저서 모두 개인의 자유로운 선택과 사회적 조화의 가능성을 탐구한다는 공통분모를 갖는다.

국부론의 핵심 개념들

『국부론』은 스미스의 경제사상을 집대성한 저서로, 근대 경제학의 출발점으로 평가받는다. 이 저서는 단순한 경제학 저작을 넘어 사회 전체의 인간관과 경제 활동의 윤리적 토대를 재정의했다.

스미스의 가장 유명한 개념인 '보이지 않는 손'은 개인이 자신의 이익을 추구하는 과정에서 의도치 않게 사회 전체의 이익을 증진할 수 있다는 아이디어이다. 그러나 이는 무제한의 이기심 추구를 옹호하는 것이 아니라, 공정한 경쟁과 거래 규칙에서 작동하는 메커니즘을 의미한다.

특히 스미스는 분업화를 강조했는데, 핀 제조 공장의 예를 들어 노동자들이 각자 특정 작업에 전문화될 때 생산성이 극적으로 향상됨을 보여주었다. 이러한 분업은 개인의 이기적 동기와 시장 메커니즘을 통해 자연스럽게 발전하며, 사회 전체의 부를 증가시킨다고 주장했다.

스미스가 조건 없는 자유 경제를 옹호했던 것은 아니다. 그는 정부의 과도한 개입과 규제를 비판했지만, 동시에 국방·사법·공공사업과 같은 필수적인 공공재 제공은 정부의 역할이라고 강조했다. 이는 그의 경제사상이 단순한 자유방임주의가 아닌 균형 잡힌 접근법이었음을 보여준다.

스미스의 현실적 통찰: 1772년 신용위기와 금융 시스템

스미스는 1772년 글로벌 금융위기가 보여준 금융 시스템의 취약성을 『국부론』에서 상세히 분석했다. 개인의 합리적 선택이 공공 이익으로 전환될 수 있다고 주장하면서도, 무분별한 신용 확대나 과도한 시장 자유의 위험성을 경고했다.

특히 은행과 신용 제도에 관한 장에서 '실질 어음 원칙'[14]의 개념을 설명하며, 은행이 실물경제 활동에 기반을 둔 대출만을 제공해야 한다고 주장했다. 이는 자유 경쟁과 함께 적절한 규제와 제도 개선이 필요하다는 그의 균형 잡힌 시각을 잘 보여준다.

스미스의 통합적 접근은 데이비드 리카도, 헨리 손턴, 존 스튜어트 밀 등에게 큰 영향을 미쳤다. 그의 사상은 경제학을 독립된 학문 분야로 발전시키는 데 결정적 역할을 했으며, 고전학과 경제학의 기초를 확립했다.

애덤 스미스가 현대의 우리에게 던지는 화두

오늘날에도 『국부론』의 원리들은 여전히 경제적·사회적 논쟁의

---

[14] 실질 어음 원칙은 1802년 헨리 손턴이 『Paper Credit of Great Britain』에서 체계화한 통화 이론으로, 화폐는 실질적인 상품 거래에 기반을 둔 단기 어음에만 발행되어야 한다는 원칙을 말한다. 이는 투기적 신용 확대를 억제하고, 화폐 공급이 실물경제 활동과 비례해야 한다는 기준으로 작동하였다. 애덤 스미스도 『국부론』에서 유사한 신념을 드러낸 바 있으나, 이를 체계적으로 발전시켜 이론으로 정립한 것은 손턴이었다.

중심에 있다. 현대 경제에서 기술 혁신, 금융상품의 복잡성, 국제 자본의 초연결성은 스미스가 경고한 체계적 위험의 현대적 예시다. 글로벌 가치사슬과 전문화된 노동시장은 스미스가 강조한 분업 원칙의 확장된 모습이며, 각국이 비교우위를 살려 역할을 분담하는 자유무역주의는 그의 분업 효율 극대화 원리와 상통한다.

애덤 스미스의 사상은 현대 사회에 두 가지 중요한 메시지를 전달한다. 첫째, 개인의 자유로운 경제 활동이 전체 사회의 부와 혁신에 긍정적으로 기여할 수 있다는 가능성을 보여주며, 둘째, 이러한 자유가 지나칠 경우 발생할 수 있는 부작용을 방지하기 위해 적절한 규제와 제도적 안전망이 필수적이라는 점이다.

인공지능과 디지털 경제라는 새로운 환경에서도 인간의 창의성과 협력, 합리적 시장 질서의 중요성은 재확인되고 있다. 경제의 자유와 효율성을 추구하면서도 사회적 불평등과 위험 요소를 관리하는 균형점을 찾는 노력이 계속되는 가운데, 스미스의 사상은 단순한 학문적 유산을 넘어 현재의 글로벌 금융위기, 경제 불평등, 지속 가능한 발전과 관련한 논의에 지속적인 영감을 주고 있다.

4장

번영의 환상, 그리고 몰락의 대공황
(19세기와 20세기 초)

"광기는 개인에게는 예외적이지만,
집단에게는 규칙이다."

— 프리드리히 니체

산업혁명과 금융자본의
대변혁기

19세기는 증기기관의 굉음과 함께 시작되었다. 연기와 증기로 가득 찬 공장들은 이전과는 다른 새로운 생산 방식을 선보였고, 인류는 산업혁명이라는 거대한 물결 속으로 휩쓸려 들어갔다. 그러나 공장 굴뚝의 연기는 단순히 산업의 상징만은 아니었다. 그것은 극적인 금융 변혁의 신호탄이기도 했다. 산업혁명이라는 거대한 물결 속에서 은행들은 수동적인 자금 보관이나 결제 기능을 넘어 경제 성장의 엔진으로 탈바꿈했고, 이 과정에서 현대 자본주의의 또 다른 기틀들이 하나씩 형성되었다.

전통 금융의 한계와 새로운 도전

18세기 말, 영국은 급변하는 산업혁명의 초입에 들어서고 있었다. 당시 영국의 금융 시스템은 런던의 영란은행과 소수의 대형 민간 은행들, 그리고 전국적으로 확산하고 있던 지방 은행들 중심으로 이루어져 있었다. 이들 은행은 주로 상업어음 할인, 무역 금융, 그리고 단기 운전자본 대출에 주력했으며, 개인의 예금을 받아 보관하는 역할도 수행했다. 하지만 대규모 장치 산업에 필요한 막대한 장기 산업자본을 조달하는 데는 한계가 있었다.

제임스 와트의 개량된 증기기관이 공장에 도입되기 시작한 1790년대부터 면직물 공장이나 철강 공장 건설에는 대규모 투자가 필요했다. 방직기, 증기기관, 대규모 공장 건물, 그리고 수백 명의 노동자를 고용하기 위한 운영 자금까지 필요했기 때문이다. 이는 당시 개인이나 소규모 상인 자본으로는 충당하기 어려웠다.

이러한 변화에 대응하여 금융업계에서는 큰 변화가 일어났다. 먼저 이 시기는 은행의 폭발적 증가가 특징이었다. 18세기 중반 영국에는 12개 정도의 은행이 있었다고 알려져 있었으나 1800년경에는 그 수가 300개 정도로 크게 늘었다. 특히 영국 각지에서는 지역 산업의 특성에 맞는 지역 은행들이 설립되기 시작했다. 맨체스터, 버밍엄, 리버풀 등 주요 산업 도시들에서는 면직물, 철강, 해운업 등 각 지역의 주력 산업과 연계된 금융기관들이 등장했다.

이들 지역 은행들은 기존의 단순한 예금-대출 업무를 넘어 확장된 서비스를 제공하기 시작했다. 먼저 각 지역의 특화 산업에 대한 전문지식을 바탕으로 한 맞춤형 금융 서비스를 개발했다. 그리고 기존의 단기 상업 대출에서 벗어나 산업 설비 투자를 위한 장기 자본 공급에 나섰고, 여러 산업 부문에 걸친 대출 포트폴리오를 통해 위험을 분산시키는 현대적 위험 관리 개념을 도입했다.

특히 주목할 점은 이들 은행의 이사회에 지역 산업계 인사들이 참여하여 은행 운영에 직접적인 영향을 미쳤다는 사실이다. 이는 금융과 실물경제 간의 긴밀한 연계를 보여주는 특징이었다.

철도, 금융의 새로운 지평과 위기를 동시에 열다

1825년 스톡턴-달링턴 철도[1]가 개통되면서 19세기 금융사에도 새로운 장이 열렸다. 철도는 그저 교통수단이 아니었다. 그것은 전례 없는 규모의 자본을 필요로 하는 거대한 프로젝트였고, 기존의 금융 시스템으로는 감당할 수 없는 도전이었다. 이 문제를 해결한 것은 바로 '주식회사'와 '증권시장'의 본격적인 발전이다.

런던증권거래소는 철도회사 주식 거래의 중심지가 되었다. 상인과 귀족, 심지어 일반인까지 철도 사업의 잠재력을 직감하고 투자에 동참했다. 1840년대에 접어들면서 '철도 광풍'이라 불리는 열풍이 영국 전역을 휩쓸었다. 수많은 철도회사가 설립되고, 상상력을 자극하는 신규 노선 계획들이 쏟아져 나왔다.

철도 광풍에 따라 영국 정부는 1846년 한 해에만 270여 개의 철도 프로젝트를 승인했다. 신문은 철도회사의 성공 신화를 대서특필했고, 런던증권거래소는 철도주 거래로 활활 타올랐다. 하지만 기술적 진보에 대한 맹목적 신뢰는 곧 투기로 이어졌다. 실현 가능성이 희박

---

1 스톡턴-달링턴 철도(Stockton and Darlington Railway)는 1825년 영국 북동부에서 개통된 세계 최초의 공공 여객 및 화물 운송용 증기기관차 철도 노선이다. 잉글랜드 더럼주의 스톡턴(Stockton)과 달링턴(Darlington) 사이를 잇는 총 40km 구간으로, 석탄을 항구로 운송하기 위해 건설되었으며, 철도 투자와 금융 인프라 발전의 서막을 열었다.

그림 4-1 | 스톡턴-달링턴 철도를 달리는 첫 열차를 지켜보는 군중들

한 노선들도 승인되었고, 자산 하나 없는 철도회사들이 천문학적인 자금을 끌어모았다. 문제는 이 자금 대부분이 신용에 기반했다는 점이다. 믿음 위에 쌓인 거대한 모래성은 오래 버틸 수 없었다.

1847년, 영국 경제는 전환점을 맞이했다. 곡물 흉작으로 인한 금 유출을 막고 과열된 철도 투기를 통제하기 위해 영란은행은 1847년 초부터 금리를 3%에서 8%까지 급격히 인상하고 시중 유동성을 조이기 시작했다. 이러한 긴축 정책으로 자금줄이 마르기 시작하자, '철도 광풍' 시기에 과도하게 확장되었던 철도회사들의 취약성이 고스란히 드러났다. 많은 철도회사의 예상 수익은 허상이었고, 건설 중단과 도산이 줄을 이었다. 주가는 곤두박질쳤고, 투자자들의 공포는 삽시간에 금융시장을 집어삼켰다. 런던의 금융가에는 패닉이 번졌고, 수많은 철도 주식 투자자들이 자산을 잃었다. 강철의 꿈은 부채의 악몽으로 바뀌었다.

이른바 1847년 공황은 단순한 산업 조정 이상의 파장을 만들었다. 과도한 투기와 부실이 누적된 철도 관련 산업은 물론, 은행과 보험, 제조업까지 연쇄 충격을 받았다. 많은 은행과 상업 회사가 도산에 이르렀고, 철도 주식으로 한몫 잡으려던 중산층의 자산은 순식간에 증발했다. 당시 영란은행의 통화 정책이 1844년 '은행권법'[2]에 의해 금 보유량에 제약을 받으면서 유동성 공급이 어려워져 공황이 심화된 측면도 있었다. 과열된 자본시장이 시중 유동성을 집어삼키는 구조적 취약성은 이때부터 뚜렷하게 드러났다.

영란은행은 결국 일부 규제를 완화하고 유동성을 다시 공급하면서 시장 안정화에 나섰다. 공황은 서서히 진정되었지만, 철도에 대한 대중의 열광은 급격히 식었고, 산업 성장은 '속도'에서 '신중함'으로 무게중심을 옮겼다.

그러나 이 위기는 역설적으로 금융 시스템을 더욱 견고하게 만들었다. 은행들은 무분별한 대출의 위험성을 깨닫고 리스크 관리의 중요성을 인식하게 되었으며, 정부는 기업 공시와 투자자 보호를 위한 법적 장치를 마련하기 시작했다. 이는 오늘날 금융 규제의 시초가 되었고, 시장의 투명성과 안정성을 확보하는 데 중요한 역할을 했다.

---

2 1844년 영국 정부는 남발되던 은행권 발행을 통제하고 금본위제를 강화하기 위해 '은행권법(Bank Charter Act)'을 제정했다. 이 법은 영란은행 이외의 은행의 신규 은행권 발행을 금지하고, 영란은행도 금 보유량 이상의 발권을 제한했다. 결과적으로 이는 경기 침체 시 유동성 공급을 제약하는 구조로 작용했다.

로스차일드 가문과 국제 금융의 탄생

19세기 국제 금융의 역사를 논할 때, 로스차일드 가문의 등장은 빼놓을 수 없는 중요한 전환점이다. 이들의 이야기는 독일 프랑크푸르트의 작은 유대인 거주지에서 시작되었다. 1744년에 태어난 마이어 암셀 로스차일드는 고물상과 환전업을 통해 사업 기반을 다졌고, 이후 다섯 아들을 유럽 각지의 주요 금융 중심지로 파견하여 전례 없는 국제 금융 네트워크를 구축했다.

이 전략적 배치는 매우 체계적이었다. 런던에는 네이선 마이어 로스차일드, 파리에는 제임스 마이어 드 로스차일드, 나폴리에는 칼 마이어 폰 로스차일드, 빈에는 살로몬 마이어 폰 로스차일드, 그리고 프랑크푸르트 본가에는 암셀 마이어 로스차일드가 자리 잡았다. 이들은 각각 독립적인 은행을 운영하면서도 가족이라는 강력한 유대를 통해 긴밀하게 연결되어 있었다.

로스차일드 가문의 성공 비결 중 하나는 당시로서는 혁신적인 정보 통신 시스템을 구축한 것이었다. 그들은 전용 메신저, 비둘기 통신망, 그리고 암호화된 편지를 통해 유럽 전역에 걸친 신속한 정보 전달 체계를 만들어냈다. 이는 일반적인 우편 서비스보다 며칠, 때로는 일주일 이상 빠른 속도였다. 이러한 정보 우위는 금융 거래에서 결정적인 경쟁 우위를 제공했다.

1815년 6월 18일, 벨기에 워털루 평원에서 벌어진 프랑스의 나폴레옹과 영국의 웰링턴 공작의 최후 결전은 유럽의 운명을 가를 중요한 순간이었다. 전투의 결과는 영국 국채 시장에 직접적인 영향을 미칠 것이 분명했다. 만약 나폴레옹이 승리한다면 영국 국채는 폭락할 것이고, 영국이 승리한다면 급등할 것이었다.

네이선 로스차일드는 자신의 정보망을 통해 워털루 전투에서 영국군이 승리했다는 소식을 런던의 다른 누구보다도 빠르게 전달받았다. 그러나 이때 그가 취한 행동은 교묘했다. 먼저 그는 영국 국채를 대량으로 매도하기 시작했다. 이를 본 다른 투자자들은 로스차일드가 영국의 패전 소식을 들었다고 생각하고 패닉 상태에 빠져 국채를 팔아치웠다. 국채 가격이 바닥까지 떨어지자, 로스차일드는 은밀히 대량 매수에 나섰다.

곧이어 공식적인 승전 소식이 전해지자 국채 가격은 급등했고, 로스차일드는 막대한 수익을 올렸다. 이 거래는 정보와 시장 심리를 활용한 금융 전략의 대표 사례로 기록되었으며, 로스차일드 가문을 '유럽의 은행가'로 만들어준 전설적인 사건이 되었다.

긍정적인 측면을 본다면, 로스차일드 가문은 단순한 투기가 아닌 체계적인 금융 혁신을 통해 성장했다. 그들은 국채 발행, 철도 건설 자금 조달, 광산 개발 투자 등 다양한 분야에서 활동했다. 특히 국가 간 자본 이동을 원활하게 하는 국제 금융의 기초를 닦았으며, 외환 거래와 국제 결제 시스템의 발전에 크게 기여했다고 평가받는다.

워털루 전투에서의 성공 이후 로스차일드 가문은 유럽 경제의 핵심축으로 자리매김했다. 그들은 각국 정부의 전쟁 자금과 재건 자금을 조달하며 막대한 영향력을 행사했고, 19세기 중반에는 전 세계 금 생산량의 상당 부분을 통제할 정도였다. 이들의 금융 제국은 단순한 부를 넘어선 정치적·사회적 파워를 상징했으며, '해가 지지 않는 로스차일드 제국'이라는 말이 생겨날 정도였다.

그러나 20세기 들어 두 차례의 세계대전과 경제 대공황을 거치며 로스차일드 가문의 국제 금융 패권은 점차 약해지기 시작한다. 각국 정부가 규제를 강화하고 새로운 금융 강자들이 등장하여 이들의 독점적 지위에 도전장을 내밀었기 때문이다.

그럼에도 불구하고 로스차일드 가문의 명성은 여전히 세계 금융계에서 그 존재감을 유지하고 있다. 비록 과거와 같은 단일하고 거대한 제국은 아니지만, 다양한 분야에서 전문화된 형태로 사업을 이어가고 있다. 대표적으로 N.M. 로스차일드 & 선즈는 인수·합병(M&A) 자문, 자산 관리 등 투자은행 업무에 특화되어 있으며, 에드몽 드 로스차일드 그룹은 자산 관리와 프라이빗 뱅킹 분야에서 명성을 유지하고 있다.

영란은행과 중앙은행의 역할 변화

19세기 중반, 금융 시스템의 복잡성이 증가하면서 새로운 문제가 대두되었다. 지역별로 산재한 수많은 은행이 각자의 방식으로 운영되면서 통화 공급과 신용 창출에 혼란이 발생한 것이다. 이 문제를 해결하기 위해 중앙은행의 존재와 역할이 필요하게 되었다. 특히 1694년 설립된 영란은행은 초기에는 정부 자금 조달을 위한 민간 은행이었지만, 점차 국가 통화 정책의 중심이 되며 중앙은행의 역할을 하게 되었다.

1844년 영국의 은행법은 이러한 현대 중앙은행 제도의 출발점이 되었다. 이 법률은 영란은행에게 지폐 발행의 독점권을 부여하고, 발행되는 지폐의 양을 금 보유량과 연동시켰다. 이는 통화량 조절이라는 중앙은행의 핵심 기능을 법제화한 것이었다. 이러한 중앙은행의 등장은 단순히 통화 정책의 변화만을 의미하는 것이 아니었다. 그것은 국가가 경제에 체계적으로 개입할 수 있는 도구를 갖게 되었음을 의미했다. 경기 침체 시에는 금리를 낮춰 경기를 부양하고, 인플레이션 우려 시에는 금리를 올려 경제를 진정시키는 현대적 통화 정책의 기초가 이때 마련되었다.

영국의 금본위제는 단순한 화폐 제도를 넘어 19세기 국제 경제 질서의 기초가 되었다. 각국의 통화가 일정량의 금과 교환 가능하도록 보장함으로써 국제 무역과 투자에 필요한 안정성은 대폭 향상되었다. 그리고 이 시스템하에서 런던은 세계 금융의 중심지로서 지위를 확고히 했다.

영국의 강력한 해군력과 광범위한 식민지 네트워크 또한 영국의 파운드 스털링(pound sterling)[3]이 사실상의 국제 기축통화로 역할을 하는 데 기여했다. 세계 무역의 상당 부분이 런던을 거쳐 이루어졌고, 각국의 중앙은행들은 파운드와 금을 외환 보유고로 축적했다. 이러한 시스템은 1914년 제1차 세계대전이 발발할 때까지 국제 금융의 안정성을 보장하는 역할을 하며 영국을 금융 패권을 지닌 세계의 초강대국으로 발돋움하게 했다.

---

3   오늘날 영국의 통화를 흔히 '파운드(pound)'라고 부르지만, 정식 명칭은 '파운드 스털링(pound sterling)'이다. 여기서 '스털링(sterling)'은 12세기 잉글랜드에서 사용되던 고품질 은화를 가리키는 말로, '진짜' 또는 '순도 높은'이라는 의미를 내포한다. 이는 역사적으로 화폐의 신뢰성과 가치 안정성을 강조하는 표현이었다.

미국의 독립과
변화하는 금융의 역학 구조

신생 국가 미국, 혼란 속에서 금융 시스템을 구축하다

　1775년 4월, 렉싱턴과 콩코드에서 울려 퍼진 총성은 새로운 시대의 서막을 알리는 신호탄이었다. '자유'를 외치는 아메리카 식민지 주민들의 함성은 곧 '독립'이라는 거대한 열망으로 타올랐고, 이는 단순한 정치적 분리를 넘어 세계 경제 질서 재편을 향한 새로운 여정이기도 했다.

　신생 국가 미국은 영국이라는 거대 제국의 속박에서 벗어나기 위해 피 흘리며 싸웠지만, 독립 이후에도 수많은 금융적 도전에 직면했다. 1775년 독립전쟁의 시작부터 1837년 공황에 이르기까지는 미국의 금융 시스템이 혼란과 시행착오 속에서 자신의 길을 찾아가는 과정이었다. 미래의 금융 패권 국가인 미국이, 마치 갓 태어난 아기처럼 스스로 걷기 위해 수없이 넘어지고 일어서는 모습과도 같았다.

미국 중앙은행의 탄생과 소멸의 불완전한 시작

독립전쟁은 엄청난 전비가 소요되는 일이었다. 변변한 재정 기반이 없었던 신생 미국은 막대한 전쟁 자금을 조달하기 위해 사실상 '화폐 발행'에 의존해야 했다. 대륙 의회는 '대륙 통화'[4]를 발행했지만, 신뢰 부족과 남발로 인해 그 가치는 휴짓조각과 다름없었다. "대륙 화폐만큼 가치 없는"이라는 표현이 유행했을 정도로 인플레이션은 심각했다. 당시 존 애덤스가 "우리는 종이 한 장으로 전쟁을 치르고 있다"라고 개탄할 정도였다. 전쟁의 승리는 정치적 독립을 가져왔지만, 동시에 국가 경제를 뒤흔드는 금융 불안정 극복이라는 과제를 남겼다.

이러한 혼란 속에서 미국의 초대 재무 장관 알렉산더 해밀턴은 강력한 중앙은행의 필요성을 역설했다. 그는 '국가의 신용은 국부의 핵심'이라는 신념 아래, 통일된 통화 시스템과 안정적인 금융 환경이 신생 국가의 생존에 필수적이라고 보았다. 1791년, 우여곡절[5] 끝에 제1차 미국은행이 설립되었다. 이 은행은 연방법에 의해 20년 한시

---

[4] 대륙 통화(Continental Currency)는 미국 독립전쟁(1775~1783년) 중 제2차 대륙회의가 전쟁 자금을 조달하기 위해 발행한 지폐이다. 금이나 은 같은 실물 담보 없이 발행되어 빠르게 신뢰를 잃었고, 과잉 발행으로 극심한 인플레이션을 초래했다. 결국, 유통 불능 상태에 이를 만큼 평가절하되었다.

[5] '우여곡절'이라 함은 제1차 미국은행 설립을 둘러싼 치열한 정치·헌법적 논쟁을 의미한다. 당시 재무 장관 알렉산더 해밀턴은 연방정부의 강한 신용 기반을 위해 중앙은행 설립을 주장했으나, 토머스 제퍼슨과 제임스 매디슨 등은 헌법에 명시되지 않은 권한이라며 이를 위헌이라 보았다. 이는 연방주의자와 반연방주의자 간의 이념 대립이자, 중앙집권적 상업 경제와 지역자치 중심 농업 경제 간의 갈등이기도 했다. 조지 워싱턴 대통령은 양측의 법률 해석서를 모두 검토한 끝에 해밀턴의 입장을 수용해 법안에 서명했다. 이 과정에서 수도 이전과 국가 부채 일괄 상환을 둘러싼 정치적 타협도 병행되었으며, 이러한 일련의 헌법 논쟁, 정치적 거래, 지역 간 갈등이 얽힌 복잡한 과정을 '우여곡절'로 표현한 것이다.

적으로 존속하는 구조였다. 이는 미국 역사상 최초의 중앙은행으로, 2,000만 달러 규모의 자본금 중 80%는 민간이, 20%는 정부가 출자했다. 이 은행은 연방정부의 자금을 관리하고, 대출을 통해 정부의 신용을 지원하며, 화폐 발행을 조절하고, 주(州) 은행들의 과도한 지폐 발행을 억제하는 역할을 했다.

하지만 이 은행의 존재는 강력한 연방정부의 권한을 옹호하는 연방주의자들과 개별 주의 자율성을 중시하는 공화주의자들 간의 격렬한 논쟁을 불러일으켰다. 특히 공화주의를 주장하는 토머스 제퍼슨은 중앙은행이 소수 엘리트의 이익을 대변하고 민주주의를 해칠 것이라고 우려했다. 제1차 미국은행은 1811년에 20년의 기한을 마치고, 간발의 차이로 상하원 투표에서 부결되어 재인가에 실패하여 문을 닫게 된다.

중앙은행의 부재는 곧바로 금융 불안정으로 이어졌다. 특히 1812년 영국과의 전쟁[6]은 미국의 금융 시스템에 큰 부담을 주었다. 전쟁 비용 조달은 난항을 겪었고, 각 주에서 은행들이 난립하여 무분별하게 지폐를 발행하며 통화 가치 하락을 부채질했다. 당시 1달러 지폐의 가치가 지역마다 천차만별이었다고 하니, 경제 활동의 혼란이 얼마나 심했는지 짐작할 수 있다.

---

[6] 1812년 영국과의 전쟁(미영전쟁, War of 1812)은 미국과 영국 간에 1812년부터 1815년까지 벌어진 전쟁으로, 영국의 해상 봉쇄와 미 선박 나포, 원주민 선동 등이 주된 원인이었다. 미국은 전비 조달을 위해 대규모 국채 발행과 은행 차입에 의존했지만, 중앙은행 부재로 금융 체계는 불안정했고, 이는 심각한 인플레이션과 통화 신뢰 하락으로 이어졌다.

서로 다른 1달러의 가치
환율표가 존재했던 미국의 달러

19세기 초 미국에서의 달러는 지역마다 가치가 달랐던 혼란의 화폐였다. 특히 제1차 미국은행이 폐쇄되고 나자 중앙은행의 부재 속에 각 주의 수많은 은행이 자율적으로 지폐를 발행하며 통화 질서를 더욱 어지럽혔다. 그 결과, 액면가 1달러의 지폐라 하더라도 뉴욕과 오하이오에서는 서로 다른 실질 가치를 갖는 일이 흔했다.

이러한 불확실한 화폐 환경 속에서 은행들은 '환율표'를 만들어 사용했다. 이는 단순한 통계표가 아니라, 은행별 지폐의 신뢰도와 할인률을 실시간으로 기록한 금융 생존 도구였다. 상인·은행원·환전업자들은 이 정보를 기반으로 거래를 결정하며, 어느 지역의 지폐가 '더 믿을 만한 돈'인지 판단했다. 예컨대, 펜실베이니아 은행권 1달러가 95센트에 평가된다면, 이는 액면가보다 5% 할인된 가치로 인정받았다는 뜻이다. 반면, 신뢰도가 낮은 은행권은 70~80센트 이하로 평가받기도 했다.

이러한 제도는 일종의 시장 자율적인 화폐 조정 메커니즘이라 볼 수 있으며, 중앙은행 기능의 공백을 정보 교류와 거래 집단의 판단으로 극복하려는 시도였다. 그러나 이 시스템도 완전하지 않아, 위조지폐와 은행 도산 등의 위험은 여전히 존재했다.

결국, 이러한 금융 불안정을 해결하기 위한 요구가 커지면서 1863년 미국은 은행법을 통해 연방정부가 감독하는 통화 시스템을 정비하게 된다. 환율표가 존재했던 달러 시대는 미국이 글로벌 금융 질서의 중심으로 도약하기까지 거쳐야 했던 중요한 과도기였다.

이러한 경험은 중앙은행의 필요성을 다시금 상기시켰고, 결국 1816년 제2차 미국은행이 설립되었다. 제2차 미국은행 역시 제1차와 마찬가지로 20년 한시적으로 존속하게 허용되었으며, 제1차 미국은행과 유사한 기능을 수행했다. 특히 통화의 안정성을 확보하고 과도한 지폐 발행을 억제하는 데 주력했다.

세계 경제의 격랑: 영국의 금본위제와 미국의 운하 건설

이 시기 미국의 금융 시스템은 국내적인 문제뿐만 아니라 영국의 금융 정책으로부터도 영향을 받았다. 영국은 오랜 전쟁으로 인해 막대한 재정적 압박을 받고 있었다. 나폴레옹 전쟁이라는 거대한 소용돌이 속에서 영국은 엄청난 전비를 감당해야 했다. 결국, 영란은행은 1797년에 금 태환을 중단하는 비상조치를 단행했다. 이는 사실상 통화량을 자유롭게 조절할 수 있는 길을 열어주었지만, 한편으로는 파운드화의 신뢰도를 떨어뜨릴 수 있는 위험을 안고 있었다. 통화의 가치가 금과 같은 실물 자산에 고정되지 않으니, 정부의 재량에 따라 화폐 가치가 요동칠 수 있었던 것이다.

하지만 전쟁이 끝난 후 영국은 다시금 강력한 금융 국가의 면모를 되찾기 위해 노력했다. 1816년 영국 의회는 'Coinage Act of 1816'을 제정하며 금을 유일한 법정화폐의 기준으로 삼는, 사실상의 금본위제를 채택했다. 당시 세계 최대의 무역국이자 금융 중심지였던 영국의 이러한 움직임은 신생 국가 미국에도 직간접적인 영향을 미치지 않을 수 없었다. 국제 무역에 참여하는 미국 역시 금본위제라는 국제적인 흐름을 의식할 수밖에 없었다.

한편, 미국 내부에서는 경제 성장을 위한 인프라 건설이 한창이었다. 특히 운송 시스템의 혁신은 국가 경제의 대동맥을 만드는 일이었다. 1817년부터 1825년까지 건설된 이리(Erie) 운하는 그 대표적인 사례였다. 이 운하는 뉴욕주의 허드슨강과 오대호를 연결하는 584km 길이의 인공 수로로, 당시 '세계 8대 불가사의'라고 불릴 정도로 거대한 토목 공사였다. 운하 건설은 뉴욕과 서부 내륙 지역을 직접 연결하여 물류 비용을 혁신적으로 절감하고, 농산물과 공산품의 교역을 활성화했다. 뉴욕시는 이리 운하 덕분에 미국 최대의 상업 도시로 발돋움할 수 있었다.

이리 운하의 성공은 다른 주들도 경쟁적으로 운하 건설에 뛰어들게 하는 계기가 되었다. '운하 시대'라는 말이 생겨날 정도로 전국적으로 운하 건설 붐이 일어났다. 이 과정에서 막대한 자금이 필요했고, 이는 주로 주 정부가 발행하는 채권과 민간 투자를 통해 조달되었다. 주 정부들은 장밋빛 미래를 약속하며 너도나도 빚을 내어 운하를 건설했고, 이는 훗날 금융 불안의 시한폭탄이 되기도 했다.

이 시기 영국에서는 1825년 금융위기가 발생하여 국제 자본 흐름에 영향을 미쳤다. 이 위기는 런던 금융시장의 투기적 대출과 라틴아메리카 신생 독립국에 대한 과도한 투자 붐이 꺼지면서 발생했다. 특히 영란은행이 통화 긴축 정책을 펼치자 대출 금리가 상승하고 주식시장이 붕괴하면서 위기가 증폭되었다. 영국의 금융위기는 미국에도 경고등을 울리는 사건이었다. 영국 금융 시스템의 불안정은 영국 투자자들이 미국에 대한 투자를 줄이거나 자금을 회수하게 했고, 이는 미국의 신용 시장에 압력을 가했다. 특히 면화 수출에 의존하던 미국 남부 경제에 타격을 주며 무역 적자를 심화시키는 요인이 되었다.

대통령의 은행 전쟁, 그리고 파멸적인 공황

제2차 미국은행(1816~1836년)은 미국의 경제 성장에 기여했지만, 그 존재 자체는 끊임없는 정치적 논란의 대상이었다. 특히 '서민의 대통령'을 자처했던 앤드루 잭슨 대통령은 제2차 미국은행을 소수 엘리트의 이익을 대변하고 민주주의를 해치는 '괴물'로 인식하며 강력하게 반대했다. 그는 은행을 특권층의 상징이자 부패의 온상으로 보았다. 그는 1832년 제2차 미국은행의 재인가(존속기간 연장) 법안에 거부권을 행사하며, "나는 이 은행이 우리 정부의 순수성과 우리 기관의 영속성에 매우 위험하다고 생각한다"라고 밝혔다.

잭슨 대통령 재임 기간 중 가장 주목할 만한 업적은 부채 청산이다. 그는 미국의 국가 부채를 제로로 만든 유일한 대통령이다. 잭슨 대통령은 강력한 재정 긴축 정책과 서부 토지 매각 수입 등을 통해 1835년 마침내 미국의 국가 부채를 완전히 청산했다. 이는 국가의 재정 건전성을 최우선으로 삼았던 잭슨의 신념을 보여주는 단적인 예였다.

그러나 국가 부채가 제로가 된 것이 마냥 긍정적인 영향만을 미치지만은 않았다. 정부가 대규모 채권을 발행하지 않게 되자, 오히려 과도한 신용 왜곡을 부추기는 역효과가 나타났다. 국채라는 안전한 투자처가 시장에서 사라지자 잉여 자본은 민간 금융시장, 특히 토지·철도·은행업 등의 투기적 부문으로 흘러들어 거품을 양산했다.

잭슨 대통령은 임기가 끝나는 1836년 이전에 연방정부의 예금을 제2차 미국은행에서 인출하여 각 주의 은행들로 분산시키는 정책을 추진하기 시작했다. 이른바 '은행 전쟁'[7]이었다. 제2차 미국은행이 폐쇄된 이후의 시대를 '자유 은행 시대'라고 부르는데, 이는 연방 차원의 중앙은행 없이 각 주의 법률에 따라 은행들이 난립했던 시대를 의미한다.

잭슨 대통령의 이러한 정책은 각 주 은행들의 무분별한 대출과 지폐 발행을 부추겼다. 연방정부의 규제에서 벗어난 주 은행들은 '와일드캣 뱅크(Wildcat Banks)'라고 불릴 정도로 난립했으며, 경쟁적으로 토지 투기에 자금을 공급했다. 이는 서부 지역의 토지 가격을 투기적으로 폭등시켰다. 1830년대 초반, 1에이커에 몇 달러 되지 않던 땅이 몇 년 만에 수십·수백 달러로 치솟는 기현상이 벌어졌다. 일반인들도 대출을 받아 땅 투기에 뛰어들며 거품은 걷잡을 수 없이 부풀어 올랐다.

결국, 잭슨 대통령은 투기 과열을 막기 위해 1836년 '통화에 관한 긴급조치'를 발동했다. 이는 연방 토지 판매 대금은 금이나 은과 같

---

7 '은행 전쟁(Bank War)'은 1830년대 앤드루 잭슨 대통령과 제2차 미국은행(Bank of the United States) 간에 벌어진 정치적·제도적 갈등을 일컫는다. 잭슨은 중앙은행이 부유한 금융 특권층의 도구가 되었다고 보고, 정부 예금을 인출하고 재허가를 거부함으로써 은행의 해체를 추진했다. 이에 맞서 제2차 미국은행의 총재 니컬러스 비들은 "은행은 국가 경제의 질서를 위한 기둥"이라며 통화 안정을 위해 중앙은행이 필요하다고 주장하며 정면으로 맞섰다.

은 경화(硬貨, specie)로만 결제해야 한다는 내용을 담고 있었다. 이 조치는 신용으로 부풀려진 토지 시장에 찬물을 끼얹었고, 투기 열풍에 제동을 걸었다. 더 이상 종이돈으로 땅을 살 수 없게 되자, 토지 투기는 급격히 위축되었고, 거품은 순식간에 꺼지기 시작했다.

그 결과 이듬해인 1837년, 미국 경제는 거대한 금융위기에 휩싸였다. 1837년 공황은 수많은 은행의 파산, 기업의 도산, 대규모 실업을 불러왔다. 1837년 5월, 뉴욕의 모든 은행이 금 태환을 중단했고, 이는 전국으로 확산되었다. 주가는 폭락하고, 무역은 마비되었으며, 수많은 노동자가 일자리를 잃었다.

특히 미국 중서부 지역의 주 정부들은 운하 건설 등에 과도하게 자금을 빌려 썼다가 재정난에 직면했고, 결국 채무 불이행을 선언하기에 이른다. 이는 주 정부 채권에 투자했던 투자자들에게 막대한 손실을 안겨주었고, 전반적인 신용경색을 심화시켰다. 이 공황은 중앙은행의 부재가 얼마나 심각한 결과를 초래할 수 있는지를 여실히 보여주는 사례가 되었다. '은행 전쟁'의 승리자였던 잭슨 대통령은 결과적으로 국가 경제를 나락으로 빠뜨린 셈이었다.

앤드루 잭슨,
트럼프의 백악관 초상화와 20달러 지폐의 주인공

2017년 1월, 도널드 트럼프 대통령은 백악관 집무실에 들어서자마자 앤드루 잭슨 대통령의 초상화를 걸었다. 이는 단순한 인테리어 변경이 아니었다. 트럼프는 이 상징적인 선택을 통해 자신이 누구의 길을 따르려 하는지 분명히 했다.

앤드루 잭슨은 미국 제7대 대통령(1829~1837년)으로, '보통 사람들의 대통령'이라 불리며 워싱턴의 정치·금융 엘리트들과의 정면충돌을 마다하지 않았던 인물이다. 그는 1812년 미영전쟁에서 영웅으로 떠오른 군인 출신으로, 생전에 실제 권총 결투에서 상대를 사살한 경험까지 있었던 강건한 성격의 소유자였다. 이 같은 공격적인 기질은 그의 정치 행보 전반에 뚜렷하게 반영되었으며, 특히 제2차 미국은행 해체와 '은행 전쟁'에서 그 면모가 극대화되었다.

당시 미국 중앙은행은 상업과 금융 권력을 일부 엘리트 집단이 독점하는 구조의 상징이었다. 잭슨은 이 구조가 평범한 시민들의 삶을 왜곡한다고 보고, 대통령의 권한을 동원해 과감히 이를 폐지했다. 그의 이러한 결단은 단순한 경제 정책이 아니라, 엘리트 체제에 대한 전면적인 도전이자 대중주의(Populism) 정치 철학의 실천이었다.

이 결정은 장기적으로 금융시장의 불안정성을 초래했지만, 잭슨은 자신의 정치 철학에 충실했다. 권력은 소수가 아닌 다수에게 돌아가야 하며, 경제 정책 역시 엘리트가 아닌 일반 시민을 위한 것이어야 한다는 믿음이었다. 그의 이런 신념은 후에 '잭슨식 민주주의'라는 이름으로 불리게 되었다.

앤드루 잭슨의 유산은 오늘날에도 쉽게 접할 수 있다. 대표적인 예가 바로 미국 20달러 지폐다. 잭슨은 지금도 그 지폐 위에서 국민과 함께하고 있다. 흥미로운 점은 그가 생전에 중앙은행과 화폐 권력에 가장 강하게 저항했던 인물이라는 것이다. 자신이 그렇게 반대하던 금융 권력의 상징인 지폐 위에 자신의 얼굴이 새겨져 있다는 사실은 역사의 아이러니일 것이다.

트럼프 대통령이 앤드루 잭슨을 존경한 이유는 분명해 보인다. 기존 권위에 맞서는 정치 철학, 보통 사람들의 편에 서겠다는 선언, 그리고 엘리트 구조에 대한 도전 정신. 트럼프 본인 역시 이러한 정서를 자신의 정치 브랜드로 삼았다. 감세, 규제 완화, 보호무역 같은 트럼프의 경제 정책 역시 그 뿌리를 따지고 보면 잭슨식 대중주의와 닿아 있다.

그림 4-2 | 20달러 지폐와 앤드루 잭슨 대통령 초상

반복되는 금융위기,
대공황의 서막

19세기 중반부터 20세기 초까지, 대서양을 사이에 둔 두 대륙의 금융 시장은 마치 악몽이 반복되는 듯한 위기의 연쇄를 경험했다. 1857년부터 1929년까지의 72년간 발생한 금융위기들은 단순한 경기 순환을 넘어 자본주의 체제 자체의 취약성을 드러냈다. 이 시기의 위기들은 각각 독립적인 사건이 아니라, 현대 금융 시스템이 형성되어 가는 과정에서 나타난 성장통이었으며, 동시에 1929년 대공황이라는 거대한 파국으로 향하는 길목의 경고 신호였다. 마치 대공황이라는 거대한 재앙을 예고하는 서곡처럼, 크고 작은 금융의 파열음들이 끊임없이 울려 퍼지고 있었던 것이다.

1857년, 미국의 경고등: 글로벌 금융위기의 서막

1837년 금융위기 발생 20년 후, 미국에서는 또 한 번의 커다란 금융위기가 다가오고 있었다. 1857년에 발생한 이 위기는 미국 국내에 그치지 않고 유럽까지 영향을 주며 글로벌 금융 시스템의 취약성을 여실히 드러냈다. 당시는 크림 전쟁으로 인한 유럽 곡물 수요 증가와 캘리포니아 골드러시, 그리고 철도 건설 붐에 편승한 무분별한 투자가 미국 경제에 거품을 불어넣고 있었다. 특히 서부 개척과 함께 진행된 대규모 인프라 투자는 투기적 성격을 띠었고, 실제 경제 성장을 뒷받침할 수 있는 수준을 넘어서고 있었다.

1857년 8월 24일, 뉴욕에서 '오하이오 생명신탁회사'의 파산 소식이 전해지면서 공황은 시작되었다. 이 회사는 사실상 은행의 기능을 하고 있었으며, 부실한 서부 철도 채권에 대한 과도한 투자로 인해 유동성 위기를 겪고 있었다. 이 파산은 한 기업의 파산을 넘어섰다. 뉴욕의 은행들은 오하이오 생명신탁회사의 파산 소식에 불안감을 느끼며 대출 회수에 나서기 시작했고, 이는 곧바로 예금자들의 뱅크런을 촉발했다. 불과 몇 주 만에 수많은 은행이 지급 불능 상태에 빠지며 연쇄 파산 위기를 겪었다.

은행 위기는 곧바로 증시로 전이되었다. 8월 말부터 10월 초까지 뉴욕 증시는 걷잡을 수 없이 폭락했고, 기업들은 자금 조달에 어려움을 겪으며 도산하거나 생산을 중단했다. 특히 철도회사들이 큰 타격을 받았는데, 이는 위기의 근본 원인이었던 과잉 투자의 결과였다. 경제 활동이 급격히 위축되면서 실업자가 속출하고 사회적 불안이 고조되었다.

더욱 중요한 것은 이 위기가 대서양을 건너 유럽까지 전파되었다는 점이다. 당시 증기선과 전신이 이어준 세계 경제의 상호 연결성이 극명하게 드러난 순간이었다. 미국의 은행들이 유럽 은행들로부터 빌린 자금을 상환하지 못하게 되자, 유럽 금융시장에도 신용경색이 발생했다. 미국의 곡물 수출 감소는 영국의 상인들에게 직접적인 타격을 주었고, 미국 채권에 투자한 영국의 대형 은행과 상인들의 손실은 영국 금융시장에 상당한 압박을 가했다. 독일과 스칸디나비아 국가들도 미국의 금융 불안정으로 인한 무역 감소와 자금 회수로 심각한 경제적 어려움을 겪었다.

이 위기는 당시 금융 시스템이 얼마나 허약한 기반 위에 서 있었는지를 보여주었고, 향후 더 큰 위기가 올 수 있다는 경고등이 되었다. 특히 근대적 금융위기의 전형적 패턴인 '과잉 투자 – 신용 팽창 – 버블 붕괴 – 연쇄 파산'의 고리가 명확히 드러난 사례였다. 미국 중앙은행의 부재와 부실한 은행 감독 시스템은 위기를 증폭시키는 원인으로 작용했다. 1857년 위기는 금융 시스템의 규제와 중앙은행의 필요성에 대한 논의를 촉발하는 중요한 역사적 이정표가 되었다.

런던의 지혜, 최종 대부자의 탄생

대서양 건너 영국에서 1866년에 발생한 오버엔드 거니 & 컴퍼니의 파산은 금융시장에 큰 충격을 주었다. 이 회사는 런던 할인 시장에서 막대한 영향력을 행사하던 거대 금융기관이었으나, 무분별한 투자와 부실 경영으로 5월 11일 하루아침에 무너졌다. 당시 영국은 세계 금융의 중심지였고, 이 회사의 파산은 곧바로 다른 금융기관의 유동성 위기로 확산할 조짐을 보였다.

금본위제하에서 엄격한 통화 정책을 고수하던 영란은행은 이때 역사적 결단을 내린다. 건전한 담보를 가진 금융기관들에 막대한 유동성을 공급하며 금융시장 살리기에 나선 것이다. 이는 월터 배저트가 후에 『롬바드 스트리트』에서 이론화한 중앙은행의 '최종 대부자' 역할을 실제로 수행한 대표적 사례였다.[8] 이 조치는 위기 시 금융 시스템의 붕괴를 막기 위해 중앙은행이 최종적으로 개입해야 한다는 현대적 개념의 출발점이 되었다.

J.P. 모건 제국의 탄생과 금융 권력의 집중

1871년, 미국 금융의 역사를 논할 때 빼놓을 수 없는 이름, 존 피어폰트 모건과 앤서니 드렉셀이 설립한 '드렉셀, 모건 앤드 컴퍼니(Drexel, Morgan & Company)'는 훗날 미국 금융계를 좌우할 거대한 제국의 시작이었다. 모건은 단순한 은행가를 넘어 미국 경제의 구조조정자 역할을 자임했으며, 그의 철학은 '경쟁은 죄악'이라는 명제로 요약되었다. 이는 철도업계부터 철강업계까지 미국 주요 산업의 독과점화 재편을 이끌었다.

1873년, 세계 경제는 또 한 번의 시련을 맞이했다. 이른바 '대공황(Long Depression)'이라 불리는 20년에 걸친 장기적인 경기 침체가 시작된 것이다. 그 발단은 오스트리아 빈 증권시장의 폭락이었으며, 여

---

[8] 『롬바드 스트리트(Lombard Street)』는 1873년 영국의 경제 저널리스트이자 《이코노미스트》 편집장이었던 월터 배저트(Walter Bagehot)가 저술한 금융 고전이다. 런던 금융가의 중심지인 롬바드 스트리트를 상징적으로 제목에 사용했으며, 중앙은행이 금융위기 시 유동성 위기에 처한 은행들에 자금을 공급해야 한다는 '최종 대부자' 원칙을 체계화했다. 최종 대부자란 금융 시스템이 위기에 빠졌을 때, 중앙은행이 지급 불능 상태에 처한 금융기관에 유동성을 공급하여 전반적인 시스템 붕괴를 막는 역할을 한다. 배저트는 『롬바드 스트리트』에서 이 원칙의 조건으로 '건전한 담보, 높은 금리, 명확한 대상'을 제시했다.

기에 과도한 철도 투자, 독일의 은본위제 폐지에 따른 금 시장의 불안, 은행권의 무분별한 발행 등 여러 복합적인 요인이 얽혀 있었다. 이로 인해 전 세계적으로 디플레이션이 심화되고 실업률이 급증했으며, 금융 시스템 전반이 위기를 맞게 되었다.

이 위기 속에서 모건의 영향력은 더욱 확고해졌다. 그는 파산 위기에 몰린 철도회사들을 하나둘 인수·합병하며 자신의 금융 제국을 확장해나갔고, 이 과정에서 개인이 미국 경제에 미칠 수 있는 영향력의 한계를 시험하게 되었다.

1893년, 금본위제의 위기와 모건의 구원

1893년 미국에서 발생한 금융위기는 단순한 경기 침체를 넘어, 연방정부 자체가 파산 위기에 몰리는 전례 없는 사태로 발전했다. 당시 미국은 은본위제와 금본위제 사이의 통화 정책 갈등 속에서 불안정한 금융 구조를 안고 있었고, '셔먼 은 매입법(1890년)'[9]에 따라 대량의 은을 매입하면서 금 보유량이 급격히 감소하고 있었다.

이 와중에 은화 가격이 폭락하고, 미국 경제에 대한 신뢰가 흔들리자 외국인 투자자들은 미국에 투자한 자금을 금으로 환수하기 시작했다. 그 결과, 미국 재무부의 금 보유량은 1억 달러 아래로 떨어졌고, 이는 금 태환 중단이라는 심각한 위기를 초래했다. 당시 미국은

---

[9] 셔먼 은 매입법(Sherman Silver Purchase Act)은 연방정부가 매달 450만 온스의 은을 구매하도록 규정한 법으로, 은화 발행을 확대하려는 목적을 가졌다. 당시 인플레이션을 원하는 농민과 은광 업자들의 요구를 반영한 법이었지만, 결과적으로 금의 유출과 금융 불안정을 초래하여 1893년 공황의 주요 원인이 되었다.

금본위제를 유지하고 있었기 때문에, 금 부족은 곧 통화 시스템의 붕괴를 의미했다.

이러한 상황에서 그로버 클리블랜드 대통령은 민간 금융가 J.P. 모건에게 도움을 요청했다. 모건은 유럽의 로스차일드 은행과 협력하여 긴급 채권을 발행하고, 이를 통해 금을 조달하는 방식으로 위기를 해결했다. 이 채권은 미국과 유럽에서 빠르게 매진되었고, 모건의 신용과 국제 금융 네트워크가 미국 정부를 구제하는 데 결정적인 역할을 했다.

이는 민간 금융인이 국가의 위기를 구원한 이례적인 사례로 기록되었다. 하지만 모건은 이 거래로 국채 발행권을 독점하며 막대한 수익을 올렸고, 이는 미국 정부보다 강력한 금융 권력의 존재를 세상에 알렸다. 월스트리트가 워싱턴을 구원한 이 사건은 미국 사회에 금융 과두제에 대한 경각심을 불러일으켰다.

1907년, 마지막 민간 구원과 시스템의 한계

1907년에도 미국은 심각한 금융위기를 겪는다. 10월, 유나이티드 쿠퍼 컴퍼니의 주식 조작 사건으로 시작된 금융위기는 니커보커 신탁회사의 파산으로 이어졌다. 다수의 금융회사 파산과 증시 폭락으로 예금자들의 대규모 인출 사태가 발생하자, 뉴욕의 주요 은행들이 연쇄적으로 위험에 빠졌다.

이때 70세의 J.P. 모건은 자신의 개인 도서관에 금융계 거물들을 소집했다. 그는 마치 중앙은행 총재처럼 행동하며 각 은행의 자본 상태를 점검하고, 구제할 기관과 청산할 기관을 결정했다. 모건은 자신

그림 4-3 | J.P. 모건의 개인 도서관

의 자금과 록펠러 재단의 지원을 통해 시장에 유동성을 공급하여 위기를 수습했다.

하지만 이 두 번의 위기에서 J.P. 모건의 활약은 역설적으로 미국에 강력한 중앙은행이 필요함을 각인시키는 계기가 되었다. 한 개인이 미국 전체 금융 시스템을 좌우한다는 사실에 충격받은 의회와 국민은 제도적 안전장치의 필요성을 절감했고, 이는 연방준비제도 설립의 직접적 계기가 되었다.

산업 제국에서 금융 제국으로,
산업을 소유한 금융 JP모건

오늘날 제이피모건체이스은행은 미국을 대표하는 글로벌 은행으로 인식되지만, 19세기 말에서 20세기 초까지의 JP모건은 단순한 금융기관이 아니었다. 당시의 JP모건은 철강, 철도, 전력, 통신 등 주요 산업을 통합하고 지배한, 사실상의 산업 독과점 기업이었다. 존 피어폰트 모건은 단순한 투자자가 아니라, 위기에 빠진 자본주의의 구조를 재설계한 인물이었다.

모건의 등장은 우연이 아니었다. 19세기 후반 미국 경제는 철도 과잉 투자와 금융 불안으로 수차례 공황을 겪고 있었고, 산업은 분열과 경쟁으로 피폐해져 있었다. 이러한 혼란 속에서 모건은 자본의 질서를 세우는 인물로 부상했다. 그는 이사회를 장악하고, 경쟁 회사를 통합하며, 경영진을 교체하는 방식으로 기업을 '재구성'했다. 그의 방식은 때로는 전제적이었지만, 그만큼 효과적이었다.

1890년대 후반, 모건은 철도회사들을 통합하며 이른바 '모건화(Morganization)'라는 경영 전략을 실현한다. 이는 단순한 자금 지원이 아니라, 산업의 재설계였다. 출혈 경쟁으로 붕괴 직전이던 철도 산업은 모건의 손을 거쳐 통합과 효율화의 대상으로 바뀌었고, 이는 그가 이후 철강과 전력 산업으로까지 영향력을 확대할 수 있는 기반이 되었다.

1901년, 모건은 철강왕 앤드루 카네기의 회사를 포함한 수십 개의 철강회사를 통합해 US스틸을 창설한다. 자본금 14억 달러에 달하는 이 회사는 세계 최초의 10억 달러 기업이자, 당시 미국 철강 생산의 70% 이상을 점유한 산업 독점체였다. 이 거대한 합병은 단순한 산업 확대가 아니라, 금융이 실물경제의 주도권을 장악한 결정적 순간이었다.

전력과 통신 산업 역시 그의 영향력 아래 있었다. 에디슨의 전기회사를 통합해 탄생한 제너럴 일렉트릭은 모건의 자금과 조정으로 탄생했으며, 통신 분야의 AT&T 역시 그가 설계한 독점적 구조 위에서 성장했다. 모건은 산업을 이해한 금융인이자, 금융을 동원해 산업을 조직한 자본가였다.

하지만 거대한 자본의 집중은 곧 정치적 반발을 초래했다. 1901년 취임한 시어도어 루스벨트 대통령은 반독점 정책을 내세웠고, 1912년 푸조 위원회는 모건이 수백 개 기업의 이사회에 중복 관여하고 있다는 사실을 지적하며 '돈의 신탁'이라는 표현을 사용하며 대중의 경각심을 불러일으켰다. 여론은 '자유로운 경쟁'이 아닌 '자본의 독과점'을 경계했고, 이후 1930년대 뉴딜 시기의 금융 규제 강화는 산업과 금융의 분리를 제도화하는 방향으로 이어졌다.

이런 흐름 속에서 JP모건은 차츰 실물 산업에서 철수하고 금융업 중심의 구조로 전환하게 된다. 1933년 제정된 글래스-스티걸법은 상업은행과 투자은행의 분리를 강제했고, 그 여파로 JP모건은 투자 부문을 분리해 '모건스탠리'를 별도로 설립했다. 이후 JP모건은 본래의 은행 기능에 집중하며 대형 금융기관으로 성장했고, 2000년대 초 체이스 맨해튼과의 합병을 통해 오늘날의 제이피모건체이스가 탄생했다.

산업을 지배하던 JP모건은 사라졌지만, 그 유산은 금융 시스템 속에 여전히 남아 있다. 한때 철강왕이자 철도왕이었던 JP모건은, 이제는 전 세계 금융시장의 중심에 있는 은행으로 남았다. 산업에서 금융으로의 전환은 자본의 진화였고, 그 중심에는 언제나 모건이라는 이름이 있었다.

1913년, 연방준비제도의 탄생과 새로운 시대

반복되는 금융위기와 J.P. 모건이라는 특정 인물에 의존하는 시스템의 한계를 절감한 미국은 마침내 1913년 12월 23일, 우드로 윌슨 대통령이 연방준비법에 서명하면서 연방준비제도(Federal Reserve System, Fed)를 탄생시킨다. 이는 1791년 해밀턴의 제1차 미국은행 이후 계속된 중앙은행 설립 논쟁의 종지부였고, 그것은 민간 은행들의 협력과 중앙은행의 통제라는 독특한 이원적 시스템에 대한 합의였다.

연방준비제도는 J.P. 모건 같은 개인이 아닌 공적 기구가 금융 시스템의 안정을 책임진다는 현대적 원칙을 확립했다. 하지만 그 구조는 순수한 정부 기관도 아니고 완전한 민간 기관도 아닌 독특한 형태를 띠었다. 각 지역 연방준비은행은 해당 지역의 회원 은행들이 소유하는 주식회사 형태로 설립되었다. 즉, 연방법에 의해 설립된 은행(National Bank)들은 의무적으로, 주법에 의해 설립된 은행(State Bank)들은 자발적 선택에 따라 지역 연준의 주주가 되는 구조였다.

회원 은행들은 자본금의 6%를 해당 지역 연준에 출자해야 했고, 이를 통해 연준 주식을 소유하게 되었다. 하지만 이 주식은 일반적인 주식과는 달리 연 6%의 고정 배당만을 받을 수 있었고, 의결권 역시 제한적이었다. 회원 은행들은 각 지역 연준의 이사 9명 중 6명을 선출할 수 있었지만, 나머지 3명은 연방준비위원회가 임명했다. 또한, 지역 연준의 총재는 이사회에서 선출하되 연방준비위원회(Federal Reserve Board)의 승인을 받아야 했다.

연방준비제도는 전국을 12개 지역으로 나누어 각각에 연방준비은행을 설치하는 분권적 구조를 채택했다. 이는 동부 금융가들의 집중된 권력을 견제하려는 서부와 남부의 요구를 반영한 것이었다. 12개 지역 연준은 보스턴, 뉴욕, 필라델피아, 클리블랜드, 리치먼드, 애틀랜타, 시카고, 세인트루이스, 미니애폴리스, 캔자스시티, 댈러스, 샌프란시스코로 구성되었다.

연방준비제도의 초기 구조는 완전한 중앙집권적 시스템이 아니었다. 워싱턴 D.C.에 위치한 연방준비위원회는 7명의 위원으로 구성되었지만, 그 권한은 상당히 제한적이었다. 위원회는 주로 감독과 조정 역할을 담당했고, 실질적인 통화 정책 운영은 각 지역 연준이 독립적으로 수행했다. 각 지역 연준은 자체적으로 할인율을 설정할 수 있었고, 어음 재할인과 대출 업무를 독자적으로 결정했다. 이러한 분권적 구조는 지역별 경제 상황의 차이를 반영할 수 있다는 장점이 있었지만, 전국적으로 일관된 통화 정책을 수행하기 어렵다는 근본적 한계를 내포하고 있었다.

연방공개시장위원회(Federal Open Market Committee, FOMC)와 같은 중앙집권적 의사결정 기구는 아직 존재하지 않았고, 통화량 조절과 금리 결정도 각 지역 연준이 개별적으로 수행했다. 이로 인해 때로는 상반된 방향의 정책이 동시에 시행되는 모순된 상황이 발생하기도 했다.

이러한 분권적 구조와 제한된 중앙 통제는 훗날 1929년 대공황 대응에서 치명적 약점으로 드러났다. 경제위기가 전국적으로 확산되는 상황에서 지역별로 분산된 의사결정 구조는 신속하고 강력한 대응을 어렵게 만들었고, 이는 연방준비제도 개혁의 필요성을 절실하게 부각시키는 계기가 되었다. 1935년 은행법을 통해 연방준비위원회의 권한이 대폭 강화되고 FOMC가 설치되는 등 보다 중앙집권적인 구조로 개편되는 것은 바로 이러한 초기 경험의 교훈에서 비롯된 것이었다.

Fed? FRB? 연방준비제도와 관련한 약자들

연방준비제도 또는 미국 중앙은행과 관련한 명칭과 약자가 실상에서 혼란스럽게 사용되고 있는데, 명확히 정리하면 다음과 같다.

- **Fed**: '연방준비제도(Federal Reserve System)' 전체를 지칭하는 용어이며 FRS라는 약어로 사용되는 경우도 있다. 다만 Fed는 FED라는 대문자로 사용하지 않는다.
- **FOMC**: '연방공개시장위원회(Federal Open Market Committee)'를 뜻한다.
- **FRB**: '연방준비위원회(Federal Reserve Board)'와 지역 연준 은행(Federal Reserve Bank) 모두를 뜻할 수 있다. 따라서 이러한 혼동을 줄이기 위해 미국 현지에서는 연준을 지칭할 때, FRB보다

는 Fed라는 약어를 일반적으로 사용한다. 국내에서도 과거에는 FRB라는 약어를 사용하곤 했는데 현재에는 점차 Fed로 대체하여 사용하는 추세이다.

제1차 세계대전과 세계 경제의 변동성

연방준비제도 탄생 직후인 1914년, 인류는 제1차 세계대전이라는 거대한 비극에 휩싸인다. 이 전쟁은 군사적 충돌을 넘어 전 세계 경제 질서에 지대한 영향을 미쳤다. 전시 경제 체제로의 전환, 막대한 전비 조달을 위한 각국의 국채 발행, 전쟁 자금 마련을 위한 금본위제의 일시적 중단 등은 각국 경제에 전례 없는 변동성을 가져왔다.

특히 전쟁 이전까지 런던이 세계 금융의 중심이었다면, 전쟁과 함께 뉴욕이 새로운 금융 허브로 부상했다. 유럽 각국이 전쟁 자금 조달을 위해 미국의 대규모 차관을 받으면서, 미국은 채무국에서 채권국으로 지위가 바뀌었다. 연준은 전쟁 국채 발행을 뒷받침하기 위해 통화량을 크게 늘렸고, 이는 1920년대 버블 경제의 불씨가 되었다.

전쟁은 정부의 경제 개입 확대 또한 정당화했다. 전시 생산 통제와 가격 규제 경험은 정부가 시장 실패를 교정할 수 있다는 믿음을 확산시켰고, 이는 1920년대 '번영의 시대'에 대한 과신으로 이어졌다.

1919년, 베르사유 체제와 구조적 불균형

종전 후 1919년 베르사유 조약에서 독일에 부과된 1,320억 마르크라는 천문학적인 전쟁 배상금은 독일 경제에 치명적인 영향을 미쳤다. 이는 당시 독일 GDP의 약 2.5배에 해당하는 금액이었다. 당시 영국의 협상단 일원으로 참여했으나, 무리한 배상금 규모에 반대하고 협상단을 떠났던 존 메이너드 케인스가 『평화의 경제적 귀결(The Economic Consequences of the Peace)』(1919)에서 예언한 대로 이러한 배상금 결정은 독일 경제를 파탄으로 몰아갔다.

독일 정부는 배상금 지불을 위해 화폐를 남발했고, 결국 1923년 하이퍼 인플레이션이라는 역사적 재앙을 초래한다. 1마르크가 1조 마르크가 되는 초유의 사태 속에서 독일의 중산층은 몰락했고, 사회적 혼란이 극에 달했다. 화폐가 휴짓조각이 되자 독일 국민의 삶은 피폐해졌고, 이는 훗날 나치즘의 부상과 제2차 세계대전 발생의 원인이 되는 중요한 경제사적 의미를 지닌다.

이 과정에서 독일 경제는 미국에 대한 의존도가 심화되었고, 1929년 미국발 경제위기가 독일에 미칠 파장의 크기를 예고했다. 또한, 배상금 문제는 국제 금융 시스템의 불안정성을 증대시켰다. 독일이 배상금을 지불하기 위해서는 수출을 통한 외화 획득이 필요했지만, 승전국들의 보호주의 정책은 독일 상품 수입을 제한했다. 이러한 모순은 1920년대 국제 경제의 구조적 불균형을 심화시켰다.

대공황으로 가는 길목

1857년부터 제1차 세계대전 이후까지의 금융 역사는 반복되는 위기와 그에 대한 고뇌의 연속이었다. 개인의 영웅적 역할에서 중앙은행이라는 제도적 장치의 필요성으로, 그리고 국제적 협력의 중요성으로 인식이 점차 확장되어 가는 과정이었다.

이후 이어지는 1920년대의 번영의 시대는 이전 위기들의 교훈이 완전히 학습되었다는 착각 속에서 전개되었다. 연준이 있고, 대기업들이 산업의 안정화에 기여하고, 정부가 적절히 개입할 수 있다는 믿음은 더 큰 위험 감수를 정당화했다. 주식시장 투기와 소비자 신용의 급팽창, 그리고 국제적 자본 흐름의 왜곡은 이전과는 차원이 다른 시스템 위험을 축적했다.

이 시기 동안 축적된 과도한 부채, 규제되지 않은 투기, 그리고 불균형한 국제 경제 질서는 결국 1929년 10월 29일 '검은 화요일'을 기점으로 역사상 유례없는 규모의 거대한 파국으로 이어지게 된다. 이전의 위기들이 대공황을 알리는 전조이자 서곡이었음을 역사는 우리에게 말해준다.

1929년 대공황

1920년대 미국은 '광란의 20년대'라 불릴 만큼 역동적인 시대였다. 제1차 세계대전의 종료와 함께 찾아온 평화는 억눌렸던 생산과 소비 에너지의 폭발적 분출을 가져왔다. 전쟁 중 군수 산업으로 축적된 자본과 기술력은 평화가 도래하자 민간 산업으로 전환되면서 새로운 경제적 활력을 창출했다.

자동차 산업이 그 선봉에 있었다. 헨리 포드의 모델 T는 1920년 290달러까지 가격이 내려갔고, 자동차는 더 이상 부유층의 사치품이 아닌 중산층의 필수품이 되었다. 1920년 800만 대였던 자동차 등록 대수는 1929년 2,300만 대로 급증했다. 자동차의 대중화는 석유·고무·철강·유리 산업의 동반 성장을 이끌었고, 교외 지역의 개발과 쇼핑센터의 등장을 촉진했다.

라디오는 또 다른 혁명을 일으켰다. 1920년 최초의 상업 라디오

방송이 시작된 이후, 1929년에는 미국 가정의 40%가 라디오를 보유했다. 라디오는 단순한 오락거리를 넘어 전국적 문화 공동체를 형성하는 매개체가 되었다. 재즈 음악, 스포츠 중계, 정치 연설이 동시에 전국으로 전파되면서 '미국적' 문화가 형성되었다.

전기의 보급은 일상생활을 근본적으로 변화시켰다. 1920년 35%였던 가정용 전기 보급률은 1929년 68%로 급상승했다. 전기냉장고, 세탁기, 청소기 등 가전제품들이 주부들의 삶을 변화시켰고, 이는 여성의 사회 진출 확대로 이어졌다. 도시의 네온사인과 밤 문화는 '모던 라이프'의 상징이 되었다.

건설업도 호황을 누렸다. 크라이슬러 빌딩과 엠파이어 스테이트 빌딩 같은 마천루들이 뉴욕의 스카이라인을 바꾸었고, 이는 미국의 경제적 역동성을 상징하는 아이콘이 되었다. 교외 주택 건설도 급증하면서 건설 관련 산업이 경제 성장의 한 축을 담당했다.

이러한 실물경제의 성장은 금융시장에 전례 없는 낙관론을 불러일으켰다. 월스트리트는 마치 연금술사의 작업장처럼 보였다. 다우존스 산업평균지수는 1921년 63포인트에서 1929년 9월 381포인트로 6배나 상승했다. 주식시장은 연일 신고가를 경신했고, 신문들은 매일 성공한 투자자들의 이야기로 가득했다.

투자는 더 이상 부유층만의 전유물이 아니었다. 이발사, 구두닦이, 택시기사까지 주식 투자에 나섰다는 일화들이 회자되었다. 증권회사들은 전국에 지점을 확대했고, 투자 클럽이 우후죽순 생겨났다. "주식을 사지 않는 것은 비애국적"이라는 말까지 나올 정도였다.

신용거래는 이 열광의 핵심 동력이었다. 10%의 증거금만 내면 주식을 살 수 있는 시스템은 많은 이들에게 부자가 될 수 있는 지름길처럼 보였다. 1929년 신용매수 잔액은 85억 달러에 달했는데, 이는 당시 연방정부 예산과 맞먹는 규모였다. 심지어 은행들도 자금을 빌려주는 것을 넘어 직접 주식 투자에 뛰어들기조차 했다.

'모든 사람이 부자가 될 수 있다'는 믿음이 사회 전반에 퍼졌다. 일확천금을 꿈꾸며 농장을 팔고 도시로 몰려드는 사람들이 늘었고, 투기와 투자의 경계는 모호해졌다. 플로리다의 부동산 붐, 캘리포니아의 석유 투기 등이 전국적으로 확산하면서 투기 열풍은 주식시장을 넘어 사회 전반으로 번져갔다.

문화적으로도 이 시대는 전통적 가치관에 도전하는 시기였다. 재즈 시대의 젊은이들은 기성세대의 보수적 문화를 거부했고, 여성들은 짧은 치마와 단발머리로 자유로운 삶을 추구했다. 금주법에도 불구하고 은밀한 술집들이 번성했고, 할리우드 영화 산업이 새로운 오락 문화를 선도했다. 이 모든 것이 경제적 번영과 맞물려 '아메리칸 드림'의 전성시대를 만들어냈다.

1929년 10월, 충격의 시작 검은 목요일

예일대학교의 저명한 경제학자 어빙 피셔는 이 시대의 대표적인 낙관론자였다. 1929년 10월 초, 그는 "주가는 영구적으로 높은 고원에 도달했다"라고 선언했다. 피셔의 주장은 단순히 희망적 사고가 아니었다. 그는 기업의 생산성 향상, 기술 발전, 그리고 연방준비제도의 안정적 통화 정책을 근거로 주식시장의 지속적 성장을 예측했다.

하지만 시장의 현실은 달랐다. 1929년 여름부터 미묘한 파국의 전조가 나타나기 시작했다. 산업 생산은 정점을 찍고 하락세로 돌아섰고, 건설업계는 둔화 조짐을 보였다. 그러나 주식시장은 여전히 과열되어 있었다. 실물경제와 금융시장의 괴리는 점점 벌어졌다.

1929년 10월 셋째 주, 월스트리트에는 미묘한 긴장감이 감돌기 시작했다. 몇 주간 이어진 상승세가 주춤하면서 투자자들 사이에 불안감이 조용히 번졌다. 그러나 시장의 전반적인 분위기는 여전히 낙관적이었다. 주요 언론은 이를 '건전한 조정'이라 해석했고, 증권사들은 이를 절호의 매수 기회로 소개했다.

10월 24일 목요일 아침, 뉴욕증권거래소는 개장 직후부터 이례적인 거래량 폭증에 직면했다. 주문이 쏟아져 들어오자 브로커들은 빠르게 처리하지 못했고, 당시 시세를 알려주던 수작업 기반의 티커 테이프 시스템은 실제 거래보다 몇 시간씩 지연되어 가격 정보를 제공하기 시작했다. 시장 참가자들은 실시간 가격을 파악하지 못한 채 혼란에 빠졌고, 거래소 플로어는 빠르게 소란스러워졌다.

오전 10시 이후 매도세는 더욱 거세졌다. RCA, 제너럴 일렉트릭 등 대형 우량주까지 속절없이 하락하며 투매가 확산되었다. 신용거래로 주식을 매입했던 투자자들은 마진콜(추가 담보 요구)에 직면했고, 현금을 확보하지 못한 이들은 보유 주식을 헐값에 팔 수밖에 없었다. 시장은 순식간에 악순환의 소용돌이로 빨려 들어갔다.

이날 오후, J.P. 모건을 중심으로 뉴욕 주요 은행 대표들이 긴급 회동을 열고 시장 방어에 나섰다. 이후 한 대형 증권사에서 US스틸 등 핵심 종목에 대한 대량 매수 주문이 나오면서 매도세를 완화하려는 시도를 했다. 이는 은행들의 유동성 공급 지원을 비공식적으로 받았

그림 4-4 | 1929년 10월 24일 당시 뉴욕증권거래소의 군중

던 것으로 알려져 있다. 그 효과는 일시적이었으나, 혼란을 다소 진정시키는 데 기여했다.

이날 총 1,290만 주 이상이 거래되며 사상 최대 거래량을 기록했고, 티커 시스템은 수 시간 이상 지연되었다. 뉴욕 전역의 증권사들은 정확한 정보를 파악하지 못한 채 밤늦게까지 장부 정리에 매달렸다. 이 혼란 속에서도 다우지수는 장중 반등에 힘입어 2.1% 하락에 그쳤고, 언론은 "최악은 피했다"라며 안도감을 유도했다.

검은 화요일: 대공황의 서막

10월 25일 금요일, 시장은 다우지수가 소폭 반등하며 일시적인 회복세를 보였다. 대형 은행들의 시장 방어 시도와 정부 인사들의 낙관적 발언 덕분에 투자자 심리가 일부 회복된 것처럼 보였다. 그러나 그 주말 사이 시장에 대한 불안은 잠재워지지 않고 더 커졌다.

10월 28일 월요일, 시장은 다시 붕괴 조짐을 드러냈다. 개장 직후부터 매도세가 집중되었고, 다우지수는 38포인트(12.8%) 급락하며 260선으로 무너졌다. 투매에 동참하지 못한 많은 투자자는 뜬눈으로 밤을 지새고 다음 날 화요일을 기다릴 수밖에 없었다.

10월 29일 화요일, 역사에 '검은 화요일'로 남은 이날, 뉴욕증권거래소는 개장과 동시에 걷잡을 수 없는 투매에 빠져들었다. 전날 폭락에 놀란 개인투자자들뿐 아니라 기관투자자들까지 본격적으로 매도를 시작하면서, 주가는 속절없이 무너졌다. 일부 대형주는 매수 호가 자체가 없어 거래가 정지되었고, 다수의 종목은 단 하루 만에 절반 이상 하락했다.

이날 다우지수는 30.57포인트(12%) 폭락하며 230.07포인트에 마감했다. 많은 종목이 거래가 정지된 것을 감안하면 전날 이상의 폭락이었다. 하루 거래량은 1,640만 주를 넘겨 또다시 역대 최고치를 경신했고, 시장은 패닉 상태에 빠졌다. 아니, 붕괴였다.

거래소 밖에는 수천 명의 군중이 몰려들었다. 경찰은 월스트리트 일대를 통제했지만, 많은 사람이 철문 너머로 거래소를 응시하며 불안에 떨었다. 언론은 몇몇 자살 사건을 보도했고, 사람들은 마치 세상이 끝나는 듯한 공포에 사로잡혔다.

신화의 붕괴, 금융공황에서 경제공황으로

그해 9월 3일, 다우지수는 381.17포인트로 정점을 찍었지만, 불과 2개월 후인 11월 13일에는 198.60포인트까지 떨어졌다. 약 48% 하락한 셈이다. 이 기간 미국 주식시장에서 300억 달러 이상의 시가총액이 증발했다. 이는 당시 미국 국내총생산(GDP)의 약 30%에 해당하는 규모로, 단순한 시장 조정이 아닌 체제 전반의 신뢰 붕괴로 이어졌다.

미국 사회는 '영원한 번영'이라는 신화를 신봉하고 있었지만, 그 신화는 단 몇 주 만에 산산조각 났다. 이 사건은 단순한 주가 폭락이 아닌, 이후 10년간 지속될 대공황(Great Depression)의 서막이었다.

뉴욕 주식시장의 붕괴는 단순한 금융시장의 문제가 아니었다. 이는 도미노처럼 연결된 금융 시스템 전체를 흔들며 실물경제를 나락으로 끌고 내려갔다. 주식시장 폭락은 은행들의 대규모 부실로 이어졌다. 은행들은 주식 투자와 기업 대출에 막대한 자금을 투여했는데, 주가 폭락과 기업 도산으로 회수 불가능한 자산이 급증한 것이다. 이로 인해 수많은 은행이 유동성 위기에 직면했고, 예금자들은 공포에 질려 뱅크런을 일으켰다. 1930년부터 1933년 사이 약 9,000개에 달하는 은행이 파산했고, 이는 당시 미국 전체 은행의 거의 절반에 해당하는 수치였다.

은행 파산은 통화 공급량을 급격히 감소시켰고, 이는 심각한 디플레이션으로 이어졌다. 물가가 하락하면서 기업들은 생산을 줄이고 투자를 중단했으며, 대량 해고가 불가피해졌다. 1929년 3.2%에 불과했던 미국의 실업률은 1933년에는 무려 25%까지 치솟았다. 이는 미국 노동 인구 4명 중 1명이 일자리를 잃었다는 것을 의미한다. 공장들은 멈춰 섰고, 도시는 실업자들로 넘쳐났다.

농업 부문 또한 예외가 아니었다. 농산물 가격은 폭락하여 생산 원가도 건지지 못하는 수준에 이르렀고, 많은 농민이 대출금을 갚지 못해 농장을 압류당하고 삶의 터전을 잃었다. 여기에 1930년대 중반 미국 중서부를 강타한 최악의 가뭄과 모래 폭풍인 '더스트 볼' 현상까지 겹치면서 농촌 지역은 완전히 황폐해졌다.

미국의 경제위기는 빠르게 전 세계로 번졌다. 특히 미국 은행들의 해외 대출 회수와 국제 무역 감소는 유럽 경제에 치명타를 입혔다. 독일에 대한 미국의 차관 중단은 독일 경제를 마비시켰고, 이는 1931년 오스트리아의 크레디트 안슈탈트 은행 파산으로 이어지며 유럽 전역의 금융위기를 촉발했다. 각국은 자국 산업을 보호한다는 명목으로 수입 관세를 대폭 인상하고 비관세 장벽을 높이는 보호무역주의를 강화했다.

이러한 보호무역주의의 대표적인 사례가 바로 1930년 6월 미국에서 제정된 스무트-홀리 관세법이다. 이 법은 2만 개가 넘는 수입품에 대해 평균 50%에 달하는 고율의 관세를 부과하는 내용을 담고 있었다. 미국 내 산업과 농업을 보호하려는 의도였으나, 주요 교역국들의 보복 관세로 이어지면서 국제 무역량은 급격히 위축되었고, 이는 전 세계적인 경기 침체를 가속화시키는 악순환을 초래했다.

후버 대통령의 한계와 정치적 변화

대공황 초기 허버트 후버 대통령은 전통적인 자유시장 경제학에

입각하여 시장의 자율적인 회복 능력을 신뢰했다. 그는 정부의 직접적인 개입보다는 민간 부문의 자발적인 협력과 자정 노력을 통해 위기를 극복할 수 있다고 믿었다. 후버 대통령은 기업들에게 임금 삭감 자제와 고용 유지를 요청하는 한편, 자선 단체의 구호 활동을 독려하는 수준의 소극적 개입만 시도했다. 하지만 이미 통제 불능의 상황으로 치달은 대공황 앞에서 이러한 미온적인 정책들은 실효성이 없었다. 실업자와 노숙자들은 급증했고, 후버 대통령의 소극적인 대응은 국민의 불만을 증폭시켰다.

결국, 1932년 대통령 선거에서 민주당의 프랭클린 D. 루스벨트가 압도적인 승리를 거두며 정치적 전환점이 마련되었다. 루스벨트는 선거 유세 기간 '뉴딜'이라는 새로운 정책 구상을 제시하며 정부의 적극적 개입을 통한 위기 극복을 약속했다. 이는 단순한 정책 변화를 넘어, 시장 실패에 대한 정부의 역할과 책임에 대한 근본적인 재정의를 의미하는 것이었다.

뉴딜의 실험과 금융 시스템의 개혁

1933년 3월, 루스벨트 대통령은 취임과 동시에 역사상 전례 없는 속도로 개혁 법안들을 추진하며 강력한 리더십을 보여주었다. 취임 직후 그는 전국적인 '은행 휴일'을 선포하여 금융 시스템의 추가 붕괴를 막고, 은행들에 대한 전면적인 감사와 재정비를 단행했다. 이어 통과된 '긴급 은행법'은 재정적으로 건전한 은행들의 재개업을 지원하고, 부실 은행들을 정리함으로써 금융 시스템의 안정성을 회복하는 데 주력했다. 이는 패닉에 빠진 국민에게 정부가 금융 시스템을 통제하고 있다는 신뢰를 심어주는 데 결정적인 역할을 했다.

금융 시스템 개혁의 가장 중요한 축은 '글래스-스티걸법'이었다. 이 법은 1929년 금융위기의 주요 원인 중 하나로 지목되었던 은행의 과도한 투기 행위를 방지하기 위해 상업은행과 투자은행의 업무를 명확하게 분리했다. 동시에 연방예금보험공사를 설립하여 예금자들의 예금 전액을 정부가 보증하는 제도를 마련함으로써 뱅크런의 재발을 막고 금융 시스템에 대한 대중의 신뢰를 회복하는 데 결정적인 기여를 했다.

또한, 자본시장의 투명성과 공정성을 높이기 위해 '증권거래위원회(Securities and Exchange Commission, SEC)'가 설립되었다. SEC는 기업의 정보 공시 의무를 강화하고, 내부자 거래 및 시장 조작 행위를 엄격히 규제함으로써 투자자들을 보호하고 시장의 건전성을 확보하고자 했다. 이러한 일련의 제도적 개혁들은 미국 금융 시스템의 근본적인 토대를 새롭게 구축하며, 향후 수십 년간 미국 금융시장의 안정적 성장을 위한 기반을 마련했다.

케인스주의의 등장과 경제학의 혁명

대공황은 고전 경제학의 한계를 명확히 드러내며 경제학 이론에도 근본적인 변화를 가져왔다. 고전학파 경제학은 시장이 '보이지 않는 손'에 의해 자율적으로 균형을 찾아가며, 완전 고용 상태에 도달한다고 믿었다. 그러나 10년 가까이 지속된 대공황은 이러한 주장이 현실과 동떨어져 있음을 여실히 보여주었다. 장기간 대규모 실업이 계속되고 생산 설비가 유휴 상태로 방치되는 현실은 고전 경제학의 기본 가정을 무너뜨렸다.

이러한 배경 속에서 존 메이너드 케인스라는 영국의 경제학자가 새로운 경제학 패러다임을 제시하며 혁명적인 변화를 이끌었다. 1936년 발표한 『고용, 이자 및 화폐의 일반 이론(The General Theory of Employment, Interest and Money)』은 경제학계에 엄청난 충격을 주었다. 케인스는 시장이 항상 완전 고용 균형 상태에 도달한다는 고전파의 가정을 정면으로 반박했다. 그는 경제가 불황기에 장기간 불완전 고용 상태에 머물 수 있으며, 이러한 상황에서는 정부의 적극적인 개입, 특히 재정 정책을 통한 수요 부양책이 필수적이라고 주장했다.

케인스의 핵심 통찰은 '총수요'의 중요성이었다. 그는 경제 침체기에는 민간 소비와 기업 투자가 위축되면서 총수요가 부족해지고, 이로 인해 생산 감소와 실업 증가가 발생한다고 보았다. 따라서 정부는 재정 지출을 늘리고, 세금을 줄여 소비와 투자를 진작함으로써 총수요를 부양해야 한다고 역설했다. 이는 균형 재정을 금과옥조처럼 여기던 기존 고전파 경제학자들의 사고방식과는 완전히 반대되는 혁명적인 접근이었다. 케인스의 이론은 대공황을 겪고 있던 각국 정부에게 새로운 정책적 해법을 제시하며, 20세기 중반 이후 세계 경제 정책의 주류로 자리 잡게 된다.

회복의 길, 그리고 새로운 도전

뉴딜 정책들은 점진적으로 그 효과를 나타내기 시작했다. 대규모 공공사업을 통한 일자리 창출, 농업 보조금 지급, 그리고 사회보장 제도의 도입 등은 경제 회복의 기초를 마련하고 국민의 삶의 질을 향상하는 데 기여했다. 1933년을 저점으로 미국 경제는 서서히 회복세를 보이며 실업률도 점차 개선되기 시작했다.

그러나 회복 과정은 순탄하지 않았다. 1937년, 루스벨트 행정부는 재정 건전성에 대한 우려와 재정 적자 축소를 위해 정부 지출을 줄이고 통화 정책을 긴축으로 전환했다. 이는 이른바 '루스벨트 불황'이라 불리는 단기 경기 재침체로 이어졌다. 이러한 역풍은 케인스 이론이 주장하는 정부 지출의 중요성을 실증적으로 뒷받침하는 사례가 되었다. 정부는 이 경험을 통해 다시 확장적 재정 정책으로 선회했고, 경제는 재차 회복세를 보였다. 뉴딜 정책은 대공황을 완전히 끝내지는 못했지만, 위기 상황에서 정부의 역할에 대한 새로운 패러다임을 제시하고 미국 사회의 근본적인 변화를 이끌었다.

전쟁과 완전한 회복

대공황의 완전한 극복은 미국이 제2차 세계대전에 참전하면서 이루어졌다. 1939년 유럽에서 전쟁이 발발하자 미국의 군수 산업은 급성장하기 시작했다. 그리고 1941년 일본의 진주만 공습 이후 미국이 본격적으로 전쟁에 참여하면서, 전시 경제 체제로의 전환은 전례 없는 규모의 총수요를 창출했다. 정부의 막대한 국방비 지출은 군수품 생산을 폭발적으로 증가시켰고, 이는 공장들을 완전 가동시키고 대규모 일자리 창출이라는 결과를 낳았다. 실업률은 1944년 1.2%라는 완전 고용 수준까지 떨어졌다.

전시 경제는 케인스 이론의 대규모 실험장이 되었다. 정부의 대규모 재정 지출이 총수요를 크게 늘려 경제 전반의 활성화로 이어지는 과정은 케인스 이론의 유효성을 강력하게 입증했다. 비록 대공황을 완전히 극복하는 데 10년이 넘는 시간이 걸렸지만, 이 과정에서 미국 경제는 새로운 정부의 역할, 강화된 금융 시스템, 그리고 사회 안전망을 바탕으로 재건되었다. 대공황은 인류 역사상 가장 혹독한 경제 위기였지만, 동시에 금융 시스템과 경제학 이론, 그리고 정부의 역할에 대한 근본적인 성찰과 혁신을 가져온 중요한 전환점이 되었다.

5장

전후 새로운 금융 질서: 세계화와 팽창
(20세기)

"역사는 반복된다.
처음에는 비극으로, 그다음에는 희극으로."

— 칼 마르크스

금융사의 대전환:
브레튼우즈 체제와 미국의 통화 패권

폐허 위에 세워진 새로운 질서

1945년 8월 히로시마와 나가사키에 원자폭탄이 떨어지기 이전부터 세계는 이미 전후 질서를 설계하고 있었다. 전쟁의 포화 속에서 탄생한 브레튼우즈 체제(Bretton Woods system)는 1944년 7월 1일부터 22일까지 뉴햄프셔주 브레튼우즈의 마운트 워싱턴 호텔에서 44개국 대표 730명이 모여 만든 새로운 국제 통화 질서였다.

이 역사적 회의는 두 명의 거인 간의 대결로 시작되었다. 영국을 대표한 존 메이너드 케인스는 '방코(Bancor)'라는 새로운 국제 통화 창설을 제안했다. 이는 어느 한 나라의 통화에 의존하지 않는 진정한 국제 통화를 만들겠다는 야심 찬 구상이었다. 반면 미국의 해리 덱스터 화이트는 달러를 중심으로 한 체제를 고집했다. 결국, 경제력에서 압도적 우위에 있던 미국의 뜻이 관철되었다.

브레튼우즈 체제의 핵심 원리는 '금-달러본위제'였다. 금 1온스를 35달러로 고정하고, 미국은 다른 나라의 중앙은행이나 정부가 요구할 때 언제든 달러를 금으로 바꿔주겠다고 약속했다. 동시에 각국 통화는 달러에 대해 고정환율을 유지하되, 평가절상이나 평가절하가 필요할 때는 국제통화기금의 승인을 받도록 했다. 이로써 달러는 '금만큼 좋은(As Good As Gold)' 화폐가 되었고, 사실상 세계의 기축통화로 자리 잡았다.

그러나 이 체제는 처음부터 내재적 모순을 안고 있었다. 벨기에의 경제학자 로버트 트리핀이 1960년 지적한 '트리핀 딜레마'가 바로 그것이었다. 세계 경제가 성장하려면 국제 유동성, 즉 달러의 공급이 늘어나야 하는데, 달러 공급이 늘어날수록 금 보유량 대비 달러 발행량이 증가해 달러의 금 태환 약속이 위험해진다는 모순이었다.

하지만 세계 각국은 전쟁의 상흔을 우선 치유해야 했다. 특히 일본의 상황은 절망적이었다. 1945년부터 1949년까지 일본은 극심한 하이퍼 인플레이션에 시달렸다. 전쟁 중 정부가 군사비 조달을 위해 화폐를 남발한 결과, 물가는 1945년 대비 70배까지 치솟았다. 도쿄의 거리에서는 쌀 한 가마니가 담배 몇 갑과 교환되는 물물교환 경제가 일상이 되었다.

이런 혼란 속에서 1949년 도지 라인[1]이라 불린 인플레이션 억제 정책이 시행되었다. 미국의 은행가 조지프 도지가 제안한 이 정책은

---

[1] 도지 라인(Dodge Line)은 1949년 미국의 경제 고문 조지프 도지가 설계한 일본의 전후 경제 안정화 정책으로, 균형 예산 원칙과 통화 긴축, 고정환율(1달러=360엔) 도입 등을 중심으로 했다.

극단적인 긴축을 통해 일본 경제를 안정시켰지만, 동시에 심각한 경기 침체를 가져왔다. 이 위기는 1950년 한국전쟁에서 일본이 미군의 후방 보급 기지 역할을 맡으면서 극복하게 된다.

자본주의의 황금시대

1950년대와 1960년대는 후에 '자본주의의 황금시대'라고 불리게 될 전례 없는 번영의 시기였다. 이 시기 서구 선진국들은 연평균 4~5%의 견고한 경제 성장을 지속했고, 완전 고용에 가까운 상태를 유지했다. 무엇보다 놀라운 것은 이런 성장이 상대적으로 안정적인 물가하에서 이루어졌다는 점이었다.

이 황금시대의 토대는 브레튼우즈 체제가 제공한 안정적인 국제 통화 질서였다. 고정환율제하에서 환율 변동에 대한 우려 없이 국제 무역과 투자가 폭발적으로 증가했다. 1950년부터 1970년까지 세계 무역량은 3배 이상 증가했고, 선진국 간 자본 이동도 급속히 확대되었다.

특히 유럽의 부흥은 눈부셨다. 마셜 플랜의 지원하에 독일은 '라인강의 기적', 프랑스는 '영광의 30년'이라 불리는 고도성장을 이뤘다. 일본 역시 1950년대 중반부터 연평균 10%를 넘는 경제성장률을 기록하며 세계를 놀라게 했다. 1964년 도쿄 올림픽은 일본이 전쟁의 폐허에서 완전히 벗어나 선진국 대열에 합류했음을 상징적으로 보여주었다.

이 시기의 성장은 케인스주의 경제 정책과 맞물려 있었다. 각국 정부는 적극적인 재정 정책과 통화 정책을 통해 경기를 조절했고, 사회보장 제도를 확충해 소득 분배를 개선했다. 미국에서는 1960년대 존슨 행정부의 '위대한 사회' 프로그램[2]이, 유럽에서는 사회민주주의적 복지 국가 모델이 자리 잡았다.

하지만 이 황금시대의 이면 속에서 변화의 조짐이 나타나고 있었다. 유럽과 일본의 급속한 성장으로 미국의 상대적 경제력은 약화되고 있었고, 이는 달러 기축통화 체제에 대한 부담으로 작용했다. 또한, 1960년대 후반부터는 인플레이션 압력이 서서히 나타나기 시작했다.

경고와 균열의 시작

황금시대의 안정성에 대한 첫 번째 경고는 시카고대학교의 밀턴 프리드먼을 중심으로 한 새로운 경제학파에서 나왔다. 프리드먼과 그의 동료들은 케인스식 수요 관리 정책에 의문을 제기했다. 1962년 출간된 프리드먼의 『자본주의와 자유(Capitalism and Freedom)』는 정부의 시장 개입을 최소화하고 통화 공급의 안정적 증가만을 추구해야 한다고 주장했다. 이들 시카고학파의 이론은 당시에는 급진적이었지만, 곧 현실적 도전을 받게 될 케인스주의의 대안으로 주목받기 시작했다.

그리고 1960년대 중반부터 브레튼우즈 체제에 균열이 나타나기

---

[2] '위대한 사회(Great Society)' 프로그램은 1960년대 미국 대통령 린든 B. 존슨이 추진한 대규모 복지 및 사회 개혁 정책이다. 빈곤 퇴치, 교육 확대, 의료 보장, 인종 차별 철폐 등을 목표로 했다. 이로 인해 정부 지출이 급증했고, 이와 동시에 베트남 전쟁과 맞물려 미국의 재정 부담과 인플레이션 압력을 키우는 요인이 되었다.

시작했다. 베트남 전쟁의 확전으로 미국의 재정 적자가 급증하면서 달러의 신뢰성에 의문이 제기되었기 때문이다. 1965년 존슨 대통령이 베트남에 지상군을 본격 파병하면서 전쟁 비용은 천문학적으로 불어났다. 동시에 '위대한 사회'라는 복지 정책까지 추진하면서 미국은 '총과 버터' 정책의 딜레마[3]에 빠졌다.

미국은 전쟁 자금을 조달하기 위해 대규모 국채 발행과 통화 공급 확대에 나섰고, 이는 곧 인플레이션 압력으로 이어졌다. 그러나 미국은 브레튼우즈 체제에서 금 1온스를 35달러에 고정하는 달러-금 태환 약속을 유지하고 있었기에, 이런 통화 팽창은 달러에 대한 국제적 신뢰를 심각하게 훼손하는 결과를 낳았다. 유럽과 일본은 급증하는 달러 보유분에 대해 불안을 느꼈고, 실제 일부 국가는 금으로의 교환을 요구하기 시작했다.

특히 1968년, 프랑스를 비롯한 유럽 국가들이 달러를 대량으로 금으로 전환하려 하자 미국은 '금 윈도우'[4]를 방어하기 위해 금 시장을 이원화하는 조치를 단행했다. 하나는 중앙은행들끼리 금을 거래하는 시장, 다른 하나는 일반 투자자들이 금을 거래하는 시장으로 분리한 것이다. 이 조치로 잠시 혼란은 줄어들었지만, 이는 임시방편일

---

[3] 국방비(총)와 사회복지 지출(버터)을 동시에 추구하는 정책을 뜻하며, 일반적으로 군사비와 복지 예산 사이의 선택 딜레마를 지칭하는 경제학 용어로도 쓰인다. 베트남 전쟁과 '위대한 사회' 프로그램이 병행되던 1960년대 미국의 상황을 상징적으로 표현한다.

[4] '금 윈도우(Gold Window)'는 브레튼우즈 체제에서 미국이 외국 중앙은행에 대해 달러를 금으로 전환해주겠다는 약속을 의미한다. 일반 국민이나 민간 기관은 금 태환 권한이 없었으며, 오직 외국 정부나 중앙은행만이 미국 재무부에 금 교환을 요구할 수 있었다. 이 시스템은 달러를 사실상 국제 기축통화로 기능하게 했지만, 미국의 재정 적자 확대와 통화 팽창으로 인해 금 태환 요구가 급증하자 결국 1971년 닉슨 대통령은 금 윈도우를 폐쇄하게 된다.

뿐 근본적인 문제를 해결하지는 못했다. 베트남 전쟁은 계속되었고, 미국의 재정 적자와 무역 적자는 점점 더 심해졌다. 달러에 대한 불신은 더 커갔다.

베트남 전쟁은 단지 군사적 충돌만이 아니라, 국제 통화 질서의 기반을 뒤흔든 금융적 전쟁이기도 했다. 미국의 재정 남용은 브레튼우즈 체제의 금-달러 본위에 대한 신뢰를 무너뜨렸고, 이는 결국 1971년 닉슨 대통령이 금 태환 중지를 선언하게 되는 결정적 배경이 되었다. 케인스주의의 황금기는 끝났고, 세계는 통화와 금융의 새로운 불확실성 시대로 접어들고 있었다.

닉슨 쇼크와 브레튼우즈 체제의 종언

1971년 8월 15일 일요일 저녁 9시, 리처드 닉슨은 대통령 집무실에서 전국 방송을 통해 전 세계를 뒤흔들 발표를 했다. "나는 미국 달러와 금의 태환을 일시적으로 중단한다고 명령했습니다." 이른바 '닉슨 쇼크'의 순간이었다. 하지만 이 '일시적' 금 태환 중단은 '영원히' 이어졌다.

이 극적인 결정 뒤에는 복잡한 경제적·정치적 계산이 있었다. 1960년대 후반부터 미국의 국제 수지는 급속히 나빠지고 있었다. 베트남 전쟁 비용이 연간 250억 달러에 달하면서 재정 적자가 급증했고, 동시에 복지 정책까지 추진하면서 미국은 정책적 딜레마에 빠져 있었다. 베트남 전쟁은 경제학자들이 '쌍둥이 적자'라 부른 재정 적자와 경상수지 적자의 원형을 만들어내고 있었던 것이다.

더 심각한 문제는 유럽과 일본의 급속한 경제 성장으로 미국의 무역수지가 나빠진 것이었다. 1971년 미국은 1893년 이후 처음으로 무역 적자를 기록했다. 달러가 해외로 대량 유출되면서 미국의 금 보유량은 1949년 246억 달러에서 1971년 102억 달러로 급감했다. 반면 해외에 유통되는 달러는 800억 달러에 달했다. 만약 달러 보유국들이 일제히 금 태환을 요구한다면 미국의 금 보유고는 순식간에 바닥날 상황이었다.

특히 프랑스의 샤를 드골 대통령은 "달러의 과도한 특권"이라며 미국을 공개적으로 비판하며 보유 달러를 금으로 바꾸는 압박을 가했다. 1965년부터 1968년까지 프랑스는 17억 달러어치의 금을 미국에서 가져갔다.

사태는 1971년 여름 임계점에 달했다. 5월 독일과 네덜란드가 마르크화와 길더화의 변동환율제 이행을 선언했고, 8월 들어서는 영국이 30억 달러 규모의 달러를 금으로 바꾸겠다고 통보해왔다. 더 이상 미룰 수 없는 상황이었다.

닉슨은 재무 장관 존 코널리, 연방준비제도 의장 아서 번스, 경제자문위원장 폴 맥크래컨 등과 극비리에 대책을 논의했다. 1971년 8월 13일부터 15일까지 캠프 데이비드에서 열린 긴급 회의에서 최종 결정이 내려졌다. 금 태환 중단과 함께 10%의 수입 부가세 부과, 임금과 물가 동결 등 포괄적인 경제 정책 패키지가 마련되었다.

전격적인 닉슨의 발표 직후 세계 금융시장은 혼란에 빠졌다. 런던 금시장은 사상 처음으로 거래가 중단되었고, 주요국 외환시장도 마비되었다. 달러의 금 태환 중단은 사실상 달러 가치의 하락을 의미했다. 이에 따라 각국은 일제히 달러에 대한 평가절상을 단행했다. 독일 마르크화는 13.6%, 일본 엔화는 16.9% 절상되었다. 이는 달러의 실질적인 가치 하락을 반영하고, 브레튼우즈 체제 붕괴 이후 새로운 환율 균형을 찾아가는 과정이었다.

그 후 2년여간의 복잡한 협상이 이어졌다. 1971년 12월 워싱턴 스미스소니언 협정에서 달러를 8.5% 평가절하하고 금 가격을 온스당 38달러로 올리는 데 합의했지만, 이는 임시방편에 불과했다. 결국, 1973년 3월 주요국들은 변동환율제로의 완전한 이행을 선언했다. 29년간 지속된 브레튼우즈 체제의 공식적 종료였고 수천 년간 이어져 왔던 화폐로서 금의 지위가 사라진 역사적 사건이었다.

석유의 역습과 스태그플레이션의 등장

브레튼우즈 체제의 붕괴로 혼란스러워진 세계 경제에 더 큰 충격이 기다리고 있었다. 1973년 10월 6일, 욤 키푸르 전쟁[5]이 발발한 것이다. 이집트와 시리아가 이스라엘을 기습 공격한 이 전쟁은 중동의 지정학적 갈등을 넘어 세계 경제에 새로운 메커니즘을 주입했다.

전쟁이 발발하자 아랍 산유국들은 이스라엘을 지지하는 서방 국가들에 대해 석유 금수 조치를 단행했다. 동시에 석유수출국기구는 원유 가격을 배럴당 3달러에서 12달러로 4배 인상했다. 이른바 제

---

[5] 욤 키푸르 전쟁(Yom Kippur War)은 1973년 이집트와 시리아가 이스라엘을 기습 공격하면서 발발한 중동 전쟁이다. 이스라엘의 주요 종교 명절인 욤 키푸르(속죄일)에 맞춰 개전한 데서 이름이 유래되었다. 이 전쟁은 냉전 시대 미국과 소련의 대리전 성격도 띠었으며, 전후 아랍 산유국들은 미국과 이스라엘을 지원한 서방에 대한 반발로 석유 금수 조치를 단행했다. 이로 인해 국제 유가는 급등했고, 세계 경제는 1973년 1차 오일쇼크라는 심각한 인플레이션과 경기 침체의 충격을 겪게 되었다.

1차 석유파동의 시작이었다.

　석유 가격 급등의 충격은 즉각적이었다. 미국에서는 주유소마다 긴 줄이 늘어섰고, 유럽에서는 일요일 자동차 운행 금지령이 내려졌다. 하지만 더 심각한 문제는 경제학 교과서를 다시 써야 할 만큼 새로운 현상이 나타났다는 것이었다. 바로 스태그플레이션, 즉 경기 침체와 인플레이션이 동시에 나타나는 현상이었다.

　케인스 경제학에 따르면 인플레이션과 실업률은 반비례 관계에 있어야 했다. 이를 나타낸 필립스 곡선[6]은 당시 경제 정책의 기본 원리였다. 하지만 1970년대 중반 미국의 실업률은 9%에 육박하면서도 인플레이션율은 12%를 넘어섰다. 당시의 기존 경제 이론으로는 설명할 수 없는 상황이 전개된 것이다.

페트로달러의 등장과 새로운 금융 질서

　그런데 석유파동이 가져온 변화는 단순히 경제적 충격에 그치지 않았다. 석유 가격 급등으로 아랍 산유국들에는 막대한 달러가 유입되기 시작했다. 이른바 '페트로달러(Petrodollar)'의 등장이었다.

　미국 정부는 이 위기를 기회로 전환하는 전략적 선택을 했다. 1974년 헨리 키신저는 사우디아라비아와 비밀 협정을 체결했다. 사

---

6 필립스 곡선(Phillips Curve)은 인플레이션율과 실업률 사이에 존재하는 단기적인 반비례 관계를 설명하는 경제 이론이다. 1958년 영국 경제학자 A.W. 필립스가 영국의 임금 상승률과 실업률 데이터를 분석해 처음 제시했으며, 이후 물가 상승률과 실업률 간의 상충관계로 일반화되었다. 케인스주의자들은 이 곡선을 바탕으로 실업률을 낮추기 위해 어느 정도의 인플레이션은 감수할 수 있다고 보았으나, 1970년대의 스태그플레이션은 이 이론의 한계를 드러내게 했다.

우디는 석유 거래를 달러로만 하고, 석유 수익으로 얻은 달러를 미국 국채에 투자하기로 했다. 대신 미국은 사우디의 안보를 보장하고 최신 무기를 제공하기로 약속했다.

이 협정은 곧 다른 산유국들로 확산되었다. 석유 거래가 달러로 고정되면서 전 세계 국가들은 석유를 사기 위해 달러를 보유해야 했다. 동시에 산유국들이 벌어들인 페트로달러는 뉴욕과 런던의 금융시장으로 흘러들어 갔다. 브레튼우즈 체제는 무너졌지만, 달러의 지배력은 오히려 더욱 공고해진 것이다.

페트로달러 시스템은 1970년대 말까지 약 3,000억 달러 규모로 성장했다. 이 자금들은 미국 금융시장의 유동성을 크게 증가시켰고, 동시에 제3세계 국가들에 대한 대출 붐을 일으켰다. 라틴아메리카와 아프리카의 많은 국가가 낮은 금리에 이끌려 중동의 페트로달러를 빌려 경제 개발에 나섰다. 하지만 이는 훗날 1980년대 신흥국 채무 위기의 격발 장치가 되었다.

설상가상으로 1979년 이란 혁명으로 제2차 석유파동이 발생했다. 팔레비 정권의 붕괴로 이란의 석유 생산이 중단되면서 원유 가격은 다시 두 배로 뛰었다. 미국과 세계 경제는 극심한 혼란에 빠졌고 기존 경제 정책의 무력함이 드러났다.

시카고의 역습: 본격 등판한 신자유주의

1970년대 말 미국 경제는 전례 없는 위기에 직면했다. 물가 상승률이 15%에 육박하고 실업률도 8%를 넘나드는 스태그플레이션의 늪에서 벗어나지 못하고 있었다. 경제학자들은 이를 '미저리 인덱스'7라고 부르며 케인스주의 경제 정책의 한계를 지적했다. 페트로 달러로 인한 유동성 과잉과 제2차 석유파동이 겹치면서 인플레이션은 더욱 심화되었다. 연방준비제도 의장 폴 볼커는 1979년 10월 급진적 조치를 단행했다. 금리를 20%까지 대폭 인상해 인플레이션을 잡겠다는 것이었다. 하지만 이는 극심한 경기 침체를 불러왔다.

이런 경제적 혼란 속에서 밀턴 프리드먼과 시카고학파의 목소리가 힘을 얻기 시작했다. 프리드먼은 스태그플레이션의 원인을 정부의 과도한 시장 개입과 통화 팽창에서 찾았다. 그는 "인플레이션은 언제나 어디서나 화폐적 현상"8이라며 통화량 증가율을 일정하게 유지하는 것만이 해답이라고 주장했다.

1976년 프리드먼이 노벨 경제학상을 받으면서 그의 이론은 학계를 넘어 정책 현장으로 확산되기 시작했다. 동시에 '공급주의 경제학'9도 주목을 받았다. 아서 래퍼가 냅킨에 그린 것으로 유명한 래퍼

---

7 미저리 인덱스(Misery Index)는 한 국가의 경제적 고통 수준을 나타내기 위해 실업률과 인플레이션율을 단순 합산한 지표다. 1970년대 미국 경제학자 아더 오쿤이 처음 제안했으며, 국민이 체감하는 경기 침체의 심각성을 직관적으로 보여주기 위한 목적에서 사용되었다. 1970년대 후반 미국에서 두 지표가 동시에 급등하면서 미저리 인덱스도 최고 수준에 도달했고, 이는 스태그플레이션과 케인스주의 정책 실패의 상징처럼 인식되었다.

8 "Inflation is always and everywhere a monetary phenomenon"이라는 경제학적으로 유명한 문구는 밀턴 프리드먼이 주창한 통화주의의 핵심 명제이다. 이는 인플레이션이 본질적으로 상품이나 서비스의 공급 부족, 특정 산업의 비용 상승 등 다른 요인에 의해 발생할 수 있지만, 장기적이고 지속적인 물가 상승은 통화량의 과도한 증가 없이는 불가능하다는 주장을 담고 있다. 즉, 경제 전체의 생산량 증가 속도보다 시중에 풀리는 돈의 양이 더 빠르게 늘어날 때, 돈의 가치가 하락하여 물가가 전반적으로 상승한다는 의미다.

9 공급주의 경제학(Supply-side Economics)은 경제 성장의 원동력을 수요가 아니라 생산(공급) 측면의 유인에서 찾는 이론이다. 규제 완화, 감세, 노동·자본에 대한 유인 강화 등을 통해 기업의 생산성과 투자를 촉진하면 장기적으로 경제 전체의 성장과 세수 증가로 이어진다는 논리를 바탕으로 한다. 1970년대 후반 인플레이션과 경기 침체가 동시에 나타난 스태그플레이

곡선은 세율을 낮추면 오히려 세수가 늘어날 수 있다는 역설적 주장을 담고 있었다.

이런 새로운 경제 사상들은 정치적 변화와 맞물렸다. 그러곤 1980년 대선에서 로널드 레이건이 지미 카터를 누르고 당선되면서 미국 경제 정책의 패러다임이 바뀌기 시작했다. 케인스주의에서 시장 중심주의로, 수요 관리에서 공급 중심으로, 정부 주도에서 민간 주도로의 대전환이 시작되려 하고 있었다. 브레튼우즈에서 시작된 전후 금융 질서의 한 시대가 막을 내리고 새로운 금융 자본주의의 시대가 열리려 하고 있었다.

선 상황에서, 기존 케인스주의의 수요 진작 정책이 실패하면서 대안으로 부상했다. 대표적 이론가로는 아서 래퍼, 로버트 먼델, 주드 와니스키 등이 있으며, 이후 1980년대 레이건 행정부의 경제 정책에 큰 영향을 미쳤다.

금융 혁명과
금융 자본주의 시대의 도래

혁명의 시작: 레이건과 대처의 금융 자유화

1981년 1월 20일, 로널드 레이건이 제40대 미국 대통령으로 취임했다. 그의 경제 정책은 단순하면서도 혁명적이었다. 세금을 줄이고, 규제를 완화하며, 정부 지출을 축소하고, 통화량 증가를 억제하라. 이것이 바로 '레이거노믹스'의 핵심이었다.

레이건 행정부는 경제회복세법(Economic Recovery Tax Act of 1981, ERTA)을 통해 대폭적인 감세를 단행했다. 최고 소득세율을 70%에서 50%로, 나중에는 28%까지 인하했다. 동시에 기업에 대한 규제 완화가 본격적으로 시작되었다. 특히 금융업에 대한 규제 완화는 이후 수십 년간 금융 시스템의 진화를 이끌어갈 핵심 동력이 되었다.

이러한 변화는 단순한 정책 전환을 넘어서 자본주의 체제 자체의 근본적인 변화를 의미했다. 전후 30년간 지속되었던 '관리 자본주의'[10] 혹은 '조직 자본주의'[11]에서 '금융 자본주의'로의 전환이 시작된 것이다.

금융 자본주의는 금융시장과 금융기관이 경제 전반에 미치는 영향력이 급격히 확대되는 체제를 의미했다. 이제 기업의 가치는 장기적인 생산성이나 기술 혁신보다는 단기적인 주가 상승과 주주 수익률로 평가되기 시작했다.

대서양 건너편에서는 마거릿 대처가 1979년 영국 총리로 취임하며 비슷한 변화를 주도하고 있었다. '대처리즘'으로 불리는 그녀의 정책은 국영기업 민영화, 노동조합 권력 축소, 금융 규제 완화를 골자로 했다.

이에 따라 1980년대 중반부터 영국에서도 미국에서와 마찬가지로 금융 자유화가 본격적으로 진행되었다. 1986년 10월 27일에 시행된 '빅뱅'이라 불리는 이 제도 개혁은 단순한 규제 완화를 넘어선 금융 혁명이었다.

증권거래소의 고정 수수료제가 폐지되고, 금융기관이 자기매매 업무와 중개 업무를 동시에 수행할 수 있도록 허용되었고 은행들이 증권업에 직접 진출할 수 있게 되었다. 동시에 외국 금융기관들의 런

---

[10] 관리 자본주의(Managerial Capitalism)는 기업의 소유(주주)와 경영이 분리되면서, 전문 경영인들이 기업 운영의 주체가 되는 자본주의 형태를 말한다. 이는 대공황 이후부터 1970년대까지의 서구 선진국에서 지배적인 기업 구조였으며, 장기적인 성장 전략과 고용 안정, 생산성 중심의 경영이 특징이었다.
[11] 조직 자본주의(Organizational Capitalism)는 관리 자본주의의 확장된 개념으로, 대규모 기업 조직이 경제와 사회를 주도하는 체제를 가리킨다. 노동조합, 정부, 기업 간 협조 체제가 형성되며 사회 전체의 조화로운 발전을 중시하는 경향이 강했다. 이 두 형태 모두 전후 복지 국가와 산업 구조를 뒷받침했던 자본주의 모델이다.

던 진출도 대폭 허용되었다.

빅뱅의 효과는 즉시 나타났다. 골드만삭스, 모건스탠리 등 미국 투자은행들이 런던에 대규모 지점을 설립했고, 일본의 노무라, 다이와 등도 유럽 진출의 교두보로 런던을 선택했다. 런던은 다시 한번 뉴욕과 어깨를 나란히 하는 글로벌 금융 중심지로 부상했다. 특히 24시간 글로벌 트레이딩 시스템에서 런던은 아시아와 미국을 잇는 핵심 허브 역할을 하게 되었다.

달러 위기와 부활: 플라자 합의의 드라마

1980년대 초, 미국은 자신이 만든 함정에 빠져 있었다. 폴 볼커의 고금리 정책이 인플레이션을 잡는 데는 성공했지만, 예상치 못한 부작용이 나타났다. 높은 금리에 이끌린 해외 자본이 물밀 듯이 미국으로 몰려들기 시작한 것이다. 달러는 마치 블랙홀처럼 전 세계의 돈을 빨아들였고, 그 결과 1980년부터 1985년까지 주요 통화 대비 50% 이상 급등했다.

강달러의 위력은 곧 미국 경제의 아킬레스건이 되었다. 미국 제품들은 하루아침에 비싸지며 수출 경쟁력이 바닥으로 떨어졌다. 디트로이트의 자동차 공장들은 일본 차에 밀려 문을 닫기 시작했고, 러스트 벨트의 쇠락이 가속화되었다. 무역 적자는 천문학적 규모로 불어나며 미국 경제를 위협했다.

위기감을 느낀 레이건 행정부는 결단을 내렸다. 1985년 9월 22일, 뉴욕 맨해튼의 플라자 호텔에서 세계 경제사에 길이 남을 회담이 열렸다. 미국·일본·서독·영국·프랑스 재무장관과 중앙은행 총재들이 한자리에 모인 이 비밀스러운 모임은 마치 경제판 얄타 회담[12] 같았다. 그들의 목표는 단순했지만 야심 찼다. 달러의 패권을 유지하면서도 그 가치를 낮춰 미국 경제를 구해내는 것이었다.

'플라자 합의'라는 이름으로 역사에 기록된 이 협정의 효과는 극적이었다. 불과 2년 만에 달러 가치는 40% 가까이 하락했고, 특히 달러-엔 환율은 240엔에서 120엔대까지 곤두박질쳤다. 이는 단순한 환율 조정을 넘어 세계 경제 지형을 뒤바꾸는 지각변동이었다.

그림 5-1 | 플라자 합의 당시 재무장관들
(왼쪽부터 차례로 독일, 프랑스, 미국, 영국, 일본의 재무장관)

12 얄타 회담(Yalta Conference)은 제2차 세계대전 막바지인 1945년 2월, 소련 크림반도 얄타에서 미국·영국·소련의 최고 지도자들(루스벨트, 처칠, 스탈린)이 모여 전후 세계 질서 재편을 논의한 회담이다. 이 회담에서 독일의 분할 점령, 소련의 대일전 참전, 폴란드 등 동유럽 문제, 그리고 국제연합(UN) 창설의 기본 원칙 등이 합의되었다. 특히, 소련의 대일전 참전 대가로 쿠릴 열도 할양 등 극동 지역에서의 이권을 약속하면서 한반도의 분단과 냉전 체제의 씨앗이 뿌려졌다는 평가를 받는다.

하지만 플라자 합의가 풀어놓은 힘은 통제 불능의 파괴력을 보여주었다. 엔화 강세로 큰 타격을 받은 일본은 자국 경제 회복을 위한 극약 처방을 선택했다. 일본은행은 기준금리를 2.5%까지 대폭 인하하며 시장에 유동성을 쏟아부었다. 이 값싼 돈은 곧 일본 전역에 전례 없는 투기 열풍을 불러일으켰다. 도쿄의 부동산 가격은 하늘 높은 줄 모르고 치솟았고, 닛케이지수는 연일 최고치를 경신했다. 일본의 거품 경제가 시작된 것이다.

더욱 중요한 변화는 글로벌 차원에서 일어났다. 달러 약세는 전 세계적인 유동성 대이동을 촉발했다. 달러 자산에서 이탈한 막대한 자본이 더 높은 수익을 찾아 신흥 시장으로 몰려들기 시작했다. 라틴 아메리카와 아시아의 개발도상국들에서는 갑작스러운 자본 유입으로 신용이 팽창하고 자산 버블이 형성되었다. 이러한 '핫머니'의 국경 간 이동은 향후 수십 년간 반복될 금융위기의 기폭제를 만들어냈다.

한편 미국에서는 달러 약세가 새로운 우려를 낳고 있었다. 수입 물가 상승으로 인플레이션 압력이 다시 고개를 들기 시작했다. 시장은 연준의 금리 인상 가능성에 민감하게 반응했고, 이러한 불안감은 마침내 1987년 10월의 검은 월요일로 폭발하게 될 운명이었다. 플라자 합의는 단기적으로는 미국 경제를 구했지만, 동시에 새로운 위험의 연쇄 시한폭탄을 전 세계에 설치한 셈이었다.

검은 월요일: 1987년 10월 19일의 공포

1987년 10월 초부터 월스트리트에는 불길한 징조들이 나타나기 시작했다. 장기 금리가 10%를 넘어서며 주식 투자의 매력이 급격히 떨어졌고, 미국 정부의 무역 보복 발언은 국제 긴장을 고조시켰다. 10월 14일 수요일과 16일 금요일의 연이은 주가 하락은 투자자들의 불안을 자극했다. 특히 16일 다우존스지수가 108포인트(4.6%)나 급락했다. 많은 전문가는 주말 동안 더 큰 폭풍이 몰아칠 것을 예감했고 그 예감은 적중했다.

10월 19일 월요일. 이날은 금융사에서 '블랙 먼데이'로 기억되는 날이다. 오전 9시 30분 뉴욕증권거래소가 열리자마자 매도 주문이 쏟아졌다. 그러고는 컴퓨터 프로그램에 의한 자동 매매가 그 하락을 더욱 가속화시켰다. 다우존스지수는 하루 만에 22.6% 폭락했다. 이는 1929년 대공황 때보다도 더 큰 하락 폭이었다.

공포는 전 세계로 확산되었다. 런던·도쿄·홍콩의 증시가 연쇄적으로 폭락했다. 24시간 만에 전 세계 주식시장에서 1조 달러가 증발했다. 원인은 복합적이었다. 무역 적자 확대, 금리 상승 우려, 포트폴리오 보험이라는 새로운 파생상품의 역할, 그리고 무엇보다 프로그램 매매라는 시장의 컴퓨터화가 만들어낸 피드백 루프였다.

하지만 1929년 대공황과 달리 시스템은 붕괴하지 않았다. 연방준비제도가 신속하게 유동성을 공급했고, 레이건 대통령은 의회와의 예산 협상 의지를 표명했다. 시장은 몇 달 만에 안정을 되찾았다. 이 사건은 금융 시스템의 복원력을 보여줌과 동시에, 글로벌 금융시장의 상호 연결성과 새로운 기술이 가져올 수 있는 위험을 일깨워주었다.

일본의 자산 버블과 금융공학의 태동

플라자 합의 이후 일본에서 벌어진 변화는 전 세계 금융사에 중요한 교훈을 남겼다. 엔고 충격으로 수출 경쟁력이 약해진 일본 정부는 내수 부양을 위해 적극적인 금융 완화 정책을 펼쳤다.

여기에 1986년 전면 개정된 일본의 금융 제도 개혁이 가세했다. 증권업과 은행업의 분리 원칙이 완화되고, 새로운 금융상품 개발이 허용되었다. 일본 기업들은 '에쿼티 파이낸스(Equity Finance)' 붐을 맞았다. 전환사채(CB)와 신주인수권부사채(BW) 발행이 급증했고, 이를 통해 조달한 자금의 상당 부분이 부동산과 주식 투자로 흘러들어 갔다.

도쿄증권거래소의 닛케이지수 평균은 1985년 13,000포인트에서 1989년 38,915포인트까지 3배 상승했다. 부동산 가격은 더욱 극적이었다. 도쿄 중심가 땅값은 1985년부터 1990년까지 5배나 뛰었다. "도쿄 황궁 부지를 팔면 캘리포니아 전체를 살 수 있다"라는 농담이 나올 정도였다.

이 시기 일본에서는 '재테크'와 '금융공학'이라는 새로운 개념이 등장했다. 노무라증권, 다이와증권 등 일본 증권사들이 복잡한 파생상품을 개발하기 시작했고, 특히 워런트(Warrant)와 같은 새로운 금융상품이 인기를 끌었다. 이러한 금융 혁신은 나중에 월스트리트로 역수출되어 1990년대 파생상품 시장 발전에 기여했다.

탐욕의 시대: 정크본드와 기업 사냥꾼들

1980년대는 영화 〈월스트리트〉에 나오는 대사인 "탐욕이 선(Greed

is Good)"이라는 말로 상징되는 시대였다. 이 시대의 핵심은 금융 자본주의의 새로운 논리였다. 기업은 더 이상 장기적인 성장과 고용 창출을 위한 조직이 아니라, 단기적인 주주 가치 극대화를 위한 도구로 여겨지기 시작했다. '주주 자본주의'의 시대가 열린 것이다.

드렉셀 번햄 램버트의 마이클 밀켄이 개척한 정크본드 시장은 신용등급이 낮은 기업들도 채권 발행을 통해 자금을 조달할 수 있게 해주었다. 밀켄의 논리는 단순했다. 신용등급이 낮다고 해서 반드시 부실한 것은 아니며, 높은 수익률로 위험을 보상받을 수 있다는 것이었다. 1980년대 초 연간 10억 달러 규모에 불과했던 정크본드 시장은 1980년대 말에는 2,000억 달러를 넘어섰다.

정크본드는 기업 인수·합병 붐을 이끌었다. 칼 아이칸, 헨리 크래비스 같은 '기업 사냥꾼'들이 등장했다. 이들은 정크본드로 자금을 조달해 기존 경영진을 축출하고 기업을 인수하는 '레버리지 바이아웃(LBO)'을 주도했다.

이러한 LBO는 금융 자본주의의 상징이었다. 금융 기법을 통해 기업을 인수한 후 구조조정을 통해 수익을 추구하는 것이 새로운 자본주의의 핵심 논리가 되었다. RJR 나비스코 인수전은 이 시대의 정점을 보여주는 사건이었다. 1988년 250억 달러 규모의 이 인수전은 당시 역사상 최대 규모였다.

1988년 RJR 나비스코 인수전: 문 앞의 야만인들

1988년 RJR 나비스코 인수전은 당시 역사상 가장 큰 규모의 레버리지 바이아웃이자, 기업 인수·합병 역사에서 손꼽히는 드라마틱하고 치열한 싸움이었다. 이 사건은 나중에 『문 앞의 야만인들(Barbarians at the Gate)』이라는 유명한 책으로도 출간되었다.

RJR 나비스코는 담배회사 R.J. 레이놀즈와 식품회사 나비스코가 합쳐져 1985년에 탄생한 거대 기업이었다. 우리에게는 카멜 담배와 오레오 과자로 알려진 회사다.

인수전의 시작

이 모든 것은 1988년 10월, 당시 RJR 나비스코의 최고경영자 F. 로스 존슨이 회사를 비공개로 전환하기 위해 주당 75달러에 LBO를 제안하면서 시작되었다. 하지만 존슨의 제안은 예상치 못한 결과를 가져왔다. 회사의 가치를 너무 낮게 평가했다는 비판과 함께 다른 투자회사들의 관심을 폭발적으로 끈 것이다. 이는 엄청난 입찰 경쟁의 불씨가 되었다.

특히 콜버그 크래비스 로버츠(KKR)라는 사모펀드 회사가 강력한 경쟁자로 등장했다. KKR은 헨리 크래비스가 이끄는 사모펀드로, LBO 분야에서는 독보적인 존재였다. KKR은 경영진의 제안보다 훨씬 높은 가격을 제시하며 인수전에 뛰어들었고, 이후 몇 주 동안 KKR과 RJR 나비스코 경영진은 경쟁적으로 입찰가를 높이며 세계 금융시장의 이목을 집중시켰다.

KKR의 승리

1988년 11월 말, 치열한 입찰 경쟁 끝에 결국 KKR이 최종 승자가 되었다. KKR은 주당 109달러, 총 250억 달러에 달하는 당시 역사상 최대 규모의 LBO를 성공시켰다. 비록 경영진이 마지막에 주당 112달러를 제시했지만, KKR의 자금 조달 조건이 더 안정적이라고 이사회가 판단해 KKR의 손을 들어주었다.

RJR 나비스코 인수전이 남긴 의미

이 RJR 나비스코 인수전은 1980년대 금융시장의 특징인 공격적인 M&A, 특히 레버리지 바이아웃의 상징적인 사건으로 지금까지도 회자되고 있다. 막대한 빚을 내서 기업을 인수한 다음, 회사를 쪼개 팔거나 구조조정을 통해 이익을 얻는 LBO 방식과 위험성을 극명하게 보여준 사례였다. 또한, 이 사건은 사모펀드의 막강한 영향력이 기업 지배구조에 얼마나 큰 파급력을 미칠 수 있는지 전 세계에 명확히 보여주었고, 기업 경영진과 외부 투자자들 사이의 복잡한 힘겨루기를 적나라하게 드러낸 금융 자본주의의 중요한 사례로 평가받고 있다.

부동산 광풍과 저축대부조합의 몰락

레이건 시대의 규제 완화는 부동산 시장에도 새로운 활력을 불어넣었다. 1981년 경제회복세법은 부동산 투자에 대한 세제 혜택을 크게 확대했다. 감가상각 기간을 단축하고, 투자 세액 공제를 확대하는 것이 주요 내용이었다. 이로 인해 부동산은 세금 회피 수단으로 각광받게 되었다.

동시에 저축대부조합(Savings and Loan, S&L)에 대한 규제도 완화되었다. 이는 저축대부조합들이 예금금리를 자유롭게 설정하고 상업용 부동산 대출을 확대할 수 있게 해주었다. 전통적으로 주택담보대출에 특화되어 있던 저축대부조합들이 갑자기 복잡한 상업용 부동산 시장에 뛰어든 것이다.

그러나 결과는 참혹했다. 많은 저축대부조합이 고위험 부동산 프로젝트에 무분별하게 투자했고, 1980년대 후반 부동산 시장이 침체하면서 연쇄적으로 파산했다. 특히 텍사스, 캘리포니아, 애리조나 등 부동산 버블이 심했던 지역의 저축대부조합들이 큰 타격을 받았다. 1989년부터 1991년까지 약 1,000개의 저축대부조합이 파산했고, 정부는 1,240억 달러의 구제금융을 투입해야 했다.

증권화의 시작과 모기지 시장의 변화

1980년대의 또 다른 중요한 금융 혁신은 '증권화'였다. 이는 전통적으로 은행이 보유하던 대출 자산을 유동성 있는 증권으로 전환하는 기법이었다. 그 선구자는 1970년 설립된 정부 국민 모기지 협회(Government National Mortgage Association, GNMA, 통상 Ginnie Mae라고 불림)였지만, 본격적인 발전은 1980년대에 이루어졌다.

특히 1981년 살로몬 브라더스의 루이스 라니에리가 주도한 민간 주택담보부증권 발행은 금융사의 이정표가 되었다. 라니에리는 수천 개의 개별 모기지를 하나로 묶어 증권화함으로써 위험을 분산시키고 유동성을 높일 수 있다고 주장했다. 이 아이디어는 곧 다른 형태의 자산으로 확산되었다. 신용카드 채권, 자동차 할부금, 학자금 대출 등을 담보로 한 자산담보부증권들이 나왔다.

증권화는 금융 자본주의의 핵심 메커니즘 중 하나였다. 이를 통해 전통적인 은행 중심의 금융 중개 시스템이 시장 중심의 금융 시스템으로 전환되기 시작했다. 이제 위험은 개별 금융기관이 아닌 시장 전체에 분산되었고, 이는 금융 시스템의 효율성을 높이는 동시에 새로운 형태의 시스템 리스크를 창출했다.

증권화는 금융회사를 근본적으로 변화시켰다. 은행들은 더 이상 대출을 만기까지 보유할 필요가 없었다. '대출 후 보유'에서 '대출 후 매각' 모델로의 전환이 시작된 것이다. 이는 은행들이 더 많은 대출을 공급할 수 있게 해주었지만, 동시에 대출 심사 기준의 완화라는 부작용도 낳았다.

1980년대 말까지 주택담보부증권 시장은 연간 발행액이 1,000억 달러를 넘어섰다. 이는 기존 금융 중개 시스템에 위험한 압력을 가했고, 결국 2008년 금융위기의 진원지가 될 '그림자 금융 시스템'의 토대를 만들어냈다.

몰락의 전주곡: 1989~1991년의 경고

드렉셀 번햄 램버트는 6억 5,000만 달러의 벌금을 내고 밀켄을 해고했지만, 1990년 2월 결국 파산 보호 신청을 했다. 결국, 정크본드 시장의 제왕은 역사 속으로 사라졌다.

드렉셀의 몰락은 정크본드 시장 전체를 뒤흔들었다. 1989년부터 정크본드 시장은 급격히 위축되기 시작했고, 이는 곧 상업용 부동산 시장에 직격탄이 되었다. 1980년대 내내 연평균 10% 이상 성장하던 상업용 부동산 가격이 1990년부터 급락하기 시작했다. 특히 오피스

빌딩 시장은 과잉 공급과 수요 부족으로 공실률이 20%를 넘어서는 지역이 속출했다.

이러한 정크본드와 부동산 시장의 동반 침체는 저축대부조합 위기를 더욱 악화시켰고 금융기관들의 부실채권 급증은 신용경색으로 이어졌다. 은행들이 대출을 기피하면서 실물경제에도 타격이 가해졌고, 1990년 7월부터 1991년 3월까지 8개월간의 경기 침체가 시작되었다. 비록 상대적으로 짧은 침체였지만, 이는 1980년대 금융 혁신이 가져온 구조적 위험을 명확히 드러내는 계기가 되었다.

글로벌 금융의 새로운 지평과 위험의 징조

1980년대의 가장 중요한 변화는 금융의 글로벌화였다. 1986년 런던의 '빅뱅' 개혁, 1988년 바젤 합의 체결 등을 통해 국제 금융시장은 급속히 통합되어 갔다. 런던의 유로달러 시장, 도쿄의 엔화 채권 시장, 뉴욕의 달러 채권 시장이 24시간 연결되어 돌아가는 진정한 글로벌 금융시장이 형성된 것이다.

이러한 글로벌 금융시장의 통합은 금융 자본주의 시대의 본격적인 개막을 의미했다. 각국 정부의 경제 정책은 이제 글로벌 금융시장의 평가와 자본 이동에 따라 크게 좌우되기 시작했다. 1985년 플라자 합의 이후 형성된 글로벌 유동성 과잉은 이러한 변화에 더욱 속도를 붙였다.

금융 혁신의 속도도 놀라웠다. 파생상품 시장이 폭발적으로 성장하면서, 1987년 시카고상품거래소에서 거래된 파생상품의 명목 가치는 현물 주식 거래액을 넘어섰다. 1987년 10월 19일 '블랙 먼데이'

주식시장 대폭락은 이러한 새로운 금융상품들이 시장 변동성을 증폭시킬 수 있음을 보여주는 경고였다.

1990년대 초, 냉전 종료와 함께 새로운 전환점이 찾아왔다. 동구권 국가들이 시장경제로 전환하기 시작했고, 개발도상국들도 자본시장 개방 압력에 직면했다. 이 과정에서 새로운 형태의 국제 자본 이동이 시작되었다. 선진국의 뮤추얼펀드와 초기 형태의 헤지펀드들이 신흥 시장 투자에 나서기 시작한 것이다. 이들 '핫머니'는 높은 수익을 추구하며 전 세계를 이동했지만, 그 변동성 또한 매우 컸다.

멕시코는 1988년 카를로스 살리나스 대통령 집권 이후 대대적인 경제 개혁을 단행했다. 국유기업 민영화, 무역 자유화, 금융 규제 완화를 통해 외국인 투자를 적극 유치했다. 1994년 1월 1일 NAFTA(북미자유무역협정) 발효는 멕시코 경제에 대한 기대감을 높였다. 하지만 경상수지 적자 확대와 치아파스 반군 봉기 등 정치적 불안정은 훗날 1994년 멕시코 외환위기의 뇌관이 되어 있었다.

아시아 국가들도 비슷한 길을 걷고 있었다. 한국, 태국, 인도네시아, 말레이시아 등은 수출 지향적 산업화와 점진적 금융 자유화를 통해 '아시아의 기적'이라 불리는 고속 성장을 이루어내고 있었다. 하지만 고정환율제, 단기 외채 급증, 부실한 금융 감독 등의 구조적 취약성은 1997년 아시아 외환위기의 기폭제가 되고 말았다.

이처럼 1990년대 초는 글로벌 금융의 새로운 시대가 열리는 전환점이었다. 하지만 그 이면에는 향후 수십 년간 전 세계를 괴롭힐 금융 불안정성의 씨앗들이 함께 자라나고 있었다.

1990년대 골디락스 경제 속 위기의 씨앗들

1990년, 세계는 일본의 경제 기적을 경외하는 눈으로 바라보았다. 일본 기업들은 미국의 상징적 건물들을 사들이며 '재팬 애즈 넘버원(Japan as Number One)'의 시대를 구가했다. 하지만 그 화려한 무대 뒤에서는 이미 붕괴를 향한 위기의 씨앗이 자라기 시작했다. 일본은행이 금리를 급격히 인상하자 거품은 터지기 시작했고, 향후 세계 금융사를 뒤흔들 연쇄반응의 첫 도미노가 쓰러졌다.

일본의 추락과 잃어버린 세월의 시작

1980년대 후반, 일본 전역은 끝없는 낙관과 투자 열기로 들끓었다. 도쿄 롯폰기 언덕 위에 높이 솟은 빌딩 숲은 '무한 성장'의 상징이었고, 길거리를 가득 메운 수많은 부동산 광고는 더 오를 것이란 자신감을 부추겼다. 기업들은 차입을 무릅쓰고 설비를 확장했고, 은행들은 담보 가치 상승만 믿고 헐값에 돈을 풀었다. 그렇게 1989년 말, 닛케이 평균주가는 사상 최고치를 찍으며 정점에 올랐다.

그러나 그 이면엔 커질 대로 커진 거품이 있었다. 1990년 1월, 예상치 못한 금리 인상 신호가 전해지자 호시탐탐 기회를 엿보던 금융자본들이 발걸음을 멈췄다. 거래량은 급격히 줄어들고, 매도 물량이 쏟아지자 지수는 하루가 멀다 하고 하락세를 그리기 시작했다. 도쿄 한복판 건물에 공실이 늘어났고, 황금알을 낳던 부동산은 순식간에 반 토막의 반 토막으로 주저앉았다.

1990년대 초 부동산 버블이 붕괴되면서 일본의 금융기관들은 전례 없는 위기에 직면했다. 1980년대 후반 부동산 광풍 시기에 금융기관들은 부동산 담보대출을 크게 늘렸고, 특히 은행들의 부동산 관련 대출 비중은 전체 대출의 30%를 넘어섰다.

1991년부터 1995년까지 일본의 상업용 부동산 가격은 약 60% 급락했고, 금융기관들의 부실채권은 1992년 12조 엔에서 1995년 40조 엔을 넘어섰다. 가장 심각한 타격을 받은 것은 주택 금융 전문 회사들이었다. 1970년대 주택 금융 공급을 위해 설립된 이들 7개 비은행 금융기관은 1980년대 부동산 투기에 깊숙이 개입했다가 1995년 파산 위기에 몰렸다.

1995년 효고은행 파산을 시작으로 1997년 홋카이도 타쿠쇼쿠은행과 야마이치증권 등 대형 금융기관들도 연쇄 도산했다. 이에 일본은행과 대장성은 금융 시스템 붕괴를 막기 위해 '관용 정책'을 선택했다. 1998년 13조 엔의 공적 자금을 투입해 부실 금융기관들을 지원한 것이다.

하지만 이 정책은 '좀비 은행' 문제를 낳았다. 실질적으로는 파산 상태이지만 정부 지원으로 겨우 명맥을 유지하는 은행들이 등장한 것이다. 이들은 기존 부실기업에 추가 대출을 해주며 손실을 은폐했고, 생산성 낮은 부실기업들이 시장에서 퇴출되지 않으면서 건전한 기업들의 성장을 가로막았다.

일본 경제의 버팀목이었던 기업 경영 방식 또한 큰 위기를 맞았다. 과거 일본 기업들은 평생 고용과 연공서열을 중요하게 여기며, 서로 주식을 보유하여 긴밀한 관계를 유지하는 '케이레츠(系列)'라는 집단을 형성했다. 이들은 재무제표의 숫자보다는 사람 간의 신뢰와 관계를 더 중요하게 생각하며 사업을 운영해왔다.

하지만 버블 붕괴로 인해 더 이상 이러한 '관계 중심'의 경영 방식만으로는 회사를 유지하기 어려워졌다. 기업들은 당황했고, 지나친 설비 투자와 무리한 매출 목표 달성 때문에 쌓인 빚은 눈덩이처럼 불어났다.

패러다임 전환은 해외 자산 매각이라는 형태로도 표출됐다. 1989년 당시 미쓰비시 부동산이 14억 달러에 매입했던 뉴욕 록펠러 센터는 1995년 채권단 손에 넘어갔다. 세계 금융시장에서 일본은 '에너지가 다 빠진 자이언트'로 불리며, 더 이상 거인도 아니란 평가를 듣기 시작했다.

이렇게 1990년대 초부터 시작된 '잃어버린 10년'은 숫자로만 보면 성장률이 낮아진 시기로 정의되지만, 실상은 한국전쟁 이후 압축 성장을 이룩했던 사회가 느릿느릿 숨 고르기에 들어간 시간이기도 했다. 잘못 꿴 금융·정책적 매듭을 풀기까지 걸린 세월은 30년이 넘었고, 그사이 일본인은 '안정'을 선택하며 리스크를 경계하게 되었다.

1990년대 골디락스 경제: 일본의 침묵과 다른 세계의 활황

1990년대 초, 일본이 '잃어버린 10년'의 수렁에 빠져 허우적거릴 때, 대서양 건너편과 태평양 반대편 곳곳에서는 전혀 다른 풍경이 펼쳐지고 있었다. 바로 '골디락스 경제'의 전성기였다. 뜨겁지도, 차갑지도 않은 딱 알맞은 온도로 전 세계를 포근하게 감싸안던 시기였다.

1990년대 미국에서는 정보기술 혁명이 속도를 냈다. 실리콘밸리에서는 새벽을 밝히는 프로그래머들이 PC와 서버를 연결해 인터넷이라는 거대한 통신망을 짓고 있었고, 워드 프로세서에서 시작해 이메일, 웹 브라우저가 기업의 생산성을 기하급수로 끌어올렸다.

한편 워싱턴 D.C.에선 앨런 그린스펀 연준 의장이 금리 레버를 정교하게 조정하며 '신중한 긴축'과 '적절한 완화'를 오갔다. 인플레이션 압력은 2% 전후에서 안정적으로 관리됐고, 실업률은 4%대까지 떨어졌다. 소비자 물가가 꿈쩍도 하지 않는 사이, S&P500지수는 연평균 15%가 넘는 수익률을 기록했다. '비이성적 과열'이라는 말이 흘러나오던 1990년대 후반부까지도, 대다수 기업은 실질 생산성 상승이라는 뒷받침이 있었기에 비교적 무난히 고공 성장을 이어갈 수 있었다.

유럽의 단단해지는 연대

대서양 건너 유럽도 마냥 가만히 있지는 않았다. 1990년 독일 통일이 가져온 재정 부담과 동독 지역 재건의 과제에도 불구하고, 프랑스·

독일·이탈리아·영국이라는 주요국은 '마스트리히트 조약'(1992년)으로 화폐 동맹(EMU)과 단일 통화를 향한 첫걸음을 뗐다.

이 과정에서 유로를 도입하기 위한 물가·재정·환율 안정 기준을 맞추느라 각국은 정부 지출을 엄격히 통제했고, 독일 분데스방크와 프랑스 중앙은행은 상호 견제 속에 통화 정책의 균형점을 찾아갔다. 덕분에 유로존 출범 전부터 물가 상승률은 2% 안팎에서 안정됐고, 기업 간 무역 장벽은 점차 허물어졌다. 유로 등장(1999년 전자화폐, 2002년 지폐·주화 도입) 이전부터 이미 '유럽 단일 시장'의 힘은 소비자와 기업의 지갑을 채워주는 호재로 작용했다.

신흥국의 도약과 이중 잔치

조금 더 눈을 돌리면, 아시아 신흥국들 또한 저마다의 호황을 누렸다. 1990년대 중후반 한국·대만·싱가포르·홍콩 '아시아 4룡'은 제조업 수출을 발판 삼아 연 7% 안팎의 고성장 행진을 이어갔고, 외환 보유고를 쌓아 올려 향후 위기 대응력을 키워나갔다. 물론 1997년 말 닥친 아시아 금융위기가 이 균형을 무너뜨렸지만, 그 직전까지의 수년은 말 그대로 '세계 경제의 파티'였다.

결론적으로, 1990년대는 일본이 거품 붕괴의 후유증으로 신음하며 '잃어버린 세월'을 시작한 반면, 그 외 지역은 IT 혁명과 안정적인 거시경제 정책에 힘입어 물가 안정 속 고성장이라는 골디락스 경제를 누린 이중적인 시기였다. 이는 특정 지역의 경제위기가 전 세계로 즉시 전파되지 않고, 오히려 다른 지역에서는 새로운 성장 동력을 찾아 번영을 이룰 수 있다는 역설적인 교훈을 던져준다.

물론 이러한 평화로운 골디락스 시대 역시 영원할 수는 없었고, 2000년대 초 닷컴 버블 붕괴와 함께 새로운 도전의 시대를 맞이하게 된다.

멕시코의 충격: 테킬라 효과의 탄생

일본이 장기 침체의 늪에 빠져 있던 1994년 12월, 지구 반대편 멕시코에서 새로운 위기가 시작되었다. 에르네스토 세디요 정부는 출범과 함께 페소화의 평가절하를 단행했고, 이는 예상치 못한 파국으로 이어졌다.

멕시코는 1990년대 초 신자유주의 개혁의 모범 사례로 칭송받았다. 카를로스 살리나스 정부하에서 북미자유무역협정 가입을 추진하며 외국인 투자를 적극 유치했다. 하지만 이 과정에서 경상수지 적자가 누적되었고, 단기 외국인 자본에 대한 의존도가 높아졌다.

문제는 '테소보노스(Tesobonos)'라 불리는 달러 연동 국채였다. 멕시코 정부는 페소화 불안을 달래기 위해 달러로 원리금을 지급하는 채권을 대량 발행했는데, 평가절하 이후 이 채권들의 상환 부담이 급증했다. IMF가 500억 달러 규모의 구제금융을 제공했지만, 이미 투자자들의 신뢰는 무너진 후였다.

'테킬라 효과'라 불린 이 위기는 아르헨티나와 브라질 등 다른 라틴아메리카 국가들로 빠르게 전염되었다. 이는 금융 세계화 시대에 한 국가의 위기가 어떻게 지역적으로 확산될 수 있는지를 보여준 대표적 사례였다.

동남아시아 기적의 종말(1997년)

1997년 7월 2일, 평온했던 아시아 금융시장에 파열음이 일어났다. 태국 중앙은행이 바트화의 달러 고정환율제를 포기한다고 전격 발표한 것이다. 이 발표는 단순한 환율 정책의 변화를 넘어, '아시아의 기적'이라 불리던 고도성장의 신화가 산산조각 나는 아시아 금융위기의 비극적인 서막을 알리는 신호탄이 되었다.

1990년대 중반까지 태국, 인도네시아, 말레이시아, 필리핀 등 동남아시아 국가들은 '신흥 경제 강국'으로 불리며 전 세계의 주목을 받았다. 이들 국가는 외국인 직접 투자 유치와 수출 주도형 성장을 통해 경이로운 경제 성장을 달성했다. 태국 수도 방콕과 말레이시아 수도 쿠알라룸푸르의 스카이라인에서는 마천루가 쉼 없이 솟아올랐고, 급속도로 두터워진 중산층은 서구식 소비 문화를 만끽하기 시작했다.

그러나 눈부신 성공의 이면에는 구조적인 취약점이 깊숙이 자리하고 있었다. 가장 큰 문제점은 바로 '고정환율제'와 이로 인한 '달러 표시 외채'의 급증이었다. 이들 국가는 자국 통화의 가치를 미국 달러에 고정하는 고정환율제를 유지하고 있었는데, 이는 해외 투자자들이 안정적인 환율을 믿고 투자할 수 있는 매력적인 요인이었다.

기업들은 이러한 환율 안정성을 바탕으로 상대적으로 저렴한 금리의 달러 자금을 대규모로 빌려 자국 내에서 현지 통화로 투자했다. 그러나 이는 '환율 불일치'와 '만기 불일치'라는 이중의 위험을 내포하고 있었다. 즉, 달러로 빚을 내어 자국 통화로 사업을 운영하다가 환율이 급변하면 막대한 환차손을 입을 수 있었고, 단기 외채를 빌려 장기 투자에 활용하면서 유동성 위기에 취약해지는 구조였다.

게다가 급격히 유입된 해외 자본은 생산적인 투자보다는 부동산과 주식시장에 과도한 투기를 부추겼다. 방콕과 자카르타의 부동산 가격은 천정부지로 치솟았고, 증시 역시 실물경제의 기초 체력을 훨씬 뛰어넘는 수준으로 과열되었다. 이처럼 부채에 기반한 성장은 거대한 버블을 키우고 있었다.

결정적인 균열은 태국에서 시작되었다. 바트화의 고평가 논란이 심화되고 외국인 투자 자금이 빠르게 빠져나가면서 태국 경제는 휘청거리기 시작했다. 이때를 놓치지 않고 조지 소로스를 비롯한 국제 헤지펀드들은 태국 바트화에 대한 대규모 공매도를 감행했다. 이들은 태국이 고정환율제를 더 이상 유지하기 어렵다고 판단하고, 바트화 가치 하락에 베팅한 것이다. 태국 정부는 외환 보유고를 쏟아부으며 바트화 방어에 나섰지만, 역부족이었다. 결국, 7월 2일 태국은 고정환율제를 포기하고 변동환율제로 전환함으로써 사실상 외환위기를 선언했다.

태국의 위기는 곧바로 인도네시아, 말레이시아, 필리핀 등으로 전염되었다. 헤지펀드들은 연이어 이들 국가의 통화를 공격했고, 외국인 자본은 썰물처럼 빠져나갔다. 말레이시아의 마하티르 총리는 조지 소로스를 '경제 전범'이라 비난하며 거세게 비판했지만, 이미 시장의 파도를 막기에는 너무 늦었다. 각국 정부는 IMF에 구제금융을 요청하며 통화 가치 하락과 경제 침체의 수렁에 빠져들었다.

대한민국, '선진국 진입'의 꿈에서 'IMF 사태'로의 급전환

아시아 금융위기의 마지막 도미노이자, 가장 극적인 사례는 바로 우리나라였다. 1996년, 한국은 선진국 클럽이라 불리는 경제협력개발기구(OECD)에 가입하며 '선진국 진입'을 자축했다. 경제 성장과 정치 민주화가 동시에 이루어진 '기적'에 대한 자부심이 국민 사이에 가득했다. 그러나 불과 1년 뒤, 한국은 IMF에 구제금융을 요청해야 하는 믿을 수 없는 현실에 직면하게 되었다.

위기의 근본 원인은 재벌 중심의 성장 모델과 취약한 금융 시스템에 있었다. 과거 고도성장을 이끌었던 재벌 그룹들은 1990년대 중반부터 과도한 부채를 통한 문어발식 확장 경쟁에 몰두했다. 외환위기 직전, 한국 기업들의 부채 비율은 세계 최고 수준에 달했으며, 수많은 대기업이 수익성과 상관없이 무분별하게 사업 영역을 확장하며 부실을 키웠다.

1997년 1월, 한보철강의 부도를 시작으로 삼미그룹(3월), 대농(3월), 진로(4월), 그리고 기아그룹(7월)까지 줄줄이 파산 위기로 내몰렸다. 이들 대기업의 연쇄 부실은 은행들에 막대한 부실채권을 안겨주었고, 한국 금융 시스템 전체를 위협하는 도화선이 되었다. 해외 투자자들은 한국 경제에 대한 불안감을 느끼기 시작했고, 외국 자본의 유출 속도는 점차 빨라졌다.

정부는 외환 보유액이 빠르게 고갈되는 상황에서도 현실을 직시하지 못하고 안이한 대응으로 일관했다. 환율 방어에 실패하고 외화 부족 사태가 심화되자, 결국 1997년 11월 21일, 임창열 당시 재정경제원 장관은 대국민 담화문을 통해 IMF에 구제금융을 요청한다고 발표했다. 이 발표는 한국 현대사의 치욕적인 순간 중 하나로 기록되었고, 많은 국민에게 깊은 절망감과 충격을 안겨주었다.

미셸 캉드쉬 당시 IMF 총재가 주도한 구제금융 협상은 혹독한 대가를 요구했다. IMF는 한국 경제의 근본적인 체질 개선을 명분으로 금융 시스템 개혁, 기업 구조조정, 노동시장 유연화, 재벌 해체, 공기업 민영화 등 광범위한 개혁 프로그램을 강제했다. 은행과 기업들은 대규모 구조조정에 돌입했고, 많은 기업이 파산하며 대량 해고 사태가 발생했다. 평생직장이라는 개념이 사라지고 정리해고가 일상화되면서 사회 전체는 불안과 고통 속에 신음했다.

그러나 절망의 순간에도 희망의 빛은 존재했다. 국가 부도 위기에 직면하자, 놀랍게도 국민 사이에서 '금 모으기 운동'이 자발적으로 일어났다. 수많은 시민이 장롱 속 깊이 간직했던 결혼반지, 목걸이, 기념패 등 소중한 금붙이들을 들고 은행과 거리에 마련된 창구로 향했다. 이는 단순히 외환 보유고를 확충하려는 경제적 행위를 넘어, 국가적 위기 앞에서 하나 된 국민의 의지와 애국심을 보여주는 상징적인 사건이었다. 이 운동은 전 세계를 놀라게 했으며, 한국의 위기 극복을 보여주는 중요한 사례가 되었다.

1997년 아시아 금융위기는 동남아시아와 한국 경제에 깊은 상흔을 남겼다. 이 위기는 겉으로 보이는 경제 지표의 화려함 뒤에 숨겨진 취약한 구조와 무분별한 투기가 어떤 파국을 초래할 수 있는지 여실히 보여주었다. 또한, 국제 투기 자본의 파괴적인 영향력과 위기 상황에서 정부의 무능한 대응이 얼마나 큰 비극을 낳을 수 있는지를 깨닫게 해준 중요한 역사적 교훈이 되었다. 하지만 동시에 위기 속에서도 국민이 보여준 단결력과 회복 탄력성은 위기를 극복하고 더욱 강한 경제 체질을 갖추게 하는 데 밑거름이 되었다.

러시아의 디폴트와 LTCM의 파산

1998년 8월 17일, 러시아 정부는 국채 상환을 중단하고 루블화 평가절하를 단행한다고 발표했다. 이른바 '러시아의 모라토리엄 선언'이었다. 러시아의 위기는 석유 가격 하락과 아시아 금융위기의 여파로 시작되었다. 보리스 옐친 정부는 높은 금리의 단기 국채를 발행해 재정을 충당했지만, 이는 폰지 금융과 다른 바 없었다. 세르게이 키리옌코 총리 정부가 개혁을 시도했지만 이미 늦었고, 결국 디폴트를 선언할 수밖에 없었다.

러시아 위기의 진짜 충격은 뉴욕에서 터졌다. 롱텀 캐피털 매니지먼트(LTCM)라는 헤지펀드가 파산 위기에 몰린 것이다. 1994년 설립된 LTCM은 마이런 숄즈와 로버트 머튼 등 노벨 경제학상 수상자들이 참여한 '꿈의 팀'이었다. 이들은 수학적 모델을 이용한 차익 거래로 연평균 40% 이상의 수익률을 기록하며 '금융공학의 승리'로 칭송받았다.

하지만 LTCM의 모델은 '정상적' 시장 상황을 전제로 했다. 러시아 디폴트라는 예외적 사건이 발생하자 모든 계산이 틀어졌다. 더욱이 40배가 넘는 극도의 레버리지를 사용했던 LTCM의 손실은 1조 달러 이상의 포지션을 위협했다.

앨런 그린스펀 연준 의장과 윌리엄 맥도너 뉴욕 연방준비은행 총재는 LTCM의 파산이 금융 시스템의 파국을 초래할 수 있다고 판단했다. 결국, 골드만삭스, 모건스탠리 등 14개 주요 투자은행이 36억 달러를 출자해 LTCM을 인수하는 초유의 민간 구제금융이 성사되었다.

새천년, 닷컴 광풍과 환희의 시대

1999년, 다가올 새천년을 앞두고 전 세계는 'Y2K 문제'라는 미지의 공포에 휩싸여 있었다. 컴퓨터가 2000년을 '00'으로 인식하여 시스템 오류가 발생할 것이라는 우려가 확산되었고, 세계 경제가 마비될 수도 있다는 불안감이 엄습했다. 그러나 정작 인류의 삶과 경제 패러다임을 송두리째 뒤흔들 거대한 변화는 Y2K 오류가 아닌 다른 곳에서 조용하지만 맹렬하게 진행되고 있었다. 바로 인터넷이라는 혁신적인 기술이 경제와 금융시장의 새로운 규칙을 만들어내기 시작한 것이다.

1990년대 중반부터 인터넷은 전 세계에 급속도로 보급되기 시작했다. 웹사이트가 등장하고 전자상거래의 가능성이 엿보이면서 사람

그림 5-2 | 닷컴 버블 당시 나스닥 차트
출처: TradingView

들은 무한한 가능성에 열광했다. 이러한 기대감은 주식시장, 특히 기술주 중심의 나스닥 시장으로 고스란히 옮겨붙었다. 1995년 1,000포인트 수준에 머물던 나스닥지수는 2000년 3월, 5,048.62포인트라는 경이로운 수준까지 치솟으며 5년 만에 무려 5배가 넘는 상승률을 기록했다. 말 그대로 '광란의 파티'였다.

아마존, 야후, 이베이 등 초기 인터넷 기업들은 혁신적인 비즈니스 모델로 시장을 선도하며 투자자들의 열렬한 지지를 받았다. 이들의 주가는 수십 배, 아니 수백 배씩 폭등하는 기적을 연출했고, 사람들은 인터넷이 모든 것을 바꿀 것이라는 환상에 사로잡혔다. 심지어 아직 수익을 내지 못하고 미래의 성장 가능성만으로 존재하는 수많은 스타트업조차 단순히 회사 이름 뒤에 '.com'만 붙이면 주가가 급등하는 기현상이 벌어졌다.

트래픽 기반 투자 논리와 새로운 기업 가치 평가

이 시기의 투자 논리는 기존의 전통적인 재무 지표와는 완전히 다른 길을 걸었다. 주당순이익(EPS), 주가수익비율(PER)과 같은 잣대는 더 이상 중요하지 않았다. 대신 '매출 성장률', '페이지뷰', '클릭 수', '방문자 수'와 같은 새로운 지표들이 기업 가치를 평가하는 기준으로 떠올랐다. '네트워크 효과', 즉 사용자가 많아질수록 서비스의 가치가 더욱 커지는 현상과 '퍼스트 무버 어드밴티지', 즉 시장을 선점하는 것이 중요하다는 개념이 유행처럼 번졌다.

벤처캐피털들은 이러한 논리를 적극적으로 주도하며, 이용자와 트래픽 규모 자체를 핵심 자산으로 간주하였다. 일단 많은 사용자를 확보하면, 나중에 어떻게든 수익화할 수 있다는 믿음이 시장을 지배했다. 수익이 없는 스타트업에 엄청난 자금이 몰려들었고, 기업들은 이 자금을 바탕으로 미래의 가능성만으로 몸집을 불려나갔다. 이성적인 판단보다는 '대박'을 향한 열망과 '나만 뒤처질 수 없다'는 FOMO(Fear Of Missing Out) 심리가 시장을 주도했다.

거품의 붕괴, 그리고 쓰디쓴 교훈

그러나 영원할 것 같았던 광풍은 2000년 3월 10일을 정점으로 수그러들었다. 미국 연준의 금리 인상 기조와 함께 투자자들은 서서히 현실을 직시하기 시작했다. 수익성 없는 기업들이 난립하고 기술의 발전 속도에 비해 실제 수익 창출이 더디다는 인식이 확산되면서 투자 심리가 급격히 냉각되었다.

닷컴 버블은 순식간에 꺼지기 시작했다. 나스닥지수는 2000년 3월 고점 대비 2002년 10월까지 무려 78% 폭락하는 대참사를 겪었다. 수많은 닷컴 기업들이 자금난에 허덕이며 파산했고, 한때 유망했던 스타트업들은 먼지처럼 사라졌다.

새천년의 닷컴 광풍은 기술 혁신이 가져다준 무한한 가능성과 함께 비이성적인 군중심리가 얼마나 큰 거품을 만들고, 결국은 어떻게 터져버리는지를 보여준 중요한 사례이다. 이는 미래에 대한 막연한 기대감만으로 실체 없는 기업에 과도한 자금이 몰릴 때 어떤 비극이 벌어지는지를 여실히 증명했다.

닷컴 버블 붕괴는 투자자들에게 '수익 없는 성장은 지속 불가능하다'라는 냉엄한 진리를 일깨워주었으며, '새로운 시대의 새로운 논리'라며 기존의 전통적 가치 평가 기준을 무시하는 것이 얼마나 위험한 일인지를 다시 한번 상기시켜 주었다. 하지만 동시에 이 경험은 디지털 기술이 진정으로 세상을 변화시킬 잠재력을 가지고 있음을 보여주었고, 이후 구글·아마존·페이스북·넷플릭스 등 진정한 기술 혁신 기업들이 등장하여 새로운 시대를 열었다.

21세기의 문턱에서: 새로운 위기의 징조들

2000년대 초 닷컴 버블 붕괴 이후, 글로벌 경제는 잠시 숨을 고르는 듯했다. 하지만 1990년대의 금융 자유화와 세계화는 이미 금융 시스템 곳곳에 새로운 위험의 잔불을 뿌려놓은 상태였다. 저금리 기조가 장기화되면서 투자자들은 더 높은 수익을 찾아 위험 자산으로 눈을 돌리기 시작했고, 이는 새로운 자산 버블의 토대가 되었다.

특히 미국의 주택 시장에서는 서브프라임 모기지라는 위험한 금융상품이 급증하고 있었다. 이는 2008년 글로벌 금융위기라는 전례 없는 금융 재앙으로 이어지는 불씨가 될 것이었다.

지난 10년간 펼쳐진 일본의 거품 붕괴, 신흥국 외환위기, 러시아 모라토리엄, LTCM 파산, 그리고 닷컴 버블 붕괴는 금융시장의 변동성과 상호 연결성이 얼마나 커졌는지를 보여주는 생생한 증거였다. 탐욕과 공포가 만들어내는 버블과 붕괴의 반복 속에서, 인류는 금융 시스템의 취약성과 인간 본연의 탐욕을 끊임없이 직시해야 함을 배우게 된다.

하지만 과연 인류는 이러한 교훈을 충분히 습득했을까?

6장

뉴 노멀 시대의
충격과 대응
(21세기)

"이번에는 다르다."

— 카르멘 라인하트, 케네스 로고프

딥 임팩트,
2008년 서브프라임 금융위기

9·11 테러, 세계 금융 시스템을 마비시키다

2001년 9월 11일 화요일 오전 8시 46분, 뉴욕 맨해튼 금융가 한복판에 서 있던 세계무역센터 북쪽 타워에 아메리칸 항공 11편이 충돌했다. 17분 후 남쪽 타워에도 유나이티드 항공 175편이 돌진했다. 전 세계가 TV 화면을 통해 지켜보는 가운데, 미국 경제와 자본주의를 상징하던 쌍둥이 빌딩이 무참히 무너져 내렸다. 비현실적이 장면이 펼쳐지던 그 순간 금융시장은 말 그대로 정지해버렸다.

불과 몇 블록 떨어진 월스트리트의 뉴욕증권거래소와 나스닥은 즉시 개장을 취소했다. 세계 경제의 심장부가 멈춘 것이다. 4거래일 동안 휴장한 뉴욕 증시는 다음 주 9월 17일 월요일 시장을 다시 열었다. 거래가 재개되자 다우존스지수는 하루 만에 684포인트, 7.12%나 폭락했다. 항공주는 물론이고 보험·은행·관광 관련 주식들이 일제히 추락했다.

연방준비제도는 앨런 그린스펀 의장의 지휘하에 즉각 대응에 나섰다. 9월 17일 기준금리를 0.5%p 긴급 인하하기 시작하여 연말까지 3.5%에서 1.75%로 대폭 인하했다. 이는 경제 회복을 위한 저금리 시대의 시작을 알리는 신호탄이었다. 하지만 이때 누구도 예상하지 못했던 것은, 이 저금리 정책이 향후 부동산 버블과 서브프라임 위기의 기폭제가 될 것이라는 점이었다.

테러의 충격 속에서도 미국 경제는 예상보다 빠른 회복력을 보였다. 그러나 안전에 대한 인식은 근본적으로 바뀌었다. 공항 보안이 강화되고 금융기관들은 BCP(Business Contingency Plan)를 새롭게 수립했다. 더 중요한 것은 투자자들이 안전 자산에 대한 선호를 강화하면서 미국 국채로 자금이 몰려들기 시작했다는 점이었다.

글로벌 불균형의 심화

2000년대 중반, 세계 경제에는 거대한 불균형이 형성되고 있었다. 미국은 막대한 경상수지 적자를 기록하며 전 세계의 소비시장 역할을 했고, 중국과 독일은 수출 흑자로 달러를 축적했다.

중국의 부상은 특히 주목할 만했다. 2001년 WTO 가입 이후 중국은 '세계의 공장'이 되었고, 저임금을 바탕으로 한 제조업 제품이 전 세계로 수출되었다. 중국 인민은행은 위안화 가치를 낮게 유지하며 수출 경쟁력을 유지했고, 그 결과 축적된 달러로 미국 국채를 대량 매입했다.

이러한 구조는 미국의 장기 금리를 낮게 유지하는 효과를 가져왔다. 그린스펀은 이를 '수수께끼'[1]라고 불렀는데, 연준이 단기 금리를 올려도 장기 금리가 따라 오르지 않는 현상이 계속되었기 때문이다. 결국, 수수께끼처럼 낮은 장기 금리는 주택담보대출을 더욱 부추겼고 그 결과는 2008년에 가서 모두가 목도하게 된다.

헤지펀드의 황금시대

이 시기는 헤지펀드의 황금시대이기도 했다. 1998년 LTCM 사태의 트라우마마저 완전히 잊힌 채, 새로운 헤지펀드들이 우후죽순 생겨나며 금융시장의 새로운 주역으로 떠올랐다. 2007년 말 기준 전 세계 헤지펀드 운용 자산은 2조 달러를 넘어서며 사상 최고치를 기록했다. 이는 2000년 초 5,000억 달러 수준에서 불과 7년 만에 4배 증가한 것으로, 전통적인 자산운용 업계를 압도하는 성장세였다.

일부 헤지펀드는 놀라운 투자 안목을 보여주었다. 폴슨 앤드 컴퍼니의 존 폴슨은 서브프라임 모기지 시장의 구조적 위험성을 남들보다 일찍 간파하고 신용부도스와프(CDS)를 활용한 대규모 공매도 포지션을 구축하여 2007년 한 해에만 150억 달러의 수익을 올렸다. 하지만 대다수 헤지펀드들은 레버리지를 최대한 활용하는 위험한 게

---

[1] '수수께끼(Conundrum)'는 앨런 그린스펀이 사용한 용어이다. 중앙은행이 단기 금리를 인상하면 그에 따라 장기 금리도 오르는 것이 일반적인 시장의 반응이다. 하지만 2000년대 중반, 특히 중국과 같은 신흥국들이 막대한 무역 흑자를 통해 벌어들인 달러를 미국 국채에 대규모로 투자하면서 미국의 장기 국채 수요가 급증했다. 이러한 해외 자본 유입은 미국 장기 국채 가격을 끌어올려 장기 국채 금리는 낮아지게 만들었다. 결과적으로 연준이 인플레이션을 억제하기 위해 단기 금리를 올리더라도, 장기 금리가 오르지 않거나 오히려 하락하는 현상이 나타났다. 이러한 낮은 장기 금리는 주택담보대출 비용을 낮춰 부동산 시장을 과열시키는 한 원인이 되었다.

임에 몰두하고 있었다.

특히 캐리 트레이드[2]는 당시 헤지펀드들의 핵심 수익원이었다. 일본의 제로 금리 정책으로 엔화 자금을 거의 무상으로 조달한 후, 이를 호주 달러, 뉴질랜드 달러 등 고금리 통화나 신흥국 자산에 투자하는 이 전략은 2007년까지 헤지펀드들에게 막대한 수익을 안겨주었다. 그러나 이는 전 세계 금융시장을 하나의 거대한 레버리지 포지션으로 연결하는 위험 고리 역할을 하고 있었다.

사모펀드 역시 전례 없는 활황을 누렸다. 블랙스톤, KKR, 칼라일 등 거대 사모펀드들은 역사적 저금리를 배경으로 차입 매수(LBO)를 통해 기업들을 대거 인수했다. 이들은 인수한 기업에 막대한 부채를 떠안긴 채 구조조정을 통해 단기 수익을 극대화했다. 2007년 6월 블랙스톤의 화려한 IPO는 사모펀드 붐의 절정을 상징하는 사건이었지만, 동시에 시장 과열의 신호탄이기도 했다.

더욱 심각한 문제는 이들 헤지펀드와 사모펀드들이 전통적인 금융 규제망 밖에서 급속히 성장하면서 '그림자 금융' 시스템을 형성했다는 점이다. 규제가 없는 이 거대한 자금들은 복잡한 파생상품과 상호 연결된 투자 포지션을 통해 글로벌 금융 시스템 전반에 걸쳐 리스크 전파 네트워크를 만들어냈다. 이러한 폭발적 자금 유입과 무분별한 레버리지 확대는 결국 다가올 2008년 금융위기의 전염 경로이자

---

[2] 캐리 트레이드(Carry Trade)는 금리가 낮은 통화로 돈을 빌려, 금리가 높은 다른 통화나 그 통화로 살 수 있는 고수익 자산에 투자하여 금리 차이로 수익을 내는 전략이다. 낮은 이자로 자금을 조달해 높은 이자를 받는 자산에 투자해 수익을 극대화하는 방식이다. 하지만 투자 대상 통화의 환율이 변동하면 큰 손실을 볼 수 있는 위험이 있다. 2008년 금융위기 때 엔화 강세로 많은 투자자가 손실을 봤다.

촉매제 역할을 하게 된다. 황금시대의 화려함 뒤에서 파국이 준비되고 있었다.

서브프라임 위험의 본격 등판과 역사적 중요성

2008년 글로벌 금융위기는 미국의 서브프라임 모기지 대출 부실에서 촉발되어 전 세계 금융 시스템을 마비시킨 전례 없는 경제위기이다. 이 사태는 단순히 주택 시장의 문제가 아닌, 복잡하게 얽힌 금융 파생상품과 규제 실패가 낳은 체제적 위기였다는 점에서 역사적 중요성을 지닌다. '서브프라임(Subprime)'은 은행의 고객 분류 등급 중 신용도가 낮거나 소득이 불안정한 비우량 대출자를 의미하며, '모기지(Mortgage)'는 주택담보대출을 뜻한다. 따라서 서브프라임 모기지 사태는 비우량 주택담보대출의 무분별한 불량 증권화로 인해 발생한 세계 금융위기로 정의될 수 있다.

초기에는 서브프라임 대출의 불이행이 방아쇠 역할을 했다. 그리고 이 위기는 복잡하고 불투명한 금융상품, 금융기관 간의 과도한 상호 연결성, 그리고 위험 관리 및 규제의 실패로 인해 증폭되고 전 세계로 확산되었다. 이는 단순히 개별 대출의 부실을 넘어 구조화된 금융에 내재한 결함을 보여주었으며, 금융시장의 상호 의존성이 전례 없이 높아진 글로벌 시대에 시스템 리스크가 어떻게 전파될 수 있는지를 여실히 보여주었다.

2000년대 경제 환경과 버블의 형성 과정

2000년대 초반 미국 경제는 닷컴 버블 붕괴와 9·11 테러 이후의 경기 침체 우려에 직면해 있었다. 이에 대응하여 미국 연방준비제도는 경기 부양을 목표로 2003년 6월까지 기준금리를 1.0%까지 대폭 인하하며 장기간 저금리 정책을 유지했다.

낮은 금리에 힘입어 자본을 저렴하게 빌릴 수 있게 되자 경제 전반의 신용이 급속히 증가했으며, 이는 자산시장의 거품을 불러왔다. 또한, 금리가 낮은 수준을 유지함에 따라 자산운용에 따른 수익률이 감소하면서, 투자자들은 더 높은 수익을 추구하기 위해 고위험 자산으로 눈을 돌리는 위험 추구 행위를 증가시켰다. 경기 부양을 목표로 한 연준의 저금리 정책은 의도치 않게 자산시장의 거품을 조장한 것이다.

연준의 저금리 정책과 더불어 조지 W. 부시 행정부의 주택 소유 장려 정책은 부동산 수요를 급증시키고 가격을 급등시키는 데 기여했다. 주택담보대출을 위한 각종 규제 완화와 세금 감면 조치 등이 주택 구매를 부추겼다. 미국 평균 주택 가격은 2003년 초 16만 달러 수준에서 2005년 말 21만 달러 수준으로 3년간 30% 이상 급등하며 전례 없는 과열 양상을 보였다. 주택 가격의 폭발적인 상승은 주택 수요의 추가 상승으로 이어지는 자기 강화적 상승을 일으켰다.

주택 가격 상승에 대한 기대는 투기적 매매를 증가시켰고, 이는 다시 주택담보대출을 늘리는 유인으로 작용하여 주택 버블을 더욱 키웠다. 저금리 정책과 정부의 주택 장려 정책이 결합하여 주택 시장에 자기 강화적 거품 역학이 생긴 것이다. 주택 가격이 계속 오를 것이라는 기대감은 시장의 펀더멘털과 무관하게 가격을 밀어 올리는 전형적인 투기적 거품을 형성하는 데 결정적인 역할을 했다.

금융 규제 완화

1930년대 대공황 이후 상업은행과 투자은행의 업무를 분리하여 금융 시스템의 안정성을 도모했던 글래스-스티걸법이 사실상 폐지(1999년)되면서, 금융기관들은 실질적으로 은행업과 증권업을 동시에 할 수 있게 되었다. 이는 금융 산업의 경계를 허물고 대형화를 촉진했다. 글래스-스티걸법의 폐지는 보수적인 상업은행 업무와 위험성이 높은 투자은행 업무 간의 경계를 모호하게 하여, 금융 시스템 전반에 걸쳐 위험이 더 쉽게 전파될 수 있는 구조적 취약점을 야기했다.

이러한 규제 완화는 금융기관들이 고위험성 대출 및 파생상품 투자를 과감하게 감행할 수 있는 환경을 조성했으며, 적절한 관리 감독 없이 과도한 리스크를 감당하는 시스템을 만들었다. 금융시장의 급속한 진화와 새로운 금융상품의 등장은 규제 당국의 이해 및 감독 능력을 초과하는 결과를 낳았다. 이는 규제 당국이 주택담보부증권, 부채담보부증권과 같은 새로운 상품의 복잡성과 위험성을 충분히 이해하고 감독할 역량이 부족했음을 의미하며, 결국 금융 시스템 내에 위험이 축적되는 것을 방치하여 글로벌 금융위기를 예방하지 못한 중대한 규제 실패로 이어졌다.

서브프라임 모기지 대출의 확산과 비우량 대출의 특징

원래 전체 모기지 시장에서 하나의 틈새시장에 불과했던 서브프라임 모기지 시장은 2001년부터 2006년에 걸쳐 폭발적으로 증가하여, 2006년에는 전체 신규 모기지의 약 20%까지 비중이 상승했다.

금융기관들은 내려갈 때는 금리를 낮춰 대출을 늘렸고 금리가 오를 때는 대출 문턱을 낮춰 공격적으로 대출을 확대했다. 예를 들어 주택 가격의 20%였던 초기 납입금을 없애거나, 소득 확인 절차를 간소화했다.

이처럼 서브프라임 대출이 급증한 것은 금융기관들의 이기적인 행동 때문이었다. 대출 기관들은 차입자가 돈을 잘 갚을지보다 대출을 늘려 버는 수수료나 증권화 이익에만 신경 썼다. 대출 위험을 증권으로 만들어 다른 투자자에게 넘길 수 있었기 때문이다. 결국, 대출 기관들은 대출의 질보다 양을 늘리는 데 집중했고, 위험은 빠르게 투자자들에게 전가하여 자신들의 이익을 극대화하려 했다.

서브프라임 모기지의 대부분은 '2년 고정 / 28년 변동'과 같은 조정 금리부 모기지(Adjustable Rate Mortgage, ARM) 형태로 설계되었다. 이는 첫 2년 동안은 시장 금리보다 낮은 고정 금리를 적용하고, 이후 28년 동안 높은 변동 금리로 바뀌는 구조이다. 주택 가격 상승 기대 하에 차입자들은 변동 금리 전환 전 주택 매각을 통해 차익 실현을 기대했으나, 만약 주택 가격이 하락하면 채무 불이행 위험이 급증하는 매우 취약한 구조였다.

변동 금리부 모기지와 낮은 초기 납입금은 차입자들이 이자율이 인상되기 전 주택을 더 높은 가격에 팔아 차익을 실현할 수 있다는 '더 큰 바보 이론'[3]에 암묵적으로 의존하여 설계되었다. 이는 대출의

---

[3] 더 큰 바보 이론(Greater Fool Theory)은 어떤 자산의 가치와 상관없이, 그 자산을 자신보다 더 높은 가격에 사줄 '더 큰 바보'가 있을 것이라는 기대에 기반하여 투자하는 현상을 설명하는 경제 이론이다. 쉽게 말해, '폭탄 돌리기'와 유사한 개념이다. 서브프라임 모기지 사태에서

상환 가능성이 차입자의 소득이나 자산이 아니라, 주택 가격의 지속적인 상승에 달려 있었다는 것을 의미하며, 주택 가격 상승이 멈추거나 하락할 경우 대규모 채무 불이행을 야기할 수밖에 없는 불안정한 구조였다.

복잡한 금융 파생상품의 구조적 문제점

은행 등 금융기관은 서브프라임 모기지 대출 채권을 모아 주택담보부증권을 발행하고, 이를 다시 묶어 부채담보부증권 등 복잡한 파생상품을 만들어 전 세계 금융시장에 대량으로 공급했다. 이러한 다단계 증권화 과정은 기초 자산의 실제 위험을 은폐하고, 금융 시스템 전반에 걸쳐 불투명성을 증대시켜 위기가 발생했을 때 전염 효과를 기하급수적으로 증폭시켰다.

부채담보부증권은 담보 자산군의 복잡성과 트렌칭 구조(Waterfall)[4]로 인해 가격 결정 및 위험 관리가 매우 어려웠으며, 특히 유동성이 없는 시장에서는 수학적 계산 모델에만 의존하는 정산 방식의 한계를 보였다. 그러다 보니 가격 결정 및 헤지를 통한 CDO의 위험관리

는 주택의 실제 가치나 차입자의 상환 능력이 아니라, 주택 가격이 계속 오를 것이라는 기대감에 따라 위험한 대출이 이루어졌다. 즉, 차입자가 이자율이 오르기 전 집을 팔아 차익을 얻을 수 있다는 믿음에 의존한 것이다.

[4] 트렌칭(Trenching) 구조란 부채담보부증권과 같은 구조화 금융상품에서 자산에서 발생하는 현금흐름을 신용등급에 따라 여러 계층(트랜치)으로 나누는 방식이다. 워터폴(Waterfall)은 이러한 트랜치에 현금흐름을 지급할 때 상위 트랜치부터 순차적으로 분배하는 규칙을 뜻하며, 손실은 하위 트랜치부터 먼저 감당한다. 이 구조는 수익과 위험을 계층적으로 분산시켜 투자자의 성향에 따라 선택을 가능하게 하지만, 구조가 복잡해질수록 리스크 파악이 어려워진다는 단점도 있다.

를 제대로 수행할 수가 없었다. 또한 서브프라임 위험 노출에 대한 정보 부족은 투자자들이 실제 위험을 정확히 파악하기 어렵게 만들었다.

결국 이러한 파생상품들은 기초 자산인 근원 채권의 부실화가 전 세계적 금융위기로 확산되는 주요 경로가 되었다. 위험 평가 모델의 한계는 금융기관들이 복잡한 파생상품의 실제 위험을 과소평가하게 하였고, 이는 금융 시스템 전체의 취약성을 증가시키는 데 일조했다.

신용 평가 기관의 부실한 평가와 이해 상충 문제

신용 평가 기관은 서브프라임 모기지를 기초 자산으로 하는 주택담보부증권과 부채담보부증권에 대해 엄격한 실사나 평가 없이 형식적으로 높은 신용등급(AAA 등)을 부여하는 경향을 보였다. 이는 투자자들이 이들 증권에 대한 위험을 충분히 인지하지 않은 상태에서 대규모로 투자를 진행하게 만들었다. 더군다나 신용 평가 기관이 부채담보부증권을 발행하는 과정에 발행팀의 일원으로 참여하는 등 이해 상충 문제가 존재했으며, 이로 인해 위험 측정을 주관적으로 평가하는 경향이 있었다.

이러한 신용 평가 기관의 부실한 평가는 금융시장에 대한 신뢰를 근본적으로 훼손하고 시스템적 위기를 심화시키는 데 결정적인 역할을 했다. 투자자들은 신용등급에 대한 맹목적인 신뢰로 인해 고위험 자산에 무분별하게 투자하게 되었고, 이는 결국 금융 시스템 전체의 신뢰 붕괴와 혼란으로 이어졌다.

주택 시장 붕괴와 서브프라임 대출의 대규모 채무 불이행

부동산 시장의 과열과 인플레이션 압력이 높아지자, 미국 연방준비제도는 2004년 하반기부터 2006년까지 17차례에 걸쳐 기준금리를 1%에서 5.25%까지 지속적으로 인상했다. 이는 조정 금리부 모기지(ARM) 차입자들의 대출 상환 부담을 크게 증가시켰다. 그 결과 몇 년간 지속되던 주택 가격 상승세가 둔화되고, 2007년 하반기부터 주택 가격이 떨어지기 시작하여 2008년에는 하락률이 10%를 넘었다.

주택 가격의 하락은 차입자들이 주택을 매각하여 대출금을 상환하거나 재융자받는 것을 어렵게 만들었다. 주택의 담보 가치가 대출 원금보다 낮아지는 '깡통 주택'이 속출했고, 모기지 연체율과 주택 압류율 급증으로 이어졌다. 거품이 꺼지자 떨어진 집값으로 대출금을 갚기가 불가능하게 되자, 다수의 서브프라임 고객이 채무 불이행을 선언했다. 주택 가격 하락은 가계의 부(富)에 부정적인 영향을 미쳐 소비 위축으로 이어지는 역의 부의 효과[5]를 유발할 가능성도 제기되었다. 결국, 금리 정상화가 투기적 거품의 붕괴를 촉발하는 방아쇠 역할을 했다.

---

[5] 역의 부의 효과(Negative Wealth Effect)는 자산 가치 하락이 소비에 미치는 부정적인 영향을 설명하는 경제 현상이다. 일반적으로 주식이나 부동산 같은 자산의 가치가 증가하면 사람들은 자신이 더 부유해졌다고 느끼고 소비를 늘리는 경향이 있는데, 이를 '부의 효과(Wealth Effect)'라고 한다.
반대로 자산 가치가 하락하면 사람들은 자신이 가난해졌다고 느끼고 불안감을 느껴 소비를 줄이게 된다. 즉, 주택 가격 하락으로 인해 가계의 순자산이 감소하면서 소비 여력이 줄어들고, 이는 결국 경제 전반의 침체로 이어질 수 있는데, 이러한 현상을 '역의 부의 효과'라고 부른다. 서브프라임 모기지 사태 당시 주택 가격 폭락은 광범위한 역의 부의 효과를 유발하여 경기 침체를 심화시킨 주요 원인 중 하나였다.

금융기관의 연쇄 파산 및 신용경색 심화

서브프라임 모기지 대출의 연체율 증가와 담보 가치 하락은 모기지 업체들의 부실을 야기했다. 50개 이상의 모기지 업체들이 파산 보호 신청 및 사업을 폐쇄하는 사태로 이어졌다. 모기지 대출의 부실은 이를 기초로 발행한 주택담보부증권과 부채담보부증권에 투자한 헤지펀드·투자은행·보험회사의 부실로 연결되었다. 2007년 6월, 베어스턴스 산하 대형 헤지펀드 2개가 파산 위기를 맞으면서 사태가 본격화되었고, 프랑스 BNP파리바 은행 등 거대 국제 은행들이 서브프라임 모기지와 연동된 펀드의 환매를 중단하며 국제 금융시장에 혼란이 확산되었다.

2008년 9월 15일, 미국의 거대 투자은행인 리먼브러더스의 파산은 국제 금융시장에 전례 없는 신용경색을 불러왔으며, 미국의 서브프라임 대출 위기는 세계 금융위기로 전환되는 결정적인 촉매제가 되었다. 리먼브러더스 파산 이후 금융기관의 부실이 정부와 시장이 감당하기 어려운 수준으로 확대되면서 글로벌 금융위기는 최악의 국면으로 진입했다.

리먼브러더스 파산 직후, 세계 최대 보험사인 AIG 또한 파산 위기에 직면하자 미국 정부는 막대한 구제금융을 제공했다. 이는 '대마불사' 논란을 야기하며, 이익은 사유화하고 손실은 사회화하는 시스템에 대한 비판을 불러일으켰다. 리먼브러더스의 파산은 금융 시스템 내의 상호 연결성이 얼마나 강력한지 보여주는 사례로, 한 기관의 부실이 전체 시스템을 붕괴시킬 수 있는 연쇄 효과를 명확히 보여주었다.

글로벌 금융 시스템으로의 확산과 실물경제 영향

서브프라임 모기지 사태는 금융 세계화의 진전과 함께 전 금융권, 전 세계 금융시장으로 광범위하게 확산되었다. 미국 이외의 유럽, 캐나다, 호주, 나아가 아시아 금융시장까지 충격이 빠르게 전파되었다. 특히 한국을 포함한 아시아 신흥 시장은 미국이나 유럽보다 훨씬 민감하게 반응하며 주가와 통화 가치가 급락하는 모습을 보였다.

이 사태는 전 세계적인 위험 회피 성향을 강화시켰다. 각국의 주가 및 국채 수익률이 급락하고 채권 발행이 취소 또는 연기되는 사례가 급증했다. 글로벌 투자기관들과 자산운용사들의 안전 자산 선호에 따라 대규모 미국 국채 매입과 이에 따른 금리 급락이 발생했으며, 엔 캐리 트레이드 청산 우려가 확대되기도 했다.

실물경제에 미친 영향 또한 광범위하여, 실업률의 증가와 소비 지출 감소로 이어졌다. 결국, 수많은 사람이 일자리와 집을 잃었다. 국내총생산이 미국 3.9%, 영국 5.5%, 독일 4.0% 감소하는 등 주요 선진국 경제가 위축되었으며, 전 세계 산업 생산은 평균 15% 감소하고 국제 무역은 2008년 대비 2009년에 12.2%, 2010년에는 무려 21% 감소했다.

각국 정부와 중앙은행의 유동성 공급 및 금리 인하

글로벌 금융위기 이후 각국 중앙은행은 금융시장의 신용경색 해소와 유동성 공급을 위해 적극적인 통화 정책을 펼쳤다. 미국 연방준비제도는 2006년 6월 5.25%였던 기준금리를 2008년 12월까지 총 10차례에 걸쳐 제로 금리에 가까운 0.25%까지 인하했다. 또한, 연준은 신용경색 여파로 단기 금리가 급등하자 2007년 8월 약 900억 달러의 유동성을 공급하고, 재할인율을 0.5%p 낮추는 등 금융시장 안정을 도모했다.

당시 연준 의장이었던 벤 버냉키는 1929년 대공황을 심층적으로 연구한 경제학자였다. 그는 대공황 시기 정부와 중앙은행의 수동적인 통화·재정 정책 대응이 위기를 심화하고 장기화시켰다고 판단했기에 '선제적이고 공격적인 정책 개입의 중요성'을 강조해왔다.

버냉키는 이러한 역사적 교훈을 바탕으로, 금융위기 초기부터 유동성 공급, 금리 인하, 비전통적 정책 도입 등을 빠르게 추진했다. 그의 리더십은 단순한 금리 조정에 그치지 않고 양적 완화, 긴급 대출 창구 TARP(Troubled Assets Relief Program), 기관 간 글로벌 공조 강화 등 이전에는 시도되지 않았던 과감한 조치들을 가능하게 했다. 이 같은 대응은 이후 다른 주요국 중앙은행에도 영향을 미쳐, 세계 각국이 위기 극복을 위한 정책 공조 체계를 수립하는 데 중요한 전환점을 제공했다.

유럽중앙은행은 2008년 7월 4.25%였던 기준금리를 2009년 9월 1%까지 인하했으며, 일본 중앙은행도 0.5%에서 0.1%로 기준금리를 낮추었다. 한국은행 또한 2008년 9월 5.25%에서 2009년 2월 2.00%까지 기준금리를 인하했다. 주요국 중앙은행들은 공개시장 조작[6]을

---

[6] 공개시장 조작(Open Market Operations, OMO)은 중앙은행이 통화량과 금리를 조절하기 위해 금융시장에서 국채나 기타 유가증권을 매매하는 정책 수단이다. 중앙은행이 시장에서 채권을 매입하면 시장에 유동성(자금)이 공급되어 시중은행의 지급 준비금이 늘어나고 대출 여력이 확대되어 금리가 낮아지는 효과가 있다. 반대로 중앙은행이 채권을 매각하면 시장의 유동성을 흡수하여 금리가 높아진다. 2008년 금융위기 당시 주요국 중앙은행들은 시장에 대규

통해 대규모 긴급 자금을 시장에 투입하는 등 금융시장 안정을 위해 적극적인 노력을 펼쳤다. 이러한 정책은 금융 시스템의 붕괴를 막기 위한 비전통적 통화 정책의 시작을 알렸다.

구제금융 프로그램 및 부실자산 매입(TARP)

미국 정부는 리먼브러더스 파산 사태 이후 본격적으로 금융시장 안정 대책을 마련했다. 2008년 10월, '긴급 경제 안정화법(Emergency Economic Stabilization Act, EESA)'을 제정하고, 최대 7,000억 달러 규모의 부실자산 구제 프로그램(Troubled Asset Relief Program, TARP)을 시행했다. TARP의 주요 목적은 금융 시스템의 안정, 경제 성장, 주택 압류 방지 등이었다.

TARP는 금융기관의 부실자산을 매입하거나 보증하는 방식으로 이루어졌다. 총 4,434억 달러 규모의 구제금융이 집행되었으며, 이 중 은행 부문이 55%로 가장 큰 비중을 차지했고, 자동차 산업(18%), AIG 구제금융(15%), 주택(7%), 신용 시장(4%) 순이었다. 그러나 TARP는 '대마불사' 문제와 도덕적 해이를 심화시켰다는 비판에 직면했다. 납세자들의 세금으로 경영 부실에 빠진 기업들을 구제하는 것에 대한 대중의 반발이었다. 이러한 구제금융 조치는 금융 시스템의 즉각적인 붕괴를 막는 데 기여했지만, 정부 개입의 범위와 도덕적 해이 문제에 대한 지속적인 논쟁을 야기했다.

모 유동성을 공급하기 위해 국채 등을 매입하는 방식의 공개시장 조작을 적극적으로 활용했다.

금융 규제 강화 노력

2008년 금융위기를 계기로 금융 시스템의 취약성이 드러나면서, 금융기관들은 적절한 위험 관리와 투명성을 유지하는 것이 중요하며 정부와 감독 기관은 금융 규제를 효과적으로 시행하여 시장의 안정을 도모해야 한다는 인식이 강화되었다. 이런 인식이 반영된 대표적인 조치로 2010년 7월 21일 제정된 미국의 도드-프랭크 금융 개혁법(Dodd-Frank Wall Street Reform and Consumer Protection Act)이 있다.

도드-프랭크법은 금융 시스템 전반에 걸친 광범위한 개혁 방안을 담고 있다. 주요 내용으로는 금융안정감독위원회(FSOC) 설치, 소비자금융보호국(CFPB) 설치, 볼커 룰(Volcker Rule) 시행 등이 있다. 볼커 룰은 은행의 자기매매(고수익을 목적으로 고유 자산이나 차입금으로 채권과 주식, 파생상품 등에 투자하는 행위)를 제한하고 헤지펀드·사모펀드를 소유하거나 투자하는 것을 금지하는 규제책이다. 은행의 과도한 위험 투자를 막고 '대마불사' 문제를 차단하는 것을 목표로 했다.

또한, 주택담보대출 시 금융회사가 변제 능력을 반드시 확인할 의무를 규정하고, 임원 보상 감시를 강화하는 등 금융 소비자와 투자자 보호를 강화하는 조치들도 포함되었다. 이러한 규제 강화 노력은 금융 시스템의 안정성을 높이고 향후 유사한 위기 발생 가능성을 줄이기 위한 중요한 제도적 변화를 가져왔다. 이는 금융시장의 자유를 강조하던 기존 패러다임에서 정부의 적극적인 감독과 규제의 필요성을 재인식하는 전환점을 마련했다.

금융 시스템 위험의 확산을 방지하기 위해 범세계적 차원의 금융 규제 강화 움직임도 병행되었다. 금융기관의 자본 건전성 강화를 위한 바젤 III 도입과 같은 국제적인 규제 개혁이 추진되었다. 이에 따라 은행들은 더 건전한 자본과 유동성을 보유하게 되었고, 부채 비율도 낮아졌다.

또한, 장외 파생상품이 규제 대상에 포함되어 중앙 결제 체제 방식으로 전환되었으며, 체제 전체에 영향을 줄 수 있는 대형 은행들(G-SIBs)[7]은 더 엄격한 규제를 받게 되었다. 이러한 규제 강화는 금융기관의 위험 감내 능력을 확대하고 시스템 리스크를 조기에 파악하여 적절하게 평가하는 데 중점을 두었다. 금융 시스템의 투명성과 책임성이 강화된 것은 위기 재발을 막기 위한 필수적인 요소로 인식되었다.

적극적인 거시경제 정책의 효과

2008년 금융위기 이후 세계 경제는 각국 정부와 중앙은행의 전례 없이 적극적인 거시경제 정책에 힘입어 점진적인 회복세를 보였다. 통화 정책 측면에서는 제로 금리 정책과 함께 양적 완화가 시행되었다. 미국 연준은 세 차례에 걸친 양적 완화 프로그램을 통해 대규모 유동성을 시장에 공급하여 신용경색을 해소하고 경기 회복을 지원했다.

---

[7] G-SIBs(Global Systemically Important Banks)는 국제 금융 시스템에서 '너무 크거나 연결돼 있어 실패할 경우 전체 경제에 심각한 충격을 줄 수 있는 글로벌 대형 은행들'을 의미한다. 이러한 은행들은 규모, 상호 연계성, 대체 불가능성, 글로벌 활동성 등을 기준으로 선정되며, 국제결제은행(BIS) 산하 금융안정위원회(FSB)에 의해 매년 명단이 발표된다. 시스템 리스크를 줄이기 위해 더 높은 자본 적립 요건과 감독 규제가 적용된다. 2024년 11월 기준, 전 세계적으로 총 29개 은행이 G-SIBs로 지정되어 있다. 한국은 아쉽게도 여기에 포함되는 은행을 갖고 있지 못하며, 일본은 3개, 중국은 4개 은행이 여기에 포함된다.

재정 정책 측면에서는 미국과 중국을 중심으로 대규모 경기 부양책이 편성되었다. 미국 정부는 '경제 촉진 구제법' 등을 통해 경기 부양을 시도했으며, 중국 또한 막대한 규모의 경기 부양책을 시행하며 글로벌 경제 회복에 기여했다. 국제적인 정책 공조 또한 회복의 중요한 동인이었다. G20 정상들은 글로벌 규모로 거시경제 정책을 조율하고 국제 협력을 강화하여 위기 극복에 나섰다. 이러한 정책들은 금융시장에 대규모 유동성을 공급하고 경제 활동을 촉진하여 최악의 국면을 넘어서는 데 결정적인 역할을 했다.

2008년 금융위기가 남긴 교훈과 여진

2008년 금융위기는 규제 없는 금융 시스템이 가져올 수 있는 위험을 여실히 드러냈으며, 유사한 위기 재발을 막기 위한 새로운 규제 도입의 계기가 되었다. 당시 수많은 금융기관이 고위험 투자를 감행하면서도 이를 적절히 공시하지 않았던 것이 드러나 시스템의 투명성과 책임성이 얼마나 중요한지를 일깨웠다.

또한, 금융기관들이 리스크 평가에 활용했던 복잡한 모델들이 주택 시장 붕괴와 같은 예측 불가능한 사건, 즉 블랙 스완[8]의 가능성을 고려하지 못했다는 점이 드러나면서, 금융 모델의 한계와 스트레스

---

[8] 블랙 스완(Black Swan)은 나심 니콜라스 탈레브(Nassim Nicholas Taleb)가 2007년 그의 저서 『블랙 스완 (The Black Swan: The Impact of the Highly Improbable)』에서 제시한 개념으로, 다음 세 가지 특징을 가진 사건을 의미한다. 첫째, 발생 가능성을 예측하기 어렵거나 불가능하다. 둘째, 일단 발생하면 엄청난 충격과 파급효과를 가져온다. 셋째, 사건 발생 후에는 사람들이 그 발생을 예측할 수 있었다고 착각하게 만드는 설명이 제시된다. 2008년 글로벌 금융위기는 대표적인 블랙 스완 사건으로 꼽힌다.

테스트의 중요성이 부각되었다. 위기의 규모가 전례 없이 컸기에 국제 협력, 즉 글로벌 거시경제 공조의 중요성도 강조되었다.

그러나 위기는 즉각적인 충격 이후에도 장기간에 걸쳐 다양한 여진을 남겼다. 미국의 부실 금융자산을 보유하던 유럽 금융기관들은 서브프라임 사태로 인해 부실화되었고, 급격한 유동성 위기에 직면했다. 동시에 미국처럼 만연해 있던 부동산 시장의 거품이 동반 붕괴하면서 유럽 경제 역시 위태로운 상황에 처했다.

2008년부터 2012년까지 실업 해결 및 금융 건전성 회복에 막대한 자금을 투입해야 했던 유럽은 재정위기까지 겪었다. 그리스 재정위기가 포르투갈·아일랜드·이탈리아·스페인까지 확산되며 위기가 심각해지자 EU와 IMF는 구제금융을 제공하고, 유럽재정안정기금(EFSF)과 같은 금융 안전망을 구축하는 노력을 기울였다.

또한, 글로벌 금융위기는 '뉴 노멀(New Normal)'이라는 새로운 시대를 열었다. 위기 극복 후 세계 경제에는 저성장, 저금리, 저인플레이션, 저고용, 소득 불평등 심화 등의 현상이 자리 잡았다. 이러한 구조적인 문제들은 위기 이후에도 계속되었다. 이는 위기 대응 과정에서 심어진 불완전한 요소들이 장기적인 경제 구조 변화를 초래했음을 보여준다.

2008년
금융위기의 여진

2008년 금융위기가 남긴 상처는 단순히 몇 년 안에 아물 수 있는 것이 아니었다. 마치 거대한 지진 이후 계속되는 여진처럼, 금융 시스템 전반에 걸쳐 근본적인 변화의 파도가 밀려왔다. 위기 직후부터 시작된 이 변화의 물결은 전 세계 경제 질서를 재편하며, 우리가 알고 있던 '정상(Normal)'이라는 개념 자체를 뒤흔들어 놓았다.

제로 금리의 늪과 마이너스 금리의 등장

2008년 금융위기 이후 각국 중앙은행들은 전례 없는 통화 정책 실험에 나섰다. 미국 연준은 2008년 12월 기준금리를 사실상 0%로 내렸고, 이는 '제로 금리 하한'[9]이라는 경제학의 기본 가정을 무너뜨리

---

9 제로 금리 하한(Zero Lower Bound)은 명목 정책금리가 0% 이하로 내려갈 수 없다는 경제학의 이론적 하한선을 의미한다. 중앙은행은 경기를 부양하기 위해 기준금리를 인하하지만, 금

는 신호탄이었다. 그러나 경기 회복은 더디었다. 미국에 이어 유럽과 일본도 비슷한 수준까지 금리를 내렸지만, 경제는 여전히 침체의 늪에서 허우적거렸다. 케인스가 1930년대에 경고했던 '유동성 함정'[10]에 빠진 것이었다.

더 심각한 문제는 디플레이션의 그림자였다. 물가가 계속 하락하면 소비자들은 구매를 미루고, 기업들은 투자를 축소하며, 이는 다시 경기 침체를 가속하는 악순환을 만들었다. 일본이 1990년대부터 겪어온 '잃어버린 10년'의 전철을 밟을 수 있다는 공포가 유럽을 휩쓸었다.

이런 상황에서 중앙은행들은 전통적인 통화 정책의 한계를 절감했다. 금리를 더 이상 낮출 수 없다면, 아예 마이너스로 만들어버리자는 발상의 전환이 일어났다. 은행들이 중앙은행에 돈을 맡기면 오히려 수수료를 내야 하니, 시장에 돈을 풀어 대출을 늘리라는 강력한 메시지였다. 그러나 이러한 마이너스 금리는 경제학 교과서를 다시 써야 할 만큼 파격적인 정책이었다.

결국, 2014년 6월 유럽중앙은행의 마리오 드라기 총재는 경제학 교과서를 다시 쓰게 할 결정을 내렸다. 예금금리를 -0.1%로 설정한 것이다. 중앙은행 역사상 최초로 마이너스 금리를 도입한 순간이었

리가 0%에 도달하면 더 이상 전통적인 금리 인하 정책을 사용할 수 없게 된다. 이는 가계나 기업이 현금을 보유하는 것을 선호하게 되어, 은행에 예금하거나 투자하는 것보다 현금을 쥐고 있는 것이 이득이라고 판단하기 때문이다.
[10] 유동성 함정(Liquidity Trap)이란 중앙은행이 금리를 매우 낮추거나 제로 금리까지 인하해도 경제 주체들이 소비나 투자를 늘리지 않고 현금 보유를 선호함으로써 통화 정책의 효과가 거의 사라지는 현상을 뜻한다. 대표적인 사례는 1990년대 일본의 장기 침체와 2008년 글로벌 금융위기 이후 미국의 저금리 국면이 있다.

다. 덴마크(-0.2%), 스웨덴(-0.5%), 스위스(-0.75%), 일본(-0.1%)이 차례로 이 '금기'를 깨뜨리며 마이너스 금리 클럽에 합류했다. 인류 역사상 처음으로 '돈을 맡아주고 수수료를 받는' 시대가 열린 것이다.

이론과 현실 사이의 간극

마이너스 금리 정책의 이론적 논리는 명확해 보였다. 은행들이 중앙은행에 자금을 예치하는 대신 기업과 개인에게 대출을 늘리면, 시중에 유동성이 풍부해지고 경기가 살아날 것이라는 기대였다. 또한, 통화 가치가 하락하면서 수출 경쟁력이 살아나고, 자산 가격이 오르면서 '부의 효과'를 통해 소비도 늘어날 것으로 예상했다.

하지만 현실은 생각보다 복잡했다. 은행들은 개인 예금자들에게 마이너스 금리를 그대로 전가하기 어려웠다. 고객들이 예금을 인출해 현금으로 보관할 수 있기 때문이다. 결국, 은행들은 마이너스 금리의 부담을 스스로 떠안아야 했고, 이는 은행들의 수익성 악화로 이어졌다.

특히 일본의 경우 흥미로운 현상이 나타났다. 마이너스 금리 도입 이후 오히려 현금 수요가 증가한 것이다. 그런데 증가된 현금 수요는 소비의 목적이 아니라 보관의 목적이었다. 금고 판매량이 급증하고, 현금 보관 서비스가 인기를 끌었다. 현금을 보관하려는 움직임이 마이너스 금리의 정책 효과를 반감시킨 셈이다. 돈을 돌게 하기 위한 마이너스 금리가 오히려 돈의 흐름을 멈춰 세웠다.

각국의 엇갈린 성적표

유럽중앙은행은 2014년부터 2019년까지 예금금리를 -0.5%까지 낮추며 가장 공격적인 마이너스 금리 정책을 펼쳤다. 결과적으로 유로존의 디플레이션은 방어할 수 있었지만, 목표했던 2%의 인플레이션율에는 여전히 크게 못 미쳤다. 그나마 유로화 약세를 통한 수출 증가와 자산 가격 상승이라는 부분적 성과는 거둘 수 있었다.

일본은 더욱 복잡한 상황이었다. 2016년 마이너스 금리를 도입하면서 동시에 '수익률 곡선 제어'[11]라는 새로운 정책을 함께 시행했다. 10년 만기 국채 수익률을 0% 수준에서 관리하겠다는 것이었다. 하지만 일본 경제의 고질적인 문제들인 고령화, 생산성 정체, 만성적 디플레이션 등은 여전히 해결되지 않았다.

반면 스웨덴과 덴마크 같은 북유럽 국가들은 상대적으로 빠른 성과를 보였다. 스웨덴은 2019년 12월 마이너스 금리를 종료했고, 덴마크도 점진적으로 금리를 인상할 수 있었다. 이들 국가의 성공 요인은 상대적으로 건전한 경제 기초 여건과 효과적인 정책 조합에 있었다.

예상치 못한 부작용들

마이너스 금리 정책은 의도하지 않은 여러 부작용을 낳았다. 가장

---

[11] 수익률 곡선 제어(Yield Curve Control, YCC)는 중앙은행이 단기 금리뿐만 아니라 중장기 국채의 수익률도 목표 수준으로 유도하기 위해 특정 만기 국채 금리를 직접 조절하거나 무제한 매입을 통해 금리를 통제하는 비전통적 통화 정책이다. 일본은행이 2016년 세계 최초로 도입했다.

심각한 문제는 금융 시스템의 건전성 악화였다. 은행들의 순이자 마진이 지속적으로 압박받으면서 수익성이 악화되었고, 이는 장기적으로 금융 안정성에 대한 우려를 키웠다. 특히 연기금과 보험회사 같은 기관투자자들은 더욱 심각한 타격을 받았다.

자산 가격 급등도 예상보다 큰 부작용을 가져왔다. 초저금리 환경에서 투자자들은 수익을 찾아 주식, 부동산, 회사채 등 위험 자산으로 몰렸다. 이는 자산 가격의 급등을 촉발했지만, 동시에 새로운 형태의 버블 형성 가능성에 대한 우려도 낳았다.

사회적 측면에서는 소득 불평등 심화가 중요한 문제로 대두되었다. 자산을 보유한 계층은 자산 가격 상승의 혜택을 누렸지만, 그렇지 못한 계층과의 격차는 더욱 벌어졌다. 특히 저축에 의존하는 고령층의 이자 소득이 줄어들면서 세대 간 갈등의 소지도 생겼다.

뉴 노멀의 도래

2009년 5월, 글로벌 자산운용사 핌코의 CEO였던 모하메드 엘-에리언은 '뉴 노멀'이라는 표현을 처음 공개적으로 사용했다. 그는 당시의 경제 상황을 단순한 경기 침체로 보지 않고, 더 깊은 구조적 변화의 시작으로 해석했다. 이 개념은 곧 전 세계 경제학자들과 정책 결정자들의 주요 화두로 떠올랐고, 시대를 대표하는 키워드가 되었다. 2008년 이전의 고성장, 낮은 실업률, 안정적인 물가 상승이라는 '골디락스 경제'는 더 이상 돌아올 수 없다는 현실 인식에서 출발한 것이다.

'뉴 노멀'의 핵심은 '지속적으로 낮은 성장률'이다. 이는 일시적인 경기 부진이 아니라, 경제의 잠재성장률 자체가 구조적으로 낮아졌다는 의미였다. 실제로 2010년대 들어 선진국들의 경제성장률은 과거 수십 년 평균을 크게 밑돌았다. 미국의 경우 2010년부터 2016년까지 연평균 성장률이 2.1%에 그쳤는데, 이는 1950년대 이후 가장 낮은 수준이었다. 유럽은 더 심각했다. 독일조차 2010년대 연평균 성장률이 1.7%에 머물렀고, 이탈리아는 사실상 제로 성장을 기록했다. 일본은 이미 1990년대부터 '잃어버린 30년'을 경험하고 있었지만, 이제 전 세계가 비슷한 길을 걷게 되었다.

이러한 저성장의 배경에는 여러 구조적 요인들이 복합적으로 작용했다. 첫째, 인구 고령화로 인한 노동력 증가율 둔화가 있었다. 미국의 베이비붐 세대가 본격적으로 은퇴하기 시작하면서 노동 참가율이 하락했고, 유럽과 일본은 이미 인구 감소 국면에 진입했다. 둘째, 2008년 금융위기 이후 가계와 기업의 디레버리징(부채 축소) 과정이 장기간 계속되면서 투자와 소비가 위축되었다. 셋째, 글로벌화의 혜택이 점차 사라지면서 생산성 증가율이 둔화되었다.

다른 중요한 변화는 통화 정책에서 나타났다. 전통적인 기준금리 조정만으로는 경제를 회복시키기 어려워지자, 중앙은행들은 마이너스 금리를 포함한 과감한 비전통적 정책까지 채택했다. 대표적인 사례가 2010년 11월, 당시 미 연준 의장이었던 벤 버냉키가 단행한 2차 양적 완화다. 6,000억 달러 규모의 국채를 매입해 장기 금리를 낮추려는 이 정책은, 기존의 경제학 이론만으로는 더 이상 경제를 지탱할 수 없는 한계 상황을 그대로 보여줬다.

'뉴 노멀'은 금융시장에도 근본적인 변화를 가져왔다. 과거처럼

'위험 자산 vs. 안전 자산'이라는 이분법적 투자 전략은 더 이상 통하지 않게 됐다. 초저금리 환경에서 연기금과 보험사 같은 기관투자자들은 수익을 좇아 더 위험한 자산에 투자하기 시작했고, 이로 인해 '수익률 추구'[12]라는 현상이 강화되었다.

유럽 재정위기: 새로운 폭풍의 전조

2008년 금융위기의 여진이 채 가시기도 전인 2010년, 유럽은 또 다른 위기에 직면했다. 그리스 정부가 자국의 재정 적자를 은폐해왔다는 사실이 드러나면서 유럽 재정위기의 막이 올랐다. 2009년 10월, 신임 그리스 총리 게오르기오스 파판드레우가 전임 정부가 발표한 재정 적자 규모가 실제보다 절반 이하로 축소 발표되었다고 폭로하면서 시장은 충격에 빠졌다.

그리스 10년 국채 수익률은 2010년 4월 12%를 넘어섰고, 5월에는 1,100억 유로 규모의 1차 구제금융이 결정되었다. 하지만 위기는 그리스에서 멈추지 않았다. 포르투갈·이탈리아·아일랜드·스페인으로 확산되면서 이들 국가는 '유럽의 돼지들(PIIGS)'이라는 모멸적인 별명으로 불렸다.

2011년 11월, 이탈리아 10년 국채 수익률이 7%를 넘어서면서 유로존 해체 가능성까지 거론되었다. 베를루스코니 이탈리아 총리와

---

[12] 수익률 추구(Search for Yield)란 저금리 환경에서 투자자들이 더 높은 수익을 올리기 위해 위험이 큰 자산(예: 정크본드, 신흥국 채권, 부동산, 대체 투자 등)으로 자금을 이동시키는 현상을 뜻한다. 이는 자산 가격의 거품이나 금융 불안정성을 초래할 수 있어 중앙은행과 금융 당국의 주요 관심 대상이다.

파판드레우 그리스 총리가 연이어 사임하면서 정치적 불안정까지 가중되었다. 이때 ECB의 마리오 드라기 총재가 2012년 7월 "유로를 지키기 위해 필요한 모든 조치를 하겠다"라는 유명한 발언을 하며 시장을 진정시켰다.

이 위기의 본질은 유로화라는 통화를 공유하면서도 재정 정책은 각국에 맡겨져 있는 유로존의 구조적 모순에 있었다. 유럽연합은 단일 통화로 묶여 있었지만, 경제력과 경쟁력, 재정 운용 능력은 나라별로 큰 차이를 보였다. 독일과 같은 흑자국은 건전한 재정을 유지하며 수출로 번영했지만, 남유럽 국가들은 경상수지 적자와 만성적인 부채에 시달리고 있었다. 통화 통합만 있고 재정 통합이 없는 이 '반쪽짜리 통합'은 위기 대응을 어렵게 만들었고, 유럽 통합 프로젝트 자체에 대한 회의론을 확산시켰다.

역설적으로, 이 위기는 유럽 통합을 한 단계 더 밀어붙이는 계기가 되기도 했다. 2012년에는 유럽재정안정기금을 기반으로 한 유럽안정화기구(ESM)가 설립되었고, 이후 '유럽 은행 감독 메커니즘(SSM)', '유럽 재정준칙(Fiscal Compact)' 같은 제도적 장치들이 도입되었다. 유럽 재정위기는 유로존이 위기 대응 능력을 시험받은 첫 번째 대형 위기였으며, 통화 통합의 한계와 가능성을 동시에 드러낸 역사적 분기점이었다.

미국의 신용등급 강등: 불가침의 신화 붕괴

2011년 8월 5일, 세계 3대 신용평가사 중 하나인 스탠더드앤푸어스(S&P)는 미국의 국가 신용등급을 사상 처음으로 AAA에서

AA+로 한 단계 강등한다고 발표했다. 이는 1917년 미국 국채에 신용등급이 부여된 이래 처음 있는 일이었고, 그 자체로 세계 금융시장에 큰 충격을 안겼다. 당시 S&P의 글로벌 국가 신용 평가 책임자였던 데이비드 빌은 "재정 정책 결정 과정에서 드러난 정치적 불확실성과 장기적 재정 건전성에 대한 우려"를 주요 사유로 들었다.

이 결정은 단순한 신용등급 강등을 넘어, 제2차 세계대전 이후 미국 달러가 지켜온 '절대 안전 자산'이라는 지위에 공식적인 의문을 제기했다. 1944년 브레튼우즈 체제를 통해 달러는 세계 기축통화로 자리매김했으며, 이후 수십 년간 미국 국채는 '위험 없는 자산'의 상징으로 기능해왔다. 그러나 이번 강등은 그 신화에 금이 가기 시작했음을 보여주는 역사적 전환점이었다.

아이러니하게도, 등급이 강등된 직후 글로벌 투자자들은 오히려 미국 국채를 더 많이 사들이는 모습을 보였다. 유럽 재정위기가 심화되던 시점이었던 만큼, 상대적으로 '덜 위험한' 자산으로 자금이 몰리는 안전 자산 선호 현상이 나타난 것이다. 이 일은 미국 국채의 독보적인 위치를 재확인하는 동시에, 세계 투자자들이 선택할 수 있는 '진짜 대안'이 마땅치 않다는 점을 드러냈다.

당시 오바마 행정부와 공화당 하원 지도부, 특히 존 베이너 하원의장 간의 부채 한도 협상은 극단적인 정치적 대립[13]으로 치달았다.

---

[13] 2011년 오바마 행정부와 공화당이 다수당이었던 하원 사이의 부채 한도 상향 협상은 미국의 정치 시스템이 얼마나 극단적으로 대립할 수 있는지를 보여준 사례였다. 당시 공화당은 정부 지출 삭감을 강력히 요구하며 부채 한도 상향에 반대했고, 민주당은 국가 부채 관리의 필요성을 주장하며 부채 한도 상향을 추진했다.
협상은 교착 상태에 빠져 마감 시한이 다가오면서 미국이 사상 최초로 디폴트(채무 불이행)에

미국이 기술적 디폴트를 맞이할 수 있다는 우려가 현실화될 뻔했던 그 과정은, 세계 최대 경제 대국의 정치 시스템이 글로벌 금융 안정성에 얼마나 큰 영향을 미칠 수 있는지를 여실히 보여주었다. S&P의 강등 조치는 미국의 정치적 리더십과 책임성에 대한 경고장이기도 했다.

이 사건 이후 세계는 점차 달러 중심 금융 질서의 취약성을 인식하기 시작했다. 중국은 위안화의 국제화를 적극 추진하고, 러시아와 일부 신흥국들은 외환 보유액에서 미국 국채 비중을 줄이며 다변화를 시도했다. 국제통화기금도 2016년부터 특별인출권(SDR) 바스켓에 위안화를 포함시키며 글로벌 통화 질서의 다극화를 반영했다. 미국의 신용등급 강등은 단순한 사건이 아니라, 21세기 글로벌 금융 질서에 근본적 의문이 제기되기 시작한 서막이었다.

연준의 기준금리 인상, 테이퍼링의 시작

2013년 5월, 벤 버냉키 당시 연준 의장이 "향후 몇 달 내에 자산 매입 속도를 조절할 수 있다"라며 양적 완화 축소 가능성을 언급하자, 세계 금융시장은 즉각적으로 격렬한 반응을 보였다. 이른바 테이퍼링 발작, '테이퍼 탠트럼(Taper Tantrum)'이라 불리는 이 사건은, 미국 10년 만기 국채 수익률이 불과 몇 달 만에 1.6%에서 3.0%로 급등하

직면할 수 있다는 심각한 우려가 고조되었다. 미국이 국채 원금과 이자를 상환하지 못할 것이라는 불안감이 확산되자, 글로벌 금융시장은 크게 동요했다. 결국, 막판 합의에 도달하여 디폴트는 피했지만, 이러한 정치적 불확실성으로 인해 S&P는 미국의 국가 신용등급을 한 단계 강등하였다. 이는 미국 정치의 불확실성이 글로벌 경제에 미치는 파급력을 명확히 보여주는 사건이었다.

는 결과를 초래했다. 시장은 유동성 축소 가능성에 과민하게 반응했고, 특히 외국인 자본에 의존하던 신흥국 금융시장은 심각한 충격을 받았다. 인도·브라질·터키·남아프리카공화국·인도네시아는 '프래질 파이브(Fragile Five)'로 지목되며 대규모 자본 유출과 통화 가치 급락, 국채 금리 상승에 시달렸다.

테이퍼링의 충격은 단순히 국채 수익률 변동에 그치지 않았다. 글로벌 투자자들은 달러 강세와 미국 금리 상승을 예견하며 위험 자산에서 급속히 자금을 회수했고, 이는 전 세계 증시와 원자재 시장의 변동성을 키웠다. 신흥국의 경우 통화 불안정과 외채 상환 부담 증가로 인해 실물경제의 불확실성이 커졌다. 한편 미국 내에서도 주택 시장 회복세가 주춤했고, 기업들의 투자 활동도 신중해졌다. 테이퍼링은 글로벌 자금 흐름과 위험 선호 구조 자체를 바꾸는 '심리적 전환점'이었다.

2014년 2월, 재닛 옐런이 연준 의장으로 취임하면서 연준은 더욱 신중하고 투명한 커뮤니케이션 전략으로 선회했다. 이후 정책 정상화는 '점진적이고 예측 가능한 경로'를 지향하며 진행되었다. 2015년 12월, 연준은 글로벌 금융위기 이후 7년 만에 처음으로 기준금리를 0.25%p 인상했다. 이는 경제 정상화의 신호탄이자, 통화 정책의 전환점을 알리는 상징적인 조치였다.

그러나 이후 금리 인상 속도는 예상보다 느렸다. 2016년 단 한 차례 인상에 그쳤고, 2017년에는 세 차례, 2018년에는 네 차례 인상이 단행되어 정책금리는 2.5%까지 도달했다. 금리 인상 속도가 조절되면서 금융시장도 점차 안정을 되찾았고, 테이퍼링의 충격은 서서히 흡수되었다.

테이퍼링과 기준금리 인상은 단순한 긴축 정책 그 이상이었다. 그것은 '초저금리와 무제한 유동성'이라는 위기 대응 체제에서 '정상화'라는 새로운 균형점으로 이행하려는 시도였으며, 중앙은행과 시장 사이의 신뢰와 커뮤니케이션이 얼마나 중요한지를 보여준 상징적인 사건이었다.

핀테크와 디지털 금융의 서막

2008년 금융위기는 전통적인 금융 시스템에 대한 불신을 키웠고, 이는 새로운 금융 혁신의 촉매제가 되었다. 2009년 비트코인의 등장은 중앙은행이 없는 화폐 시스템에 대한 실험의 시작이었다. 사토시 나카모토라는 필명을 쓰는 인물이 발표한 논문에서 제시된 블록체인 기술은 단순한 암호화폐를 넘어 금융 시스템 전반의 혁신 가능성을 보여주었다.

2011년 케냐에서 시작된 '엠페사(M-Pesa)'의 모바일 결제 서비스는 은행 계좌 없이도 금융 서비스를 이용할 수 있는 새로운 패러다임을 제시했다. 중국에서는 알리페이와 위챗페이가 전통적인 은행 시스템을 우회하여 급속히 성장하며 현금 없는 사회로의 전환이 선진국보다 빠르게 진행되었다. 미국에서는 로보어드바이저, P2P 대출, 크라우드펀딩 등 새로운 형태의 금융 서비스가 등장했다. 2011년 출범한 소상공인 대상의 서비스 업체 '스퀘어(Square)', 2013년 등장한 증권거래 플랫폼 '로빈후드(Robinhood)' 같은 핀테크 기업들은 전통적인 금융 서비스에 도전장을 내밀기 시작했다.

이에 따라 2010년대 중반 들어 핀테크 스타트업에 대한 투자가 급증했다. 2015년 글로벌 핀테크 투자 규모는 191억 달러로 전년 대비 75% 증가했고, 2018년에는 553억 달러에 달했다. 전통적인 금융기관들도 디지털 전환을 서두르며 핀테크 기업과의 협력이나 인수·합병을 추진했다. 이는 향후 COVID-19 팬데믹 시기에 디지털 금융이 폭발적으로 성장할 기반을 마련하는 중요한 전환점이었다.

세계 최초의 디지털 금융은 아프리카에서 탄생했다?

많은 사람의 예상과 달리 아프리카의 케냐가 디지털 금융 혁명의 발상지가 되었다. 2007년 케냐 최대 통신사 사파리콤(Safaricom)에 의해 출시된 엠페사 때문이다. 엠페사(M-Pesa)는 'M'(모바일)과 'Pesa'(스와힐리어로 '돈'을 의미)의 합성어이다. 이 서비스는 구형 휴대전화만으로 송금·지불·저축이 가능하도록 설계되었다. 특히 은행 계좌나 스마트폰 없이, 가장 기본적인 피처폰으로도 이용할 수 있었다는 점이 엠페사의 가장 큰 혁신이었다.

케냐를 비롯한 아프리카 국가들은 전통적인 금융 인프라가 부족한 상황이었다. 은행 지점은 대도시에 집중되어 있었고, 농촌 지역 주민들은 금융 서비스 이용이 거의 불가능했다. 그러나 휴대전화는 빠르게 보급되고 있었다. 이러한 '금융 소외'와 '통신 접근성'의 대비가 엠페사가 탄생할 수 있는 완벽한 환경을 만들었다.

출시 후 단 몇 년 만에 엠페사는 케냐 성인 인구의 70% 이상이 사용하는 서비스가 되었다. 이 서비스의 영향력은 놀라웠다. 첫째,

은행 계좌를 가질 수 없었던 수백만 명의 사람들이 처음으로 공식적인 금융 시스템에 접근할 수 있게 되면서 금융 포용성이 크게 확대되었다. 둘째, 연구에 따르면 엠페사는 케냐 가구의 2%를 극심한 빈곤에서 벗어나게 했다. 셋째, 여성들이 안전하게 돈을 저축하고 가정 경제에 더 큰 통제력을 갖게 해 주면서 여성 역량 강화에 기여했다. 넷째, 손쉬운 송금은 농촌 경제를 활성화시키고 소상공인들의 비즈니스 성장을 도왔다.

엠페사의 성공은 다른 개발도상국들에 영감을 주었고, 현재는 탄자니아, 가나, 이집트 등 아프리카 여러 국가와 아프가니스탄, 인도와 같은 아시아 국가들에서도 유사한 서비스가 운영되고 있다. 엠페사는 금융과 기술이 '가장 절실한 곳에 도움이 되는 혁신적 해결책을 안겨준 모범적 사례'라고 할 수 있다.

1990년대 후반부터 폰뱅킹이 가능했는데도 엠페사를 세계 최초의 디지털 금융이라고 부르는 이유가 있다. 엠페사의 핵심은 은행 계좌가 없는 사람들에게 모바일 장치를 통해 금융 서비스를 이용할 수 있도록 했다는 점이다. 엠페사는 은행 계좌가 필요 없는 모바일 머니 서비스를 제공하였고, 이를 통해 많은 사람이 은행 서비스 없이도 금융 거래를 할 수 있게 된 것이다.

연준의 정책 변화: 정상화에서 선제적 완화로

2018년까지 점진적으로 기준금리를 인상(정상화)하던 연준은, 2019년에 들어서며 돌연 방향을 전환했다. 트럼프 행정부의 무역 전쟁 격화, 글로벌 경기 둔화 조짐, 낮은 인플레이션 등 여러 요인이 복합적으로 작용하면서 연준은 '선제적 대응'을 강조하기 시작했고, 2019년 7월을 시작으로 세 차례에 걸쳐 기준금리를 다시 인하했다. 이는 '보험성 금리 인하'로 해석되며 시장에 유동성 완화 신호를 보냈고, 연준의 정책 기조가 얼마나 민감하게 글로벌 환경에 영향을 받는지를 여실히 보여주는 사례가 되었다.

이 시기 연준은 '평균 물가 목표제(Average Inflation Targeting, AIT)'를 도입하며, 일정 기간 물가 상승률이 목표치 2%를 초과하는 것도 용인하겠다는 새로운 정책 프레임을 도입했다. 이는 고용 회복을 최우선 과제로 삼고, 인플레이션에 대해 더 유연하게 대응하겠다는 신호로 해석되었다. 이로 인해 자산시장에는 풍부한 유동성이 공급되었고, 주식과 부동산 등 위험 자산 가격은 빠르게 회복하고 상승했다.

이러한 변화들은 곧 2020년 COVID-19 팬데믹이라는 또 다른 시험대를 맞게 된다. 팬데믹은 보건위기에서 시작되어 경제위기로 번지며, 기존의 모든 경제학적 상식을 뒤엎었다. 또한, 팬데믹은 디지털 금융의 폭발적 성장을 촉진하고, 암호화폐를 주류 금융의 영역으로 끌어올리며, 스테이블코인과 CBDC(중앙은행 디지털 화폐)라는 새로운 화두를 제시할 것이다. 2008년 금융위기의 여진이 만들어낸 '뉴 노멀'은 더욱 새로운 변화의 전주곡이었다.

COVID-19 팬데믹과
새로운 시대의 금융

팬데믹 이전, 상호 연결된 세계의 취약성

2020년 초, 세계 경제는 전례 없는 상호 연결성 속에서 움직이고 있었다. 글로벌 공급망은 마치 거대한 신경망처럼 지구 전체를 연결했다. 미국 캘리포니아에서 설계되고 독일의 소프트웨어가 탑재된 아이폰이 중국의 선전에서 제조되어 전 세계로 배송되는 것이 일상이 되었다. 이러한 생산 방식은 효율성의 극치를 보여주었고, 기업들은 최소 재고로 최대 이익을 실현하며 수익성을 극대화했다.

금융시장 역시 이러한 글로벌화의 수혜자였다. 2019년 말 다우존스지수는 28,000포인트를 넘나들며 사상 최고치를 경신했고, 실업률은 역사적 저점을 기록했다.

하지만 이 완벽해 보이는 시스템에는 치명적인 약점이 있었다. 상호 연결성은 효율성을 가져다주었지만, 동시에 시스템 전체의 취약성을 증대시켰다. 한 곳에서 발생한 충격이 순식간에 전 세계로 전파될 수 있는 구조였던 것이다.

검은 백조의 등장: COVID-19와 시장의 대혼란

2020년 1월, 중국 우한에서 시작된 작은 소식이 전 세계를 뒤흔들기 시작했다. 신종 코로나바이러스의 출현은 처음에는 지역적 이슈로 여겨졌지만, 그해 2월 말부터 상황은 급변했다. 2월 24일부터 28일까지 단 5일 만에 다우존스 지수는 3,000포인트가량 폭락했다. 이는 역사상 가장 빠른 약세장 진입이었다.

금융시장의 패닉은 상상을 초월했다. 3월 9일, 사우디아라비아와 러시아 간 유가 전쟁이 겹치면서 원유 가격은 하루 만에 24.6% 폭락했다. 그리고 3월 12일, 세계보건기구가 팬데믹을 선언하자 글로벌 증시는 문자 그대로 '용해'되기 시작했다. 뉴욕증권거래소는 1997년 이후 처음으로 서킷브레이커를 발동했고, 이후 두 주 동안 무려 네 차례나 더 가동해야 했다.

그러나 진짜 공포는 채권시장에서 시작되었다. 평소 '안전 자산'으로 여겨졌던 미국 국채마저 매물이 쏟아졌다. 투자자들은 현금 확보를 위해 보유하고 있던 모든 자산을 팔아치웠다. 이른바 '유동성 위기'가 시작된 것이다. 기업들은 신용 한도를 최대한 활용해 현금을 비축했고, 심지어 애플·마이크로소프트 같은 현금 부자 기업들도 회사채를 발행해 현금을 확보했다.

이례적인 상황을 접한 투자자들은 '현금'만을 원했다. 국채든 주식이든 금이든 간에 매도하고 달러화를 확보하는 데 집중했다. 이는 단순한 공포가 아닌, 시스템 전반의 신뢰 붕괴였다.

전례 없는 대응: 중앙은행들의 '무제한 개입'

연준의 제롬 파월 의장은 이 위기를 "평시에는 절대 일어나지 않을 일"이라고 표현했다. 그리고 연준은 기민하게 움직였다. 2020년 3월, 단 두 주 만에 두 차례 기준금리를 인하하여 0~0.25%의 제로 금리로 재진입했고, 같은 달 23일에는 '필요한 만큼, 필요한 기간 동안'의 무제한 국채 및 주택담보부증권 매입을 선언했다. 이는 현대적 양적 완화(MQE)[14]의 서막이었다. 연준은 회사채와 지방채, 심지어 중소기업 대출까지 손을 뻗으며 전방위적 유동성 공급에 나섰다.

유럽중앙은행도 팬데믹 긴급 매입 프로그램(PEPP)을 통해 1조 8,500억 유로를 시장에 투입했고, 일본은행과 스위스 국립은행도 ETF 및 회사채 매입 등 비전통적 수단을 총동원했다. 중앙은행들은 '최종 대부자'에 머물지 않고 '최초의 매입자'이자 '시장 심리의 지휘자' 역할을 맡게 되었다.

정부의 등장: 재정 정책의 화려한 부활

중앙은행의 노력과 함께 각국 정부도 전례 없는 재정 지원에 나섰다. 미국의 경우 3월 말 2조 2,000억 달러 규모의 CARES 법안[15]을

---

14 MQE(Modern Quantitative Easing), 즉 현대적 양적 완화는 2008년 글로벌 금융위기 이후 주요국 중앙은행들이 사용하기 시작한 비전통적 통화 정책인 '양적 완화(QE)'가 2020년 COVID-19 팬데믹 위기 당시 더욱 확장되고 강화된 형태를 지칭하는 용어이다.

15 CARES 법안(Coronavirus Aid, Relief, and Economic Security Act)은 2020년 3월 미국 의회가 COVID-19 팬데믹에 대응하기 위해 제정한 2.2조 달러 규모의 경기 부양책이다. 개인에게 직

통과시켰다. 이는 2008년 금융위기 때 구제금융의 3배가 넘는 규모였다. 개인에게는 직접 현금을 지급했고, 기업에는 급여 보호 프로그램을 통해 대출을 제공했다.

독일의 앙겔라 메르켈 총리는 "독일 통일 이후 최대 도전"이라며 1조 유로가 넘는 경기 부양책을 발표했다. 평소 재정 건전성을 강조하던 독일이 헌법에 명시된 '부채 브레이크'[16] 조항을 일시 중단한 것은 상징적 의미가 컸다. 일본도 GDP의 40%에 달하는 사상 최대 규모의 경기 부양책을 내놓았다.

V자 반등의 신화: 자산 가격 폭등과 K자 회복

2020년 3월 23일, 다우존스지수가 18,591포인트로 바닥을 찍은 후 놀라운 일이 벌어졌다. 주식시장이 폭등하기 시작한 것이다. 연준의 무제한 유동성 공급과 정부의 대규모 재정 지원이 결합되면서 '돈이 넘쳐나는' 상황이 연출됐다.

테슬라의 주가는 2020년 한 해 동안 743% 상승했고, 줌(Zoom)은 396% 급등했다. 페이스북, 아마존, 애플, 넷플릭스, 구글 등 이른바

접 현금을 지급하고, 실업급여를 확대하며, 중소기업에 대한 대규모 대출 지원(PPP)과 대기업·산업에 대한 유동성 공급 등을 통해 소비 위축과 고용 붕괴를 막고자 했다. CARES 법안은 연준의 통화 완화 정책과 함께 작동하며 위기 초기 금융시장의 급락을 진정시키는 데 기여했지만, 동시에 막대한 재정 적자와 자산시장 과열을 유발했다는 비판도 수반되었다.

[16] 독일의 '부채 브레이크(Schuldenbremse)'는 2009년 헌법 개정을 통해 도입된 재정 건전성 제도로, 연방정부의 구조적 재정 적자를 GDP의 0.35% 이하로 제한하고, 주(州) 정부에는 적자 재정을 전면 금지한 것이 특징이다. 이는 유럽 재정위기 당시 남유럽 국가들의 재정난을 반면교사 삼아, 재정 균형을 통한 국가 신뢰도 확보를 목표로 도입되었다. 위기 시 한시적으로 초과 지출을 허용하는 조항은 있으나, 평상시에는 지출 확대에 강한 제약을 가해왔다.

'FAANG' 주식들은 하늘 높은 줄 모르고 치솟았다. 기술주 중심의 나스닥지수는 12월 말 역사상 처음으로 13,000포인트를 돌파했다.

하지만 이 회복은 '온전한' 회복이 아니었다. 재택근무가 가능한 화이트칼라 직장인들과 기술 기업들은 오히려 수혜를 봤지만, 서비스업 종사자들과 중소기업들은 여전히 고통받고 있었다. 경제학자들은 이를 'K자 회복'이라고 명명했다. 마치 K자처럼 위로 뻗은 선과 아래로 향한 선이 갈라지는 회복세였다.

인플레이션의 귀환과 정책 전환

이러한 유례없는 부양책은 2021년 중반부터 예상치 못한 복병을 만났다. 인플레이션이었다. 이는 정말로 당혹스러운 상황이었다. 2010년대 내내 선진국 중앙은행들은 디플레이션과 싸워야 했던 기억이 생생했기 때문이다. 유럽중앙은행은 2014년부터 마이너스 금리를 도입했고, 일본은행은 1990년대부터 '잃어버린 30년' 동안 디플레이션의 늪에서 헤어나지 못했다. 연준조차 2015년 이후 금리 인상을 시도할 때마다 경기 둔화 우려로 주저했던 것이 현실이었다.

그런데 COVID-19 대응을 위한 전례 없는 금리 인하와 양적 완화, 그리고 각국 정부의 대규모 재정 지출이 결합하면서 10여 년 만에 인플레이션이 되살아난 것이다. 연준은 처음에는 '일시적' 현상이라고 일축했지만, 공급망 병목 현상과 노동력 부족, 그리고 대규모 유동성 공급의 부작용이 겹치면서 물가 상승세가 가속화됐다.

이 인플레이션의 충격은 통계 수치를 넘어 미국인들의 일상생활에서 생생하게 체감됐다. 맥도날드의 빅맥 세트 가격은 2020년 평균

8달러에서 2022년에는 12달러를 넘어섰고, 주유소에서는 갤런당 2달러 수준이던 휘발유 가격이 5달러에 육박하며 '5달러 쇼크'라는 신조어까지 생겨났다. 식료품점에서는 12개들이 달걀 한 꾸러미가 1.5달러에서 4달러로 치솟았다. 2021년 11월 미국 소비자 물가 상승률은 6.8%를 기록하며 1982년 이후 최고치를 경신했지만, 체감 물가는 그보다 훨씬 높았다.

제롬 파월 의장은 2021년 11월 '일시적'이라는 표현을 공식적으로 철회했다. 그리고 2022년 3월부터 공격적인 금리 인상에 나섰다. 25년 만에 0.75%p씩 올리는 자이언트 스텝 인상을 단행했고, 2022년 한 해 동안 무려 4.25%p나 기준금리를 올렸다. 그 결과 2023년 중반 기준금리는 5%를 넘는 수준까지 올라섰다. 이는 1980년대 볼커의 인플레이션 퇴치 이후 가장 가파른 금리 인상이었다. 이 과정에서 연준은 보유 자산을 축소하는 '양적 긴축'[17]도 병행하며, 유동성 회수에 나섰다. 그 결과, 자산시장은 급격한 조정을 겪었고, 고금리에 따른 부동산·소비·기업 투자 위축 등 실물경제도 영향을 받기 시작했다.

이처럼 연준의 정책은 2013년 테이퍼링 시작 이후 10년 동안 완화(금리 인하) → 정상화(금리 인상) → 팬데믹 완화(금리 인하) → 다시 긴축(금리 인상)이라는 급격한 변화를 겪었다. 이 과정에서 드러난 것은 단순한 금리 수준 이상의 문제였다. 중앙은행의 신뢰성, 정책

---

[17] 양적 긴축(Quantitative Tightening, QT)은 중앙은행이 시장에 공급했던 유동성을 회수하여 통화량을 줄이는 비전통적 통화 정책이다. 이는 양적 완화의 반대 개념으로, 중앙은행이 보유하고 있던 국채나 주택담보부증권 등의 자산을 매각하거나 만기 상환을 통해 재투자하지 않음으로써 시중의 자금을 흡수하는 방식이다.

커뮤니케이션의 중요성, 그리고 글로벌 경제와 자산시장 간의 복잡한 상호작용이 모두 얽혀 있는 '정책의 시대'가 본격화된 것이다.

연준의 회귀: 2024~2025년의 정책 전환

연준의 금리 인상 덕분에 2023년 말부터 물가 상승률은 점차 둔화되기 시작했다. 처음에 연준은 긴축 기조를 유지했지만, 2024년 중반부터는 노동시장 안정과 물가 완화를 근거로 정책 전환의 신호를 보내기 시작했다. 2024년 9월, 드디어 연준은 0.5%p의 '빅컷'을 단행하며 금리 인하 사이클에 진입했다. 시장은 이를 유동성 공급의 신호로 받아들이며 다시 상승세를 탔다.

특히 매그니피센트 7(Magnificent 7)[18]과 같은 기술주들이 새로운 성장 동력으로 떠올랐다. 엔비디아는 AI 칩 수요 급증으로 시가총액 4조 달러를 돌파하며 한때 세계 최대 기업이 되기도 했다. 마이크로소프트, 구글, 메타 등 빅테크 기업들의 AI 투자 경쟁이 치열해지면서 'AI 버블' 논란도 제기됐지만, 기술 혁신에 대한 기대는 여전히 높다.

트럼프의 복귀와 새로운 시험대에 오른 세계 경제

2024년 11월, 도널드 트럼프가 대통령 재선에 성공하면서 미국 경제 정책에 새로운 변화가 예고됐다. 트럼프는 선거 공약으로 대규모 관세 부과, 감세 정책, 그리고 암호화폐 친화적 정책을 내세웠다.

---

[18] 알파벳(Alphabet, 구글), 아마존(Amazon), 애플(Apple), 메타(Meta), 마이크로소프트(Microsoft), 엔비디아(Nvidia), 테슬라(Tesla)

트럼프의 관세 정책은 그의 첫 번째 임기(2017~2021년) 때부터 이미 그 위력을 보여준 바 있다. 2018년부터 시작된 미-중 무역 전쟁은 단순한 통상 분쟁을 넘어 글로벌 경제 질서의 재편을 예고하는 신호탄이었다. 당시 트럼프는 중국산 제품에 25%의 관세를 부과했고, 중국 역시 미국산 대두와 자동차에 보복 관세로 응답했다. 이 관세 전쟁은 2020년 1월 '제1단계 무역 합의'로 일단락되는 듯했지만, COVID-19 팬데믹으로 합의 이행은 유명무실해졌다.

이때 미·중 간 합의는 중국이 2년간 2,000억 달러 규모의 미국산 제품을 추가 구매하기로 약속한 내용이 핵심이었다. 하지만 이 합의는 구조적 문제를 해결하지 못한 채 단기적 타협에 그쳤다는 평가를 받았다. 실제로 중국의 약속 이행률은 60% 수준에 그쳤고, 미·중 간 기술 패권 경쟁은 오히려 심화됐다. 2024년 재선 후 트럼프는 더욱 공격적인 관세 정책을 펼치는 중이다. 이는 1930년대 스무트-홀리 관세법 이후 가장 강력한 보호주의적인 정책으로, 자유무역 체제에 근본적 도전을 의미한다.

이러한 관세 정책의 배경에는 단순한 경제적 계산을 넘어서는 지정학적 의도가 담겨 있다. 트럼프는 관세를 '협상의 도구'로 활용하여 무역 상대국들로부터 양보를 끌어내려 한다. 동시에 제조업의 미국 회귀(리쇼어링)를 통해 산업 기반을 재건하고, 중국의 기술 굴기를 견제하려는 전략적 목적도 있다. 특히 반도체, 배터리, 희토류 등 핵심 기술 분야에서의 공급망 독립을 추진하며 '경제 안보'라는 새로운 패러다임을 제시하고 있다.

미래를 향한 화두들

현재 금융시장은 여러 중요한 기로에 서 있다. 첫째, 인공지능이 가져올 생산성 혁명이 과연 현재의 높은 주가를 정당화할 수 있을 것인가? 둘째, 각국의 막대한 부채는 어떻게 해결될 것인가? 미국의 국가 부채는 GDP의 120%에 육박하고, 일본은 260%를 넘어선 상황이다. 셋째, 지정학적 리스크가 글로벌 금융시장에 미칠 영향은 무엇인가? 미·중 갈등, 러시아-우크라이나 전쟁, 중동 정세 불안 등이 복합적으로 작용하면서 글로벌 공급망과 금융시장의 불확실성은 여전히 해결되지 않고 있다. 넷째, 중앙은행들의 정책 여력은 얼마나 남았는가? 이미 많은 국가가 제로 금리 정책을 경험했고, 양적 완화도 여러 차례 실시했다. 다음 위기가 올 때 사용할 수 있는 정책 수단이 제한적일 수 있다.

COVID-19 팬데믹은 단순한 보건위기를 넘어 인류 문명의 전환점이 되었다. 기술의 발달로 원격근무가 일상화되고, 디지털 결제가 급속히 확산되면서 전통적인 금융 서비스의 경계가 모호해지고 있다. 핀테크 기업들은 은행의 영역을 잠식하고 있고, 빅테크 기업들은 금융업에 본격 진출하고 있다.

이러한 변화 속에서 금융 시스템의 안정성과 혁신성을 어떻게 조화시킬 것인가가 핵심 과제다. 규제 당국은 혁신을 저해하지 않으면서도 시스템 리스크를 관리해야 하는 어려운 균형점을 찾아야 한다.

지금 우리가 경험하고 있는 변화는 끝이 아니라 시작이다. 디지털 네이티브 세대가 금융시장의 주역으로 부상하고, 인공지능이 투자 결정의 핵심 도구가 되며, 지속 가능성이 수익성과 동등한 중요성을 갖는 새로운 시대가 열리고 있다. 이 거대한 변화의 물결 속에서 우리는 어떤 선택을 하고, 어떤 미래를 만들어갈 것인가? 그 답은 아직 누구도 알 수 없다. 다만 확실한 것은 변화는 계속될 것이고, 반복되는 역사 속에서 미래의 변화를 대비할 수 있는 시사점을 찾을 수 있다는 사실이다.

대한민국
신용 팽창 위기의 역사

이제 2000년 이후 우리나라에서 발생한 주요 신용 팽창 위기 사건들을 살펴보려 한다. 특히 2003년 카드 대란과 2011년 저축은행 사태를 중심으로 할 것이다. 이들은 개별 위기 사건을 넘어 2000년대 이후 한국 경제에 지속적인 과제로 남아 있는 가계부채 문제에 관한 함의를 담고 있다. 세계 금융위기의 역사가 신용의 팽창과 밀접한 관련이 있다는 점을 고려할 때, 이 고찰을 통해 우리에게 닥쳐올 수 있는 미래의 위기를 예측하고 대비하는 데 필요한 교훈과 시사점을 얻을 수 있을 것이라 기대한다.

2000년대 이후 국내 신용 팽창의 추이와 중요성

1997년 외환위기 이후 대한민국은 대대적인 금융 구조조정과 경제 회복 과정을 거쳤다. 2000년대에 접어들면서 한국 경제는 내수

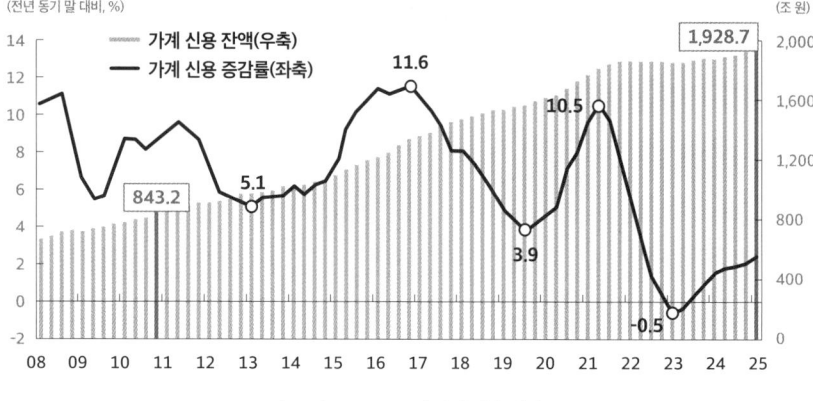

그림 6-1 | 2008~2025년 가계 신용 잔액
출처: 한국은행

진작과 금융 산업 활성화를 목표로 신용 확대를 적극적으로 추진했다. 이러한 정책 기조 아래 가계 신용은 폭발적인 증가세를 보였다. 예를 들어, 한국은행의 가계 신용 통계에 따르면 가계 신용 잔액은 2010년 말 843.2조 원에서 2025년 1분기 말 1,928.7조 원으로 두 배 이상 확대되었다. 이러한 가계 신용의 급증은 개인 가처분 소득이나 국내총생산 증가율을 상회하는 경우가 많았다.

신용 팽창은 단기적으로 소비를 촉진하고 금융 부문의 성장을 뒷받침하는 긍정적인 역할을 하기도 했다. 그러나 동시에 시스템적 위험을 누적시키는 양날의 검으로 작용했다. 우리에게 발생했던 두 가지 주요 위기, 2003년 카드 대란과 2011년 저축은행 사태는 이러한 무분별한 신용 팽창이 가져올 수 있는 취약성을 극명하게 보여주는 중요한 사례이다. 이들 위기는 단기적인 경제적 충격을 넘어 사회 전반에 걸쳐 광범위한 영향을 미쳤으며, 한국 금융 시스템의 구조적 문제점과 정책적 한계를 드러내는 계기가 되었다.

2003년 카드 대란의 시대적 배경

2003년 카드 대란은 1997년 IMF 외환위기 직후의 경제적 상황에서 비롯되었다. 2000년 12월 김대중 대통령이 IMF 위기에서 완전히 벗어났다고 공식 발표한 이후, 정부는 침체된 내수를 진작하고 경제를 활성화시키는 방안으로 신용카드 사용을 적극적으로 장려했다. 현금 중심의 결제 문화를 개선하고 세수를 확보하며 지하 경제를 양성화하려는 목적도 있었다.

이러한 정책적 기조와 함께 외환위기 이후 신자유주의 경제 패러다임이 확산되면서 금융 규제 완화와 자유화가 광범위하게 추진되었다. 금융 부문은 대규모 구조조정을 거치면서 성장을 최우선 경영목표로 삼게 되었고, 기업 대출에 비해 수익률과 연체율 측면에서 우월하다고 판단된 가계대출, 특히 신용카드 부문으로 자산 확대를 공격적으로 추진했다. 이처럼 경제 회복을 위한 정부의 정책적 의도와 금융기관의 수익 추구가 맞물리면서, 신용카드 대출의 무분별한 팽창을 위한 환경이 조성되었다. 이렇듯 카드 사태의 배경은 경제 문제 해결을 위한 정책이 의도치 않게 또 다른 금융위기를 초래할 수 있음을 보여주는 사례로 평가된다.

발생 원인과 전개 과정

카드 대란의 출발점은 정부의 신용카드 사용 장려 정책과 현금서비스 한도 규제 완화에 있었다. 이는 카드사 간의 무분별한 시장점유율 경쟁을 촉발했다. 카드사들은 신용 평가가 제대로 이루어지지 않은 상태에서 소득이 불안정한 대학생이나 일반인에게도 길거리에서 손쉽게 카드를 발급해주었으며 연회비 면제, 무이자 할부 등 과도한 혜택을 제공하며 회원을 유치했다. 이러한 '묻지 마 영업' 관행은 외환위기 이후 수익을 최우선으로 삼게 된 금융기관들의 공격적인 자산 확대 경쟁의 결과였다.

그리고 이러한 현상 이면에는 외환위기 이후 고용 구조의 변화와 가계 소득 불안정성 증대라는 사회경제적 요인이 자리 잡고 있었다. 많은 가계가 소비 수준을 유지하기 위해 손쉬운 신용카드 대출에 의존하게 된 것이다. 2001년 말까지 신용카드 연체율이 2% 전후로 최저 수준을 유지했음에도 불구하고, 이는 부실 위험의 축적을 가리는 착시 현상에 불과했다. 정부의 신용카드 규제 완화와 금융기관의 무분별한 영업 행태가 결합하면서, 금융기관들은 도덕적 해이에 빠져 과도한 위험을 감수하게 되었고, 이는 결국 대규모 부실로 이어졌다.

카드 대란은 신용카드 발급 수와 현금서비스 잔액의 폭발적인 증가로 시작되었다. 1999년 약 4,000만 장 수준이던 신용카드 발급 수는 불과 2년 만인 2002년에 1억 장을 돌파했다.

현금서비스 잔액 또한 1998년 10조 원대에서 2002년 하반기 60조 원으로 4년 만에 6배나 급증했다. 2000년부터 2002년까지 가계 신용 증가분 226조 원 중 약 20%가 신용카드 부채 증가로 인한 것이었다.

겉으로는 2001년 말까지 신용카드 연체율이 2% 수준으로 낮아 안정적인 것처럼 보였지만, 이는 실제 부실 위험의 축적을 반영하지 못하는 지표였다. 신용이 불안정한 차주에게 대출이 무분별하게 이

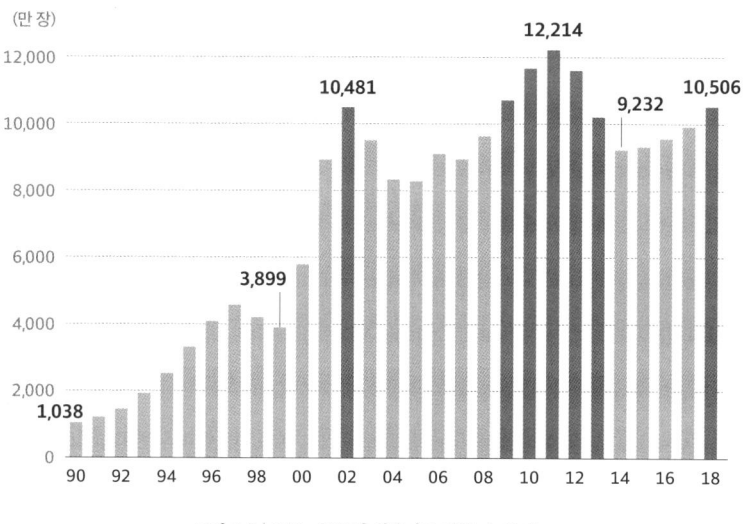

그림 6-2 | 1990~2018년 신용카드 발급 수 추이
출처: 여신금융협회

루어지면서 잠재적 연체자 풀이 커지고 있었던 것이다.

결국, 2002년 하반기부터 연체율이 급격히 상승하기 시작했고, 2002년 말에서 2003년 말까지 약 150만 명 이상의 신용불량자가 추가로 발생하여 총 372만 명에 달했다. 2003년에 새로 발생한 신용불량자 120만 명 중 90만 명 이상이 신용카드 부채 때문이었다. 이러한 부실 확산은 카드사의 재정 건전성을 급격히 악화시켰고, 일부 카드사는 자기자본 비율이 마이너스로 추락하는 상황에 이르렀다.

경제적 및 사회적 영향

카드 대란은 한국 경제와 사회에 심각한 후유증을 남겼다. 경제적으로는 2003년 경제성장률이 2.8%로 급락했으며, 2002년까지 경제성장을 견인했던 민간 소비는 2003년 4월부터 2004년 말까지 1년 반 이상 -1.5%에서 +1.5% 사이를 오가는 극심한 침체를 겪었다. 가계의 신용카드 사용이 억제되고 구매력이 급격히 위축되면서 도소매, 음식숙박업 등 서비스업 일자리에 큰 타격을 주었다. 2001~2002년 연간 40만~80만 명씩 증가하던 취업자 수는 카드 대란으로 2003년 2분기부터 감소세로 전환되었고, 특히 자영업자들은 2003년 4월 전년 대비 33만 4,000명이나 줄어드는 등 심각한 영향을 받았다.

사회적으로는 372만 명에 달하는 대규모 신용불량자를 양산하여 가계 파산을 초래했다. 특히 20대 청년층과 1,000만 원 미만의 소액 채무를 가진 취약 계층의 신용불량자 비중이 높았다. 신용 사회 창출을 목표로 했던 신용카드가 오히려 신용불량자를 양산하는 도구로 변질된 것이다.

비록 신용카드 사용 장려 정책이 일시적으로 내수 진작과 세수 증가, 지하 경제 축소에 긍정적인 효과를 가져왔지만, 이러한 단기적 이득은 가계 재정과 경제 전반에 미친 장기적인 악영향에 비하면 미미했다. 금융 부실이 금융권에만 머무르지 않고 실물경제로 전이되어 민간 소비를 위축시키고 고용 악화를 초래하며 사회적 불평등을 심화시킨 사례로 평가된다.

위기 대응 조치

정부와 금융 당국은 뒤늦게나마 위기 확산을 막기 위한 일련의 조치를 시행했다. 2003년 '3·17 대책'과 '4·3 대책'을 통해 카드사의 자구 노력을 촉구하고 시장 안정화를 꾀했다. 구체적으로는 길거리 모집 금지, 미성년자 신용카드 발급 시 부모 동의 의무화 등 무분별한 영업 행위를 규제했다. 금융감독위원회는 2003년 1월부터 금융기관 경영 개선 조치 요건에 연체 비율 기준을 포함하는 등 카드사의 재정 건전성 확보를 위한 감독을 강화했다. 또한, 은행의 가계대출 기준을 강화하고 부실채권의 조기 상각을 유도했다.

특히 업계 1위였던 LG카드 부실 문제는 금융권 전체의 후폭풍을 막기 위한 정부의 핵심 과제였다. 정부는 채권단 간의 이견을 조율하고, 국책은행인 산업은행이 LG카드의 단독 관리를 수용하도록 함으로써 공적 자금 투입 없이 위기를 해결하려 노력했다.

이러한 조치들은 위기 발생 이후의 사후적 대응이었지만, 거대한 금융위기로 비화될 뻔한 상황을 막는 데 기여했다. 그러나 이러한 개입은 위기가 시스템적 위협 수준에 도달한 후에야 이루어졌다는 점에서, 규제 당국의 시의적절하고 포괄적인 개입의 중요성을 다시금 일깨워주었다.

회복의 동인

카드 대란으로부터의 회복은 정부의 강력한 규제와 구조조정 노력, 그리고 상대적으로 우호적인 대외 경제 환경의 복합적인 작용으로 이루어졌다. 정부는 무분별한 영업 관행을 금지하고 부실 카드사들을 구조조정하며 금융 부문의 안정화를 유도했다. 국민카드, 외환카드, 우리카드 등 주요 카드사들이 모기업인 은행에 흡수 합병되었고, 삼성그룹은 삼성카드에 5조 원을 투입하는 등 자본 확충이 이루어졌다. LG카드의 채권단 관리 및 산업은행으로의 매각 결정은 시장의 불확실성을 해소하는 데 크게 기여했다.

또한, 위기 당시 국제 유가가 안정세를 유지하고 환율 변동 폭이 크지 않는 등 글로벌 경제 여건이 나쁘지 않았기 때문에, 국내 위기를 수출 확대를 통해 극복할 수 있는 여지가 있었다. 국내적으로는 은행의 주택담보대출 재개가 부동산 시장의 회복을 이끌어 일부 가계의 자산 건전성 개선에 간접적으로 기여하기도 했다.

더 중요하게는, 이 위기가 국민이 금융에 대한 이해도를 높이고 재테크에 관심을 두게 되는 등 금융 문해력이 향상되는 계기가 되었다. 이는 정부의 상향식 개입과 국민의 하향식 적응이 결합하여 회복을 이끈 사례로, 금융 시스템의 장기적인 회복력은 규제 프레임워크와 시장 참여자들의 금융 이해도 간의 상호작용에 달려 있음을 시사한다.

2003년 카드 대란은 한국 사회에 여러 중요한 교훈을 남겼다.

첫째, 과도한 규제 완화와 무분별한 금융기관의 경쟁이 금융 시스템의 안정성을 얼마나 심각하게 훼손할 수 있는지를 보여주었다. 특히 신용 평가 없는 '묻지 마 영업'의 위험성을 명확히 드러냈다.

둘째, 가계부채가 금융위기의 주요 원인이 될 수 있음을 입증한 국내 최초의 '가계발 국내 금융위기'였다. 소비 중심의 신용 거품이 터지면서 대규모 가계 파산과 실물경제의 심각한 위축으로 이어질 수 있음을 보여주었다.

셋째, 정책 당국의 시의적절하고 일관된 대응의 중요성이다. 때늦은 규제와 부처 간 엇박자는 오히려 부실을 폭발시키는 기폭제가 될 수 있음을 시사한다.

넷째, 위기가 청년층, 저소득층 등 취약 계층에 불균형적으로 더 큰 피해를 안겨주어 사회적 불평등을 심화시킬 수 있음을 드러냈다.

2011년 저축은행 사태의 시대적 배경

2011년 저축은행 사태는 1997년 IMF 외환위기 이후 재편된 금융시장 환경 속에서 발생했다. 외환위기 이후 금융시장 구조조정을 거치면서 저축은행은 본래의 지역 서민 금융기관 역할에서 벗어나 부동산 프로젝트 파이낸싱(PF) 대출과 같은 고위험 자산 투자로 사업 영역을 확대했다.

이러한 변화는 정부의 부동산 부문 규제 완화와 부동산 시장 활성화 시기와 맞물린다. 이때 저축은행들은 무리하게 부동산 PF 대출을 늘리며 수익 극대화를 추구했다.

저축은행들은 2002년 대비 자산 성장률이 200%를 상회할 정도로 급격한 대형화를 추진했으며, 수신 기반 확충을 위해 지점도 공격적으로 확장했다.

그러나 2008년 글로벌 금융위기 이후 부동산 경기가 정점을 찍고 위축되면서, 저축은행들이 과도하게 집중 투자했던 PF 대출의 부실이 현실화되기 시작했다. 이는 특정 금융 부문(저축은행)이 고위험 자산(부동산 PF)에 과도하게 집중하면서 발생한 위험의 전형적인 사례로, 금융 구조조정 과정에서 발생할 수 있는 규제 사각지대와 위험 집중 현상을 보여준다.

발생 원인과 전개 과정

저축은행 사태의 주된 원인은 부동산 PF 대출의 무분별한 확대와 부실에 있었다. 많은 저축은행이 캄보디아 캄코시티 개발 사업과 같이 리스크가 큰 프로젝트에 대해 제대로 된 심사 과정 없이 무모한 방식으로 대출을 제공하여 대규모 부실채권을 떠안았다. 이는 일부 저축은행의 과도한 위험 선택, 회계 부정, 그리고 감독 당국의 감시 회피 행태와 결합해 더욱 심화되었다.

또한, 저축은행들은 예금자 보호 한도액(5,000만 원)을 초과하는 고액 예금자들에게 후순위채권을 직접 판매하며 자금을 조달했는데, 이 과정에서 후순위채권의 높은 위험성에 대한 충분한 설명이나 적절한 고지가 이루어지지 않았다.

금융 당국의 규제 실패도 중요한 원인으로 지목된다. 금융위원회는 2011년 재무 건전성 악화를 이유로 저축은행의 건전성 지표였던 '8·8클럽 제도'[19]를 폐지하여 사실상 건전성 규제를 완화했다. 그리고 자격 미달 기관에도 후순위채권 발행을 허용한 것 역시 부실 확대를 부추겼다. 금융기관의 탐욕, 내부 통제 부실, 그리고 규제 당국의

---

19 '8·8클럽'이란 당시 우량 저축은행을 구분하는 기준을 의미한다. 국제결제은행(BIS) 기준 자기자본 비율 8% 이상, 고정 이하 여신 비율 8% 이하 요건을 충족하면 우량 저축은행으로 분류했다. 8·8클럽에 속하는 저축은행은 자기자본의 20% 이내와 80억 원 이하로 규정돼 있는 저축은행의 법인 대출 규정 중 80억 원 이하의 금액 제한은 받지 않는 등 다소 유연한 감독 정책을 적용받을 수 있었다.

미흡한 감독이 복합적으로 작용하여 대규모 금융위기와 소비자 피해를 초래한 것이다.

저축은행 사태는 2011년 초 삼화저축은행과 부산저축은행의 영업 정지를 시작으로 본격화되었다. 이는 부실 저축은행들이 줄줄이 영업 정지되는 연쇄적인 사태로 이어졌다. 저축은행들의 재무 건전성은 급격히 악화되어 2010년부터 BIS 비율이 8% 미만인 저축은행이 나타나기 시작했으며, 2011년에는 그 수가 급격히 증가했다.

특히 부실 PF 사업장은 총 758개에 달했으며, 이는 저축은행들의 부실채권 규모를 폭증시켰다. 이에 따라 프라임저축은행에서 대규모 예금 인출 사태(뱅크런)가 발생하는 등 예금자들의 불안감이 확산되며 금융 시스템 전반의 신뢰가 흔들렸다. 이러한 상황에 예금보험공사는 2011년 이후 발생한 31개 부실 저축은행의 구조조정을 위해 특별 계정을 통해 27조 2,000억 원의 자금을 투입했다. 부실이 특정 기관에 국한되지 않고 금융 시스템 전반으로 확산되는 '도미노 효과'를 막기 위한 조치였다.

경제적 및 사회적 영향

저축은행 사태는 막대한 경제적·사회적 비용을 초래했다. 약 10만 8,999명의 피해자가 1조 3,703억 원에 달하는 미보상 피해 금액을 짊어졌다. 이들은 주로 예금자 보호 한도를 초과하는 예금자나 고위험 후순위채권을 매입한 투자자들이었다. 이 사태는 저축은행뿐만 아니라 새마을금고 등 비은행 금융권 전체에 대한 국민의 불신으로 이어져 금융시장을 크게 흔들었다.

이 과정에서 드러난 저축은행 경영진의 무능과 부정, 그리고 감독 당국의 미흡한 대처는 금융권 전체에 대한 신뢰를 심각하게 훼손시켰다. 부실 저축은행 정리를 위해 예금보험공사가 투입한 27조 2,000억 원의 막대한 공적 자금은 국민 세금으로 충당되었으며, 2023년 말 기준으로도 8조 2,000억 원의 미회수 부채가 남아 있어 납세자에게 장기적인 부담으로 작용하고 있다. PF 대출 부실은 부동산 경기 침체를 더욱 심화시켜 실물경제에도 부정적인 영향을 미쳤다. 이처럼 저축은행 사태는 금융기관의 부실이 어떻게 사회적 비용으로 전가되고, 금융 시스템에 대한 신뢰를 장기적으로 저해하는지를 보여주었다.

위기 대응 조치

정부와 금융 당국, 특히 김석동 당시 금융위원장은 저축은행 사태 해결을 위해 강력하고 단호한 조치들을 취했다. 2011년 1월 삼화저축은행, 부산저축은행 등 대형 저축은행에 영업 정지 처분을 내리며 본격적인 구조조정을 시작했다. 이후에도 부실 저축은행들을 부실 금융기관으로 지정하고 6개월 영업 정지 조치를 단행하는 등 강도 높은 구조조정을 이어갔다.

제도적 개선도 이루어졌다. 저축은행 창구를 통한 후순위채권의 직접 판매를 금지하고, 저축은행 상품 판매 시 설명 의무를 부여하며 광고 규제를 신설했다. 또한, 대주주 불법 행위 혐의 시 금융감독원이 직접 검사를 할 수 있도록 권한을 강화하고, 과징금 도입 등 제재를 강화했다. 이러한 조치들은 과거의 경험을 바탕으로 규제 당국이 특정 금융상품과 기관에 대한 감독의 사각지대를 해소하고 소비자 보호를 강화하려는 노력을 보여준다.

회복의 동인

저축은행 부문의 회복은 정부 주도의 강력한 구조조정과 규제 강화 노력에 힘입어 점진적으로 이루어졌다. 사태 이후 금융 당국은 BIS 비율, 신용 공여 한도, 충당금 적립 기준 강화 등 건전성 규제를 대폭 강화하여 저축은행들의 주요 재무 지표를 개선했다. 부실채권 매각 압박 등을 통해 연체율 및 고정 이하 여신 비율을 안정화하고 자산 건전성을 확보했다.

일부 부실 저축은행은 주요 금융지주회사에 인수되어 자본 확충과 지배구조 개선을 통해 안정화되기도 했다. 그리고 시장 금리 하락은 저축은행의 수신 금리 경쟁을 완화하여 자금 조달 환경을 개선하는 데 기여했다.

비록 저축은행의 대출 기초 자산이 부동산 경기에 민감하여 완전히 정상화되기까지는 다른 금융권보다 더 많은 시간이 필요했지만, 이러한 일련의 조치들은 저축은행 부문의 건전성을 회복하고 리스크 관리 역량을 강화하는 데 중요한 역할을 했다. 이는 위기 극복을 위해서는 단순히 자금 투입을 넘어 근본적인 사업 모델과 리스크 관리 체계의 구조적 전환이 필수적임을 보여준다.

2011년 저축은행 사태는 금융 시스템의 안정성과 소비자 보호에 대한 중요한 시사점을 제공한다.

첫째, 금융기관이 내부 리스크 관리 시스템 없이 고위험 투자를 무분별하게 확대할 경우 기관 파산으로 이어질 수 있음을 보여주었다. 금융업의 본질이 위험 관리임을 재확인시켜 준 것이다.

둘째, 규제 당국의 사각지대에 숨어 고위험 사업(예: 브릿지론[20] 성격의 PF)을 영위하며 막대한 수익을 노리는 행태가 대규모 소비자 피해와 국민 세금 투입으로 이어진다는 점을 명확히 했다.

셋째, 후순위채권 같은 익숙하지 않은 금융상품 판매에 있어 불완전 판매와 설명 의무 위반이 얼마나 심각한 결과를 초래하는지 드러냈다. 이는 금융 소비자에 대한 보호와 금융 문해력 향상의 중요성을 강조한다.

넷째, 규제 완화가 부실로 이어지는 경향이 있음을 재확인시켜 주며, 감독 관련 지배구조의 개선과 한국은행의 조사권 확보 등 감독 독점 문제 해결의 필요성을 제기했다.

결국, 이 사태는 금융 혁신과 규제, 그리고 소비자 보호 사이의 균형을 끊임없이 모색해야 하는 과제를 제시하며, 금융기관의 사적 이윤 추구와 공익적 책임 간의 조화가 얼마나 중요한지를 보여준다.

대한민국의 지속적인 가계부채 문제가 주는 가르침

두 차례의 주요 신용 위기에도 불구하고, 대한민국은 2000년대 이후 현재까지 지속적으로 가계부채 문제에 직면하고 있다. 가계 신용

---

[20] 프로젝트 파이낸싱(PF)에서 '브릿지론'은 본 PF 대출 실행 전 단기 자금 조달을 위해 제공되는 선행 대출로, 토지 매입 비용이나 초기 인허가 비용 등에 사용된다. 인허가가 마무리되지 않았고 시공사도 결정되지 않은 사업 초기에 발생하는 대출이다 보니 상대적으로 부실 위험이 크다.

은 꾸준히 확대되어 2010년 말 843.2조 원에서 2025년 1분기 말 1,928.7조 원으로 두 배 이상 증가했으며, 이는 개인 가처분 소득이나 GDP 증가율을 지속적으로 상회하는 경향을 보였다.

누적된 가계부채는 한국 경제에 심각한 위험을 초래할 가능성이 크다. 가계의 원리금 상환 부담 증가는 소비 위축을 불러오고, 이는 기업 투자와 생산 축소로 이어져 가계 소득을 더욱 감소시키는 악순환을 초래할 수 있다. 가계부채가 자산시장으로 과도하게 유입될 경우, 자산 가격 등락 시 금융시장과 실물경제의 변동성이 크게 확대될 수 있다. 또한, 가계부채 증가는 소득 계층 간 자산 격차를 확대하여 경제적 불평등을 심화시키고, 장기적으로는 국가의 성장 잠재력을 약화할 수 있다. 상환 능력 저하 시 신용 흐름이 급격히 위축될 가능성도 존재한다.

2000년 이후 대한민국에서 발생한 2003년 카드 대란과 2011년 저축은행 사태는 단순한 개별 사건을 넘어, 우리 경제가 지속적으로 직면하고 있는 가계부채 문제의 심각성을 드러낸 사례다. 가계부채는 완화적 통화 정책, 자산 가격 상승, 규제의 사각지대 등 여러 요인이 복합적으로 작용하면서 꾸준히 증가해왔다. 현재 가계부채는 단순한 경제 지표가 아니라 우리 사회의 미래를 좌우할 핵심 위험 요인 중 하나로 부상하고 있다. 이 두 사건의 역사는 현재의 가계부채 문제를 이해하고 대응하는 데 필요한 시사점을 제공한다.

첫째, '보이지 않는 곳'에서 자라나는 위험을 경계해야 한다. 카드 대란 이전에는 '안정적인' 신용카드 연체율 뒤에 신용 평가 없는 무분별한 카드 발급이라는 잠재적 위험이 숨어 있었다. 저축은행 사태 역시 부동산 PF 대출이라는 고수익의 가면 뒤에 부실 심사와 도덕적 해이, 그리고 규제 당국의 사각지대가 존재했다. 현재의 가계부채 문제 또한 총량적 수치 뒤에 숨겨진 취약 차주 문제, 비은행권 대출 증가, 특정 지역 또는 자산시장으로의 쏠림 현상 등 '보이지 않는 위험'이 존재할 수 있다. 우리는 단순히 지표가 '괜찮아 보인다'는 이유만으로 안심해서는 안 된다.

둘째, '낙관론'이 불러오는 도덕적 해이를 경계해야 한다. 카드 대란 당시 정부는 내수 진작을 위해 카드사들은 수익 확대를 위해 신용카드 발급에 과도하게 낙관적인 태도를 보였다. 저축은행 역시 부동산 시장의 영원한 활황을 믿고 무모하게 PF 대출을 늘렸다. 이러한 '낙관론'은 필연적으로 금융기관의 도덕적 해이와 개인의 무리한 부채 확대로 이어진다. 금융기관은 수익 추구 이전에 리스크 관리라는 본연의 역할을 잊지 말아야 하며, 개인은 '영끌'이나 '빚투'와 같은 무모한 행위가 가져올 파국적 결과를 항상 염두에 두어야 한다.

셋째, '정보의 비대칭성'을 극복하려는 노력이 필요하다. 금융회사가 복잡한 금융상품과 서비스를 제공할 때 일반 금융 소비자는 그 내용을 완전히 이해하기 어려운 경우가 많다. 저축은행 사태에서 불완전 판매된 후순위채권이 대표적인 예이다. 금융회사는 자신들의 이익을 위해 정보를 불완전하게 제공하거나 유리하게 해석하려는 유인이 항상 존재한다. 따라서 금융회사가 제공하는 정보만을 맹신해서는 안 된다. 상품 설명서와 약관을 꼼꼼히 읽고, 모르는 부분은 반드시 질문하여 명확히 해야 한다. 스스로 금융 지식을 쌓고, 정보의 비대칭성을 해소하려는 적극적인 노력 역시 필요하다.

마지막으로, 금융위기는 단순히 경제적 현상이 아니라 '사회 전체의 문제'라는 인식 전환이 필요하다. 가계부채 문제가 커지면 소비 위축, 실물경제 침체, 자산 불평등 심화 등 사회 전반에 걸쳐 막대한 후유증을 남기게 된다. 따라서 가계부채 문제는 특정 영역의 문제가 아니라, 우리 사회 전체가 머리를 맞대고 해결해야 할 과제이다. 금융 교육 강화, 취약 계층 지원, 합리적인 소비 문화 확산 등 다각적인 노력을 기울여야 한다. 가계부채 문제를 단순히 경제적 위험으로만 볼 것이 아니라, 사회의 지속 가능한 발전을 위한 중요한 과제로 인식해야 한다.

이처럼 지난 금융위기들은 우리에게 금융 지식을 넘어선 '금융 지혜'를 요구한다. 단순히 돈을 불리는 기술을 아는 것을 넘어, 금융이 우리 삶에 미치는 영향을 이해하고, 예측 불가능한 미래에 대비하며, 책임감 있는 금융 생활을 해나가는 지혜이다. 결국, 금융의 역사는 단순한 과거 이야기가 아니라, 현재를 살아가고 미래를 준비하는 우리에게 끊임없이 질문을 던지고 해답을 찾아가도록 안내하는 소중한 교과서가 되어준다.

7장

역사를 관통하는 금융의 보편적 원리

"사람들이 탐욕과 두려움에 쉽게 빠진다는 것,
그런 경향이 절대 변하지 않는다는 것은 자신있게 말할 수 있다."

— 모건 하우절

기축통화와 금본위제:
화폐가 세계를 지배하는 법

"돈이 세상을 움직인다"라는 말이 있지만, 정확히 말하면 특정한 돈이 세상을 지배해왔다. 로마의 데나리우스부터 오늘날의 미국 달러까지, 역사상 몇몇 통화만이 국경을 넘나들며 세계 경제의 혈액 역할을 해왔다. 우리는 이들을 기축통화(Key Currency)라 부른다.

기축통화란 국제 무역의 결제 수단이자 각국이 비축하는 외환 보유액이며, 동시에 전 세계가 공통으로 인정하는 가치의 척도다. 하지만 모든 통화가 기축통화가 될 수 있는 것은 아니다. 역사가 증명하듯 기축통화의 지위를 얻기 위해서는 까다로운 조건을 충족해야 한다.

무엇보다 그 통화에 대한 신뢰가 전제되어야 한다. 가치가 하루아침에 요동치거나, 발행국이 정치적으로 불안하다면 아무도 그 화폐를 국제 거래에 사용하려 하지 않을 것이다. 또한, 충분한 유동성도 보장되어야 한다. 세계 경제와 무역을 지원할 수 있을 정도로 풍부하게 공급되어야 하고, 언제든 쉽게 다른 통화나 자산으로 교환할 수 있어야 한다. 무엇보다 그 통화를 뒷받침하는 경제와 정치 시스템이 안정적이어야 한다. 기축통화의 발행 국가는 다른 국가가 인정하는 '소프트 파워' 역시 갖고 있어야 한다. 기축통화의 역사는 곧 패권국의 흥망성쇠 역사인 이유가 여기에 있다.

그리고 오랜 세월 동안 이 모든 조건의 핵심에는 금이 자리 잡고 있었다. 금본위제는 단순히 화폐 제도를 넘어 기축통화의 신뢰성을 뒷받침하는 근본적 장치였다. 금의 희소성과 불변성이 화폐 가치를 보장했고, 이는 국제 무역과 자본 이동을 가능하게 만드는 토대였다. 따라서 기축통화의 역사에서 금본위제의 역사는 빼놓고 생각할 수 없다.

미국의 과도한 국가 부채와 소프트 파워의 약화, 신용등급 강등, 중국이라는 경쟁국의 도전, 암호화 화폐라는 새로운 유형의 금융 도구가 탄생한 오늘날, 미국 달러화의 기축통화 지위에 대한 우려가 점차 커지고 있다. 역사 속 기축통화의 지위가 한 통화에서 다른 통화로 넘어갈 때 글로벌 경제와 금융시장은 늘 격변을 경험했다. 기축통화의 미래를 누구도 정확히 예측할 수는 없다. 하지만 현시대를 살아가는 사람이라면 기축통화의 역사에 관심을 두어야 하는 이유는 충분하다.

로마 제국의 은빛 패권, 데나리우스

인류 역사상 최초의 진정한 국제 기축통화는 로마의 데나리우스였다. 기원전 211년 공화정 말기에 도입된 이 은화는 로마 제국이 지중해를 '우리 바다(Mare Nostrum)'라고 부를 수 있었던 근거 중 하나였다.

데나리우스의 성공 비결은 무엇보다 일관성에 있었다. 로마인들은 이 은화에 정확히 4.5그램의 순은을 넣었고, 이 기준을 수 세기에 걸쳐 엄격히 유지했다. 제국의 변방에서 거래되는 데나리우스나 로마 시내에서 통용되는 데나리우스나 그 가치는 똑같았다. 이런 신뢰성 덕분에 데나리우스는 로마의 영향력이 미치는 모든 곳에서 환영받는 화폐가 되었다.

하지만 더 중요한 것은 데나리우스 뒤에 숨어 있는 로마의 국력이었다. 당시 세계에서 가장 강력한 군대와 가장 효율적인 행정 시스템, 그리고 가장 광범위한 무역 네트워크를 가진 로마 제국이었기에 데나리우스는 단순한 은화를 넘어 권력과 안정의 상징이 될 수 있었다. 스페인과 다키아[1]의 은광에서 나오는 풍부한 은이 데나리우스의 지속적인 공급을 뒷받침했고, 로마법과 로마 상인들의 네트워크가 그 유통을 보장했다.

그러나 3세기에 들어 로마 제국이 심각한 재정위기에 직면하면서 데나리우스의 운명도 기울기 시작했다. 황제들은 군비와 행정 비용을 충당하기 위해 데나리우스의 은 함량을 점차 줄이는 디베이스먼트를 실행했다. 한때 90% 이상이었던 은 순도가 5%까지 떨어지면서

---

[1] 다키아(Dacia)는 오늘날 루마니아와 몰도바, 헝가리 일부 지역에 해당하는 고대 지역이다. 은과 금, 철광석 등 풍부한 광물 자원을 가진 땅이었다. 로마 제국은 이 지역의 자원을 확보하기 위해 정복 전쟁을 벌였고, 결국 트라야누스 황제 시기인 서기 106년에 다키아를 정복했다.

데나리우스는 사실상 구리 동전이 되어버렸다. 신뢰가 무너진 데나리우스는 더 이상 국제 기축통화로서 지위를 유지할 수 없었고, 이는 로마 제국 쇠퇴의 원인 중 하나가 되었다.

이탈리아 도시국가들의 황금시대

로마 제국의 몰락 이후 유럽은 오랜 중세 암흑기를 거쳤다. 통일된 정치 권력도, 광역 경제 시스템도 사라진 가운데 각 지역은 자체적인 화폐를 사용했고, 국제적으로 통용되는 기축통화는 존재하지 않았다. 하지만 11세기부터 지중해 무역이 부활하고 십자군 전쟁으로 동서 교역이 활발해지면서 새로운 국제 화폐의 필요성이 대두되었다.

이 공백을 채운 것은 이탈리아 도시국가들이었다. 1252년 피렌체가 발행한 플로린과 1284년 베네치아가 만든 두카트는 중세 후기와 르네상스 시대의 대표적인 국제 화폐가 되었다. 두 화폐 모두 3.5그램의 순금을 함유한 금화였는데, 이는 우연이 아니었다. 당시 아프리카와 동방에서 유입되는 금이 은보다 더 안정적인 가치 저장 수단으로 여겨졌고, 따라서 국제 거래에서는 금화가 선호되었다.

플로린의 성공은 피렌체의 독특한 경제 구조와 밀접한 관련이 있었다. 메디치 가문을 비롯한 피렌체의 은행가들은 유럽 전역에 지점을 두고 복잡한 금융 서비스를 제공했다. 환어음, 신용장, 복식부기 같은 금융 혁신들이 피렌체에서 꽃피웠고, 이런 금융 인프라가 플로린의 국제적 유통을 뒷받침했다. 피렌체 상인들이 런던에서 콘스탄티노플까지 활동하면서 플로린은 자연스럽게 국제 결제 수단으로 자리 잡았다.

베네치아의 두카트 역시 '아드리아해의 여왕'이라 불린 베네치아 공화국의 해상 패권을 바탕으로 성장했다. 베네치아 상인들은 동방의 향료와 비단을 서유럽으로, 서유럽의 모직물과 은을 동방으로 실어 나르며 막대한 부를 축적했다. 두카트는 이런 원거리 무역의 핵심 결제 수단이었고, 특히 동유럽과 비잔틴 제국에서 높은 신뢰를 받았다.

두 화폐의 공통점은 엄격한 품질 관리였다. 피렌체와 베네치아 공화국 모두 화폐의 중량과 순도를 철저히 관리했고, 위조나 변조에 대해서는 가혹하게 처벌했다. 이런 일관성 있는 품질 관리가 두 화폐에 대한 국제적 신뢰를 구축하는 핵심이었다. 또한, 두 도시 모두 정치적으로 안정된 공화정 체제를 유지하며 상업과 금융업을 적극 장려했다는 점도 중요했다.

스페인 제국과 최초의 글로벌 화폐

1492년 콜럼버스의 아메리카 발견은 세계사의 전환점이었지만, 화폐사에서도 마찬가지였다. 16세기에 들어 스페인이 아메리카 대륙의 막대한 은광을 독점하면서 스페인의 '페소 데 오초',[2] 일명 8레알 페소가 새로운 글로벌 기축통화로 부상했다.

---

[2] 페소 데 오초(Peso de ocho)는 직역하면 '8개의 (레알) 무게'라는 뜻으로, 스페인의 8레알짜리 은화를 가리킨다. 16세기부터 19세기까지 라틴아메리카와 아시아, 유럽, 북미 등지에서 널리 통용되었으며, '스페인 달러(Spanish dollar)' 또는 '피스트레(Piece of Eight)'라고도 불렸다. 특히 이 은화는 일정한 은 함량과 무게로 신뢰를 얻어 국제 무역의 기준 화폐로 사용되었고, 미국 달러의 탄생에도 영향을 주었다.

은화 8레알 페소의 위력은 그 규모에 있었다. 페루의 포토시 은광과 멕시코의 사카테카스 은광에서 쏟아져 나오는 은의 양은 그야말로 천문학적이었다. 16세기에서 18세기까지 아메리카에서 생산된 은의 총량은 그 이전 전 세계 은 생산량의 5배를 넘어섰다. 이렇게 막대한 은이 27그램, 순도 92.5%라는 엄격한 기준으로 주조된 8레알 페소로 변환되어 전 세계로 유통되었다.

8레알 페소의 진정한 혁신은, 그 화폐가 세계를 아우르는 통용력을 가졌다는 데 있었다. 스페인의 갤리온이 태평양을 가로질러 필리핀과 중국을 오가면서 8레알 페소는 아시아에서도 널리 유통되기 시작했다. 명나라와 청나라에서는 이 페소를 '본양(本洋)'이라 부르며 시중에서 유통 가능한 공식 화폐 중 하나로 인정했고, 일본에서도 '팔료은(八両銀)'이라는 이름으로 통용되었다. 아메리카 대륙은 물론이고 유럽, 아시아, 심지어 아프리카 일부 지역에서까지 사용되는 최초의 진정한 세계 화폐가 탄생한 것이다.

이런 8레알 페소의 성공은 스페인 제국의 광대한 영토와 해상 지배력에 기반을 두었다. '해가 지지 않는 제국'이라 불린 스페인은 아메리카 대륙의 대부분과 필리핀, 그리고 유럽의 상당 부분을 지배했다. 이렇게 광범위한 영토에서 공통으로 사용되는 화폐가 있었기 때문에 페소는 자연스럽게 국제 거래의 표준이 될 수 있었다.

하지만 페소의 대량 유통은 예상치 못한 결과도 가져왔다. 유럽으로 대량 유입된 아메리카 은은 16세기 '가격 혁명'이라 불리는 대규모 인플레이션을 일으켰다. 스페인 내에서는 물가가 4배 가까이 오르면서 제조업 경쟁력이 크게 떨어졌다. 역설적이게도 세계 최고의 기축통화를 가진 스페인이 경제적으로는 쇠퇴하기 시작한 것이다. 18세기 후반 스페인 제국이 쇠퇴하면서 기축통화의 지위도 점차 약해졌고, 새로운 패권국의 등장을 예고했다.

대영제국의 파운드와 고전적 금본위제

18세기 후반부터 세계 경제의 중심축이 스페인에서 영국으로 서서히 이동하기 시작했다. 산업혁명 덕분에 영국은 압도적인 생산력을 확보했고, 광대한 식민지 제국을 바탕으로 전 세계 무역을 주도했다. 이런 변화와 함께 영국 파운드가 새로운 국제 기축통화로 부상했다.

파운드의 기축통화 지위를 결정적으로 굳힌 것은 1816년 영국의 공식적인 금본위제 채택이었다. 이는 단순한 화폐 제도의 변화를 넘어 금 태환이라는 국제 통화 체제의 혁신이었다. 영국은 파운드 1파운드를 순금 7.32그램과 고정 교환하겠다고 약속했고, 영란은행은 언제든 파운드 지폐를 금으로 바꿔주겠다고 보장했다. 이는 파운드에 대한 절대적 신뢰를 구축하는 핵심 장치였다.

영국의 금본위제 채택은 도미노 효과를 일으켰다. 1870년대부터 독일, 프랑스, 미국 등 주요국들이 차례로 금본위제를 채택하면서 파운드를 중심으로 한 국제 통화 체제가 완성되었다. 경제사학자들은 이 시기를 '고전적 금본위제' 시대라고 부른다. 각국 통화는 금과의 고정 교환 비율을 유지했고, 따라서 통화 간 환율도 금을 매개로 해서 안정적으로 결정되었다.

이 체제에서 영국은 사실상 '세계의 은행' 역할을 했다. 런던 시티는 국제 금융의 절대적 중심지였고, 전 세계 자본이 런던으로 몰려들었다. 영국의 금융기관들은 아르헨티나의 철도 건설부터 이집트의 수에즈 운하 개통까지 전 세계 인프라 프로젝트에 자금을 공급했다. 파운드는 이런 국제 자본 이동의 핵심 매개체였다.

고전적 금본위제하에서 국제 무역은 전례 없는 확장을 경험했다. 환율이 금에 고정되어 안정되면서 장기 계약이 가능했고, 각국이 금본위제를 준수하겠다는 약속 자체가 경제 정책의 신뢰성을 보장했다. 자본 이동도 자유로웠는데, 각국 통화가 궁극적으로는 금으로 뒷받침되어 있었기 때문이다. 19세기 후반부터 1914년까지를 자유무역과 국제화의 첫 번째 황금기라고 부르는 이유가 여기에 있다.

하지만 이 모든 것은 1914년 8월, 제1차 세계대전의 포성과 함께 무너지기 시작했다. 전쟁 비용을 조달하기 위해 각국은 지폐를 대량 발행해야 했고, 이는 금본위제와 양립할 수 없었다. 영국을 포함한 모든 교전국이 금 태환을 중단하면서 고전적 금본위제는 사실상 종료되었다. 수백 년간 지속된 화폐 질서의 대전환이 시작된 것이다.

제1차 세계대전 이후의 혼돈과 금본위제 복귀 시도

1918년 제1차 세계대전이 끝나자 각국은 전쟁 이전의 안정된 국제 통화 체제로 돌아가고 싶어 했다. 금본위제야말로 통화 안정과 국제 무역 발전의 핵심이라는 믿음이 여전히 강했기 때문이다. 하지만 전쟁으로 바뀐 경제 현실은 간단하지 않았다.

가장 큰 문제는 금 부족이었다. 전쟁 기간 각국이 발행한 화폐의 양은 크게 늘었지만, 금의 양은 그에 비례해서 증가하지 않았다. 전쟁 전 수준으로 금본위제를 복귀시키려면 극심한 디플레이션이 불가피했고, 이는 정치적으로 받아들이기 어려웠다. 따라서 각국은 타협책으로 '금환본위제'[3]를 채택했다. 이는 일반인의 금 태환은 제한하고 중앙은행 간에만 금 거래를 허용하는 제도였다.

1925년 영국이 전쟁 전 평가인 파운드당 4.86달러로 금본위제에 복귀한 것은 이 시기의 상징적 사건이었다. 하지만 케인스를 비롯한 경제학자들이 예측했듯이, 이는 파운드를 과대평가하는 결과를 낳았다. 영국 제품의 가격 경쟁력이 떨어지면서 수출이 급감했고, 실업률이 치솟았다. 1926년 총파업 같은 사회적 혼란도 이런 경제적 어려움과 무관하지 않았다.

한편 미국은 전쟁을 통해 세계 최대 채권국으로 부상했다. 전쟁 전까지 미국은 유럽으로부터 자본을 들여와 산업 개발에 사용하는 순채무국이었지만, 전쟁 기간 연합국에 막대한 자금과 물자를 공급하면서 채권국이 되어 입장이 완전히 바뀌었다. 뉴욕이 런던과 함께 국제 금융의 중심지로 부상했고, 달러의 국제적 사용도 점차 늘어나기 시작했다.

그러나 1920년대의 경제 번영은 오래 지속되지 못했다. 1929년 10월 뉴욕 증시의 대폭락으로 시작된 대공황은 전 세계를 강타했고,

---

[3] 금환본위제(Gold Exchange Standard)는 일반 국민의 금 태환은 금지하고, 중앙은행끼리만 금으로 결제할 수 있도록 제한한 통화 제도다. 이는 금본위제의 부담을 줄이기 위한 타협형 모델로, 1920년대 유럽 주요국들이 채택했다. 반면, 브레튼우즈 체제는 달러만 금으로 태환 가능하고, 다른 국가는 달러에 고정환율을 유지하는 구조로, 달러가 금의 대리 역할을 했다. 즉, 금환본위제는 여러 국가가 직접 금을 기준으로 삼은 반면, 브레튼우즈는 달러 중심의 간접 금본위제였다.

이는 금본위제에 치명타를 가했다. 경기 침체가 심화되면서 각국은 통화 공급을 늘리고 금리를 내려 경기를 부양해야 했지만, 금본위제는 이런 정책을 제약했다. 금본위제를 유지하려면 금 유출을 막기 위해 오히려 긴축 정책을 써야 했고, 이는 경기 침체를 더욱 악화시켰다.

1931년 9월 영국이 마침내 금본위제를 최종적으로 포기했다. 이것은 한 시대의 종료를 알리는 신호탄이었다. 파운드는 하루아침에 30% 가까이 평가절하되었다. 그러나 이러한 평가절하는 영국 수출 회복에 도움이 되었다. 영국의 결정을 본 다른 나라들도 줄줄이 금본위제를 포기했다. 1933년에는 미국도 국내 금본위제를 중단했다. 수세기 동안 국제 통화 체제의 기반이었던 금본위제는 이렇게 역사의 뒤안길로 사라져갔다.

브레튼우즈와 달러 패권의 탄생

제2차 세계대전이 연합국의 승리로 끝나갈 무렵, 전후 국제 경제 질서를 설계하려는 움직임이 시작되었다. 1930년대의 경험을 통해 각국은 보호주의와 환율 절하 경쟁이 얼마나 파괴적인지 깨달았고, 안정적인 국제 통화 체제의 필요성을 절감했다. 1944년 7월 미국 뉴햄프셔주 브레튼우즈에서 열린 국제통화금융회의는 이런 필요에 응답하는 자리였다.

브레튼우즈 회의에서 탄생한 새로운 국제 통화 체제는 미국 달러를 중심으로 설계되었다. 핵심 원리는 단순했다. 미국은 달러를 금과 고정 가격인 1온스당 35달러로 교환해주겠다고 약속했고, 다른 나라들은 자국 통화를 달러에 대해 고정환율로 연결했다. 사실상 '달러-금본위제(Dollar-Gold Standard)'가 탄생한 것이다.

이런 체제가 가능했던 것은 당시 미국의 압도적 경제력 때문이었다. 1945년 미국의 GDP는 전 세계 GDP의 거의 절반을 차지했고, 전 세계 금 보유량의 75%가 미국에 집중되어 있었다. 다른 주요 산업국들은 전쟁으로 경제가 파괴된 상태였지만, 미국은 오히려 전쟁을 통해 경제력을 키웠다. 이런 상황에서 달러를 기축통화로 하는 국제 통화 체제는 자연스러운 선택이었다.

브레튼우즈 체제는 1950년대와 1960년대 세계 경제의 황금기를 뒷받침했다. 고정환율제하에서 환율 불안정성이 제거되자 국제 무역이 급속히 확장되었고, 다국적 기업들의 해외 투자도 활발해졌다. 달러는 '금만큼 좋은' 화폐로 인식되어 각국의 외환 보유액과 국제 거래의 핵심 수단이 되었다.

그런데 1960년대 들어 문제가 발생하기 시작했다. 베트남 전쟁 비용과 '위대한 사회' 프로그램으로 미국의 재정 적자가 급증했고, 인플레이션이 가속화되었다. 동시에 서독과 일본의 경제가 빠르게 회복되면서 미국의 상대적 경제력은 약해졌다. 프랑스의 드골 대통령은 미국이 달러를 찍어내서 다른 나라 자산을 사들이는 것을 '과도한 특권'이라고 비판하며 달러를 금으로 바꿔가기 시작했다. 이에 따라 1960년 1만 7,800톤에 달했던 미국의 금 보유량은 1971년 8,700톤 수준으로 반 토막이 났다.

미국은 금을 어디에, 얼마나 보관하고 있을까?

최근 금값이 급등하면서 일론 머스크의 발언이 주목을 받고 있다. 2025년 2월, 일론 머스크는 자신의 소셜 미디어 계정을 통해 "포트녹스(Fort Knox)의 금은 미국 국민의 소유물이며, 실제로 그곳에 금이 있는지 확인해봐야 한다"라고 주장했다. 이 발언은 오랫동안 수많은 음모론의 중심에 있었고, 할리우드 영화의 단골 소재로도 등장했던 포트녹스를 다시 한번 세간의 관심 속으로 끌어들였다. 1943년과 2017년 단 두 차례만 일반에 공개된 이 시설은 대중의 호기심을 자극하기에 충분했다.

그렇다면 미국의 금은 정말 대부분 포트녹스에 보관되어 있을까? 세계금협회에 따르면 2024년 5월 현재 미국은 총 8,133.46톤의 금을 보유하고 있으며, 이는 전 세계 중앙은행 중 가장 많은 양이다. 미국 재무부의 발표에 따르면 이 중 포트녹스에 약 4,582톤, 즉 전체의 56.3%가 보관되어 있다. 상당한 양이지만, 절반을 조금 넘는 수준이다.

포트녹스보다 더 많은 금이 있는, 또 다른 유명 금 보관소로는 뉴욕연방준비은행(Federal Reserve Bank of New York)의 지하 금고가 있다. 영화 〈다이하드3〉의 배경이 된 이곳에는 2024년 5월 현재 약 6,000톤 이상의 금이 보관되어 있으며, 흥미롭게도 이 중 미국 소유는 약 442톤에 불과하다. 나머지 대부분은 외국 정부나 중앙은행, 국제기구 소유이다.

이처럼 많은 나라가 이곳에 금을 맡기게 된 것은 제2차 세계대전과 브레튼우즈 체제라는 역사적 배경 때문이다. 전쟁의 위험에서 벗어나 안전하게 자산을 보관하려는 각국 정부의 니즈와 미국 달러의 기축통화 지위가 결합한 결과이다. 이 금고는 미국 달러가 세계의 기축통화로 자리 잡게 된 역사적 상징물이며, 포트녹스와 달리 일반인의 견학도 가능하다.

미국의 나머지 금은 미국 재무부가 운영하는 다른 시설들에 분산 보관되어 있다. 웨스트포인트 조폐창에 약 1,700톤, 덴버 조폐창에 약 1,360톤이 보관되어 있으며, 이들은 모두 미국 재무부 소유이다.

닉슨 쇼크와 금본위제의 종료

1971년 8월 15일 일요일 저녁, 닉슨 대통령이 TV에 나와 달러의 금 태환 중단을 발표했다. 경제사학자들은 이 순간을 '닉슨 쇼크'라고 부른다. 수천 년간 인류 문명과 함께해온 금본위제가 마침내 역사의 무대에서 완전히 퇴장하는 순간이었다.

닉슨의 결정은 어쩔 수 없는 선택이었다. 달러의 금 태환을 계속 보장하려면 미국은 극심한 디플레이션을 감내해야 했고, 이는 정치적으로 불가능했다. 또한, 1970년대 초 미국은 베트남 전쟁의 늪에 빠져 있었다. 대외적으로는 서독과 일본의 급속한 성장으로 무역수지 적자가 구조화되고 있었다. 이런 상황에서 금 태환 의무는 미국에 감당하기 어려운 족쇄였다.

닉슨 쇼크 이후 국제 통화 체제는 혼란에 빠졌다. 주요국 통화들이 달러에 대해 동시에 평가절상되면서 브레튼우즈 체제의 고정환율제는 사실상 붕괴했다. 1973년부터 주요국들은 변동환율제로 전환했고, 통화의 가치는 더 이상 금이 아닌 각국의 경제 펀더멘털과 시장의 수급에 의해 결정되기에 이르렀다.

흥미롭게도 금본위제가 종료된 후에도 달러는 기축통화 지위를 유지했다. 이는 여러 요인이 복합적으로 작용한 결과였다. 무엇보다 미국 경제의 규모와 깊이는 여전히 압도적이었다. 비록 상대적 비중은 줄어들었지만, 미국은 여전히 세계 최대 경제국이었고, 미국의 금융시장은 가장 발달하고 유동성이 풍부한 시장이었다. 뉴욕증권거래소와 시카고상품거래소 같은 금융 인프라는 다른 나라가 쉽게 대체할 수 없는 것들이었다.

더 중요한 것은 대안의 부재였다. 서독 마르크나 일본 엔화는 경제력에 비해 국제적 사용이 제한적이었고, 두 나라 모두 자국 통화의 국제화에 소극적이었다. 특히 독일과 일본은 수출 중심 경제 구조상 통화 가치 상승을 우려해 기축통화 역할을 꺼렸다. 유럽공동체는 아직 통합 초기 단계였고, 공동 통화는 먼 미래의 일이었다.

페트로달러의 새로운 지지

닉슨 쇼크로 금이라는 전통적 가치 저장 수단을 잃은 달러는 새로운 지지 기반을 찾아야 했다. 그 해답은 중동의 사막에서 나왔다. 1973년 제4차 중동전쟁을 계기로 시작된 첫 번째 석유파동에서 유가는 4배 가까이 폭등했다. 석유수출국기구(OPEC)는 서방 선진국에 대한 경제 무기로 석유를 사용하기 시작했고, 이는 국제 에너지 질서를 근본적으로 바꿔놓았다. 하지만 이 위기는 동시에 달러에는 기회이기도 했다.

미국 정부는 사우디아라비아를 비롯한 주요 산유국들과 협상을 통해 이른바 '페트로달러 시스템'을 구축했다. 핵심 내용은 간단했다. 산유국들은 석유를 달러로만 판매하고, 석유 수출로 얻은 달러는 미국 국채와 금융상품에 재투자한다는 것이었다. 대신 미국은 이들 국가의 안보를 보장하고 최신 무기를 공급하기로 약속했다.

이 시스템은 달러에 새로운 존재 이유를 제공했다. 석유가 현대 산업 문명의 혈액이라면, 석유를 사려면 반드시 달러가 필요했다. 금 태환 의무는 사라졌지만, 석유라는 더욱 실용적이고 절실한 뒷받침을 얻게 된 것이다. 각국은 석유를 수입하기 위해 달러를 보유해야 했고, 산유국들은 석유 수익을 달러로 받아 다시 미국에 투자했다. 이는 달러의 국제적 순환을 보장하는 완벽한 시스템이었다.

페트로달러 시스템의 효과는 즉각적이었다. 1970년대 초 국제 외환 보유액에서 달러가 차지하는 비중이 70% 이상을 유지했고, 국제 무역 결제에서도 달러의 점유율은 오히려 높아졌다. 금본위제라는 전통적 신뢰 장치를 잃었음에도 불구하고 달러는 더욱 견고한 기축통화로 자리 잡았다.

유로의 도전과 다극화 시도

1999년 유럽연합의 단일 통화 유로가 탄생했을 때, 많은 전문가가 달러 독주 시대의 종료를 예측했다. 유로존의 경제 규모는 미국과 맞먹었고, 유럽중앙은행은 물가 안정을 최우선 목표로 삼아 독일 연방은행의 신뢰성을 계승했다. 무엇보다 유로는 달러에 대한 대안을 제공한다는 상징적 의미가 컸다.

실제로 유로 도입 초기에는 달러의 기축통화 지위에 일정한 변화가 나타났다. 국제 외환 보유액에서 유로의 비중이 점차 늘어났고, 국제 채권 발행에서도 유로 표시 채권의 비중이 증가했다. 특히 유럽 역내 무역에서는 유로가 달러를 빠르게 대체했다. 러시아나 중동 일부 국가들도 에너지 수출 대금을 유로로 받겠다고 선언하며 달러 의존도를 줄이려 했다.

하지만 유로가 달러를 완전히 대체하지는 못했다. 가장 큰 이유는 유로존의 구조적 한계였다. 단일 통화를 사용하지만 재정 정책은 각국이 따로 운용하는 '반쪽 통합' 상태였고, 이는 위기 상황에서 치명적 약점으로 드러났다. 2010년 그리스 재정위기로 시작된 유로존 위기는 유로의 구조적 취약성을 적나라하게 보여줬다. 위기가 절정에 달했을 때 투자자들이 찾은 안전 자산은 유로가 아닌 여전히 달러였다.

또한, 유럽의 금융시장은 미국에 비해 분절되어 있었다. 런던, 프랑크푸르트, 파리 등으로 나뉜 유럽의 금융 중심지들은 뉴욕의 통합된 금융시장에 비해 효율성과 유동성 면에서 뒤처졌다. 기축통화가 되려면 깊고 넓은 금융시장이 필수인데, 유럽은 이 조건을 완전히 충족하지 못했다.

2008년 금융위기와 달러의 재확인

2008년 서브프라임 모기지 사태로 시작된 글로벌 금융위기는 달러 중심 체제에 대한 근본적 의문을 제기했다. 위기의 진원지가 미국이었고, 미국의 주요 투자은행들이 줄줄이 파산하거나 정부 지원을 받는 상황에서 달러가 계속 기축통화 역할을 할 수 있겠느냐는 의구심이 팽배했다.

중국을 비롯한 신흥국들은 더욱 적극적으로 달러 대안을 모색하기 시작했다. 중국 인민은행 저우샤오촨 총재는 2009년 IMF의 특별인출권을 확대해 새로운 국제 기축통화로 발전시키자고 제안했다. 브릭스 국가들은 달러를 우회한 무역 결제 시스템을 구축하려 했고, 중국은 위안화의 국제화를 본격적으로 추진했다.

하지만 금융위기가 진행되면서 나타난 현실은 예상과 달랐다. 위기가 깊어질수록 세계 투자자들은 미국 국채로 몰려들었고, 달러는 오히려 강세를 보였다. 이는 '안전 자산으로의 도피' 현상으로, 위기 상황에서는 다른 모든 고려 사항보다 안전성이 우선시됨을 보여주었다. 아무리 미국에서 위기가 시작되었다 해도, 미국 국채만큼 안전하고 유동성이 풍부한 자산은 없었다.

연준의 대응도 달러의 기축통화 지위를 오히려 강화했다. 벤 버냉키 연준 의장은 신속하고 과감한 통화 완화 정책을 펼쳤고, 주요국 중앙은행들과 달러 스와프 협정을 체결해 글로벌 달러 유동성 위기를 해결했다. 미국만이 이런 규모의 유동성을 공급할 수 있었고, 이는 달러의 독특한 지위를 재확인해주었다.

위기 이후 달러의 기축통화 지위는 오히려 공고해졌다. 국제 외환보유액에서 달러의 비중은 여전히 60% 이상을 유지했고, 국제 무역 결제에서도 달러의 점유율은 줄어들지 않았다. 위기를 통해 미국 경제와 달러의 회복력이 입증되었고, 대안 통화들의 한계도 명확해졌다.

디지털 시대의 새로운 도전

21세기에 들어 기축통화를 둘러싼 환경은 또다시 변화하고 있다. 가장 주목받는 것은 중국 경제의 급부상과 위안화 국제화다. 2010년 중국이 일본을 제치고 세계 2위 경제 대국이 된 이후, 위안화의 국제적 사용도 점차 늘어나고 있다. 2016년 IMF는 위안화를 SDR 바스켓에 포함시켰고, 일대일로 사업을 통해 중국과 거래하는 국가들 사이에서는 위안화 결제가 확산되고 있다.

하지만 위안화가 달러를 대체하기까지는 아직 갈 길이 멀다. 중국의 자본시장은 여전히 폐쇄적이고, 위안화의 완전한 태환성도 보장되지 않는다. 무엇보다 중국 정부의 강력한 개입과 통제는 국제적 신뢰 구축에 걸림돌이 되고 있다. 기축통화가 되려면 정치적 자유와 시장 개방성이 필수인데, 중국은 아직 이 조건들을 완전히 충족하지 못하고 있다.

더욱 흥미로운 변화는 디지털 통화의 등장이다. 2009년 비트코인이 탄생한 이후 수천 종의 암호화폐가 등장했고, 최근에는 각국 중앙은행들도 중앙은행 디지털 통화 발행을 검토하고 있다. 이런 디지털 통화들이 기존 기축통화 체제에 어떤 영향을 미칠지는 아직 불분명하지만, 분명한 것은 화폐의 개념 자체가 변화하고 있다는 점이다.

이러한 디지털 통화의 흐름 속에서 특히 주목할 것은 스테이블코인의 성장이다. 비트코인과 같은 변동성 높은 암호화폐와 달리, 스테이블코인은 미국 달러나 유로화 같은 특정 법정화폐에 가치를 고정시켜 가격 변동성을 최소화한다. 대표적인 스테이블코인인 US-DT(테더)나 USDC(서클)은 이미 수백억 달러 규모로 발행되어 전 세계적으로 거래되고 있으며, 이는 디지털 자산시장에서 사실상 달러의 역할을 하고 있다. 이러한 스테이블코인이 더욱 커질 것으로 예상된다. 전통 금융 시스템 밖에서 발생하는 수많은 디지털 거래에서 스테이블코인이 효율적이고 빠른 결제 수단으로 자리 잡을 수 있을 것이라는 가능성을 보여주기 때문이다.

마치 1970년대 오일쇼크 이후 석유 거래에 달러가 필수적으로 사용되며 페트로달러 시스템을 구축해 달러의 국제적 지위를 더욱 공고히 했듯이, 디지털 경제의 확장은 스테이블코인을 통해 역설적으로 미국 국채와 달러의 수요를 더욱 늘릴 가능성이 크다. 달러 기반 스테이블코인이 디지털 시대의 새로운 '페트로달러'가 되어, 미국 달러의 기축통화 지위를 더욱 강화하는 예상치 못한 결과를 가져올 수도 있다.

기축통화의 미래

현재 달러의 기축통화 지위는 여전히 견고하다. 미국 경제의 규모와 혁신성, 깊고 넓은 금융시장, 그리고 정치적 안정성이 달러에 대한 신뢰를 뒷받침하고 있다. 페트로달러 시스템과 글로벌 달러 결제 네트워크는 달러의 실용적 필요성을 보장하고 있다. 2008년 금융위기나 최근의 COVID-19 팬데믹 같은 위기 상황에서도 달러는 여전히 최후의 안전 자산 역할을 하고 있다.

하지만 역사가 보여주듯 기축통화의 지위는 영원하지 않다. 미국의 상대적 경제력이 약해지고 있고, 중국을 비롯한 신흥국들의 도전도 계속되고 있다. 디지털 기술의 발전은 화폐 자체의 개념을 바꿔놓을 수 있다. 기후 변화나 에너지 전환 같은 글로벌 과제들도 기존 페트로달러 시스템에 변화를 요구하고 있다.

미래의 기축통화가 무엇이 될지는 아직 불분명하다. 하지만 확실한 것은 기축통화를 둘러싼 경쟁이 21세기 국제 정치 경제의 핵심 이슈 중 하나가 될 것이라는 점이다. 금본위제 시대가 끝난 지 반세기가 지난 지금, 우리는 새로운 통화 질서의 문턱에 서 있다. 역사의 교훈을 되새기며 다가올 변화에 준비하는 지혜가 필요한 시점이다.

죄수의 딜레마,
관세 전쟁의 역사

현재 트럼프 행정부의 관세 정책이 전 세계를 뒤흔들고 있다. 이는 새로운 현상이 아니라, 수 세기에 걸친 보호무역주의와 자유무역주의 간 갈등의 연장선에 있다. 역사를 살펴보면, 관세 전쟁은 경제적으로 어려운 시기에 국가들이 자국 산업을 보호하려는 시도로 시작되지만, 대부분 상호 보복 관세로 이어져 모든 참여국의 경제적 손실을 초래했다.

특히 1930년 스무트-홀리 관세법은 대공황을 심화시킨 대표적 사례로, 미국의 실업률을 두 배로 증가시키며 국제 무역의 축소를 가져왔다. 19세기 영국의 '자유무역 제국주의'부터 현대의 다자간 무역 협정까지의 역사적 경험은 무역 전쟁이 단기적 보호 효과는 있을지 모르나 장기적으로는 경제 성장을 저해한다는 일관된 교훈을 제공한다.

관세의 기원

관세는 인류가 교역을 시작하면서부터 존재했다. 이미 고대 이집트와 메소포타미아 문명에서는 국경을 넘는 상품에 대해 세금을 부과했다는 기록이 발견된다. 이는 주로 국가 재정 수입을 확보하기 위한 목적이었으며, 외부로부터의 물품 유입을 통제하고 국내 산업을 보호하려는 의도도 내포하고 있었다. 로마 제국 역시 광대한 영토를 유지하기 위해 역참과 도로를 따라 관세를 징수했고, 이는 제국의 운영에 중요한 자금원이 되었다.

중세 유럽에서는 영주와 도시국가들이 각자의 영토를 지나는 상인들에게 통행세와 물품세를 부과하며 재정권을 행사했다. 이는 지역 경제를 보호하고, 외부의 위협으로부터 공동체를 지키는 수단으로 활용되기도 했다. 이러한 관세는 단순히 세금을 넘어, 특정 지역의 특산품을 보호하고 육성하며, 나아가 국가 간의 교역 관계를 규정하는 중요한 도구가 되었다.

보호무역과 자유무역: '중상주의'와 '보이지 않는 손'의 대결

본격적인 관세 논쟁의 역사는 근대 국가의 등장과 함께 시작된다. 17세기부터 18세기에 걸쳐 유럽을 지배했던 경제 사조는 바로 중상주의, '메르칸틸리즘(Mercantilism)'이었다. 이는 국가의 부를 금과 은의 축적으로 파악하고, 이를 위해 수출을 장려하고 수입을 억제해야 한다는 사상이다. 중상주의는 강력한 보호무역주의를 지향했으며, 국가가 주도하여 관세를 높이고 식민지를 개척하여 원자재를 확보하고 완제품을 수출하는 정책을 추진했다. 영국, 프랑스, 스페인 등 주요 강대국들은 이 사상에 입각하여 경쟁적으로 무역 장벽을 쌓았고, 이는 종종 식민지 쟁탈전과 무역 전쟁으로 이어지기도 했다.

이러한 보호무역주의 접근은 무역을 '제로섬 게임'으로 인식하는 관점에서 비롯되었으며, 한 국가의 이익은 다른 국가의 손실을 의미한다고 여겨졌다. 영국의 곡물법(1815~1846년)은 이러한 보호주의 정책의 대표적 사례로, 국내 농업을 보호하기 위해 곡물 수입에 높은 관세를 부과했다.

곡물법은 영국 내 곡물 가격을 높게 유지하여 국내 농민들의 이익을 보호하려는 목적이었으나, 실제로는 식료품 가격 상승으로 일반 소비자들에게 부담을 지웠다. 이 법은 단순히 수입을 금지하는 것에서 시작하여 나중에는 가파른 수입 관세를 부과하는 방식으로 발전했으며, 식량 공급이 부족한 상황에서도 수입을 어렵게 만들었다.

그러나 18세기 후반, 영국의 애덤 스미스는 그의 저서 『국부론』을 통해 이러한 중상주의의 사상에 정면으로 도전했다. 그는 각국이 비교 우위에 있는 상품을 생산하여 자유롭게 교역할 때 전체 사회의 부가 증진된다고 주장했다. 이것이 바로 '자유무역주의'의 시발점이며, 시장의 '보이지 않는 손'이 효율적인 자원 배분을 가능하게 한다는 논리였다.

스미스는 관세와 같은 무역 장벽이 오히려 시장의 효율성을 저해하고 국가의 전반적인 생산성을 떨어뜨린다고 보았다. 특히 그는 "신중한 가장이라면 집에서 만드는 것보다 사서 쓰는 것이 더 저렴한 물건은 결코 집에서 만들려 하지 않는다"는 원칙을 제시하며, "재단사는 신발을 만들지 않고 구두공에게서 사며, 구두공은 옷을 만들지 않고 재단사를 고용한다"라는 비유를 통해 분업과 특화의 중요성을 강조했다.

경제학적 논쟁의 역사: '국부'를 둘러싼 치열한 공방

애덤 스미스의 자유무역주의는 이후 데이비드 리카도의 '비교 우위론'으로 더욱 정교해졌다. 리카도는 절대 우위가 없는 국가라 할지라도 비교 우위에 있는 상품을 특화하여 생산하면 상호 이익이 된다는 점을 수학적으로 증명하며 자유무역의 이론적 기반을 강화했다. 이 이론은 무역이 제로섬 게임이 아니라 모든 참여국이 이익을 얻을 수 있는 윈-윈 상황을 만들 수 있다는 관점을 제시했다. 자유무역을 통해 가격이 하락하면 소비자들의 구매력이 증가하고, 생산자들도 더 저렴한 원료를 구입할 수 있어 경쟁력을 높일 수 있다는 것이다.

그러나 자유무역주의가 만능은 아니라는 반론도 만만치 않았다. 독일의 프리드리히 리스트는 '유치 산업 보호론'을 주장하며, 후발 산업 국가들은 선진국의 산업과 경쟁하기 위해서는 일정 기간 관세와 같은 보호 장벽을 통해 자국 산업을 육성해야 한다고 역설했다. 이는 19세기 독일과 미국이 산업화를 추진하는 과정에서 강력한 보호무역 정책을 채택하는 이론적 근거가 되었다.

이처럼 보호무역주의와 자유무역주의는 단순히 경제 이론의 대립을 넘어, 각국의 정치적·사회적 상황과 맞물려 끊임없이 논쟁을 벌여왔다. 자유무역은 효율성과 세계 경제의 성장을 가져올 수 있지만, 특정 산업의 쇠퇴와 실업을 야기할 수 있다는 우려도 항상 존재했다. 반면 보호무역은 국내 산업을 보호하고 고용을 유지할 수 있지만, 장기적으로는 경쟁력 약화와 혁신 저하로 이어질 수 있다는 비판을 받았다.

19세기 영국의 '자유무역 제국주의'

19세기에 들어서면서 영국은 새로운 형태의 자유무역 정책을 추진했다. 이는 '자유무역 제국주의'[4]로 불리는데, 전통적인 식민지 침략 대신 시장의 힘과 외교를 통한 상업적 지배에 초점을 맞춘 것이었다. 영국은 1840년대 곡물법 폐지 이후 점진적으로 관세를 철폐하며 시장의 자유로운 개방을 추진했으나, 동시에 강대국으로서 힘을 이용해 해외 시장의 자유로운 접근을 강요하는 정책을 펼쳤다.

겉으로는 자유무역을 표방하면서도 실제로는 국력을 동원하여 자국의 상업적 이익을 극대화하려던 정책적 모순은 중국과의 관계에서 극명하게 드러났다. 중국은 경제적으로 자급자족이 가능했고 서구 제품에 대한 수요가 거의 없었기 때문에 시장 개방을 거부했다. 이에 영국은 1839~1842년 아편전쟁을 통해 군사력으로 중국 시장을 강제로 개방시켰고, 5개 항구에 대한 접근권과 최혜국 대우를 확

---

[4] 자유무역 제국주의(Free Trade Imperialism)는 19세기 영국을 중심으로 전개된 대외 정책 및 경제적 지배 형태를 설명하는 개념이다. 이 용어는 영토를 정복하거나 식민지로 삼는 전통적 의미의 제국주의와는 달리, 강대국이 군사력이나 외교력을 동원해 약소국의 시장을 강제로 개방시키고, 그 경제를 실질적으로 지배하는 방식을 가리킨다. 즉, 공식적인 식민지화 없이도 경제적·정치적 영향력을 행사하는 '간접적 제국주의(Informal Empire)'와 밀접하게 연관된다. 이 개념은 특히 영국이 라틴아메리카, 아시아 등지에서 무력이나 정치적 압박을 통해 자유무역을 강요하고, 이를 통해 자국의 상품과 자본이 우월한 위치에서 상대국 시장을 장악하는 현상을 설명할 때 주로 사용된다. 결과적으로 약소국의 경제는 독립성을 상실하고, 실질적으로 강대국에 종속되는 구조가 형성된다.

보했다. 이는 자유무역을 명분으로 삼았지만 실제로는 군사력에 의한 강제적 시장 개방이었다는 점에서 자유무역 이론과 현실 정치의 괴리를 보여준다.

독일-폴란드 무역 전쟁(1923~1934년)

20세기 초반의 대표적인 관세 전쟁 사례는 독일과 폴란드 간에 일어났다. 1923년부터 1929년까지 독일 외무장관을 지낸 구스타프 슈트레제만은 경제적 압박을 통해 폴란드가 일부 영토를 포기하도록 유도하고자 했고, 이를 위해 독일은 폴란드에서 생산되는 석탄과 철강 제품에 대한 관세를 대폭 인상했다.

이에 대응하여 폴란드는 독일산 상품에 보복 관세를 부과했고, 독일과의 무역 의존도를 낮추기 위해 서유럽으로 연결되는 독자적인 수출 통로인 그디니아(Gdynia) 항구 개발에 나섰다. 그디니아는 이후 급속한 발전을 이루며 폴란드 경제의 새로운 중심지로 부상했다. 이 사례는 관세 전쟁이 의도와는 달리 상대 국가의 경제적 자립과 공급망 다변화를 촉진할 수 있다는 점을 잘 보여준다.

이러한 교훈은 현대에도 되풀이되고 있다. 2019년의 한일 무역 분쟁은 일본이 한국에 대해 반도체 핵심 소재(불화수소, 포토레지스트 등) 수출 규제를 단행하면서 시작되었지만, 결과적으로 한국은 이 소재들의 국산화에 박차를 가했다. 이를 통해 한국은 소재·부품·장비 산업의 기술 자립에 속도를 붙이는 전환점을 맞이했다.

마찬가지로 트럼프 행정부 1기 동안 격화된 미·중 무역 갈등은 중국으로 하여금 자국 내 첨단 기술 산업의 전략적 육성을 서두르게 만들었다. 특히 반도체, AI, 통신 장비 분야에서 미국 의존도를 줄이기 위한 산업 정책이 본격화되었고, 동시에 희토류와 같은 전략 자원의 통제권 강화를 통해 경제 안보 카드로서 자원을 무기화하는 움직임도 나타났다.

독일-폴란드 간 관세 전쟁이 그디니아 항구의 발전을 촉진했듯, 현대의 무역 분쟁 역시 결국 기술 자립과 산업 구조 재편의 계기가 되는 역설적인 결과를 초래하고 있다. 이는 무역 전쟁이 단순한 '손익 게임'이 아니라, 각국의 전략적 대응과 산업 정책 변화에 따라 장기적으로는 새로운 경쟁력을 창출하는 전환점이 될 수 있음을 시사한다.

포드니-매컴버법(1922년), 스무트-홀리법(1930년), 그리고 대공황

미국 29대 대통령 워런 G. 하딩은 1922년 9월 포드니-매컴버 관세법에 서명했다. 이 법안은 미국의 평균 관세율을 38%까지 인상했다. 무역 파트너들은 즉시 불만을 제기했다. 제1차 세계대전으로 피해를 본 유럽 국가들은 미국 시장에 대한 수출 접근이 없다면 전시 대출금을 상환할 수 없다고 주장했다. 관세법 통과 후, 미국의 무역 파트너들은 자신들의 관세를 크게 인상했다. 이것은 이후 있을 스무트-홀리 관세법과 보복 관세에 따른 본격적인 관세 전쟁의 서막이 되었다.

1930년 스무트-홀리 관세법은 미국 역사상 가장 악명 높은 보호무역주의 정책 중 하나로 평가받는다. 대공황이 시작된 지 1년이 지난 시점에서, 보호무역주의를 지지하는 공화당 의원들인 스무트와 홀리는 관세가 미국 기업들을 활성화하고 경제를 건전한 상태로 되돌리는 데 도움이 된다고 판단했다.

헨리 포드와 같은 산업계 거물들이 거부권 행사를 위해 강력히 로비했음에도 불구하고, 이 법안은 통과되었고 2만여 개 수입품에 대한 관세율이 대폭 인상(평균 관세율 기준 38% → 60%)되었다. 이 법은 대공황의 위기 속에서 국내 산업을 보호하고 실업 문제를 해결하기 위해 도입되었지만, 그 결과는 참담했다. 전 세계 국가들은 보복 관세로 대응했고, 국제 무역량은 급감했다. 수출길이 막힌 각국은 경제 위기에서 벗어나지 못하고 경기 침체는 심화되었다.

스무트-홀리법의 직접적인 영향은 미국 내 실업률의 급격한 증가였다. 미국의 실업률은 즉시 두 배로 증가했으며, 이는 보호주의 정책이 의도했던 일자리 보호 효과와는 정반대의 결과였다. 보호무역주의자들은 자유무역으로 인해 잃어버린 일자리만을 보고 자유무역으로 창출된 일자리는 보지 못했던 것이다.

미국이 관세를 인상하자 다른 국가들도 미국 제품에 대해 보복 관세를 부과했다. 프랑스는 자동차 관세를 45%에서 100%로 두 배 이상 인상했고, 스페인·독일·이탈리아 등 다른 나라들도 연쇄적으로 관세를 인상했다. 이는 전 세계 무역량의 감소를 가져왔다. 당시 전 세계 무역량은 1929년 대비 1932년에 3분의 1 수준으로 줄어들었으며, 이는 세계 경제에 엄청난 타격을 주었다.

결국, 스무트-홀리법은 1930년대 대공황의 심화와 장기화에 일조한 것으로 평가받는다. 각국이 자국 산업을 보호하려는 시도가 결과적으로는 모든 국가의 경제적 어려움을 더하는 결과를 낳았다. 이는 현대 경제학에서 '죄수의 딜레마'로 설명되는 상황과 유사하다. 모든 국가가 자유무역을 선택하면 전체적으로 가장 좋은 결과가 나오지만, 개별 국가 입장에서는 상대국이 자유무역을 선택할 때 자신은 보호무역을 선택하는 것이 더 유리하다. 결국, 개별 국가의 합리적 선택이 집단적으로는 비합리적 결과를 초래한 사례라 할 수 있다.

루스벨트 행정부의 정책 전환

스무트-홀리법의 부작용이 점점 뚜렷해지자, 1934년 루스벨트 대통령과 민주당이 주도한 의회는 '상호 무역 협정법(Reciprocal Trade Agreements Act)'을 통과시켰다. 이 법은 외국과의 양자 무역 협정을 통해 관세를 조정할 수 있는 권한을 대통령에게 위임하는 내용을 담고 있었다. 이 조치는 미국이 고립적인 보호무역에서 벗어나 더욱 개방적인 무역 체제로 전환하는 첫걸음이 되었다. 스무트-홀리법이 초래한 무역 전쟁과 경기 침체의 흐름을 바꾸려는 시도였다.

아이러니하게도 이 법은 훗날 트럼프 대통령에게 막강한 관세 부여 권한을 부여하는 법적 근거가 되었다. 그리고 이는 21세기형 무역 전쟁의 단초가 되었다. 결국, 무역 전쟁을 확실히 막을 수 있는 제도적 장치가 없다는 점을 여실히 보여주었다.

한편, 스무트와 홀리 두 의원은 자신들의 이름이 붙은 법으로 대공황을 악화시켰다는 비판 속에서 다음 선거에서 모두 낙선했다. 그 낙선은 미국 통상 정책이 새 길로 나아가는 데 있어, 작은 출발점이었는지도 모른다.

다자간 무역 체제와 현대 무역 전쟁의 새로운 양상

제2차 세계대전 이후, 세계는 더욱 안정적인 국제 경제 질서를 구축하기 위해 새로운 무역 체계를 마련하기 시작했다. 그 중심에는 1947년 설립된 GATT(관세 및 무역에 관한 일반 협정)가 있었다. 이 협정은 다자주의 원칙과 최혜국 대우 원칙을 기반으로, 회원국들이 서로 차별 없이 무역 혜택을 주고받도록 하는 데 목적이 있었다. 처음에는 23개국만 참여했지만, 점차 다른 나라들이 합류하면서 세계 무역의 기본 틀로 자리 잡았다.

이러한 무역 질서의 안착은 GATT만으로 이루어진 것은 아니었다. 함께 설립된 국제통화기금과 세계은행은 환율 안정을 도모하고, 전쟁으로 피해를 본 국가들의 재건을 위한 자본을 제공함으로써 경제 협력의 글로벌 인프라를 뒷받침했다. 이처럼 경제 협력의 새로운 국제 프레임워크가 빠르게 자리를 잡을 수 있었던 데에는, 당시 미국이 철의 장막 서쪽에서 경제적·군사적으로 압도적인 영향력을 행사하고 있었던 배경이 있다. 반면 동쪽에서는 소련이 유일한 견제 세력이었고, 이 둘 사이의 냉전 구도 속에서 자유무역 체제는 미국 주도의 국제 질서하에서 성장했다. 다시 말해, 냉전이라는 이념적 틀 속에서 자유무역은 미국 패권을 중심으로 제도화되었던 것이다.

하지만 오늘날의 무역 전쟁은 이와는 전혀 다른 양상을 보이고 있다. 냉전기 자유무역이 미국 주도의 안보 동맹과 제도적 신뢰 위에 세워졌다면, 최근의 무역 분쟁은 그러한 제도적 기반이 흔들리는 가운데 전개되고 있다. 특히 2018년부터 시작된 미국과 중국 간의 무역 전쟁, 그리고 2025년부터 트럼프 행정부가 다시 추진한 관세 정책은 단순히 관세율을 올리는 것을 넘어, 기술 이전, 지식재산권, 국가 안보 등 비경제적 이슈들을 중심으로 전개되고 있다.

더불어, 캐나다·멕시코와의 갈등 사례도 이러한 변화의 단면을 보여준다. 세 나라는 이미 USMCA(NAFTA의 후속 협정)를 체결해 자유무역을 제도화한 상태였지만, 2025년부터 미국이 다시금 자국 산업 보호를 명분으로 관세를 부과하면서 갈등이 재점화되었다. 이는 기존 다자간 협정 체계의 안정성과 신뢰성마저 흔들리고 있음을 보여주는 신호다.

또한, 호주-중국 무역 전쟁(2017~2018, 2020~2023년)처럼 최근의 무역 분쟁은 지정학적 긴장이나 외교적 갈등에서 비롯되는 경우가 많아졌다. 이러한 변화는 과거 무역 전쟁이 주로 경제적 이해관계에 기반했던 것과 달리, 오늘날에는 외교, 안보, 기술 패권 등 비경제적 요인이 무역 갈등의 핵심 동인으로 부상하고 있음을 의미한다.

트럼프 1기 정부의 관세 전쟁

2017년 도널드 트럼프가 미국 대통령에 취임하면서 세계 무역 질서에 지각변동이 일어났다. '미국 우선주의'를 내세운 트럼프는 기존의 다자주의 무역 체제를 정면으로 비판했다. 그는 WTO를 '재앙'이라고 표현하며, 미국이 불공정한 대우를 받고 있다고 주장했다. 또한, 무역 적자를 국부의 유출로 보고, 관세를 "아름다운 것"이라고 표현했다. 이는 주류 경제학계의 자유무역론과 정면으로 배치되는 것이었다.

2018년 3월 트럼프 행정부는 국가 안보를 이유로 철강에 25%, 알

루미늄에 10%의 관세를 부과했다. 1962년 제정된 통상 확장법(Trade Expansion Act) 232조를 근거로 한 것이었다. 이 조항이 발동된 것은 1980년대 이후 거의 30년 만이었다. 유럽, 캐나다, 멕시코 등 전통적 동맹국들도 예외 없이 관세 대상에 포함되자 국제사회는 충격에 빠졌다. EU는 즉시 WTO에 제소하며 미국산 위스키, 진, 오토바이 등에 보복 관세를 부과했다. 캐나다와 멕시코도 각각 미국산 농산물과 공산품에 보복 관세를 매겼다.

하지만 진짜 관세 전쟁은 중국과의 갈등에서 시작되었다. 2018년 7월 6일, 미국은 중국산 제품 340억 달러 규모에 25% 관세를 부과했다. 중국도 같은 날 미국산 대두, 쇠고기, 돼지고기 등에 동일한 규모의 보복 관세를 매겼다. 갈등은 점차 확산되었다. 2018년 9월 미국은 중국산 제품 2,000억 달러에 10% 관세를 추가로 부과했고, 2019년 5월에는 이를 25%로 인상했다. 중국도 미국산 제품 600억 달러에 최대 25%의 보복 관세로 맞섰다. 2019년 말까지 미국은 중국산 제품 3,600억 달러에, 중국은 미국산 제품 1,100억 달러에 관세를 부과했다.

관세 전쟁과 함께 기술 패권 경쟁도 격화되었다. 2019년 5월 트럼프 행정부는 중국의 화웨이를 엔티티 리스트[5]에 올려 미국 기업들의 화웨이 거래를 금지했다. 이는 관세를 넘어 기술 디커플링의 신호탄이었다. 중국의 반도체 굴기에 대한 미국의 견제도 본격화되었다. 미

---

5   엔티티 리스트(Entity List)는 미국 상무부 산하 산업안보국(Bureau of Industry and Security, BIS)이 관리하는 수출 통제 명단이다. 이 리스트에 오른 기업·기관·개인은 미국 기업 및 미국 기술을 사용하는 해외 기업들과의 거래가 제한되거나 사전 허가 없이는 거래가 금지된다.

국은 중국의 반도체 기업들에 장비와 소재 수출을 제한했고, 중국은 희토류 수출 규제로 맞섰다. 무역 전쟁이 기술 전쟁으로 확산되면서 글로벌 공급망에 균열이 생기기 시작했다.

극단으로 치닫던 미·중 간 갈등은 2020년 1월, 1단계 무역 합의에 서명하며 출구를 찾았다. 중국은 2년간 미국산 제품을 2,000억 달러 추가 구매하기로 약속했고, 미국은 일부 관세 인하를 약속했다. 하지만 COVID-19 팬데믹으로 합의 이행은 차질을 빚었다. 더욱 심각한 것은 COVID-19로 인해 글로벌 공급망의 취약성이 드러난 것이었다. 마스크, 의료기기, 의약품 등 필수품의 중국 의존도가 높다는 사실이 알려지면서 각국은 공급망 다변화에 나섰다. 효율성보다 안전성이 새로운 화두가 되었다.

2021년 바이든 행정부가 들어서면서 무역 전쟁의 양상은 다소 달라졌다. 바이든 대통령은 트럼프의 일방주의적 접근에서 벗어나 동맹과의 공조를 강조했지만, 대중국 강경 기조는 유지되었다. 관세 대부분은 철회되지 않았고, 반도체와 배터리 등 전략 산업에서의 공급망 재편이 주요 정책으로 부상했다. 미국은 반도체법(CHIPS Act)과 인플레이션 감축법(IRA)을 통해 자국 중심의 첨단 산업 육성을 추진했고, 이는 새로운 형태의 산업 보조금 경쟁과 공급망 블록화로 이어졌다. 관세 전쟁은 끝난 것이 아니라, 형태만 바뀐 채 새로운 차원에서 이어졌던 셈이다.

역사적 교훈의 일관성

2025년 재집권한 트럼프 대통령은 1기보다 더욱 강력한 관세 정책을 추진하고 있다. 2025년 6월 1일 현재 평균 실효 관세율은 15.1%(예일대 Budget Lab 발표 기준)에 달하며, 중국산 제품에 대해서는 기본 145%의 관세를 부과한다고 발표했다. 이는 1930년대 이후 가장 높은 수준이다. 2025년 4월 2일 발표된 '해방의 날' 정책에서는 상호 관세 34%를 부과했으나, 이후 90일간 일시 중단하고 10% 관세만 유지하기로 발표했다. 트럼프 행정부가 밝혔듯이 협상을 위한 정책 발표가 이어지고 있다 보니 매우 혼란스러운 상황이다.

역사적 사례들을 종합해보면, 관세 전쟁에 대한 일관된 교훈을 도출할 수 있다. 첫째, 보호주의 정책은 단기적으로는 특정 산업을 보호할 수 있지만, 장기적으로는 경제 전체의 효율성을 저해하고 혁신을 억제한다는 점이다. 둘째, 한 국가의 관세 인상은 필연적으로 다른 국가들의 보복을 초래하며, 이는 모든 참여국의 경제적 손실로 이어진다는 점이다. 셋째, 관세 전쟁의 피해는 보호받으려던 산업보다는 오히려 전체 소비자와 수출 의존 산업에 더 크게 나타난다는 점이다.

스무트-홀리법 사례에서 보듯이, 보호주의 정책은 의도했던 일자리 보호 효과와는 정반대로 실업률을 증가시켰다. 이는 현재 트럼프 행정부의 관세 정책이 추구하는 목표와 실제 결과 사이의 괴리를 예측하는 데 중요한 참고가 된다. 또한, 1934년 상호 무역 협정법을 통한 정책 전환이 경제 회복에 기여했다는 점은 현재 상황에서도 다자간 협력과 협상을 통한 해결책 모색의 중요성을 시사한다.

그러나 현재의 무역 전쟁은 과거와는 다른 새로운 도전 요소들을 포함하고 있다. 기술 패권 경쟁, 공급망의 글로벌화, 디지털 경제의 확산 등은 과거의 단순한 관세 조정으로는 해결하기 어려운 복잡한 이슈들이다. 미국-중국 무역 전쟁에서 나타나는 기술 이전 강요, 국가 보안을 이유로 한 특정 기업 제재 등은 전통적인 관세 전쟁의 범주를 넘어서는 새로운 형태의 경제적 갈등이다.

또한, 현재의 무역 분쟁은 WTO와 같은 다자간 기구의 약화와 함께 진행되고 있어, 과거 GATT 체제와 같은 제도적 해결 메커니즘이 제대로 작동하지 않는 상황이다. 이는 개별 국가들이 일방적인 조치에 의존할 가능성을 높이며, 무역 전쟁의 확산과 장기화를 우려하게 하는 요인이다.

역사의 경험을 돌아보면, 지금의 관세 전쟁도 결국은 참여한 모든 나라에 경제적 손실을 안겨줄 가능성이 크다. 과거의 무역 분쟁과 달리 오늘날의 갈등은 그보다 훨씬 복잡하다. 국가 안보, 기술 패권, 가치관의 충돌 등 정치적·전략적 요소들이 얽혀 있다. 그럼에도 불구하고 역사는 무역 전쟁에서 진정한 승자는 없었으며, 협력과 개방을 통해서만 모든 국가가 함께 번영할 수 있었다는 사실을 거듭 보여준다. 지금 이 순간, 마치 서로를 불신한 채 모두가 손해를 보는 '죄수의 딜레마'가 현실이 된 듯한 느낌은 과도한 비관일까?

스테이블코인의 미래: 제2의 페트로달러? 그 명과 암

명동과 남대문시장 근처에 독특한 ATM들이 설치되기 시작했다. 바로 암호화폐 ATM이다. 외국인 여행객들이 몇 번의 터치만으로 암호화폐를 현금으로 바꾸는 모습이 우리의 일상으로 들어왔다. 흥미로운 점은 가장 많이 거래되는 것이 비트코인이 아닌 USDT(테더)나 USDC(서클) 같은 스테이블코인이라는 사실이다.

전 세계의 암호화폐 ATM은 2024년 기준 3만 8,000대를 넘어섰고, 70% 이상에서 스테이블코인 거래가 가능하다. 동남아시아와 중남미에서는 스테이블코인 ATM이 사실상 달러 환전소 역할을 한다. 아르헨티나 부에노스아이레스에서는 USDT를 받는 상점이 늘어나고, 터키 이스탄불에서도 스테이블코인 결제가 일상화되고 있다.

이는 단순한 기술 혁신이 아니다. 스테이블코인은 이미 글로벌 경제 시스템 깊숙이 침투했다. 한국 여행객이 방콕에서 USDC로 결제하고, 아르헨티나 상인이 인플레이션을 피해 USDT로 자산을 보관하며, 필리핀 해외 근로자가 송금 수수료를 절약하기 위해 스테이블코인을 쓰는 것이 더 이상 특별하지 않다.

화폐의 본질과 디지털 전환의 서막

화폐가 인류 문명에서 수행해온 세 가지 핵심 기능을 생각해보자. 교환의 매개체, 가치의 저장 수단, 그리고 계산의 단위. 이러한 세 가지 기능을 갖추어야 화폐로서 인정받을 수 있다.

이러한 이유로, 비트코인을 비롯한 초기 암호화폐들이 등장했을 때, 많은 경제학자가 이들을 진정한 화폐로 인정하지 않았다. 그 이유는 화폐의 세 가지 기본 기능을 제대로 수행하지 못했기 때문이다. 비트코인의 경우 극심한 가격 변동성으로 인해 가치 저장 수단으로서의 신뢰성이 부족했고, 이는 곧 일상적인 거래에서 교환 매개체로 사용되기 어렵게 만들었다. 또한, 공정 가치 산정 기준이 존재하지 않는 특성이 있어 계산 단위로서 기능도 제한적일 수밖에 없었다. 결국, '자산의 투기적 성격'이 화폐로서의 실용적 기능을 압도하게 된 것이다.

스테이블코인은 근본적으로 다른 접근을 택했다. 달러나 유로 같은 법정화폐에 가치를 고정해 가치 변동에 대한 안정성을 확보한 것이다. USDT나 USDC는 법정화폐의 안정성과 블록체인의 효율성을 결합했다. 이로써 화폐의 세 기능을 디지털 환경에서 완벽하게 구현하는 첫 번째 암호화폐들이 되었다.

스테이블코인은 일상 거래의 교환 매개체가 되고, 디지털 상거래에서 명확한 가격 기준을 제공하며, 전통 은행 시스템의 제약과 달리 24시간 언제든 가치를 저장하고 이전할 수 있다. 이는 단순한 기술 혁신을 넘어 글로벌 통화 시스템의 근본적 재편을 예고하는 신호탄이다.

미국 부채의 역설과 달러 패권의 딜레마

스테이블코인의 성장은 미국이 직면한 국가 부채 위기와 묘한 관련성이 있다. 2025년 현재 미국의 국가 부채는 36조 달러를 넘어서며 GDP 대비 120%를 초과했다. 전통적 경제학 이론에 따르면 이런 수준의 부채는 해당 통화의 신뢰도를 심각하게 훼손해야 마땅하다. 그런데 현실은 그렇지 않다. 달러에 대한 전 세계적 수요는 여전히 강하며, 특히 스테이블코인에 의한 달러 수요는 미국 국채 시장을 뒷받침하는 새로운 기반이 되고 있다.

주목할 점은 스테이블코인 발행사들의 지급 준비금 운용 방식이다. 테더나 서클 같은 주요 스테이블코인 발행사들은 자신들이 발행한 토큰의 가치를 달러에 고정시키기 위해 막대한 규모의 미국 국채를 매입하고 있다. 2025년 현재 주요 스테이블코인들의 총 준비금은 2,000억 달러를 넘어섰으며, 이 중 상당 부분이 미국 국채에 투자되어 있다.

하지만 이는 빙산의 일각에 불과하다. 미국 재무부는 2025년 4월 발표한 보고서에서 스테이블코인 시장이 현재 2,340억 달러에서 2028년까지 2조 달러 규모로 성장할 것이라고 전망했다. 이는 현재 대비 8.3배 증가한 수치다. 백악관 암호화폐 담당 특별고문인 데이비드 색스는 스테이블코인 관련 법안이 통과될 경우 '수조 달러' 규모의 미국 국채 수요를 창출할 것이라고 언급했다.

현재 테더가 약 1,200억 달러, 서클이 500억~600억 달러의 미국 국채를 보유하고 있다. 여기에 규제의 명확성과 제도적 채택이 이루어진다면 스테이블코인 시장은 스콧 베센트 재무 장관의 말처럼, "사실상 하룻밤 사이에" 2조 달러 규모의 국채 수요를 창출할 수 있다는 것이 재무부의 분석이다.

실제로 스테이블코인 거래량은 이미 기존 결제 시스템을 압도하고 있다. 도이체방크의 2024년 보고서에 따르면, 전 세계 스테이블코인 거래량은 약 28조 달러에 달했으며, 이는 비자와 마스터카드의 연간 결제 거래량을 합친 수치를 상회하는 규모다. 같은 해 비자의 총 거래량은 약 16조 달러, 마스터카드는 약 10.8조 달러 수준에 머물렀다. 이는 디지털 자산 기반 결제 시스템이 단순한 암호화폐 시장을 넘어, 실물 결제 인프라를 대체하거나 보완할 수 있는 수준으로 성장하고 있음을 보여준다.

페트로달러에서 크립토달러로: 패권 전환의 역사적 패턴

1973년 오일쇼크 이후 형성된 페트로달러 시스템을 되돌아보면, 현재 스테이블코인 현상에 대한 깊은 통찰을 얻을 수 있다. 당시 미국은 닉슨 쇼크로 브레튼우즈 체제가 붕괴한 후 달러의 새로운 뒷받침을 찾아야 했다. 해답은 석유에서 나왔다. 사우디아라비아를 비롯한 OPEC 국가들과의 협정을 통해 석유 거래를 달러로만 진행하도록 만든 것이다. 이로써 전 세계 국가들은 석유를 사기 위해 달러를 보유해야 했고, 이는 달러의 기축통화 지위를 반세기 동안 떠받쳐온 핵심 메커니즘이 되었다.

2025년 현재, 우리는 비슷하지만 더욱 강력한 현상을 목격하고 있다. 디지털 경제의 확산으로 인해 전 세계적으로 24시간 끊임없이 이루어지는 온라인 거래, DeFi(탈중앙화 금융) 프로토콜, NFT 거래, 그리고 메타버스 경제 활동 등이 새로운 '디지털 석유'가 되고 있다. 그리고 이 모든 활동의 기저에는 달러 기반 스테이블코인이 자리 잡고 있다.

페트로달러 시스템이 산유국들로 하여금 석유 수익을 미국 국채에 재투자하도록 유도했던 것처럼, 스테이블코인 시스템은 디지털 경제 참여자들의 자금을 자동으로 미국 국채 시장으로 흘러들어 가게 만드는 새로운 메커니즘을 창출했다. 스테이블코인의 성장은 곧 미국 국채 수요의 증가를 의미하며, 이는 중국과 일본 등 전통적 채권 보유국들이 미국 국채 보유량을 줄이고 있는 현 상황에서 매우 중요한 의미를 갖는다.

페트로달러가 물리적 석유 자원에 기반했다면, 지금 등장하는 '크립토달러'는 무한히 확장 가능한 디지털 경제 활동에 기반하고 있다. 더욱 중요한 것은 이 시스템이 정치적 협상이나 외교적 합의에 의존하지 않고, 순전히 경제적 효율성과 기술적 우위에 기반하여 작동한다는 점이다. 이러한 구조적 특성은 미국 달러의 기축통화 지위를 페트로달러 시대보다 훨씬 더 견고하게 만들 가능성을 내비친다.

중앙은행 디지털 화폐(CBDC)와의 경쟁 구도

각국 중앙은행들이 추진하는 CBDC(Central Bank Digital Currency)는 스테이블코인에 대한 직접적 대응책이다. 중국의 디지털 위안화, 유럽중앙은행의 디지털 유로 프로젝트는 모두 스테이블코인이 만들어낸 새로운 경쟁 환경에 대한 반응이다. 하지만 여기서 주목할 점은 정부 주도의 CBDC와 민간 주도의 스테이블코인이 반드시 제로섬 경쟁 관계에 있지 않다는 것이다.

오히려 스테이블코인은 CBDC의 실험실 역할을 하고 있다. 수년간 축적된 스테이블코인의 운영 경험과 기술적 노하우는 중앙은행들에 디지털 통화 발행의 청사진을 제공하고 있다. 동시에 스테이블코인의 성공은 디지털 통화에 대한 대중의 신뢰와 수용성을 높여, CBDC의 도입을 위한 토양을 마련해주고 있다.

스테이블코인의 급성장은 필연적으로 규제 당국의 관심을 끌었다. 미국 재무부는 스테이블코인을 은행과 유사한 수준으로 규제하려 하고 있으며, 유럽연합은 MiCA[6] 규정을 통해 스테이블코인 발행사들에 엄격한 준비금 보유 의무를 부과하고 있다. 이러한 규제 강화는 단기적으로는 스테이블코인 시장의 성장을 제약할 수 있지만, 장기적으로는 시장의 신뢰성과 안정성을 높여 더 큰 성장의 기반을 마련할 것으로 예상된다.

특히 주목할 부분은 규제 당국들이 스테이블코인을 완전히 억압

---

[6] MiCA는 Markets in Crypto-Assets Regulation(가상자산 시장 규제)의 약자로, 유럽연합이 가상자산 시장의 투명성과 안정성을 높이고 투자자를 보호하기 위해 마련한 포괄적이고 통일된 법적 프레임워크이다.

하기보다는 기존 금융 시스템 내로 편입시키려 한다는 점이다. 이는 스테이블코인이 가진 혁신적 잠재력을 인정하면서도, 시스템적 위험을 관리하려는 현실적 접근이다.

미래 시나리오: 다극화 vs. 달러 패권 강화

스테이블코인의 가장 극적인 영향은 신흥국 시장에서 나타나고 있다. 터키, 아르헨티나, 레바논 등 자국 통화의 불안정성에 시달리는 국가들에서 달러 기반 스테이블코인 사용이 점차 증가하고 있다. 이들 국가의 시민들은 정부가 발행하는 법정화폐 못지않게 USDT나 USDC를 신뢰하며, 실제로 일상 거래에서 활발히 사용하고 있다.

이 현상은 세계 통화의 '달러화'의 새로운 형태다. 과거에는 물리적 달러 지폐나 미국 은행 계좌를 통해서만 가능했던 달러 보유가, 이제는 스마트폰과 인터넷 연결만 있으면 누구나 가능해졌다. 이는 미국 달러의 영향력을 전 세계 구석구석까지 확장하는 강력한 도구가 되고 있다.

스테이블코인의 미래를 두 가지 시나리오로 볼 수 있다. 첫째는 통화 다극화다. 다양한 법정화폐 기반 스테이블코인들이 등장해 달러 독점에 균열을 만드는 것이다. 둘째는 달러 패권 강화다. 네트워크 효과와 유동성 우위로 달러 기반 스테이블코인이 압도적 지배력을 유지하며, 디지털 경제 확장을 통해 달러의 글로벌 영향력이 더욱 커지는 것이다. 현재까지의 추세를 보면 후자의 가능성이 커 보인다.

디지털 브레튼우즈

스테이블코인은 단순한 암호화폐 프로젝트를 넘어, 전후 국제 통화 체제의 근본적 변화를 이끄는 촉매가 될 잠재력을 지니고 있다. 1944년 브레튼우즈 협정이 국제적으로 다각화된 금본위제에서 달러 중심 체제로의 전환을 공식화했다면, 현대의 스테이블코인 혁명은 아날로그 달러에서 디지털 달러로의 전환을 암시하고 있다. 이 흐름은 '디지털 브레튼우즈'라는 새로운 시대적 전환점으로 해석될 수 있다.

이 과정에서 미국은 많은 반사이익을 누릴 가능성이 크다. 국가 부채 급증과 재정적 불균형으로 달러 패권에 대한 의구심이 커지는 가운데, 스테이블코인은 새로운 형태의 글로벌 달러 수요를 만들어 내는 메커니즘으로 부상하고 있다. 과거 1970년대 페트로달러 체제가 중동 산유국들과의 지정학적 거래를 통해 달러 수요를 유지했다면, 달러 기반의 스테이블코인 생태계는 디지털 금융 인프라 속에서 더 넓고 지속 가능한 방식으로 달러의 기축통화 지위를 지속시키고 공고하게 지켜줄 것이다.

바로 이러한 전략적 중요성 때문에 최근 미국 정치권, 특히 트럼프 행정부는 스테이블코인에 대해 상당히 우호적인 입장을 보이고 있다. 이는 단순한 기술 혁신에 대한 지지라기보다는, 달러 패권 유지라는 지정학적·경제적 목표와 깊이 맞물려 있다. 트럼프 행정부는 스테이블코인을 미국 금융 패권의 연장선에서 바라보고 있으며, 민간 발행 스테이블코인의 제도화와 보호를 통해 중국의 디지털 위안화에 맞서고자 하는 포석을 깔고 있다.

앞으로 스테이블코인은 중앙은행 디지털 화폐(CBDC)와의 경쟁과 협력을 통해 더욱 진화할 것이다. 규제 환경의 명확화, 기술적 혁신의 지속, 그리고 글로벌 경제의 디지털 전환 가속화가 모두 스테이블코인의 성장을 뒷받침하는 요인들이다. 결국, 스테이블코인의 미래는 단순한 금융상품으로서 성패를 넘어 21세기 글로벌 통화 시스템의 구조를 재편하는 핵심 변수로 작용할 것이다.

스테이블코인, 편의성 뒤에 숨겨진 '언스테이블'의 그림자

금융의 역사는 언제나 혁신과 그에 따른 위기의 연속이었다. 과거의 철도 붐, IT 버블, 서브프라임 모기지 사태는 금융 혁신이 새로운 가치를 창출하는 동시에, 예측 못 한 위험을 불러와 경제 전반에 혼란을 불러올 수 있음을 경고한다. 오늘날 디지털 금융 혁명의 최전선에 있는 스테이블코인 역시 이러한 역사적 관점에서 그 편의성 뒤에 숨겨진 잠재적 금융 불안정 위험을 깊이 들여다봐야 한다. 스테일코인이 세상을 다시 언스테이블(Unstable)하게 할지 아무도 모른다.

① 중앙은행 통화 정책의 유효성 저하: 통제력 약화의 위험

중앙은행은 물가 안정과 금융 안정을 위한 통화 정책의 핵심 주체이다. 그러나 스테이블코인의 확산은 이러한 중앙은행의 통제력을 약화시킬 수 있다. 중앙은행이 부재하였던 미국의 '자유 은행 시대(1837~1913년)'는 민간 은행들이 제각기 지폐를 발행했고, 이로 인해 잦은 은행 파산과 금융위기가 반복되었던 시기였다. 중앙은행의 최종 대부자 기능이 없어 위기 시 유동성 공급이 효과적으로 이루어지지 않았고, 일관된 통화 정책도 부재했다는 점은 중앙은행의 존재 이유를 강하게 역설한다. 나아가 1929년 대공황 당시 연준이 있었음에도 분권화된 은행 시스템은 중앙집권적 통화 정책의 효과를 제한하여 위기 대응 실패의 한 원인으로 지적되었다.

오늘날 스테이블코인 사용과 발행사의 확대는 금융 시스템을 파편화시키고 중앙은행의 통제력을 약화시킬 위험이 있다. 은행 예금이 스테이블코인으로 대규모 이동하거나, 스테이블코인 시장에서 독자적인 자금 흐름이 형성될 경우, 중앙은행의 기준금리 조절이나 양적 완화 또는 긴축 정책의 전달 경로가 교란될 수 있다. 이는 금융 위기 발생 시 중앙은행의 정책적 대응 효과성을 떨어뜨려 시스템 안정을 위협할 수 있다.

② 디지털 뱅크런: 예금보험 없는 공포 심리의 전염

은행 시스템은 고객의 공포 심리가 작동할 때 발생하는 뱅크런에 본질적으로 취약하다. 1866년 오버엔드 거니 파산이나 최근 2023년 실리콘밸리 은행 사태에서 보듯이, 아무리 대형 은행이라도 대규모 인출 요구 앞에서는 순식간에 무너질 수 있다. 이러한 취약성을 극복하기 위해 1929년 대공황 이후 예금자 보호를 위한 예금보험 제도가 도입되었고, 이는 뱅크런 발생 가능성을 낮추는 핵심적인 안전장치가 되었다.

그러나 스테이블코인은 법적으로 '예금'이 아니며, 따라서 전통 은행의 예금보험 제도 적용을 받지 않는다. 이는 스테이블코인이 뱅크런에 훨씬 더 취약하다는 것을 의미한다. 발행사의 준비금 관리 부실이나 투명성 부족으로 신뢰가 훼손될 경우, 대규모 상환 요청이 쇄 도할 수 있다. 2022년 알고리즘 스테이블코인 테라USD(UST)의 가치 폭락 사태는 예금보험과 같은 안전장치 부재 시 디지털 뱅크런이 얼마나 치명적일 수 있음을 보여준다. 또한, FTX 거래소 파산 등 암호화폐 기업의 붕괴 사례 역시 투자자들에게 미치는 위험을 실증적으로 보여주었다. 스테이블코인 시장이 커질수록 이러한 디지털 뱅크런 위험은 전통 금융 시스템으로 전이될 가능성을 내포하게 된다.

③ 신용 창출 기능 저하: 경제위기 회복 메커니즘의 무력화

현대 금융 시스템에서 상업은행은 예금을 바탕으로 대출을 실행하고, 이를 통해 최초 예금액의 몇 배에 달하는 '신용'과 '통화'를 창출하는 핵심적인 기능을 수행한다. 이러한 통화 승수 효과는 기업 투자와 가계 소비를 활성화시켜 경제 성장의 중요한 동력이 된다. 경제 위기 시에도 중앙은행과 정부는 통화 및 재정 정책을 통해 신용 공급을 늘려 경제 회복을 도모한다. 이때 은행의 신용 창출 기능은 정책 효과를 극대화하는 매개체 역할을 한다.

그러나 스테이블코인 발행사는 전통적인 은행과 달리 대출 기능이 없으며, 발행된 코인 가치만큼의 실물 자산을 준비금으로 묶어두는 방식이다. 만약 은행 예금에 있던 자금이 스테이블코인으로 대규모 이동한다면, 그만큼 은행의 대출 가능한 자금이 줄어들어 전체 금융 시스템의 신용 창출 능력이 저하될 것이다. 이는 통화 승수 효과를 감소시켜 통화량 증가를 둔화시키고 경제 성장에 부정적인 영향을 미칠 수 있다.

과거 신용 창출 기능이 제한되었던 금본위제에서 벗어나 중앙은행이 통화량을 유연하게 조절할 수 있는 명목화폐 시스템으로 이행했던 역사적 사례는 신용 창출 기능의 중요성을 증명한다. 결국, 스테이블코인으로의 자금 이동에 따른 신용 창출 능력 위축은 경제위기 발생 시 통화 및 재정 정책을 통한 경제 회복 메커니즘이 제대로 작동하지 않을 위험을 내포한다.

④ 정부 세수 감소: 재정 능력 약화와 국가 부채 부담 증가

건전한 재정은 정부가 공공 서비스를 제공하고 경제 안정화 정책을 펼치는 필수적인 기반이다. 정부의 주요 재원은 세금이지만, 스테이블코인의 확산은 이러한 정부의 세수 확보 능력을 위협할 수 있다. 스테이블코인 거래는 높은 익명성과 국경 없는 특성으로 인해 소득 발생 여부, 자산 이동 경로, 재화 및 서비스 거래 내역 등을 파악하기 어렵게 만든다. 이는 증여세, 상속세, 소득세, 부가가치세, 관세 등 다양한 세금의 징수를 어렵게 하여 과세 사각지대를 발생시키고 탈세나 조세 회피를 용이하게 한다. 불법 거래에도 악용될 수 있어 정부 세수 감소와 지하 경제 확대를 동시에 야기할 수 있다.

정부의 세수 감소는 곧 재정 정책 능력을 약화시키는 직접적인 요인이다. 부족한 재정을 충당하기 위해 정부는 국채 발행에 더욱 의존하게 될 것이고, 이는 국가 부채의 증가로 이어진다. 금융 역사에서 수많은 국가가 과도한 정부 부채로 인해 금융위기를 수 세기 동안 반복적으로 겪었던 것을 기억해야 한다. 과도한 정부 부채는 금융 시스템의 지속적인 불안 요소로 작용하며, 국가 신용도를 하락시키고 장기적으로는 경제 성장을 저해하는 악순환을 초래할 수 있다. 스테이

블록체인의 확산은 이러한 위험을 더욱 심화시키는 촉매재가 될 수 있다.

역사적 교훈과 미래 금융 시스템을 위한 균형점 모색

스테이블코인은 디지털 시대의 금융 편의성을 크게 높여줄 잠재력이 있지만, 그 이면에는 금융 시스템의 근본적인 안정성과 정부의 정책적 통제력을 위협하는 심각한 위험들이 존재한다. 중앙은행 통화 정책 유효성 저하, 디지털 뱅크런에 대한 취약성, 신용 창출 기능의 약화, 그리고 정부 세수 감소 및 재정 능력 저하라는 핵심 위험은 금융 역사가 반복적으로 경고해온 금융 불안정의 메커니즘과 깊이 연관되어 있다.

따라서 이러한 위험에 대비하기 위한 각국의 정책 및 법률 도입은 필수적이다. 미국은 GENIUS 법안을 통해 준비금 요건 강화, AML/CFT[7] 준수 의무화, 소비자 보호 조치를 마련하고 있으며, 유럽연합은 MiCA를 통해 통일된 규제 프레임워크를 구축하여 스테이블코인 유형을 분류하고 엄격한 요건을 부과하고 있다. 일본과 홍콩 또한 담보 관리 및 소비자 보호에 중점을 둔 자체 규제를 추진 중이다.

국제결제은행은 민간 스테이블코인을 '건전하지 못한 화폐(Unsound Money)'[8]로 간주하며 중앙은행 디지털 통화와 '통합 원장' 개념

---

[7] 'AML'은 자금세탁 방지(Anti-Money Laundering)를, 'CFT'는 테러 자금 조달 금지(Combating the Financing of Terrorism)를 의미한다.
[8] 국제결제은행은 민간 스테이블코인이 화폐의 핵심적인 세 가지 특성인 단일성(Singleness)·탄력성(Elasticity)·무결성(Integrity)을 충족하지 못하므로 현대 통화 시스템의 근간이 될 수 없다고 평가하며 이 용어를 사용한다. 즉, 안정적인 가치 유지, 유연한 통화 공급, 불법 활동

을 통해 중앙 통제력을 재확립하려는 노력을 주도하고 있다. 이러한 글로벌 규제 접근 방식은 여전히 분열된 양상을 보이며, 이는 규제 차익 거래의 위험을 내포하고 있다. 스테이블코인의 국경 없는 특성을 고려할 때, 국제적인 협력과 표준화 없이는 효과적인 위험 관리가 어렵다. 특히 이러한 국제적 협력과 표준화의 중요성은 2008년 글로벌 금융위기와 2020년 COVID-19 팬데믹 당시 국제 공조가 얼마나 중요한 역할을 했는지를 통해 역사적으로 입증되었다.

결론적으로, 달러 스테이블코인은 피할 수 없는 금융 혁신의 흐름이다. 따라서 이 혁신이 가져올 편의성만을 맹목적으로 추구할 것이 아니라, 금융 역사의 교훈을 바탕으로 잠재된 위험을 정확히 인식하고 선제적으로 대응해야 한다. 강력하고 포괄적인 규제 프레임워크 구축, 소비자 보호 강화, 불법 금융 위험 대비, 그리고 국제적인 협력 및 표준화 추진은 디지털 시대의 금융 시스템이 지속 가능한 안정성과 번영을 이룰 수 있도록 하는 필수적인 전략적 권고 사항이다. 혁신과 안정성, 그리고 주권적 통제 사이의 균형점을 찾는 것이야말로 이 금융 역사의 새로운 장을 성공적으로 헤쳐나갈 수 있는 유일한 길이다.

방지라는 측면에서 결함이 있다는 의미다.

달러가 만들어지는
메커니즘

"미국은 달러를 마음대로 찍어낼 수 있다." 이 말은 종종 등장하는 명제이지만, 그 속에는 진실과 오해가 복잡하게 얽혀 있다. 미국이 세계에서 가장 강력한 기축통화를 발행하는 국가라는 점에서 이 명제는 어느 정도 타당성을 갖는다. 하지만 현실에서는 수많은 제도적 제약과 경제적 책임, 그리고 국제적 신뢰라는 무형의 자산이 달러 발행을 둘러싸고 복잡한 역학관계를 형성하고 있다.

이번에는 '화폐 발행'이라는 개념을 기준으로 삼아, 미국의 달러 공급 메커니즘을 살펴보고자 한다. 과연 미국은 어떤 구조를 통해 달러를 세상에 내놓는가? 그리고 그 과정에서 발생하는 파급효과는 어떻게 전 세계 경제의 맥박을 좌우하는가? 이런 근본적인 질문에 대한 답을 찾아보자.

누가 달러를 발행하는가?

대부분의 사람들은 미국 정부, 특히 재무부가 달러 지폐를 찍어낸다고 생각한다. 이는 자연스러운 추측이지만 현실과는 거리가 있다. 현대 통화 체제에서 실질적인 화폐 발행 권한을 쥐고 있는 기관은 바로 연방준비제도이다. 화폐 발행에 있어서 재무부의 역할은 생각보다 제한적이다. 재무부 산하의 조폐인쇄국이 물리적인 지폐를 인쇄하고, 조폐국이 동전을 주조하는 것이 전부다. 이들이 만드는 것은 말 그대로 '종이'와 '금속'일 뿐, 그것이 화폐로서 기능하도록 만드는 것은 연준의 몫이다.

연준은 시중은행의 수요에 따라 지폐와 동전을 조폐인쇄국과 조폐국으로부터 받아 공급한다. 반면 연준은 미국 전체 금융 시스템의 핵심에 자리 잡고 있다. 모든 상업은행이 연준에 준비금 계좌를 가지고 있으며, 연준은 이 계좌들에 디지털로 달러를 입금하거나 출금할 수 있는 권한을 갖는다. 현대 경제에서 화폐의 90% 이상이 디지털 형태로 존재한다는 점을 고려하면, 연준이야말로 진정한 디지털 달러의 창조자라고 할 수 있다.

돈은 어떻게 만들어지는가?

'화폐 발행'이라고 하면 거대한 인쇄기에서 지폐가 쏟아져 나오는 모습으로 상상하는 사람이 많다. 하지만 현실은 훨씬 더 복잡하다. 현대의 화폐는 본질적으로 '신뢰받는 숫자'에 불과하다. 은행 계좌에 표시되는 잔액이 바로 그것이다.

연준이 새로운 달러를 창조하는 과정은 놀랍도록 간단하다. 컴퓨터 키보드 몇 번의 입력으로 특정 시중 상업은행의 준비금 계좌에 수십억 달러를 입금할 수 있다. 이때 사용되는 주요 수단이 바로 '공개시장 조작'이다.

연준이 통화량을 조절하기 위해 금융시장에서 국채나 유가증권을 매입하는 공개시장 조작의 메커니즘을 살펴보자. 연준이 민간 은행으로부터 미국 국채를 매입하게 되면, 연준은 그 대가를 연준이 기존 보유하고 있던 현금으로 지불하는 것이 아니라, 새로운 달러를 창출하여 해당 은행의 연준 준비금 계좌에 입금한다. 바로 이 순간, 세상에 존재하지 않던 새로운 달러가 탄생한다. 연준은 말 그대로 무에서 유를 창조하는 것이다.

이렇게 창조된 새로운 달러는 금융 시스템 전체에 파급효과를 일으킨다. 은행들은 늘어난 준비금을 바탕으로 더 많은 대출을 제공할 수 있게 되고, 이는 다시 통화 승수 효과[9]를 통해 시중의 통화량을 기하급수적으로 증가시킨다. 이것이 바로 현대 통화 정책의 핵심 메커니즘이다.

---

[9] 통화 승수 효과(Money Multiplier Effect)는 중앙은행이 시중은행에 공급한 준비금이 은행 간 대출과 예금 과정을 통해 실제 시중 통화량을 몇 배로 확대시키는 메커니즘을 말한다. 예컨대, 중앙은행이 1조 원(본원통화)의 준비금을 공급하면, 은행들은 지급 준비율(예: 10%)을 제외한 나머지를 대출로 풀 수 있으며, 이 대출금은 다시 다른 은행의 예금이 되어 반복적으로 대출-예금 과정을 거치며 통화량이 증폭된다. 이론적으로, 이러한 활동이 무한정 반복되면 시중의 통화는 최대 10조 원(M2 광의통화)이 된다. 통화 승수는 이와 같은 과정을 통해 한 단위의 본원통화가 얼마만큼의 광의통화로 확장되는지를 나타내는 지표다.

양적 완화: 위기 속에서 펼쳐진 화폐 실험

2008년 글로벌 금융위기와 2020년 COVID-19 팬데믹은 연준의 화폐 창출 능력을 극한까지 시험한 역사적 사건들이었다. 이 시기에 연준이 동원한 무기가 바로 '양적 완화'였다. 양적 완화는 공개시장조작의 확장판이라고 할 수 있다. 연준은 국채는 물론 주택담보부증권, 회사채, 심지어는 상장지수펀드까지 대규모로 매입하며 시장에 천문학적 규모의 유동성을 공급했다. 2020년 한 해 동안만 연준의 자산 규모는 약 4조 달러에서 7조 달러로 급증했다. 이는 불과 몇 개월 만에 약 3조 달러라는 신규 달러가 창조되었음을 의미한다.

이 과정에서 한 가지 놀라운 사실이 드러났다. 매입할 자산만 있다면 이론적으로 연준은 무한정 달러를 찍어낼 수 있다는 것이다. 금본위제 시대와 달리, 현재의 신용화폐 체제에서는 화폐 발행에 물리적 제약이 거의 존재하지 않는다. 그렇다면 왜 연준은 항상 그토록 신중한 모습을 보이는 것일까?

돈의 진화와 인플레이션의 그림자

돈은 끊임없이 진화해왔다. 고대에는 금속주화가 지배적이었지만, 시간이 흐르면서 지폐의 사용이 보편화되었다. 초기 지폐는 그 가치를 금이나 은과 같은 실물에 연결시킨 태환지폐(兌換紙幣)의 형태였다. 즉, 지폐를 가져가면 언제든지 일정량의 금이나 은으로 교환해주겠다는 약속이 전제된 화폐였다. 이는 화폐의 신뢰성을 높이고 유통을 원활하게 하는 데 기여했다. 그러나 태환지폐 체제에서도 정부가 약속된 실물 자산 없이 지폐를 과도하게 발행하면 인플레이션이 발생할 수 있었다. 실제로 많은 국가가 전쟁 비용 등을 충당하기 위해 금 보유량을 초과하는 지폐를 발행하여 인플레이션을 겪었다.

진정한 전환점은 국가가 화폐의 가치를 더 이상 실물 자산에 묶어두지 않고, 오직 정부의 법적 강제력(명목)에 의해서만 그 가치가 유지되는 불환지폐(不換紙幣), 즉 명목화폐(Fiat Money)[10] 시대로 접어들면서 찾아왔다. 명목화폐는 그 자체로는 아무런 내재 가치가 없지만, 국가가 이를 법정화폐로 지정하고 세금 납부 등에 사용하도록 강제함으로써 그 가치를 지닌다.

현대의 대부분의 국가에서 사용되는 화폐는 명목화폐이다. 명목화폐는 중앙은행이 통화량을 자유롭게 조절할 수 있게 함으로써 경기 조절에 유연성을 부여했지만, 동시에 인플레이션의 위험을 크게 높였다. 중앙은행이나 정부가 통화량을 무분별하게 늘릴 경우, 화폐 가치는 급락하고 물가는 폭등하는 하이퍼 인플레이션으로 이어질 수 있는 구조가 된 것이다. 이는 인류가 돈의 발행과 관리에 있어 더욱 큰 책임감을 요구받게 되었음을 의미한다.

전쟁이 낳은 돈의 재앙: 불환지폐와 하이퍼 인플레이션

전쟁은 인플레이션을 심화시키는 강력한 요인 중 하나였다. 정부는 전쟁 비용을 조달하기 위해 가장 손쉬운 방법을 택했는데, 바로

---

[10] 'Fiat'는 라틴어 fiat에서 유래한 말로, '되라(let it be done)' 또는 '명하노라(so it shall be)'라는 뜻을 가진다. 이는 화폐가 금이나 은 같은 실물 자산으로 뒷받침되지 않아도, 정부의 명령(법령)에 의해 가치가 인정되는 화폐임을 의미한다. 다시 말해, Fiat Money는 내재적 가치가 없음에도 불구하고, 국가가 법으로 통용을 강제하고 국민이 이를 받아들이도록 하기 때문에 화폐로서 기능한다. 오늘날 대부분의 국가에서 사용하는 통화는 모두 Fiat Money이다.

그림 7-1 | 그린백

화폐를 마구 찍어내는 것이었다.

　미국 남북전쟁 시기에 북부 연방정부가 전비 조달을 위해 발행한 '그린백(Greenback)'은 대표적인 불환지폐의 남발 사례이다. 세금 징수나 공채 모집이 어려워지자 정부는 보증 없는 지폐를 대량으로 찍어냈고, 이는 통화량의 급격한 증가와 물가 상승을 초래했다. 이때 지폐의 남발에 따른 통화 팽창 현상을 가리키기 위해 '인플레이션'이라는 용어가 경제학적 의미로 본격적으로 사용되기 시작했다.

　하지만 이보다 훨씬 비극적인 사례는 제1차 세계대전 직후 독일에서 발생한 하이퍼 인플레이션이었다. 전쟁 패배로 인한 막대한 전쟁 배상금 지불과 프랑스의 독일 루르 지역 점령에 대해 맞서기 위해 독일 바이마르 공화국 정부는 통화를 무제한 발행하기 시작했다.

그림 7-2 | 빨래 바구니를 들고 공장 앞에서 임금 지급을 기다리는 사람들

1922년 초 350마르크였던 빵 한 덩어리 가격은 1923년 11월에는 무려 2,000억 마르크까지 치솟았다. 마르크화는 순식간에 휴짓조각이 되었고, 사람들은 임금을 받자마자 물건을 사는 데 급급했으며, 저축은 한순간에 사라졌다.

벽난로에 지폐를 태워 난방하거나, 수레에 돈을 싣고 물건을 사러 가는 기이한 풍경이 일상이 되었다. 이처럼 통화량의 폭발적인 증가는 경제 시스템을 마비시켰을 뿐만 아니라, 중산층을 붕괴시키고 사회 전반에 극심한 혼란과 불신을 야기하며, 결국 정치적 극단주의의 성장을 부추기는 결과를 낳았다. 독일의 하이퍼 인플레이션은 통화량 통제의 실패가 얼마나 치명적인 결과를 가져올 수 있는지 보여주는 인류 역사상 비극적인 금융 재앙 중 하나로 기록되어 있다.

미국의 부채 한도: 정치적 드라마 속 화폐 발행 메커니즘

화폐는 단순한 교환 수단이 아니라 사회 전체가 공유하는 신뢰의 결정체다. 이 신뢰가 무너지는 순간, 화폐는 한낱 종이쪼가리로 전락한다. 역사는 이런 교훈을 반복해서 보여주었다.

과도한 화폐 발행이 초래하는 문제는 인플레이션에 그치지 않는다. 물가 급등은 금리 상승 압력을 가중시키고, 이는 다시 자산 가격 폭락과 금융 시스템 불안으로 이어질 수 있다. 또한, 화폐 가치 하락은 수입 물가를 상승시켜 인플레이션을 더욱 가속화시키는 악순환의 고리를 만든다.

미국의 경우 이런 위험이 더욱 크다. 달러는 단순히 미국의 국내 통화가 아니라 전 세계가 사용하는 기축통화이기 때문이다. 전 세계 외환 보유액의 60% 이상이 달러로 구성되어 있고, 국제 무역의 상당 부분이 달러로 결제된다. 달러에 대한 신뢰가 무너지면 그 파급효과는 미국을 넘어 전 세계로 확산될 수밖에 없다.

여기서 중요한 구조적 특징을 짚고 넘어가야 한다. 미국에서는 재정 정책을 담당하는 정부(재무부)와 통화 정책을 담당하는 연준이 제도적으로 명확히 분리되어 있다.

미국 정부가 재정이 부족하면 국채를 발행해야 한다. 이 국채는 민간 투자자나 금융기관, 외국 정부 등이 매입한다. 중요한 것은 연준이 정부가 발행하는 국채를 직접 인수할 수 없다는 점이다. 연준은 오직 이미 시장에서 유통되고 있는 국채를 매입할 수 있을 뿐이다.

이런 구조는 '재정 적자의 화폐화'[11]를 방지하기 위한 장치다. 만약 정부가 연준에게 직접 돈을 찍어달라고 요구할 수 있다면, 재정 건전성에 대한 견제 메커니즘이 사라질 것이다. 정치인들은 세금을 올리거나 지출을 줄이는 어려운 선택 대신 화폐 발행이라는 쉬운 길을 택하려는 유혹에 빠질 가능성이 크기 때문이다.

그런데 여기서 한 가지 독특한 미국만의 제도가 등장한다. 바로 '부채 한도'이다. 이는 미국 의회가 연방정부의 총부채 규모에 대해 설정하는 법적 상한선이다. 현재 2025년 기준 부채 한도는 36조 달러로, 이는 미국 GDP와 맞먹는 천문학적 규모다.

부채 한도의 작동 방식을 이해하려면 시간 순서를 따져봐야 한다. 먼저 의회가 예산을 승인한다. 이 예산에는 국방비, 사회보장비, 인프라 투자 등 다양한 지출 항목이 포함되어 있다. 문제는 세수만으로는 이 모든 지출을 감당할 수 없다는 점이다. 따라서 재무부는 부족한 재원을 조달하기 위해 국채를 발행해야 한다.

여기서 모순이 발생한다. 의회는 이미 지출을 승인해놓고도, 그 지출을 위한 차입에 대해서 별도의 승인을 다시 요구하는 것이다. 마

---

[11] 재정 적자의 화폐화(Monetization of Fiscal Deficit)는 정부가 재정 적자를 메우기 위해 중앙은행으로부터 직접 자금을 빌리거나, 중앙은행이 새로 화폐를 발행하여 정부 채무를 매입하는 것을 의미한다. 이러한 행위는 단기적으로는 정부의 재정 부족을 해소하는 것처럼 보일 수 있으나, 장기적으로는 경제에 심각한 황폐화를 초래할 수 있다. 이러한 이유로 대부분의 선진국에서는 중앙은행의 독립성을 보장하고, 정부의 재정 적자를 중앙은행이 직접 화폐화하는 것을 법적으로 금지하거나 강력하게 제한하는 장치를 마련하고 있다.

치 음식 주문을 허락해놓고 식사 후 계산서가 나오면 "돈을 내줄지 말지 다시 생각해보겠다"라고 말하는 것과 같다.

이러한 구조적 모순 때문에 부채 한도는 종종 정치적 협상의 도구로 활용된다. 야당은 부채 한도 상향을 조건으로 정부 지출 삭감이나 다른 정책적 양보를 요구하곤 한다. 이는 미국의 주기적인 정치적 갈등과 불확실성을 야기한다. 결국, 이미 승인된 지출에 대한 지불 능력을 인질로 삼는 정치적 드라마가 반복되는 것이다.

부채 한도는 겉으로는 재정 문제처럼 보이지만, 실제로는 통화 정책에도 미묘한 영향을 미친다. 부채 한도 위기가 심화되면 국채 시장이 불안해진다. 투자자들은 미국 정부가 정말로 디폴트할 가능성을 우려하기 시작하고, 이는 국채 금리 상승, 국채 가치 하락으로 이어진다.

이때 연준은 딜레마에 빠진다. 만약 국채 금리가 급등하면 경제 전체에 부정적 영향을 미칠 수 있다. 하지만 연준이 이를 완화하기 위해 국채를 대량 매입한다면, 결과적으로 정부의 무분별한 재정 확장을 뒷받침하는 것이 될 수 있다. 이는 연준의 독립성에 대한 의구심을 불러일으킬 수 있다.

2011년과 2013년, 그리고 2021년과 2023년의 부채 한도 위기 때마다 금융시장은 크게 요동쳤다. 이로 인해 2011년에는 신용평가사 S&P가 사상 최초로 미국의 신용등급을 AAA에서 AA+로 강등하기도 했다. 이런 상황에서 연준은 시장 안정을 위해 개입할지, 아니면 정치적 중립을 지킬지 어려운 선택을 해야 했다.

부채 한도는 국채 발행에 직접적인 제약을 가한다. 재무부는 부채 한도에 도달하면 더 이상 새로운 국채를 발행할 수 없다. 심지어 만기가 도래한 기존 국채를 상환하기 위한 차환 발행도 제한된다. 이는 매우 기이한 상황을 만든다. 재무부는 법적으로 의회가 승인한 예산의 지출을 집행해야 하지만, 동시에 그 지출을 위한 자금 조달은 금지당하는 것이다.

하지만 금융위기 상황에서는 이런 경계선이 사실상 흐려지기도 한다. 2020년 팬데믹 당시를 보면, 정부는 대규모 부양 정책을 위해 국채를 대량 발행했고, 연준은 시장에서 이 국채들을 적극적으로 매입했다. 결과적으로 정부의 재정 확장을 연준이 뒷받침하는 구조가 만들어진 것이다. 다행히 이 시기에는 부채 한도가 일시적으로 정지되어 있어서 제약이 없었다.

연준을 둘러싼 제약: 독립성과 책임성의 균형

연준은 법적으로 독립된 중앙은행이다. 대통령이나 의회가 연준의 정책 결정에 직접 개입할 수 없다. 이론적으로 연준은 달러를 무제한 발행할 수 있는 권한을 갖고 있다. 하지만 현실에서는 여러 층의 제약이 존재한다.

첫째, 법적 의무다. 연준은 의회로부터 '이중 위임'을 받았다. 물가 안정과 완전 고용이라는 두 가지 목표를 동시에 추구해야 한다는 것이다. 구체적으로는 장기 인플레이션율을 2% 수준으로 유지하고, 실업률을 자연 실업률 수준까지 낮추는 것이 목표다.

둘째, 정치적 견제다. 연준 의장은 의회에서 정기적으로 증언해야 하고, 연준의 정책 결정에 대해 상세히 보고해야 한다. 또한, 연준 이

사들은 대통령이 지명하고 상원이 인준하는 과정을 거친다.

하지만 연준이 아무리 독립적이라고 해도 정치적 영향권에서 완전히 자유로울 수는 없다. 부채 한도 논쟁은 이런 정치적 견제의 극단적 사례를 보여준다. 의회가 부채 한도를 인상하지 않겠다고 위협하면, 연준은 간접적으로 압박을 받게 된다. 정부 디폴트 위험이 커지면 금융시장이 불안해지고, 이는 연준의 통화 정책 효과를 제약한다. 결국, 연준은 정치적 갈등의 여파를 감당해야 하는 딜레마 상황에 놓인다.

셋째, 시장의 평가다. 연준의 정책에 대해 가장 직접적이고 즉각적인 반응을 보이는 것은 금융시장이다. 시장 참가자들이 연준의 정책을 신뢰하지 않으면 금리가 폭등하고 달러 가치가 급락할 수 있다. 이런 시장의 반응은 연준 정책의 효과를 반감시키거나 아예 무력화시킬 수 있다.

넷째, 국제적 신뢰다. 달러가 기축통화로서 지위를 유지하려면 다른 나라들의 신뢰를 얻어야 한다. 만약 연준이 무분별하게 달러를 발행한다면, 각국이 달러 보유를 줄이고 다른 통화나 자산으로 갈아탈 가능성이 있다. 이는 달러의 국제적 지위를 근본적으로 위협할 수 있는 요소다.

미국은 달러를 '마음대로' 찍을 수 있을까?

이제 처음 질문으로 돌아가 보자. 미국은 정말로 달러를 마음대로 찍어낼 수 있을까?

원론적 관점에서 보면 답은 '그렇다'이다. 연준은 컴퓨터 키보드 몇 번의 조작으로 수조 달러를 창조할 수 있다. 물리적이거나 법적인 제약은 거의 존재하지 않는다. 금본위제 시대와 달리 현재의 신용화폐 체제에서는 화폐 발행량에 명시적인 상한선이 없다.

하지만 현실적 관점에서 보면 답은 '아니다'이다. 달러는 단순히 미국만의 통화가 아니라 전 세계 경제 시스템의 혈액과 같은 역할을 한다. 세계 각국의 중앙은행, 연기금 등이 천문학적 규모의 달러 자산을 보유하고 있다. 이들의 신뢰를 잃는 순간, 미국의 금융 패권도 흔들릴 수 있다. 실제로 연준의 역대 의장들은 이런 딜레마를 잘 알고 있었다. 벤 버냉키 전 의장은 "우리는 달러를 찍을 수 있지만, 신뢰를 찍을 수는 없다"라고 말했다. 제롬 파월 현 의장도 "연준의 가장 중요한 자산은 공신력"이라고 강조해왔다.

결국, 미국이 달러를 '마음대로' 찍지 않는 이유는 간단하다. 그렇게 할 수 있는 능력을 가졌기 때문에 더욱 신중해야 하는 것이다. "큰 힘에는 큰 책임이 따른다"라는 말이 여기서도 적용된다.

"돈을 찍어낸다"는 표현은 단순해 보이지만, 그 속에는 현대 경제학의 가장 복잡한 이론들이 압축되어 있다. 연준은 경제라는 거대한 유기체를 진단하고 처방을 내리는 의사와 같다. 화폐 발행은 치료제이고, 경제는 환자이며, 전 세계 사람들이 그 치료의 결과를 온몸으로 경험한다.

여기서 하나의 역설이 등장한다. 미국이 달러를 무제한 발행할 수 있는 능력을 가졌기 때문에, 오히려 그 능력을 함부로 사용할 수 없다는 것이다. 절대적 권력이 절대적 책임을 수반하듯, 화폐 주권도 그에 상응하는 글로벌 책임을 동반한다.

달러의 미래는 단순히 미국만의 문제가 아니다. 중국의 위안화, 유럽의 유로, 그리고 새롭게 등장하고 있는 디지털 화폐들이 기존 질서에 도전하고 있다. 이런 상황에서 연준의 신중함은 더욱 중요해진다. 한국은행 이창용 총재의 "한은이 정부로부터는 독립적이지만 미국 중앙은행인 연방준비제도로부터는 그렇지 않다"라는 유명한 발언이 이를 방증한다.

"달러를 마음대로 찍어낼 수 있나?"라는 질문에 대한 답은 결국 이것이다. "원론적으로는 가능하지만, 현실적으로는 불가능하다." 그리고 바로 이 점이 달러가 여전히 세계의 신뢰를 받는 이유이기도 하다. 미국의 화폐 주권은 무제한의 자유가 아니라, 무한한 책임을 의미하는 것이다.

금융회사 몰락의 역사: 그 누구라도 망할 수 있다

"큰 나무가 쓰러질 때 온 숲이 흔들린다"라는 격언이 있다. 금융 역사에서 이만큼 적절한 표현도 드물다. 세계 금융시장을 뒤흔든 대형 금융회사들의 파산은 단순한 기업 실패를 넘어 경제 시스템 전체의 취약성을 드러내는 거울이었다. 19세기 런던의 어음 할인 회사부터 21세기 실리콘밸리의 테크 은행까지, 각각의 붕괴는 금융의 어두운 단면을 보여준다.

금융의 역사는 번영과 파국이 교차하는 드라마다. 세계에서 가장 강력하고 신뢰받던 금융기관들조차 하루아침에 무너져 내릴 수 있다는 냉혹한 현실이 반복적으로 증명되어 왔다. 아무리 크고 안정적이며 오래된 금융회사라도 시장의 흐름을 잘못 읽거나 리스크 관리에 실패하면 한순간에 퇴출될 수 있다는 냉혹한 교훈을 우리에게 끊임없이 상기시킨다.

이 절에서는 역사 속 금융회사의 주요 몰락 사건들을 살펴보려 한다. 이 암울하고 비극적인 역사를 되돌아보는 이유는 명확하다. 누구나 망할 수 있다는 사실을 다시 한번 확인하기 위해서다. 특히 금융인들이 이 자명한 진실을 늘 마음에 새겨두었으면 좋겠다.

근대 금융위기의 서막: 오버엔드 거니의 몰락(1866년)

근대 금융위기의 역사는 1866년 5월 11일, 런던 시티의 심장부에서 시작되었다. 당시 영국 최대 규모의 어음 할인 회사였던 오버엔드 거니 & 컴퍼니(Overend, Gurney & Company)가 문을 닫으면서 금융계에 충격파가 퍼져나갔다. 1800년경 설립되어 상업어음 할인 업무로 막대한 부를 축적한 이 회사는 금융계의 거인이었다. 런던 금융시장에서의 영향력은 절대적이었고, 많은 이들이 영란은행보다 더 안전한 기관으로 여길 정도였다.

하지만 1860년대 들어 경영진의 무분별한 투자 결정이 회사를 위험에 빠뜨렸다. 철도 투자 붐에 편승하며 고위험 투자에 과도하게 노출되었고, 조선업과 광업 등 다양한 고위험 산업에 무분별하게 자금을 대출했다.

특히 1865년 주식회사로 전환하면서 더욱 공격적인 투자를 감행했지만, 철도 붐이 꺼지면서 막대한 손실을 보았다. 결국, 300만 파운드라는 당시로는 천문학적 부채를 남기고 파산했다.

오버엔드 거니의 파산은 한 기업의 실패에 그치지 않고 영국 금융 시스템 전체를 마비시켰다. 할인 시장이 얼어붙으면서 200여 개의 중소기업이 연쇄 도산했고, 영란은행은 금융 시스템의 안정을 위해 금리를 10%까지 올리며[12] 유동성 위기에 적극적으로 대응해야 했다. 영란은행은 금리 인상과 함께 건전한 은행들에는 더 많은 대출을 실행하고, 1844년부터 적용되던 은행법의 발권 제한 규정 유예를 요청하는 등 중앙은행으로서의 '최종 대부자' 역할을 하기 위해 고군분투했다. 이 사건은 현대적 의미의 중앙은행의 최종 대부자 역할에 대한 논의가 본격화되는 계기가 되었다.

제국주의 시대의 금융 모험: 베어링 브라더스 위기(1890년)

24년 후, 또 다른 영국의 명문 금융회사가 세계를 경악시켰다. 1762년 설립된 베어링 브라더스(Baring Brothers)는 나폴레옹 전쟁 자금 조달부터 미국 루이지애나 매입 자금 지원까지, 18~19세기 국제 금융의 중심에 서 있던 투자은행이었다. "6명의 베어링 파트너가 프랑스와 러시아를 제외한 모든 유럽 정부보다 강력하다"라는 말이 있을 정도로 그들의 영향력은 막강했다.

그러나 1880년대 남미, 특히 아르헨티나에 대한 과도한 투자가 파멸의 단초가 되었다. 당시 아르헨티나는 유럽 자본가들에게 '신세계의 약속의 땅'으로 여겨졌다. 베어링은 아르헨티나 정부 채권과 철도, 토지 개발 사업에 막대한 자금을 투입했다. 하지만 1889년 부에

---

[12] 일반적으로 중앙은행이 시장에 유동성을 공급할 때는 금리를 인하하는 것이 맞다. 하지만 1866년 오버엔드 거니 파산 당시 영란은행의 금리 인상 정책은 일반적인 유동성 공급 원칙과 달랐다. 이는 극심한 금융 패닉 상황에서 시장의 신뢰를 회복하고 자본 이탈을 막기 위한 조치였다. 동시에 영란은행은 높은 금리에도 불구하고 건전한 기관에는 자유롭게 대출을 실행하여, 필요한 곳에만 유동성을 공급하고 도덕적 해이를 방지하려 했다. 이는 중앙은행의 최종 대부자 역할이 정립되기 전의 비상 대응 방식이었던 셈이다.

노스아이레스에서 혁명이 일어나고 아르헨티나 경제가 붕괴하면서 베어링의 투자금은 한순간에 휴짓조각이 되었다.

1890년 11월, 베어링의 파산 위기 소식이 전해지자 런던 금융시장은 공황 상태에 빠졌다. 당시 영란은행 총재 윌리엄 리드로우 존슨은 "베어링이 무너지면 런던 시티 전체가 무너진다"라며 긴급 구제책을 마련했다. 영란은행과 주요 은행들이 구제 컨소시엄을 구성해 베어링을 인수하는 전례 없는 조치가 취해졌다. 이는 현대적 의미의 '베일아웃'[13]의 효시가 되었다.

베어링 위기는 19세기 글로벌 금융의 상호 연결성을 보여준 상징적 사건이었다. 런던에서 시작된 위기가 파리·베를린·뉴욕으로 순식간에 전파되면서 국제 금융시장의 취약성이 드러났다. 동시에 중앙은행 간 협력의 중요성과 금융 감독의 필요성에 대한 인식이 높아지는 계기가 되었다. 하지만 이 베어링의 역사는 1995년 닉 닐슨이라는 트레이더 한 명으로 인해 종말을 고하게 된다.

1929년 대공황과 은행들의 연쇄 붕괴

1929년 10월 29일 '검은 화요일', 이날 뉴욕증권거래소에서 주식시장이 폭락하면서 미국 역사상 최악의 경제위기가 시작되었다. 1920년대 '황금의 시대'를 구가하던 미국 경제는 한순간에 나락으로

---

[13] 베일아웃(Bailout)은 정부, 중앙은행 또는 기타 기관이 심각한 재정위기에 처한 기업이나 산업에 자금을 지원하여 파산을 막는 행위를 말한다. 이는 해당 기업의 파산이 금융 시스템이나 국가 경제 전반에 심각한 악영향을 미칠 수 있다고 판단될 때 이루어지며, 일반적으로 대출, 지분 인수, 보증 등의 형태로 제공된다.

떨어졌고, 수천 개의 은행이 연쇄적으로 문을 닫았다.

당시 미국의 은행 시스템은 극도로 파편화되어 있었다. 연방 차원의 예금보험 제도도 없었고, 소규모 지역 은행들이 난립해 있는 상황이었다. 주식시장 폭락으로 은행들의 대출 자산이 부실화되자 예금자들의 뱅크런이 시작되었다. 1930년부터 1933년까지 약 9,000개의 은행이 파산했는데, 이는 당시 전체 은행의 약 40%에 해당하는 규모였다.

특히 1930년 12월 뉴욕의 뱅크 오브 유나이티드 스테이츠(Bank of United States)가 파산하면서 대형 은행들도 연쇄적으로 무너졌다. 이 은행은 당시 미국에서 몇 손가락 안에 꼽히는 대형 은행 중 하나로, 1928년 주가가 231.25달러에 달할 정도로 번성했다. 하지만 경영진이 주식 투기와 부동산 버블에 과도하게 노출되어 공격적인 투자를 감행했고, 이로 인해 막대한 손실을 보게 되었다.

그림 7-3 | 뱅크 오브 유나이티드 스테이츠 앞에 운집한 군중

1930년 12월 은행의 파산 소식이 전해지자 뉴욕 브롱스의 한 지점에는 2만 5,000여 명의 인파가 몰려들어 예금을 인출하려는 혼란이 벌어졌다. 이 파산은 1930년 11월과 12월에 폐쇄된 608개 은행의 총 예금 손실액 5억 5,000만 달러 중 3분의 1을 차지할 정도로 엄청난 규모였다. 그들의 파산은 금융 시스템 전체에 대한 신뢰를 무너뜨렸고, 신용경색이 실물경제로 전이되면서 대공황이 본격화되었다.

유럽 금융위기의 진원지: 크레디트 앙스탈트(1931년)

대공황의 여파가 대서양을 건너 유럽을 강타했을 때, 그 중심에는 오스트리아의 크레디트 앙스탈트(Creditanstalt)가 있었다. 1855년 로스차일드 가문이 설립한 이 은행은 오스트리아-헝가리 제국 시절부터 중동과 유럽 금융의 중심축 역할을 해왔다. 제1차 대전 후에도 오스트리아 최대 은행으로서 국가 경제의 핵심 역할을 담당하고 있었다.

하지만 1929년 미국발 경제위기가 유럽으로 전파되면서 크레디트 앙스탈트의 기반이 흔들리기 시작했다. 특히 독일과 동유럽 지역에 대한 과도한 대출이 부실화되면서 은행의 자본 건전성이 급속히 나빠졌다. 1931년 5월 11일, 크레디트 앙스탈트는 막대한 손실을 공표하며 사실상 파산을 선언했다.

이 은행의 붕괴는 단순한 기업 파산을 넘어 유럽 전체의 금융위기로 확산되었다. 오스트리아 실링화의 가치가 폭락하면서 독일 마르크화도 압박을 받았고, 독일 은행들에 대한 불신이 커지면서 자본 유출이 가속화되었다. 결국, 독일은 외환 통제를 도입해야 했고, 영국

마저 금본위제를 포기하는 상황까지 이어졌다.

규제 완화 시대의 경고: 콘티넨탈 일리노이 내셔널 뱅크(1984년)

1980년대 레이건 행정부의 규제 완화 정책이 한창이던 시기, 시카고의 콘티넨탈 일리노이 내셔널 뱅크(Continental Illinois National Bank)가 미국 금융사에 먹구름을 드리웠다. 1857년 설립된 이 은행은 시카고를 기반으로 한 중서부 최대 규모의 상업은행이었다. 1970년대까지만 해도 보수적이고 안정적인 경영으로 정평이 나 있었지만, 1980년대 들어 공격적인 성장 전략을 추진하면서 위험에 노출되었다.

콘티넨탈 일리노이는 1980년대 초 석유 붐에 편승해 에너지 부문 대출을 크게 늘렸다. 하지만 1982년 석유 가격이 폭락하면서 에너지 부문 대출이 대량 부실화되었고 자산 건전성이 크게 훼손되었다. 1984년 5월, 콘티넨탈 일리노이의 부실 규모가 공개되자 예금자들의 자금 인출이 시작되었다. 당시 이 은행의 예금 중 상당 부분이 예금보험 한도를 초과하는 대형 예금이었기 때문에 뱅크런의 속도는 더욱 빨랐다. 하루에 10억 달러씩 자금이 빠져나가면서 은행은 순식간에 유동성 위기에 빠졌다.

연방예금보험공사(FDIC)와 연방준비제도는 '대마불사' 원칙에 따라 전례 없는 구제 조치를 단행했다. 총 45억 달러 규모의 구제금융을 지원하며 사실상 국유화했다. 당시 FDIC 의장이었던 윌리엄 아이작은 "콘티넨탈 일리노이가 무너지면 미국 금융 시스템 전체가 위험에 빠질 수 있다"라며 구제의 불가피성을 설명했다.

이 사건은 '대마불사' 개념이 공식적으로 확립된 첫 번째 사례였다. 동시에 도덕적 해이의 문제와 금융기관의 시스템 리스크에 대한 새로운 관점을 제시했다. 규제 완화의 그림자와 금융 혁신의 양면성을 보여준 상징적 사건이었다.

내부 통제의 부재라는 시한폭탄: 베어링스 은행(1995년)

1995년 2월 26일 일요일 아침, 런던 금융가에 충격적인 소식이 전해졌다. 233년의 역사를 자랑하는 영국의 명문 베어링스 은행(Barings Bank)이 파산했다는 것이었다. 나폴레옹 전쟁 자금을 조달하고 미국 루이지애나 구입을 중개했던 그 베어링스가 28세의 한 트레이더 때문에 하루아침에 무너진 것이다.

닉 리슨이라는 싱가포르 지점 트레이더가 그 주인공이었다. 그는 일본 닛케이지수 선물과 옵션 거래를 통해 은행에 막대한 수익을 안겨주는 스타 트레이더로 인정받고 있었다. 하지만 실상은 달랐다. 리슨은 1992년부터 손실을 숨기기 위해 '88888번' 가명 계좌를 만들어 손실을 축적해왔다. 1995년 1월 고베 대지진으로 일본 주식시장이 폭락하자 그의 포지션에서 엄청난 손실이 발생했다.

베어링스 은행의 자기자본이 5억 4,000만 파운드였는데, 리슨의 손실은 8억 6,000만 파운드에 달했다. 은행의 자기자본을 훨씬 초과하는 손실이었다. 더욱 충격적인 것은 런던 본사가 이러한 리스크를 전혀 파악하지 못했다는 점이었다. 리슨은 프런트 오피스(거래 담당 조직)와 백 오피스(정산 담당 조직) 업무를 동시에 수행하며 자신의 거래를 감추고 조작할 수 있었다.

베어링스의 몰락은 파생상품 시대의 새로운 위험을 극명하게 보여줬다. 레버리지를 통해 소액의 자본으로도 막대한 규모의 거래가 가능해진 상황에서, 적절한 리스크 관리와 내부 통제의 중요성이 부각되었다. 또한, 글로벌 금융기관의 해외 지점 관리와 실시간 리스크 모니터링의 필요성도 제기되었다.

결국, 베어링스 은행은 1파운드에 네덜란드의 ING 그룹에 매각되었다. 233년의 명문 금융기관이 한 개인의 무모한 도박으로 하루아침에 사라진 것이다. 이 사건은 금융기관의 리스크 관리 시스템과 내부 통제의 중요성을 전 세계에 각인시킨 역사적 교훈이 되었다.

대한민국의 아픈 기억: 외환위기와 금융 산업 구조조정(1997년)

1997년 여름, 태국에서 시작된 아시아 외환위기의 파도가 한국에 도달했을 때, 한국의 금융 시스템은 속수무책으로 무너져갔다. 1960년대 이후 고도성장을 이끌어온 한국의 금융기관들이 하나둘 문을 닫기 시작했다. 정부 주도의 성장 정책하에서 기업에 대한 정책 자금을 공급하는 역할을 해왔던 금융기관들이, 이제는 그 성장 모델의 한계와 함께 붕괴의 길을 걸어야 했다.

위기의 서막은 종합금융회사들의 연쇄 부도로 시작되었다. 1997년 12월, 삼정종합금융을 시작으로 한국종합금융, 동서종합금융 등 상당수의 종합금융회사가 영업 정지나 인허가 취소 처분을 받으며 시장에서 퇴출되었다. 이들은 1980년대 정부의 금융 자유화 정책에 따라 설립된 새로운 형태의 금융기관이었으나, 부동산과 주식에 대한 과도한 투자와 대기업 계열사에 대한 여신 집중으로 부실이 누적된 상태였다.

　은행 중심의 금융 구조를 가지고 있던 한국에서 IMF 외환위기의 파고는 곧바로 은행업계를 덮쳤다. 1997년 외환위기가 본격화되면서 기업들의 연쇄 도산이 이어졌고, 이는 기업 대출에 크게 의존하던 은행들의 부실로 직결되었다. 특히 대기업들에 대한 무분별한 여신 제공과 부실기업에 대한 정책 자금 지원 관행이 축적되면서 은행 시스템 전체가 흔들렸다.

　당시 국내 1, 2위를 다투던 시중은행인 제일은행과 서울은행은 자체적인 자구 노력만으로는 회생이 불가능할 정도로 심각한 부실에 빠졌다. 정부는 이들 은행의 파산이 금융 시스템 전반의 붕괴를 초래할 것을 우려해 막대한 공적 자금을 투입하여 구제했다. 그러나 경영 정상화가 요원하자, 결국 제일은행은 미국계 사모펀드인 뉴브리지캐피탈에 매각된 후 스탠다드차타드에 인수되어 현재의 SC제일은행이 되었고, 서울은행은 하나은행에 흡수 합병되었다.

　더 나아가, 생존 가능성이 희박하다고 판단된 은행들은 과감하게 퇴출되었다. 1998년 6월 29일, 금융감독위원회는 재무 건전성이 심각하게 악화된 5개 은행(동화은행, 동남은행, 대동은행, 충청은행, 경기은행)에 대해 영업 정지 및 인허가 취소 결정을 내렸다. 이들 은행은 부실 채권 비율이 높고 자본 잠식이 심각하여 더 이상 정상적인 영업이 불가능하다는 판단 때문이었다.

　동시에 생존한 은행들 사이에서도 대대적인 통폐합이 이루어졌다. 한일은행과 상업은행은 1999년 1월 합병하여 한빛은행으로 출범했고, 이후 평화은행 등을 추가로 흡수 합병하며 2002년에 우리은행으로 상호를 변경했다. 국내에서 가장 오랜 역사를 자랑하던 조흥은행은 2006년 신한금융지주에 편입되어 신한은행과 합병되는 등 금융 산업 전반에 걸친 대규모 구조조정이 단행되며 은행 지형도가 완전히 재편되었다.

증권사와 투자신탁 업계 역시 구조조정을 피해갈 수 없었다. 기업들의 연쇄 도산은 증권사들의 기업 금융 업무를 마비시켰다. 급격한 경기 침체와 기업 부실 심화는 주식시장의 폭락을 유발하여 증권사들이 직접 보유하고 있던 주식의 가치를 대폭 떨어뜨렸다.

정부는 부실 증권사들에 대한 강도 높은 구조조정을 단행했다. 고려증권, 동서증권 등 과거 잘나가던 증권사들이 문을 닫았다. 이들은 주식시장의 침체뿐만 아니라 무분별한 기업 어음(CP) 투자와 부실기업에 대한 지급 보증 등으로 이미 상당한 부실을 안고 있었다. 살아남은 증권사들 역시 혹독한 감원과 지점 폐쇄, 자산 매각 등을 통해 몸집을 줄이고 체질을 개선해야만 했다.

투자신탁 업계는 또 다른 방식으로 위기를 겪었다. 투자신탁회사들은 기업 어음과 저신용 회사채 등을 대규모로 보유하고 있었는데, 이러한 투자 자산들은 외환위기 이후 부실채권으로 전락했다. 특히 고객들에게 높은 수익률을 약속하며 판매했던 상품들이 원금 손실을 내면서 사회적으로 큰 파장을 일으켰다.

대한투자신탁과 한국투자신탁 등 대형 투신사들조차도 부실의 늪에서 헤어나오지 못했다. 이들은 수조 원에 달하는 막대한 부실로 인해 정부의 공적 자금 투입이 불가피했다. 이 과정에서 두 회사는 결국 하나금융지주와 한국투자금융지주(당시 동원증권)의 자회사로 각각 편입되는 아픔을 겪었다.

IMF 외환위기는 보험업계에도 혹독한 재편을 강요했다. 과거 외형 성장에 치중하고 방만한 경영을 이어오던 많은 보험사가 외환위기가 초래한 경제 침체와 기업 부실에 따른 투자 손실로 심각한 유동성 위기와 자본 잠식에 직면했다.

생명보험회사들은 투자 손실과 저축성 보험의 역마진 구조 등으로 이중고를 겪었다. 고려생명, 조선생명, 동아생명 등 여러 생명보험회사가 파산하거나 다른 건실한 금융기관에 합병되며 시장에서 퇴출되었다. 특히 대한생명은 막대한 부실로 인해 공적 자금이 투입된 후 2002년 한화그룹에 매각되어 현재의 한화생명으로 재탄생했다. 한국생명 또한 심각한 부실로 공적 자금 투입 후 한화생명에 흡수 합병되었다.

IMF 외환위기 당시 금융 산업 구조조정은 한국 금융사의 분수령이었다. 정부는 총 168조 원의 공적 자금을 투입해 금융 시스템을 안정화시켰다. 이 과정에서 한국의 금융 시스템은 양적으로는 대폭 축소되었지만, 질적으로는 크게 개선되었다. BIS 자기자본 비율 강화, 리스크 관리 시스템 도입, 금융 감독 체계 개편 등이 이루어졌다. 이 위기는 관치 금융의 한계와 정부 주도 성장 모델의 부작용을 적나라하게 드러내며, 동시에 글로벌 스탠더드에 맞는 선진 금융 시스템 구축의 필요성을 절감하게 하는 계기가 되었다.

퀀트 혁명의 그림자: 롱텀 캐피털 매니지먼트(1998년)

1994년 설립된 롱텀 캐피털 매니지먼트(LTCM)는 금융계의 혁신을 상징하는 존재였다. 노벨 경제학상 수상자인 마이런 숄즈와 로버트 머튼, 전 솔로몬 브라더스의 전설적 트레이더 존 메리웨더가 설립한 이 헤지펀드는 정교한 수학적 모델을 바탕으로 한 '퀀트 투자'의 선구자였다.

LTCM의 투자 전략은 주로 차익 거래(Arbitrage Trading)에 기반을 두었다. 이론적으로 같은 가치를 가져야 하는 두 자산 간의 가격 차이를 이용해 수익을 내는 것이었다. 미국 국채와 회사채 간의 스프레드, 신흥국 채권과 미국 채권 간의 수익률 차이 등을 활용했다. 이들의 모델은 과거 데이터를 바탕으로 가격 차이가 결국 수렴할 것이라고 예측했다.

하지만 1998년 8월 러시아가 디폴트를 선언하면서 LTCM의 모델은 완전히 빗나갔다. 더욱 심각한 문제는 LTCM이 막대한 레버리지를 사용하고 있었다는 점이었다. 한 달 만에 LTCM은 자기자본의 90% 이상을 잃었다. 특히 LTCM이 월스트리트의 모든 주요 투자은행과 거래 관계에 있었다는 점이 문제였다. 메릴린치, 골드만삭스, JP모건 등이 LTCM에 대출을 제공하고 있었고, LTCM의 파산은 이들에게도 막대한 손실을 안길 수 있었다.

결국, 뉴욕 연방준비은행이 중재에 나서 월스트리트 14개 주요 금융기관이 37억 달러를 출자해 LTCM을 인수하는 구제책이 마련되었다. LTCM 사태는 수학적 모델에 과도하게 의존할 때의 위험성을 보여준 대표적 사례였다. 아무리 정교한 모델이라도 예상치 못한 극단적 상황에서는 무력할 수 있다는 교훈을 남겼다. 또한, 레버리지의 위험성과 시스템 리스크의 문제를 부각시켰다. 퀀트 혁명의 밝은 면

뒤에 숨어 있던 그림자를 드러낸 사건이었다.

서브프라임 위기의 전령들: 메릴린치와 베어스턴스(2008년)

2008년 금융위기가 본격화되기 전, 두 개의 상징적 금융기관이 먼저 무너졌다. 월스트리트의 대표적 투자은행이었던 베어스턴스(Bear Stearns)와 황소 마스코트로 유명했던 메릴린치(Merrill Lynch)였다. 이들의 몰락은 서브프라임 모기지 위기가 얼마나 깊고 광범위한지를 보여주는 전령이었다.

베어스턴스는 1923년 설립되어 85년 역사를 자랑하는 투자은행이었다. 특히 채권 거래와 헤지펀드 서비스 분야에서 독보적인 위치를 차지하고 있었다. 하지만 2000년대 들어 서브프라임 모기지 관련 파생상품에 과도하게 투자하면서 위험에 노출되었다. 2007년 자사가 운용하던 두 개의 헤지펀드가 서브프라임 관련 손실로 파산하면서 위기의 신호탄이 올랐다.

2008년 3월, 베어스턴스에 대한 시장의 신뢰가 급격히 무너지면서 유동성 위기가 발생했다. 하루 만에 170억 달러의 자금이 빠져나갔고, 연방준비제도의 긴급 자금 지원에도 불구하고 파산을 피할 수 없었다. 결국 JP모건이 주당 2달러에 인수하는 것으로 마무리되었는데, 이는 1년 전 주가의 1% 수준이었다.

한편 메릴린치는 1914년 찰스 메릴이 설립한 회사로, "Merrill Lynch is bullish on America"라는 슬로건으로 유명했던 미국 최대 증권회사였다. 개인투자자들에게 주식 투자의 문호를 열어준 '국민 증권회사'였지만, 2000년대 들어 서브프라임 모기지 증권화에 적극적으로 뛰어들면서 위험에 빠졌다.

메릴린치는 CDO 발행과 거래에서 월스트리트 1위를 차지할 정도로 공격적이었다. 하지만 서브프라임 위기가 터지면서 대규모 손실을 기록했다. CEO였던 스탠리 오닐이 사임하고 새로 부임한 존 세인이 자구책을 모색했지만, 시장의 신뢰는 이미 바닥에 떨어진 상태였다. 결국, 2008년 9월 뱅크 오브 아메리카에 440억 달러에 매각되면서 94년 역사의 독립 투자은행으로서의 명맥이 끊어졌다.

월스트리트의 거인이 쓰러지다: 리먼브러더스(2008년)

2008년 9월 15일 월요일 새벽, 월스트리트에 충격적인 소식이 전해졌다. 158년 역사의 리먼브러더스가 파산 신청을 했다는 것이었다. 1850년 설립된 이 회사는 남북전쟁, 두 차례의 세계대전, 대공황을 모두 견뎌낸 월스트리트의 살아 있는 역사였다. 그 거대한 기업이 하루아침에 무너진 것이다.

리먼브러더스는 면화 거래로 시작해 점차 투자은행업으로 사업을 확장한 회사였다. 20세기 후반에는 채권 거래와 부동산 금융 분야에서 특히 강세를 보였다. 하지만 2000년대 들어 부동산 버블에 과도하게 편승하면서 파멸의 뇌관을 심었다. 상업용 부동산과 주택담보대출 관련 증권에 막대한 투자를 했고, 자기자본 대비 30배가 넘는 극단적 레버리지를 구사했다.

2007년 서브프라임 위기가 시작되면서 리먼의 자산 가치가 급격히 하락했다. CEO 리처드 풀드는 "이는 일시적 조정"이라며 버티기 전략을 고수했지만, 시장은 이미 리먼에 등을 돌린 상태였다. 2008년

들어 주가가 폭락하고 신용등급이 하락하면서 자금 조달이 어려워졌다. 한국산업은행 등과 매각 협상을 벌였지만 성사되지 않았고, 결국 파산의 길을 걸을 수밖에 없었다.

리먼의 파산은 단순한 기업 파산을 넘어 글로벌 금융위기의 방아쇠 역할을 했다. 리먼과 거래 관계에 있던 전 세계 금융기관들이 연쇄적으로 타격을 받았다. 더욱 심각한 것은 정부가 리먼을 구제하지 않기로 결정한 것이었다. 베어스턴스와 AIG는 구제했지만, 리먼은 '도덕적 해이를 방지하기 위해' 파산하도록 내버려둔 것이다. 하지만 이 결정은 시장에 극도의 불안을 조성했다. 리먼의 파산은 '대마불사' 신화의 종언을 알리는 신호였다.

디지털 시대의 새로운 위험: FTX 트레이딩 거래소(2022년)

2022년 11월, 세계 2위 암호화폐 거래소였던 FTX(FTX Trading Ltd.)의 파산 소식이 전해졌다. 320억 달러 기업 가치를 자랑하던 FTX와 그 창업자 샘 뱅크먼-프리드의 몰락은 디지털 시대 금융의 새로운 위험을 극명하게 보여준 사건이었다.

2019년 설립된 FTX는 뱅크먼-프리드라는 천재적 젊은 창업자가 이끄는 혁신적 플랫폼으로 주목받았다. MIT 물리학과를 졸업한 그는 '효율적 이타주의(Effective Altruism)' 철학을 내세우며 암호화폐로 번 돈을 자선사업에 쓰겠다고 공언했다. 정치권에 거액을 기부하고 유명인들을 광고 모델로 기용하며 급속히 성장했다. 2021년에는 마이애미 히트의 홈구장 명명권을 1억 3,500만 달러에 사들일 정도로 승승장구했다.

하지만 2022년 11월 2일, 암호화폐 전문 매체《코인데스크》가 폭탄 기사를 터뜨렸다. FTX의 자매회사인 알라메다 리서치(Alameda Research)의 재무제표를 분석한 결과, 자산의 상당 부분이 FTX가 발행한 FTT 토큰으로 구성되어 있다는 것이었다. 이는 FTX가 고객 예치금을 알라메다의 투기적 거래에 불법적으로 사용했을 가능성을 시사했다.

경쟁사인 바이낸스(Binance)의 창업자 창펑 자오가 보유한 FTT 토큰을 모두 매각하겠다고 발표하면서 FTT 가격이 폭락했다. 이어 FTX 고객들의 대량 출금 요청이 몰리면서 유동성 위기가 발생했다. 뱅크먼-프리드는 트위터를 통해 "FTX는 괜찮다"라고 해명했지만, 이미 고객 자금 80억 달러가 사라진 상태였다.

11월 11일 FTX는 파산 신청을 했고, 뱅크먼-프리드는 사기 혐의로 체포되었다. 수사 결과 FTX는 고객 예치금을 알라메다의 고위험 투자와 뱅크먼-프리드의 개인적 지출에 무단으로 사용한 것으로 드러났다. 바하마의 호화 펜트하우스, 정치인 기부금, 심지어 부모 명의의 부동산까지 고객 돈으로 구입한 것이었다.

FTX 사태는 암호화폐 업계의 구조적 문제를 드러냈다. 전통 금융기관과 달리 엄격한 규제와 감독을 받지 않는 상황에서 고객 자금이 얼마나 쉽게 오남용될 수 있는지를 보여줬다. 또한, 카리스마 있는 창업자에 대한 맹신이 얼마나 위험한지도 증명했다. 디지털 시대의 금융 혁신 뒤에 숨어 있는 고전적 위험들을 확인시킨 사건이었다.

테크 버블의 그림자: 실리콘밸리 은행(2023년)

2023년 3월 10일, 실리콘밸리에서 충격적인 소식이 전해졌다. 테크 기업들의 동반자였던 실리콘밸리 은행(Silicon Valley Bank, SVB)이 파산한 것이다. 1983년 설립된 SVB는 스타트업과 벤처캐피털에 특화된 은행으로, 미국 은행 중 16위 규모를 자랑했다. 애플, 구글, 페이스북 등 테크 거인들이 스타트업 시절부터 거래했던 '실리콘밸리의 은행'이었다.

SVB의 성공은 테크 붐과 궤를 같이했다. 2010년대 저금리 환경에서 벤처캐피털이 스타트업에 쏟아부은 자금이 SVB로 몰려들었다. 2019년 770억 달러였던 예금이 2021년에는 1,890억 달러로 급증했다. 하지만 이 급성장이 은행의 치명적 약점이 되었다. 갑자기 늘어난 예금을 단기간에 대출로 운용하기 어려워 장기 국채와 주택담보부증권에 대량 투자한 것이다.

2022년 연방준비제도가 인플레이션 억제를 위해 금리를 급격히 올리면서 문제가 시작되었다. SVB가 보유한 채권의 가치가 하락했고, 동시에 테크 기업들의 자금 조달이 어려워지면서 예금 인출이 증가했다. 2023년 3월 8일 SVB는 채권 매각 손실 18억 달러를 발표하며 신주 발행을 통한 자본 확충 계획을 공지했다.

하지만 이 발표는 시장에 불안을 조성했다. 테크 업계는 소셜 미디어와 메신저를 통해 긴밀히 연결되어 있었고, SVB의 위기 소식은 순식간에 퍼져 나갔다. 3월 9일 하루 동안 420억 달러의 예금이 인출되었다. 디지털 시대의 뱅크런은 과거와 비교할 수 없을 정도로 빨랐다. 고객들이 모바일 앱으로 클릭 몇 번만으로 거액을 이체할 수 있었기 때문이다.

3월 10일 SVB는 영업을 중단했고, 캘리포니아 금융 당국이 관리에 들어갔다. 더욱 심각한 것은 SVB 예금의 95%가 연방예금보험공사 보장 한도인 25만 달러를 초과하는 대형 예금이었다는 점이었다. 수많은 스타트업이 운영 자금을 SVB에 맡겨놓고 있었던 상황에서 실리콘밸리 생태계 전체가 마비될 위기에 처했다.

결국, 정부가 파격적인 조치를 단행했다. 예금보험공사는 SVB의 모든 예금자를 100% 보호한다고 발표했다. 예금보험 한도를 초과하는 부분도 모두 보장한 것이다. 이는 실리콘밸리 생태계의 시스템적 중요성을 인정한 결정이었다.

SVB 사태는 금리와 유동성 리스크 관리의 중요성을 재확인시켰다. 또한, 소셜 미디어 시대의 정보 전파 속도와 디지털 뱅킹이 결합했을 때 얼마나 빠르게 뱅크런이 진행될 수 있는지를 보여줬다. 특정 산업에 집중된 특수 은행의 취약성도 드러났다. 테크 버블의 수혜자가 테크 침체의 희생양이 된 사건이었다.

명문가의 마지막: 크레디트 스위스(2023년)

SVB 파산으로 시작된 2023년 은행 위기의 파도는 대서양을 건너 유럽에 도달했다. 그 종착지는 167년 역사의 스위스 명문 은행 크레디트 스위스였다. 1856년 설립된 이 은행은 스위스 금융업의 자존심이자 글로벌 투자은행 업계의 거장이었다. 하지만 수년간 누적된 스캔들과 경영 실패가 2023년 3월 마침내 은행의 종말을 가져왔다.

크레디트 스위스의 몰락은 하루아침에 일어난 일이 아니었다.

2008년 금융위기 이후 잇따른 대형 손실과 스캔들이 은행의 신뢰를 서서히 갉아먹었다. 2021년 아르케고스 캐피털과 그린실 캐피털 사태[14]로 각각 55억 달러와 30억 달러의 손실을 입었다. 특히 아르케고스 사태는 크레디트 스위스의 리스크 관리 시스템이 얼마나 허술한지를 적나라하게 드러냈다.

설상가상으로 러시아 재벌들의 자금세탁 의혹, 모잠비크 부채 스캔들, 내부 조직 문화 문제 표출 등이 연이어 나타나며 은행의 평판은 바닥까지 떨어졌다. 고객들이 대거 이탈하기 시작했고, 2022년에만 1,260억 스위스프랑(약 1,370억 달러)의 자금이 유출되었다. 주가는 2007년 고점 대비 95% 이상 폭락했다.

2023년 3월 SVB 사태가 터지면서 은행업계 전반에 대한 불안이 확산되자, 크레디트 스위스에 대한 의혹도 다시 고개를 들었다. 3월 14일 대주주인 사우디 내셔널 뱅크(Saudi National Bank) 회장이 "규제상 이유로 추가 투자는 어렵다"라고 발언하면서 시장의 불안은 최고조에 달했다. 하루 만에 주가가 30% 폭락하고 CDS 프리미엄이 급등했다.

스위스 정부와 중앙은행은 신속하게 움직였다. 크레디트 스위스가 무너지면 스위스 금융 시스템 전체가 위험에 빠질 수 있다고 판단한 것이다. 결국, 경쟁사인 UBS가 30억 스위스프랑에 인수하는 것으

---

[14] 아르케고스 캐피털(Archegos Capital Management) 사태는 2021년, 빌 황(Bill Hwang)이 운영하던 패밀리 오피스인 아르케고스 캐피털이 과도한 레버리지로 주식 투자를 하다 마진콜에 응하지 못해 파산하며 발생한 사건이다.
그린실 캐피털(Greensill Capital) 사태는 2021년 영국의 공급망 금융회사인 그린실 캐피털이 복잡한 자산 유동화 증권(ABS)을 발행하고 대출을 제공하는 과정에서 파산한 사건이다.

로 결정되었다. 이는 크레디트 스위스 장부가액의 1% 수준에 불과한 헐값이었다.

크레디트 스위스의 종말은 평판과 신뢰가 얼마나 중요한지를 보여준 사례였다. 167년간 쌓아온 명성이 몇 년간의 잘못된 경영 결정으로 무너질 수 있음을 증명했다. 또한 '글로벌 시스템적으로 중요한 은행(Global Systemically Important Bank, G-SIB)'이라도 시장의 신뢰를 잃으면 순식간에 파산할 수 있다는 교훈을 남겼다.

교훈과 성찰: 변하지 않는 시장의 본성

150여 년간 이어진 금융회사 파산의 역사를 돌아보면, 시대는 변했지만 위기의 본질은 크게 달라지지 않았음을 알 수 있다. 19세기 런던의 어음 할인 회사부터 21세기 암호화폐 거래소까지, 모든 금융위기의 뿌리에는 인간의 탐욕과 공포, 그리고 비이성적 환상과 편향이 자리하고 있었다.

시대마다 새로운 금융 혁신이 등장했다. 19세기의 상업어음, 20세기 초의 주식시장, 1980년대의 파생상품, 1990년대의 퀀트 투자, 2000년대의 구조화 상품, 그리고 21세기의 암호화폐까지. 새로운 기술과 상품이 나올 때마다 인간은 그것이 기존의 위험을 완전히 해결해줄 것이라고 믿었다. 그리고 매번 그 믿음은 산산이 부서졌다.

레버리지의 위험성도 변하지 않는 교훈이다. 오버엔드 거니부터 LTCM, 리먼브러더스까지, 모든 대형 파산 사건의 핵심에는 과도한 레버리지가 있었다. 레버리지는 호황기에 수익을 극대화하는 도구였지만, 위기가 오면 파멸을 가속화하는 독이 되었다. "레버리지는 상승장에서는 천재를 만들지만, 하락장에서는 바보를 만든다"라는 워런 버핏의 말이 이를 잘 설명한다.

시스템 리스크의 개념도 시간이 지나면서 진화했다. 1866년 오버엔드 거니 사태에서 처음 등장한 '대마불사' 개념은 1984년 콘티넨탈 일리노이 사태에서 공식화되었고, 2008년 글로벌 금융위기에서는 그 한계가 드러났다. 리먼브러더스를 파산시킨 결정이 오히려 더 큰 위기를 불러온 것이다.

우리가 또 하나 주목해야 할 점은 위기 전파의 속도다. 19세기에는 전보를 통해 며칠에 걸쳐 위기가 전파되었지만, 21세기에는 소셜 미디어와 디지털 뱅킹을 통해 몇 시간 만에 전 세계로 퍼진다. SVB가 하루 만에 420억 달러를 잃은 것은 과거에는 상상할 수 없는 일이었다.

이처럼 수많은 금융회사의 붕괴는 단순히 기업의 파산을 넘어 막대한 사회적 비용을 초래했다. 특히 수많은 평범한 투자자들과 금융소비자들이 평생 모은 재산을 잃고 고통받는 비극을 낳았다. 금융회사가 단순히 이윤 추구를 넘어 사회 전체의 신뢰와 안정에 미치는 막대한 영향을 인식하고, 그에 상응하는 책임감을 가져야 하는 이유가 바로 여기에 있다. 금융 시스템은 사람들의 삶과 직결되어 있기에, 도덕적 해이를 경계하고 고객의 자산을 보호하며 투명하고 건전하게 운영되는 것이 무엇보다 중요하다.

그 누구도 망할 수 있다는 불변의 법칙

"역사는 반복되지 않지만 운율을 맞춘다"라는 마크 트웨인의 말처럼, 금융회사 파산의 역사는 시대를 달리하며 비슷한 패턴을 보여왔다. 233년 역사의 베어링스도, 158년 역사의 리먼브러더스도, 167년 역사의 크레디트 스위스도 모두 '영원할 것 같던' 기업들이었다. 하지만 그들은 모두 사라졌다.

이것이 바로 금융 역사가 우리에게 주는 가장 중요한 교훈이다. 아무리 크고 오래된 금융기관이라도, 아무리 정교한 리스크 관리 시스템을 갖춘 회사라도 결국 인간이 운영하는 이상 실패할 수 있다는 것이다. "그 누구도 망할 수 있다"라는 것이 금융시장의 불변 법칙이다.

미래에도 새로운 형태의 금융위기와 금융회사 파산은 계속 발생할 것이다. 인공지능, 중앙은행 디지털 화폐, 양자컴퓨팅 등 새로운 기술들이 또 다른 혁신과 위험을 가져올 것이다. 하지만 역사를 통해 배운 교훈들, 적절한 레버리지 관리, 리스크 분산, 유동성 확보, 투명한 거버넌스 등은 여전히 유효할 것이다.

결국, 금융의 역사는 인간의 역사이고, 인간의 탐욕과 공포, 지혜와 어리석음이 만들어내는 드라마다. 우리는 과거의 실패에서 배우고, 현재의 위험을 경계하며, 미래의 도전에 대비해야 한다. 그것이 바로 "그 누구도 망할 수 있다"는 냉혹한 교훈이 우리에게 주는 진정한 의미일 것이다.

에필로그

금융 소비자와 금융인들에게
전하고 싶은 말

 이제 저는 책을 마무리하려 합니다. 본문과 달리 이 에필로그는 경어체로 작성하려 합니다. 문체가 바뀌어 어색하게 느끼실 수 있겠지만, 독자 여러분께 직접 말씀드리는 형식으로 책을 마무리하고 싶었습니다. 부디 이 글이 훈계처럼 들리지 않기를 희망합니다. 28년간 금융업계에서 일하며 품어온, 그리고 금융의 역사를 제 나름대로 고찰하고 얻게 된 한 개인의 소회일 뿐입니다. 너그러운 마음으로 받아주시면 감사하겠습니다.

 먼저 지난 3,000년의 금융사를 돌아보는 여정을 함께해주신 여러분께 진심으로 감사드립니다. 리디아 왕국의 일렉트럼 주화부터 현대의 SVB 사태에 이르기까지, 우리는 함께 금융의 역사를 목격했습니다. 로마 제국의 화폐 조작, 십자군 전쟁이 촉발한 상업 자본주의의 태동, 르네상스를 이끈 메디치 가문, 신대륙 발견과 함께 시작된 투자 열풍, 그리고 끊임없이 반복된 버블과 위기들까지. 1929년 대공황, 1997년 아시아 외환위기, 2008년 글로벌 금융위기를 거쳐 오늘날에 이르기까지, 시대와 기술이 진보해도 금융위기의 본질은 놀랍도록 유사하다는 진실을 깨달았습니다.

이 모든 역사의 흐름 속에서, 저는 두 그룹의 독자들에게 각별한 마음을 담아 이 마지막 글을 씁니다. 바로 '금융 소비자'로서 현명한 금융 생활을 추구하시는 여러분과, '금융인'으로서 우리 사회의 금융 시스템을 책임지고 계신 여러분입니다.

금융 소비자 여러분께

금융 소비자 여러분, 우리는 저축하고 대출받으며, 보험에 가입하고, 증권을 투자하는 등 다양한 금융 활동을 매일 하고 있습니다. 이러한 금융은 우리 삶을 풍요롭게 하는 중요한 수단이지만, 동시에 여러 위험도 내포하고 있습니다. 역사는 '새로운 시대가 열렸다'는 자기 편향적 믿음이 버블을 만들고, '모두가 망할 것이다'라는 패닉이 붕괴를 부르는 것을 반복적으로 보여줍니다. 지난 3,000년의 금융 역사는 인간 본성에 기반을 둔 시장의 순환적 패턴이 존재함을 명확히 증명합니다.

먼저, 금융 문해력을 갖추는 것이 그 무엇보다 중요합니다. 금융은 단순한 돈 관리를 넘어 우리 삶의 필수 영역입니다. 시장의 과열과 침체는 합리적 이성보다 탐욕과 공포라는 감정의 파도에 좌우되는 경우가 많습니다. 역사는 그 파도의 정점과 저점을 예측하려는 시도 자체가 얼마나 무모한지를 가르쳐줍니다. 중요한 것은 그 파도에 휩쓸리지 않고, 여러분만의 금융 원칙을 확고히 지키는 것이고, 이를 위한 금융 지능을 갖추는 것입니다.

금융의 합리적인 이용과 리스크 관리에 항상 유의해야 합니다. 모든 금융상품과 서비스는 편의성과 이익을 제공하지만, 반드시 위험을 수반합니다. 자신의 소득과 지출을 정확히 파악하고, 무리한 대출이나 투자를 피하며, 유사수신 같은 사기를 경계해야 합니다. 역사는 무모한 탐욕이 어떻게 순식간에 모든 것을 앗아갈 수 있는지를 생생하게 보여줍니다. 금융회사 선택에도 신중해야 합니다. 여러분의 소중한 자산을 지키는 가장 확실한 방어선은 바로 여러분 자신의 현명한 판단입니다.

마지막으로, 꾸준히 배우고 통찰력을 길러야 합니다. 금융시장은 끊임없이 진화하지만, 인간 본성은 변하지 않습니다. 역사를 통해 위기의 전조를 읽어내고 기회를 포착하는 안목을 기를 수 있습니다. 저 또한 2008년 글로벌 금융위기 당시 경험했던 공포와 혼란이 역사의 중요성을 뼈저리게 각인하는 계기가 되었습니다. 그 경험은 "과거를 모르면 현재를 이해할 수 없고, 미래를 예측할 수 없다"라는 단순한 진리를 가르쳐주었습니다.

부디 이 책이 여러분의 금융 지혜를 단단하게 만들고, 언젠가 다시 찾아올 위기를 두려워하지 않을 현명한 금융 소비자로 거듭나는 데 필요한 작은 도움이 되기를 진심으로 바랍니다. 역사는 반복되지만, 역사를 아는 여러분은 같은 실수를 되풀이하지 않을 지혜를 얻을 것입니다. 혹시 이 책을 다 읽고 난 후 통장, 보험 증권, 투자 계좌가 새로운 시각으로 보이거나 경제 뉴스가 조금 더 쉽게 이해된다면, 저는 그걸로 충분합니다.

금융인 여러분께

　금융회사의 경영진과 모든 실무진 여러분, 여러분은 단순한 이윤 창출을 넘어선 막중한 사회적 책임을 지고 계십니다. 지난 3,000년의 금융 역사는 수많은 금융회사의 흥망성쇠를 기록하고 있습니다. 이들 중 상당수는 탐욕과 무리한 확장, 그리고 규제에 대한 안일한 태도로 인해 결국 몰락에 이르렀습니다. 반면, 위기 속에서도 살아남고 번성한 금융회사들은 공통적으로 '신뢰'와 '건전성'이라는 핵심 가치를 지켜왔음을 우리는 함께 보았습니다.

　금융 시스템은 국가 경제의 혈관과 같습니다. 금융회사의 부실은 해당 기업의 문제로 그치지 않고, 국가 경제 전체와 수많은 사람의 삶에 치명적 영향을 미칩니다. 과거의 금융위기들은 금융의 공공성을 간과했을 때 어떤 비극이 발생하는지 생생하게 보여줍니다.

　무엇보다 먼저, 우리가 명심해야 하는 것은 그 누구도 망할 수 있다는 냉엄한 현실입니다. 금융회사의 파산은 직원들에게 고통을 줄 뿐만 아니라, 수많은 고객이 평생 모은 재산을 잃게 만들고, 국가 경제 시스템에 막대한 부담을 안기며, 국민 전체에게 불필요한 고통을 가져다줍니다. 따라서 단기적 성과에 매몰되지 마시고, 고객 자산의 안전한 보호와 건전한 금융 시스템 유지에 최우선 가치를 두시길 간곡히 부탁드립니다. 리스크 관리에는 그 어떤 타협도 있어서는 안 됩니다.

　금융 혁신은 경제 발전을 이끌어왔지만, 동시에 늘 새로운 위험을 동반했습니다. 인공지능 기반 자산 관리, 디지털 자산, 금융의 세계화 등은 우리에게 혜택과 기회를 주지만 동시에, 새로운 위기의 촉매가 될 수 있습니다. 새로운 기술이 도입될 때마다, 새로운 금융 혁신을 추구할 때마다 기본에 더욱 충실해야 합니다. 그리고 잠재적 위험을 면밀하게 분석하고 적절한 관리 프레임을 구축하는 것이 중요합니다. '새로운 시대의 새로운 규칙'이라는 맹목적인 믿음으로 기존 규제 프레임을 무시하거나 회피하려는 시도는 결국 큰 위기를 초래한다는 것을 역사는 분명히 증명합니다.

금융시장의 신뢰는 오랜 시간에 걸쳐 쌓이지만, 한순간에 무너질 수 있습니다. 과거 '금융 스캔들'로 파산한 수많은 금융회사는 결국 우리 금융인의 도덕적 해이와 불투명한 운영 방식이 그 원인이었습니다. 단기적인 성과보다는 장기적인 신뢰를 기반으로 지속 가능한 성장을 추구해주시길 부탁드립니다. 우리 자신을 보호하는 것은 우리 자신 스스로입니다.

마지막으로, 금융의 역사에 대한 학습을 게을리하지 말아주시기 바랍니다. 저 역시 현업에 있을 때 당장의 업무와 눈앞의 성과에 몰두하느라 금융인으로서 갖추어야 할 본질적인 전문성, 즉 금융의 근본 원리와 역사를 탐구하는 데 소홀한 적이 많았습니다. 그러나 과거의 위기와 성공 사례들을 깊이 있게 이해하는 것은 미래의 위험을 예측하고 새로운 기회를 포착하는 데 필수적인 역량입니다.

금융 시스템은 위기와 회복을 반복하며 진화하는 생명체와 같습니다. 그 진화 속에서도 인간의 본성과 금융의 기본 원리는 변하지 않습니다. 부디 끊임없이 학습하고, 과거의 지혜를 통해 통찰력을 길러 급변하는 금융 환경 속에서도 흔들림 없이 나아가시기를 진심으로 응원합니다.

위기 속에서 피어나는 희망, 그리고 우리의 역할

존경하는 독자 여러분, 3,000년의 금융 역사를 돌이켜보면 놀라운 사실 하나를 발견하게 됩니다. 인류는 매번 위기를 극복해왔을 뿐만 아니라, 위기를 통해 더욱 발전된 금융 시스템을 구축해왔다는 것입니다.

중세 유럽의 흑사병은 봉건제의 몰락과 함께 근대적 은행업의 토대를 마련했습니다. 1929년 대공황은 중앙은행의 역할 정립과 예금 보험 제도 같은 금융 안전망을 탄생시켰습니다. 2008년 글로벌 금융 위기는 바젤 III 같은 국제적 금융 규제 협력 체계를 강화했습니다. 각각의 위기는 그 당시에는 세상의 끝처럼 느껴졌지만, 결국 인류는 그 위기를 더 나은 시스템을 만들어내는 동력으로 삼았습니다.

더욱 희망적인 것은 위기 극복 과정에서 인간은 연대와 협력을 이끌어낸다는 것입니다. 1997년 우리나라의 금 모으기 운동, 2008년 위기 당시 각국 중앙은행들의 전례 없는 공조, 코로나19 팬데믹 시기의 신속한 경제 지원책들은 모두 위기 앞에서 발휘되는 인류의 집단지혜를 보여주었습니다.

이제 여러분도 이 거대한 역사의 한 페이지를 써나가는 주인공입니다. 금융 소비자로서 여러분의 현명한 선택 하나하나가, 금융인으로서 여러분의 책임감 있는 결정 하나하나가 미래의 금융 역사를 만들어갑니다. 과거의 선배들이 위기를 딛고 일어서며 우리에게 더 나은 금융 시스템을 물려준 것처럼, 우리도 다음 세대에게 더 건전하고 발전된 금융 환경을 물려줄 책임이 있습니다.

마무리하며

위기는 반드시 다시 돌아옵니다. 그러나 우리는 위기를 두려워할 필요가 없습니다. 3,000년의 역사가 증명하듯, 인류는 언제나 위기를 회복하고 기회로 바꾸어왔기 때문입니다. 중요한 것은 과거의 지혜를 기억하고, 현재의 선택에 책임지며, 미래의 희망을 포기하지 않는 것입니다.

이 책이 여러분의 금융 여정에 작은 나침반이 되어, 영원한 것은 없지만 영원히 반복되는 패턴은 존재한다는 사실을 기억하며, 그 반복 속에서 성장의 기회를 찾아나가는 데 도움이 되기를 간절히 기원합니다. 그리고 언젠가 여러분의 자녀들이 금융의 역사를 되돌아볼 때, "21세기 초, 현명한 선택을 한 세대가 있었다"라고 기억되기를 꿈꿔봅니다.

여러분의 건승을 기원하며, 이 책을 마칩니다.

3,000년의 역사 여정에 함께해주셔서 감사드립니다.

저자 이희동 拜上

더 루프: 금융 3000년 무엇이 반복되는가

1판 1쇄 인쇄 2025년 9월 16일
1판 1쇄 발행 2025년 9월 26일

지은이 이희동
펴낸이 김기옥

경제경영사업본부장 모민원
경제경영팀 박지선, 양영선
마케팅 박진모
경영지원 고광현
제작 김형식

본문 디자인 푸른나무디자인
표지 디자인 블루노머스
인쇄·제본 민언프린텍

펴낸곳 한스미디어(한즈미디어(주))
주소 04037 서울시 마포구 양화로 11길 13(서교동, 강원빌딩 5층)
전화 02-707-0337 | **팩스** 02-707-0198 | **홈페이지** www.hansmedia.com
출판신고번호 제 313-2003-227호 | **신고일자** 2003년 6월 25일

ISBN 979-11-94777-54-0 (03320)

책값은 뒤표지에 있습니다.
잘못 만들어진 책은 구입하신 서점에서 교환해 드립니다.

한눈에 보는 금융 3000년의 역사

BC 3000년 — 고대 — **476년**

BC 7세기경
현존하는 세계 최초의 화폐 '일렉트럼'의 탄생

BC 269년
여신 '유노 모네타'의 신전에 로마의 주조소 건립
이 주조소(Moneta)는 'Money'의 어원.

AD 1세기
네로 황제(54~68년) 화폐 조작
재정 부족을 해결하고자 주화의 금·은 함량을 줄여 인위적으로 통화량을 늘리는 화폐 조작 단행. 이후 황제들의 반복되는 화폐 조작은 로마의 통화 팽창과 인플레이션을 야기했고, 이러한 경제·사회적 혼란은 로마제국 멸망의 원인으로 작용.

5세기
로마제국의 붕괴
중세 봉건주의 경제 시스템으로 진입
화폐와 무역 기반의 로마 경제 시스템이 붕괴하면서 자급자족과 물물교환 중심의 중세 봉건주의 경제로 전환이 일어났다. 이 시기는 강력한 교황의 영향력 아래 이자 수취를 금지하는 교리를 엄격히 적용하고 화폐의 신용창출 기능이 작동하지 않으며 경제 성장이 제한된 것이 특징이다.

10세기 초
세계 최초의 지폐 중국 송나라 '교자(交子)'의 등장

1092~1270
십자군 전쟁
동서 교류와 무역의 활성화, 상업과 도시의 발전(이탈리아), 전쟁자금 조달을 위한 금융업의 태동, 상인계급의 성장과 상업 자본주의 촉진.

중세

1492년

12세기
이탈리아 banco 금융업자의 활동

banco는 이탈리아어로 '벤치'를 뜻하는데, 12세기 등장한 환전상들이 벤치(banco)에 앉아 무역 금융을 제공하면서 점차 은행업을 뜻하는 단어로 의미가 확장되었고 영어 Bank의 어원이 되었다.
이탈리아의 금융업자들은 이자 수취를 금지하는 성경의 교리에 따라 환전(환차익), 무역어음(증권 할인 차익), 대부업(담보처분이익)의 방식으로 금융업을 개척하며 성장하였다.

1294, 1343~1345
유럽 최초의 신용위기,
영국 에드워드 1세의 채무 불이행
영국 에드워드 3세의 채무 불이행

프랑스와의 전쟁을 위해 이탈리아 금융업자들로부터 전비를 조달하던 영국 국왕들이 대출을 갚지 못하고 채무 불이행을 선언. 이는 이탈리아 금융업자들의 파산까지 야기.

1337~1453
백년전쟁

1347~1351
흑사병 팬데믹

인구의 감소에 따른 임금의 상승과 노동자 계급의 지위 향상. 영주와 농노의 관계가 약화되며 봉건주의 쇠퇴.

14세기~17세기
르네상스 시대와 메디치 가문의 번성

십자군 전쟁과 흑사병을 거치며 교황의 권위는 약화되고 군주와 상인의 영향력이 커지게 되었다. 특히 메디치 가문은 교황청의 공식 은행이자 유럽에서 가장 큰 은행을 운영하였는데, 이로써 중세 봉건 경제 시스템은 막을 내리게 되었다.

1492
아메리카 대륙의 발견

각국의 신대륙 개척 경쟁으로 인한 유럽 경제의 재정 확대와 통화 팽창.

1515
교황 레오 10세의 가난한 사람을 위한 대출업법 제정

기독교에서 이자 수취를 허용.

1545
볼리비아의 포토시 은광의 발견

막대한 은의 생산은 당시 페루의 식민지배국이었던 스페인의 재정적 기반이 됨. 스페인 은화가 국제 기축통화의 지위를 차지하면서 유럽에서는 가격 혁명이라는 인플레이션이 100년간 지속.

1558
"악화가 양화를 구축한다"는 그래샴의 법칙 등장

헨리 8세의 화폐 조작의 폐해를 막기 위해 토마스 그래샴 경이 새로 즉위한 엘리자베스 1세에게 건넨 조언.

근세

1563
페루의 우앙카벨리카에서 수은 광산 발견

1587
리알토 광장 은행의 설립
최초의 공공은행 중 하나이자 계좌 이체 방식의 현대적 결제 시스템(Giro)을 체계화.

1602
세계 최초 암스테르담 증권거래소의 설립
후일 네덜란드 튤립 버블의 무대가 됨.

1609
암스테르담 뷔셀방크의 설립
화폐의 표준화, 예금 규모 이내로 발권 규모 조정 등 금융의 안정성을 확보하기 위해 노력하며 중앙은행의 역할을 수행. 암스테르담이 금융 중심지로 성장하는 데 기여.

1636-1637
네덜란드 튤립 버블
광기-패닉-붕괴의 사이클이 시민의 삶과 경제에 치명적인 영향을 준다는 걸 보여준 최초의 경제위기.

1668
세계 최초의 중앙은행, 스웨덴 릭스방크 설립
세계 최초 현대적 의미의 중앙은행 탄생(정부 소유, 발권, 금리·통화정책 수행).

1688
영국 명예혁명
입헌군주제 확립 이후 화폐 발행에 대한 국왕의 권한이 견제받으면서 영국의 경제 안정화에 기여.

1694
영란은행 설립

1720
(프) 미시시피 버블과 존 로의 은행들 파산
미시시피 회사의 주가 버블과 폭락. 이후 여러 은행이 파산하면서 프랑스 경제의 혼란으로 이어짐.

(영) 남해 버블 발생, 거품규제법 제정
남해회사 주가 버블과 폭락으로 영국 경제에 신용경색 발생. 이후 의회 승인 없이는 신규 회사 설립을 금지하는 법 제정.

1789년

1772~1773
최초의 글로벌 금융위기, 1772년 영국 신용위기
식민지 무역을 위한 과도한 신용 팽창과 동인도회사 주식에 대한 투기가 원인. 영국에서 시작되어 네덜란드, 아메리카 대륙으로 위기 확산.

1776
애덤 스미스의 『국부론』
자본주의의 이론적 기반이 된 책으로, 현대적 의미의 경제학이 탄생하게 된 배경. 자유시장경제 또는 고전학파 경제학.

1775~1783
미국 독립전쟁

1791~1811
미국 최초의 중앙은행, 제1차 미국은행 설립 및 존속

1797
영란은행의 금태환 중단
1792~1802년 프랑스혁명 전쟁의 여파로 금 보유고 압박을 받은 영란은행이 금태환 중단을 선언.

1816
영국 Coinage Act of 1816 제정
이후 100년간 체계적인 금본위제를 적용하면서 영국 파운드화는 국제 기축통화의 지위를 확보.

1816~1836
제2차 미국은행 설립 및 존속

1817~1825
미국 이리(Erie) 운하 건설

1830~1840
미국 중서부 지역 주정부들의 디폴트와 신용경색 발생
이리 운하 건설 자금을 마련하기 위해 미국의 중서부 주정부들은 대규모 유럽 자금을 끌어 썼고 결국 여러 주정부가 디폴트를 선언.

근대

1825
영국 금융위기
남미 대륙에 대한 투기와 버블의 붕괴에서 시작하여 여러 은행의 파산으로 이어짐. '최종 대부자'이자 감독자로서 중앙은행(영란은행)의 역할이 정립된 계기.

1836
앤드류 잭슨 대통령의 '통화에 관한 긴급조치' 발동
2차 미국은행의 해체와 통화 조치 이후, 미국은 장기간 금융경색과 경제 불황을 반복.

1837
미국 금융위기 발생
Specie Circular와 중앙은행 폐지로 인한 통화 혼란, 토지 투기 버블의 붕괴.

1847
영국 철도 주식 붕괴 발생
무분별한 노선 승인과 철도회사의 등장으로 거품 붕괴.

1857
미국 금융위기 발생
급속한 경제 확장과 인프라 투자, 특히 철도 투기 열풍의 거품이 붕괴되면서 여러 은행이 파산하는 시스템 리스크 발생.

1866
영국 오버엔드 거니 앤드 컴퍼니 파산
영란은행의 '최종 대부자' 역할 수행
금융경색을 방어하기 위해 공격적으로 유동성을 공급하여 위기를 극복.

1873
대공황(Long Depression)의 시작
철도 산업의 과잉 투자, 부채 확장, (독일 통일 후) 유럽 내 통화정책 변화에 따라 20년 가까운 경기 침체 지속.

1893
미국 금융위기 발생(미정부의 금태환 기능 상실)

1907
미국 금융위기
금융회사 파산과 증시 폭락. 1893년, 1907년 금융위기를 거치며 중앙은행이 없던 미국에서 JP모건은 중앙은행 역할을 대신하며 영향력을 확대.

1913
연방준비제도의 탄생
1893년, 1907년의 금융위기를 거치며 중앙은행의 필요성 대두.

1914년

1914~1918
1차 세계대전

1919
베르사유 조약, 독일에 대한 배상금 결정
독일에 대한 과도한 배상금은 독일의 하이퍼 인플레이션을 야기했고, 이는 2차 세계대전의 원인으로 작용.

1929
대공황의 시작
1929년 9월 3일 381.17포인트였던 다우지수는 10월 24일부터 폭락했고, 25년 후인 1954년 11월에야 과거 고점 수준을 회복.

1930
스무트-홀리법 제정
평균 38%이던 관세를 60% 수준으로 인상한 법. 국제무역의 급격한 위축과 대공황의 글로벌 침체 심화, 국제 관계 악화를 초래.

1933~1938
루스벨트 대통령, 뉴딜 정책 추진
뉴딜 추진에 필요한 유동성을 확보하고자 취임 직후부터 개인 보유 금 회수, 자유로운 거래 및 소유를 금지했으며, 1934년 공식적으로 금본위 제도를 폐지.

1936
존 메이너드 케인스
『고용·이자 및 화폐의 일반이론』
정부의 적극적 시장 개입을 주장하는 케인스학파의 등장.

1939~1945
2차 세계대전

1944
브렌트 우즈 협정
금 1트로이온스를 35달러로 고정하는 금본위 체제를 실시했고, 이는 미국 달러화의 기축통화 지위를 확고히 하게 된 계기로 작용.

1945~1949
전후 일본의 하이퍼 인플레이션 발생
전시 경제 체계의 종료, 식민지 상실, 생산 시설 및 인프라 파괴, 화폐 발행 급증이 원인.

1962
밀턴 프리드먼의 『Capitalism and Freedom』
1970년대 이후 신자유주의 경제 정책(민영화, 규제 완화, 자유무역 등)의 이론적 토대.

1964~1975
베트남 전쟁

1971
닉슨 쇼크
달러의 금태환을 일방적으로 중단한 사건. 브레튼 우즈 체제(금본위 제도)의 붕괴와 본격적인 미 달러화의 통화 팽창을 야기.

1973~1974
1차 석유파동
글로벌 스태그플레이션 발생.

현대

1979
2차 석유파동
인플레이션의 지속과 케인스주의의 한계 대두.

1981
레이거노믹스
인플레이션 통제를 위한 금리 인상은 경기 위축으로 이어졌고, 레이건은 경기 부양을 위한 세제 감면과 규제 완화에 돌입.

1985
플라자 합의
미국의 무역 적자 축소를 위해 진행한 환율 조정 합의. 이때 엔화의 가치가 대폭 상승되면서 '일본의 잃어버린 30년'의 발생 원인으로 작용.

1980년대 후~1990년대 초
10월 19일 블랙 먼데이(1987)

1980년대를 지배한 신자유주의에 따라 규제가 완화되고 저금리 기조가 지속되었다. 플라자 합의로 인한 일본계 자금은 부동산 버블을 야기했고, 다우존스 지수가 하루 만에 22.6% 하락했던 블랙 먼데이를 계기로 부동산 가격이 조정되면서 저축·대부기관에 신용위기가 발생했다.

미국 정크본드 시장의 붕괴

1980년대 확대되었던 정크본드 시장은 1989년 말 마이클 밀켄이 사기 혐의로 기소되고 규제가 강화됨에 따라 1990년대 초 시장의 유동성 위기를 가중시켰다.

1994~1995
멕시코 페소 위기 및 IMF 구제금융 신청
외환 보유고 감소와 자본 유출에 따른 외환위기.

1997
아시아 금융위기
90년대 빠른 경제 성장으로 인한 과도한 외화 부채, 금융기관·기업 부실 등이 복합적으로 작용. 태국에서 시작한 위기가 인근 국가(말레이시아, 인도네시아, 한국)로 전염.

한국 IMF 구제금융 신청

1998
러시아 모라토리엄 선언
1990년대 후반 러시아 경제의 급격한 개혁과 시장 개방 과정에서 발생한 외채 급증, 석유 가격 하락, 통화 가치 약화, 재정 적자 등의 복합 요인이 원인으로 작용.

1998~2000
롱텀캐피탈매니지먼트(LTCM) 위기와 청산
러시아 위기와 국제 금융시장 혼란에 따라 고(高)레버리지를 사용하던 LTCM에 대규모 손실 발생. Fed와 은행들이 구제금융 투입.

2000
닷컴 버블과 붕괴
2000년 3월 5,048.62로 최고점을 기록한 나스닥 지수가 2002년 10월 1,114.11까지 80% 폭락.

2001

9·11 테러

신속한 금리 인하와 유동성 공급으로 대응하였으나 주식시장 하락을 가속하는 계기로 작용.

엔론 사태(파산 신청) 발생

대규모 회계 부정 사건. 회계의 투명성을 위해 다양한 제도 개선 실시.

2003

한국 신용카드 대란

카드 연체율 급등, 부실채권 급증, 카드사 부실화·구조조정은 내수침체로 이어짐.

2008

서브프라임 글로벌 금융위기

서브프라임 부실, CDO, CDS 손실에 따라 리먼브러더스 파산과 신용 붕괴. 미 연준은 정책금리 인하와 양적완화 실시. 제로금리 시대의 도래.

2010-2011

유럽 재정위기

2008년 금융위기를 극복하기 위한 정부의 과도한 지출이 원인으로, PIIGS(포르투갈, 이탈리아, 아일랜드, 그리스, 스페인)에서 발생.

2011

한국 저축은행 사태

부동산 호황에 편승한 저축은행들의 과도한 PF 대출에서 부실이 발생하며 저축은행 31개사에서 영업정지와 구조조정 발생.

미국 S&P 신용등급 강등(AAA→AA+)

2014

서브프라임 이후 양적 완화 종료와 금리 인상

2020

COVID-19 팬데믹

글로벌 공급망 붕괴와 경기 침체에 따라 양적 완화 재실시와 정책금리 재인하(0~0.25%).

2022

양적 완화 종료와 금리 인상 재개

2022년 초 인플레이션 압력이 심화되면서 2023년 7월까지 정책금리를 5.25~5.50%로 인상.

2024

Fed 정책금리 인하(Big Cut)

30개월 만에 4.75~5.00%로 금리 정책 전환.

2025

트럼프 2기 행정부 출범

관세전쟁과 경제 불확실성 증대, 스테이블코인 관련 지니어스 법(GENIUS Act) 제정.